广东学校德育“百系列”丛书——教书育人系列

GUANGDONG BAIMING YOUXIU DEYU JIAOSHI JISHI

广东百名优秀德育教师纪实

中小学校领导卷（上）

广东省教育厅◎编著

南方日报出版社
NANFANG DAILY PRESS
中国·广州

图书在版编目（CIP）数据

广东百名优秀德育教师纪实. 中小学校领导卷 ： 全 2 册 / 广东省教育厅编著. — 广州 ： 南方日报出版社, 2018.1
（广东学校德育“百系列”丛书. 教书育人系列）
ISBN 978-7-5491-1113-8

Ⅰ. ①广… Ⅱ. ①广… Ⅲ. ①中小学－教师－德育工作－先进事迹－中国 Ⅳ. ①K825.46

中国版本图书馆 CIP 数据核字(2016)第 010246 号

GUANGDONG BAIMING YOUXIU DEYU JIAOSHI JISHI
广东百名优秀德育教师纪实·中小学校领导卷（上）
广东省教育厅　编著

出版发行：南方日报出版社
地　　址：广州市广州大道中 289 号
出 版 人：周洪威
出版统筹：周山丹
责任编辑：方　明　曹　星
特约编辑：梁小冬
封面设计：劳华义
内文设计：胡馨怡
责任校对：王　燕
责任技编：王　兰
经　　销：全国新华书店
印　　刷：虎彩印艺股份有限公司
开　　本：787mm×1094mm　1/16
总 印 张：33.75
总 字 数：648 千字
版　　次：2018 年 1 月第 1 版
印　　次：2018 年 1 月第 1 次印刷
总 定 价：90.00 元（全 2 册）

投稿热线：（020）83000503　读者热线：（020）83000502
网址：http://www.nfdailypress.com/

序

p r e f a c e

◎景李虎

党的十八大明确指出，要全面贯彻党的教育方针，把立德树人作为教育的根本任务，培养德、智、体、美全面发展的社会主义建设者和接班人。这一重要论断深刻揭示了学生思想道德素质培养在学生教育中的基础性地位及德育工作对于学校教育的重要意义，为我们进一步做好学校德育工作增添了动力、指明了方向，我们必须全面学习领会、深入贯彻落实。

在贯彻党的十八大精神、落实立德树人要求的过程中，广东紧紧围绕培育和践行社会主义核心价值观，着眼课堂教学、校园文化、社会实践、学校管理“四育人”平台建设，着力推进课堂育人，创新高校思想政治理论课和中小学德育课教学，探索建立高校党委书记、校长上第一堂思想政治理论课制度，把学科育人纳入学科教师日常培养培训及教育教学考核；着力推进文化育人，举办学校校训、校徽、校歌展示活动，引导师生对学校文化蕴含的传统文化和时代精神进行挖掘、阐发，持之以恒分类开展高校、中小学、中职学校主题教育活动，促使活动教育化、系列化、品牌化；着力推进实践育人，加强大学生社会实践活动的正确引导，让大学生通过实践增强对中国特色社会主义的政治认同、情感认同和实践认同，加强中小学生综合实践基地建设，破解中小学生社会实践安全难题；着力推进管理育人，全面深化德育管理队伍培养，精心打造“三项赛事”（高校思想政治理论课青年教师教学基本功比赛、辅导员职业能力比赛、中小学班主任专业能力比赛）、“三种培养”（高校思想政治理论课名教师骨干教师培养、名辅导员培养、中小学名班主任培养）、“三类工作室”（高校思想政治理论课名师工作室、名辅导员工作室、中小学名班主任工作室），形成优秀德育教师从发掘选拔到培养成长到辐射带动的完整链条。凡此种种，不胜枚举。

总结广东近几年学校德育工作的成功实践，有一条基本经验——重视学校德育工作的“四性”建设，即科学性、创新性、实践性、实效性建设，其中，科学是基础，创新是动力，实践是关键，实效是根本。可以说，新形势下广东学校德育工作取得的每一点进步、每一分收获，都得益于对“四性”的深刻理解和自觉运用，得益于在对“四性”一贯坚持中的丰富发展。

一是突出科学性。德育工作的对象是活泼的学生个体，其工作成效如何不仅影响学生当前成长，更关乎学生长远发展，来不得半点任性和马虎，必须认真遵循学生身心成长规律和德育自身工作规律。把握科学性，广东依托高校成立了中小学德育研究与指导中心、中职学校德育研究与指导中心、中小学心理健康教育指导中心等专业机构，建立起行政推动与专家指导相结合的工作推进机制，使得省级德育工作宏观管理具备了坚实的学术支持、学理支撑和科学奠基。

二是突出创新性。当今时代，经济社会深刻转型，思想文化多元多样多变，互联网、手机等新兴媒体迅猛发展，“新”和“变”已然成为学生所处环境的重要特征。做好德育工作，我们比以往任何时候都更加需要创新，“老办法”可以不灵，但绝不能够不会“新办法”。把握创新性，广东设立了省级学校德育创新项目和高校思想政治教育工作创新项目，积极鼓励和支持各地各学校进行德育理念创新、手段创新和基层工作创新，促使德育创新蔚然成风、德育创新成果竞相迸发。

三是突出实践性。常言道，实践出真知，没有经过实践的道德认知难免苍白无力，难以支撑起学生终身认同和践行的道德法则和价值准则。德育的入耳、入脑可以通过课堂教学实现，但要入心、要真正刻入学生心灵，唯有通过实践、通过学生亲身经历、亲身体验和自我感悟、自我理解才能达成。把握实践性，广东在推进“创强争先建高地”教育中心工作的过程中，明确将实践育人、青少年校外活动场所建设等写入创建教育强市、强县（市、区）、强镇及推进教育现代化先进市、先进县（市、区）指标体系，并对推进教育现代化先进市的中小学生综合实践基地建设指标、推进教育现代化先进县（市、区）的青少年宫建设指标实行“一票否决”。

四是突出实效性。加强德育工作的科学性、创新性、实践性建设，根本目的就在于增强德育工作的实效性，让德育在学生中更好地落地、生根、开花、结果，让德育真正润进学生心田。也就是说，德育要见实效，工作的科学性、创新性、实践性必须落地，落实到德育工作的各个实施层面。把握实效性，广东对学校德育科研工作进行大胆改革，树立实践导向，把重心下移到德育实践操作层面，通过整合零散的理论研究力量，集中优势团队进行少数重大理论问题研究，大力释放实践研究空间，大幅度提升了德育实践研究项目的立项比例，引导各地各学校多出德育方法载体、渠道途径等实施层面的成果，减少那些缺少新意、反复注解、难以推广运用的理论“研究”成果。

一分部署，九分落实。广东各地各学校在推进“四育人”、加强德育“四性”建设的过程中，坚持务实进取、主动作为、积极探索，创造了一大批优秀德育理论和实践成果。为加强各地各学校间的学习交流，发挥先进典型的示范引领作用，广东省教育厅于2014年在全省范围内组织开展了“百系列”学校德育优秀成果展示活动。活动面向各级教育行政部门和各级各类学校，分为“教书育人”“践行社会主义核心价值观”“以德立校”“科研引领”“聚焦课堂”“实践育人”六个系列，经层层推荐、严格遴选，集中展示了“百名优秀德育教师”“百名优秀学子”“百个优秀德育案例”“百篇优秀德育论文”“百个优质中小学德育课、高校思想政治理论课课例”以及“百项优秀校外教育成果”。这套“百系列”丛书所呈现的就是展示活动中的部分优秀成果。通过这些成果，我们对基层一线的德育工作也有了更深的认识。

第一，基层一线德育经验之丰富多样，令人欣喜。这些优秀成果从实施途径来看，涵盖了课堂教学、校园文化、社会实践、学校管理等各种育人渠道；从实施内容来看，包括了理想信念教育、中国精神教育、道德品行教育、法治知识教育、职业生涯教育、心理健康教育等各类教育内容；从实施主体来看，大到一个区域、一所高校，小至一所中（小）学、一个院系、一个班级。难能可贵的是，这些成果来自基层一线，符合基层实际并经基层实践检验，操作性、实用性、可学性都很强，普遍具有较高的推广应用价值。

第二，基层一线德育方法之不断改进，令人振奋。从这次展示活动来看，基层一线对德育方法的科学性越来越重视，再也不是囫囵一堆、不管先后、不分轻重地一拥而上、使劲灌输，而是注重针对学生身心特点和思想实际，采用适合的德育方法。例如，更加关注学生的个性化需要，更加重视与实践的结合，更加突出学生的主体性，更加发挥手机、网络等新媒体作用等等，呈现出多样化、精细化、特色化的良好态势。

第三，基层一线德育教师之奉献精神，令人感动。随着时代发展和社会进步，无论是教育部门和学校，抑或是家长和社会，都对教师的期盼越来越多、要求越来越高。即使这样，基层仍然有大批德育干部和教师承受住重重压力，刻苦钻研、辛勤耕耘，全身心投入到德育工作中，并取得骄人的业绩。尤为可贵的是，这些优秀德育干部和教师不仅有爱心，更有智慧、有思想；不仅敬业爱岗、辛勤付出，更能将科学的思想和理念贯彻到工作实践中。他们可以说是治教、教书和育人"全面发展"的优秀教师，希望大家把他们立为标杆、树为榜样，见贤思齐、不断进步。

大学生思想政治教育和未成年人思想道德建设任重道远，必须持续用力、久久为功。殷切期望德育战线全体同人抖擞精神，在巩固好"百系列"展示活动成果的基础上，继续保持改革创新的锐气、昂扬向上的朝气和争创一流的勇气，继续开阔视野、开动脑筋、开拓思路，争创广东学校德育工作新优势，为我省教育"创强争先建高地"不断做出新贡献！

是为序。

（本序作者系中共广东省委教育工委书记、广东省教育厅厅长）

目录

contents

还师生完整的教育生活

——记广州市执信中学校长何勇

题记：让师生回归本真的教育生活，还师生完整的教育生活，为学生的可持续发展奠定良好的素质基础。

执信中学是孙中山先生为纪念革命先烈朱执信，于1921年一手创办的。从创办之日起，它就一直是广州的名校、全国的名校。盛名之下的执信中学，不但曾在中国现代教育史上率先推进新学制，开创了中国现代教育之先河，而且一直勇立潮头，在“崇德立人、素质育人”的办学之路上屡有创新，并数获广东省中小学德育创新奖。2011年9月，执信中学成为广东省首批德育示范学校，这是对其校训“崇德瀹智”的最好注解。

何勇，广州市执信中学校长，广东省数学特级教师，广东省人民政府督学，广东省中小学德育研究会副会长，华南师范大学、广州大学兼职硕士研究生导师，先后获得广州市十佳青年、南粤教坛新秀、广东省师德建设先进个人、广州市精神文明建设先进个人、广东省优秀教育工作者等荣誉称号。何勇校长自担任学校德育领导小组组长以来，鼓励德育创新，提倡生活化德育，让德育回归现实生活；大力支持学生参加德育实践活动和社会生活体验，经常受邀参加学生的各种活动；主持的“主动发展下的EDUS社团活动实践”项目获得广东省德育创新二等奖。

执信中学创办至今，历经九十余年的风雨，锻造了其独有的文化精神，即“执德至弘，信道至笃”，这也可看作是对校训“崇德瀹智”的诠释和延展。何勇校长在回顾校史时说：“执信创办以来，一直坚持把育人放在教育的核心位置，尊重学生的主体地位，尊重学生人格，关注每一个学生品行和人格的发展，积极为学生的个性发展提供条件与环境，努力为学生创造丰富多彩、难以忘怀的教育生活。”

在教书育人的实践过程中，何勇校长一直践行社会主义核心价值观，高度重视德育工作，把德育放在学校工作的首位，坚持“育德树人”，并在德育研究和实践中提出了“让师生回归本真的教育生活，还师生完整的教育生活”的教育理念，形成了执信中学的德育新特色。当前升学竞争日趋激烈，但何勇校长认为，在激烈的竞争中不应“因为走得太远忘记了为什么要出发”，不能只关注成绩的提高、升学率的攀升，而忘记了人的存在；不应人为地制造师生教育生活的缺失，要回归教育本质、关注教育生活的质量，要还师生完整的教育生活！

一、加强文化建设，建设精神家园

何勇校长特别重视学校文化建设，实施以提升价值追求为核心的学校精神文化挖掘工程，对学校精神文化的核心要素进行了梳理和解读，在传承的基础上注入时代的内涵。在前任班子对校训“崇德瀹智”、办学理念“主动发展”进行了深刻的解读的基础上，近年又对学校“人文熏陶，内涵深厚”的办学特色以及学校“育人为本，为学生的终身幸福奠基”的教育价值观进行了解读。每年的教员培训中，他坚持给全体教师做主题报告，发挥价值引领作用，旨在让全体师生建立共同的教育价值追求，营造良好的学校教育生态环境。

何勇校长认为，人是被环境教育着的，通过环境渗透的教育往往是富有影响力的教育，这种不露痕迹的教育又常常是入脑入心的教育。为此，何勇校长提出建设生态校园、书香校园和人文校园的思路，营造高品位的育人环境，并开展了一系列校园改造工程。何勇校长认为，迫于外界的限制或压力而形成的德性和行为习惯是不稳定、不可信的，应该让学生在自然的环境与生活中养成良好的品行。为此，学校首先拆除运动场的隔离围栏，拆除一切旨在把学生与教育教学场所、自然生态隔离的铁丝网、防盗网，让学生在一个自由宽松的环境中学习、运动、生活；二是建筑物风格统整工程，恢复学校红墙绿瓦、斗拱飘檐、古朴典雅、错落有致、有书院气息的岭南建筑风格；三是利用校园围墙边角地带，新建两条长廊——“文化长廊”“科技长廊”，把学校的历史、文化融入长廊的建设之中，集文化、科技教育宣传、风雨通道、休闲读书、美化环境功能于一体；四是新建一个容纳1800人同时就餐的A级饭堂，关注师生的营养与健康；五是扩建三个广场，改造生物园，增加学生读书活动的场所空间，极大地改善和美化学校环境；六是发动师生校友挖掘历史传统，以与执信中学历史密切相关的人和事为原则对学校的建筑物、广场命名，产生了“厚德楼”“仁爱楼”“执信楼”“元培楼”“承志楼”“奉恩堂”“执信广场”“厚望广场”“驰光广场”“醒园”“真爱亭”“放怀亭”等名字，并赋予楼铭记，每个名字都包含了执信独特的文化内涵和教育意义，彰显学校深厚的文化。荷塘小桥，体现南国园林风光；草地花坛树林营造绿色课堂；长廊碑刻铭牌展现文化底蕴；名人佳作，烘托艺术氛围……学校的精神文化有了很好的物化体现，对师生起到了很好的美的熏陶作用。

二、提升师德境界，发挥全员育人

何勇校长认为，教育是崇高的社会公益事业，教育回报的是整个社会，不是直接回报教育者，因此教育事业需要奉献精神。这就需要加强师德建设，要用老师的美德进行“身教”。只有“立德”，才能更好地“树人”。为此，学校组织了“学习先进事迹，培养高尚师德——执信中学全体教职工观看电视新闻纪录片《张丽莉》”，金庆莉主任、刘立翔老师作《师德报告》，开展师德征文、师德演讲比赛等活动，提升全体教师的师德境界，身边的同事、同行的言行在全体教师中产生了良好的榜样作用；开展了青年教师教学技能大赛、班主任岗位技能大赛、小故事大智慧“成功案例分享会”等；还组织优秀班主任赴北京、天津、上海等地区的著名学校学习交流，开阔教师事业，增强教育的责任感与使命感。

“要让每个学生走向成功，先让每个教师走向成功”。因此，何勇校长提出“教师要以学生的成长为本，学校要以教师的发展为本”，夯实教师专业发展的基础。为了促进教师专业化发展，何勇校长做了多方努力：近年来，优化了教师队伍的各种结构；每年都组织教师进行各种形式的培训，开阔了教师的职业视野；加大教科研经费投入，以教科研引领了教师专业发展，以专业丰富了教师的教育生活。何勇校长还特别重视教师的权益，关心教师的身心健康，重视教师的文化生活：为退休教职员开欢送会，为80岁以上的退休教职员贺寿，为新教师安排住宿，节假日安排庆祝活动等，营造和谐的人际关系，增强了教师对学校的认同感，也更愿意为学校的教育事业多做贡献。

三、德育回归生活，建设德育课程

针对当前学校德育存在实效性不高、方法陈旧、内容只注重道德原则和道德规范而无视学生道德能力的培养、脱离生活实际等问题，何勇校长提出生活化的德育与德育回归生活的理念并付诸德育实践。所谓生活化的德育，就是在学生真实生活中开展道德教育，从而引导学生有道德地生活，是从生活出发、在生活中进行并指导生活的德育。生活化的德育主要体现在学校日常管理方面。学校—年级—班级围绕着学生的学习，生活开展德育引导，让学校德育回归学生生活。在教育部校长培训中心与广州市教育局共同主办的“何勇教育思想研讨会”上，何勇校长介绍说，根据执信中学的教育实践来看，要真正做到让学校德育回归学生生活，要注意五个方面的问题：

第一，德育回归生活，要营造民主平等的氛围，在平等的沟通研讨中提高学生的思辨、判断、选择的能力。如执信中学学生社团举行的辩论赛、演讲比赛等活动都紧密围绕社会问题、身边事件，体现着学生自己独特的视角和思维方式。

第二，德育回归生活，就是让学生在生活中学会生活，用真实的、感人的道德形象感动、激励学生，增强心中的正能量。如“感动执信”人物评选、执信大讲堂之世纪之交的青年力量——青少年的责任意识、“show your love”慈善晚会等学生活动对学生进行了潜移默化的道德教育，增强了学生的正能量，起到了激励学生成长的作用。

第三，“德育回归生活”强调学生的亲身体验，培养学生自己去发现生活的意义与价值，鼓励和引导学生对现实的社会和道德问题进行批判性思考，促进学生自主判断、自主选择的能力的发展。

学校的“学生领导力课程”非常强调学生从身边发现问题、研究问题、解决问题，如《解决广州市外来务工人员子女教育适应问题》《广州市城市内涝问题及其解决方案项目》《心心“相”惜之小洲村发展保护项目》《点亮灰暗，广州三无老人救助计划项目》《关于广州市亚运场馆闲置问题及解决方案探究项目》等研究课题促进了学生综合能力的提高。广州市水务局吴学伟副局长带领水务局各处室领导莅临执信中学聆听中学生“领导力”项目组成员汇报。

由学生组织成立的“青草”服务项目还专门针对外来务工人员子女开设课程。“青草”学习课程的流程为社会调查—项目设计—项目实施—项目评估—展示分享，实践平台有白云区龙涛中学和海珠区康乐中学。这两所学校都是外来务工人员子女集中的民办初中，学生们将深入了解随迁子女学生，并为他们搭建充满挑战与兴趣的“周末学习吧”，自主为初一的同学设计每学期10个周末的丰富活动和课程。

第四，德育回归生活，强调学生精神世界自主地、能动地生成、建构它的道德价值观和形成良好的德性，但这种自主建构需要教育者的价值引导。

学校希望学生能够自主地、能动地生成、建构其道德价值观和形成良好的德性，但事实上没有正确的引导是不容易做到这一点的。何勇校长曾收到一位家长的来信，反映在公交车上有执信的学生不给老人让座的问题。何勇校长并没有把这当成一件孤立的事件处理，而是由此反思了学生行为习惯的养成教育中存在的问题，并就这件事在开学典礼上做了“既要仰望天空，又要脚踏实地”的讲话，谈了自己对“不让座”这件事的思考，并引导师生思考。过后没多久，就收到一些家长老师的邮件，反映执信学生在公共场所的良好表现，后来又收到江西一对老人表扬几位执信学生帮助他们在中山眼科医院看病的信件。何勇校长说，收到这样的表扬信他深感欣慰。

第五，德育回归生活，就要让学生亲近自然，亲近生命，享受纯真青春。

在学农、学军、观鸟等活动中，学生亲近了自然，感悟了生命；在国际交流、游学活动中，学生与国际学生结下了深厚友谊，享受了美好青春。

在德育实践过程中，何勇校长引领执信中学开发了一系列德育课程，如学校文化课程（《划过黑夜的亮星》《朱执信纪念文册》《纪念与传承》《名校执信》《广州市执信中学》《文化校园的建设》）；综合实践课程（《我们前进在先烈路上》《国防教育》《劳动技术》《学生党校》《中学生领导力培养》《JA经济公司》《青草夏令营》《国内外游学》）；学生活动课程（团委、学生会活动课程如“体育节、艺术节、读书节、科技节”“ GOLD VOICE歌唱大赛”“叱咤舞会”“跳蚤市场暨游园活动”“团队合作精神挑战赛”“SHOW YOUR LOVE慈善义演”“ENGLISH MASTER比赛”，以执信中学模拟联合国、阅薇文学社为代表的33个社团活动课程）；国际交流课程（与德国法兰克福市师生交流）等。这些德育活动的课程化，体现了何勇校长的德育理念，保障了执信中学的德育实效，为执信中学的德育工作赢得了良好的社会反响和当之无愧的社会荣誉。

四、坚持价值引领，以身作则示范

何勇校长不但积极倡导素质教育的理念，还积极参与到学校的各种教育活动之中。他常说，从教师进入学生眼帘开始，教育的育人作用便产生了，教师的身教比简单的说教更有实效。他倡导科学的人才观，认为每个学生都是独一无二的，都有他的价值，每个学生都有无限的发展可能，不能过早地给学生贴标签。学生在成长过程中出现的问题，是符合学生成长规律的，正因为如此，才能体现教师的价值与作用，引领帮助学生健康顺利成长。

他经常深入年级，参加学生的活动，与学生面对面交流。他坚持每年参加学代会和团代会，指导学生代表撰写提案，履行职责。他非常重视学生的提案，要求各职能部门认真办理并做好反馈工作，这极大地激发了学生的主人翁精神。他经常受邀参加学生会团委组织的各种活动，亲临社团活动日、运动会、艺术节活动为学生鼓劲打气。他坚持在校长接待日接待学生，甚至召开学生代表座谈会，倾听学生的心声。2004年11月，执信学生因在放学路上见义勇为而被歹徒袭击，引起同学们的极大愤慨，对社会治安表示强烈不满。何勇校长一方面及时肯定学生的正义感和见义勇为的精神，另一方面召开会议，引导学生以理性合法的途径与方式表达意愿，与违法犯罪行为做斗争。在学校团委的引导下，一场由学生组织的“团结你我他，安全靠大家”活动拉开序幕，学生制作防盗提醒标志发给路人，举行反盗防盗签名活动，引来当地媒体广泛报道，产生了很好的社会影响。

2011年4月，学校重申禁止一次性饭盒进校园，就遭到一些经常吃盒饭的高三学生反对，并联名递交请愿书。何勇校长则主动约他们面对面沟通，经过坦诚的交流，绝大多数同学表示理解并接受学校的管理规定。

后记：在六七月间，身处这古色古香的广州名校，瞻仰着庄严的执信墓，看着眼前的一鉴石，闻着沁人心脾的桂花香，赏着摇曳生姿的荷花韵，不禁感喟于执信作为一所老牌名校所拥有的浓郁的文化氛围，不禁感慨于文化教育力量的强大。听何勇校长娓娓而谈，笔者了解到执信中学先进的育人理念，完整的德育体系和获得的无法计数的各种荣誉、奖励。笔者提到希望列举这些荣誉的时候，何勇校长却说："那些都不重要，重要的是我们通过富有特色的德育理念和实践活动，给了执信师生尽可能完整的教育生活，让教师享受教育的幸福，让学生念念不忘、恋恋不舍、时时感恩。"

回顾执信生活，校友们纷纷表示，天下间无数的名师、名校，并非个个都有执信的气度。执信中学的教师和领导是那样的豁达，他们看得很远，不仅关注你在执信的成绩，更考虑你能不能在以后的人生道路上走好、走稳，获得自我充实的精神。

让师生回归本真的教育生活，还师生完整的教育生活，为学生的终身发展奠基——这是何勇及其团队的育人信念。他们遵从着这样的传统，收获了这种理念的果实，也坚信更加美好的未来。

立足教育原点，成全生命灿烂

——记广州市海珠外国语实验中学副校长谢卫煌

题记：做一朵云，推动另外一朵云的事业。（回归教育原点，做扣动心弦的教育，做打动人心的教育，做无形无声的教育，教育者是一朵云，受教育者是另一朵云）

谢卫煌，男，1973年8月生，中学数学高级教师，海珠区外国语实验中学副校长，主管德育、团队、少先队、体卫艺工作。多次获海珠区政府嘉奖，海珠区教育系统优秀共产党员，获高考突出贡献奖，多篇论文获国家、省、市奖励或发表。追求有效课堂，实施愉悦教学；主张活动德育，倡导体验教育。座右铭：非淡泊无以明志，非宁静无以致远。

一、主张精神育人，着力培养党性

作为一位主抓学校德育的副校长、学校党总支青联委员，谢副校长始终坚持精神育人的理念。他把学校德育工作的所有抓手都定位为“精神育人，培养党性”，因为教育者除了教育学生本身，更重要地是培养学生的民族之魂、爱国之情、爱党信念。

学校是一方圣洁领地，为了更好的培养学生，他先后开展了下列活动：

一是开展“师德为先，廉洁修身”主题讲座，意图培养教师做好德育表率。

二是开展“党风廉政教育进校园——我身边的雷锋”主题广播活动，意图激发学生寻找身边优秀的人物，感受幸福。

三是开展“争先创优——学雷锋标兵”主题颁奖活动，意图树立学校学生中的典型人物，让辐射达到最大效益。

四是开展“文明使者”评选活动，意图让文明的习惯在校园养成。

五是制定《校长门岗》制度，意图让校长以身作则，让每位学生得到感染，从而影响学生的行为。

正是因为对学生的爱和对学生细节的关注，他多次被评为学校及海珠区教育局优秀共产党员。

二、擅长思考总结，用心潜心育人

于丹教授曾经说过：“教育就是让每位孩子穿上适合自己的鞋。”谢副校长一直坚持着让每位学生穿上适合自己的鞋，因此他开创了学校的体验教育理念，让学生从体验快乐到体验成长，最终实现体验成功。世界上没有任何两片相同的叶子，学生亦如此，所以不同年级的学生的年龄特点又怎么会相同呢？为此，他努力践行不同年级不同内容的“体验教育”系列活动，希望以丰富的“体验”教育系列活动，滋养学生的生命。

作为一位校长，他感受到学校在学校管理、师生队伍、校风建设等方面的许多优秀做法；作为主管德育的副校长，他在学校德育“基于信心教育基础上的班级文化建设”特色理念的基础上开始进行革命性改造。

为了更好地使学校的德育工作上升到新的台阶，他提出了“抓一个特色两个特点”的主题活动，即：

一个特色：继承“基于信心教育基础上的班级文化建设”特色并加以丰富其内涵，开展“完美教室”建设。许多班级开设了“成全教育之亲子平台”“成全教育之师生平台”“成全教育之合作小组”等温馨而又催人奋进的窗口，让学生在教室内的学习生活更加人文、和谐与高效。

两个特点：活动育人与体验教育。德育为先，活动育人。活动让心灵开花，活动为生命润色。德育只有以生活为基础，与生活交织、渗透在一起，对人的主体地位和生命给予充分的尊重与关注，才能真正地走进学生的心灵，迸发出无限的生机。他针对体育节内容进行了充分的拓展延伸，围绕生命教育（安全教育、励志教育、野外拓展、环保教育、远足体验）开展了大量的工作。

他认为，现代教育学的研究表明了人类长期积累的知识需要通过课堂教学和书本的方式传授给少年儿童，但远大理想的孕育，美好情感的萌生、高尚人格的养成，都必须经过体验才能完成。只有亲身体验到的东西才能刻骨铭心、终身不忘。苏霍姆林斯基也说：“任何一种教育，孩子在其中越少感受到教育者的意图，其教育效果就越大。”为此，他针对各个年级相继开展了下列体验教育活动：

初一级、高一级：综合素质训练与军训（在海珠区素质教育训练基地进行）；

初二级、高二级：拓展训练（在番禺区历奇山庄户外拓展训练基地进行）；

初三级、高三级：25公里远足体验活动（在帽峰山原始森林进行）。

三、体验生命价值，培养公民意识

谢副校长认为春游、秋游不能是一种纯粹的娱乐。对于一所中学来说，培养学生的公民意识，培养学生的生命价值意识是尤为重要的。他常说：“学生对于每个家庭来说都是100%，我们教育的是自然人，我们有责任和义务，因为一个孩子不仅仅会改变一个家庭，有一天他会长大，可能影响的就是社会、国家。我们要培养的是健康的、对生命具有敬畏之心、具有完美精神世界、具有自主发展的意识及能力、拥有强健体魄、具有个性特长和审美能力的有志青年和优质公民。”

为此，他逐步把过去单纯的春游、秋游活动替换为野外拓展活动，及时发现并且发掘学生的感受与反应，及时对每次活动进行分享，并请学校的心理老师对个别学生辅导，做到了对学生从整体到个体的帮助。这样的活动不仅让学生学到了校内课堂上学习不到的知识，更让学生得到了全新的、更加丰富的野外体验，实现了更好地培养学生的团队合作精神、吃苦耐劳和锲而不舍的精神、敢于担当的胆量与力量、尝试与创新的精神、对困难的信心与对团队信任的优秀品质的目的，为把学生培养成为有志青年与优质公民奠定了坚实的基础。

四、优化课程观念，开展课程活动

作为一名德育校长，他一直探索将特色课程与学生活动紧密结合起来，因为他深知德育和教学不可以分家，只有两者紧密地结合在一起才能使学校从优秀走向卓越。为此他坚持“大课程观念”，让德育活动回归课程，让活动变得更加有意义。

学校的育人理念是“成全”教育。他认为特色教育是以尊重生命为前提条件的，所以关注学生精神的成长，为学生创设各种体验成功机会，舒展学生的自然天性，培养学生理想信念、独立人格、善良心灵和高尚情操是德育的必要条件。为了让课程观理念变得更有实效，他坚持以学校的办学理念为基础，依托“成全”特色教育开展“课程观”活动。他常常说：“教育之道，就是成全之道。让教育成全生命的幸福，就是要唤醒人的生命意识，促使人主动的发展。”为此他先后在学校开展以下课程：

《完美课室打造课程》，意图通过着力于优化“教室课堂”，让课堂焕发生命的活力，让学生成为班级主人，让班级文化建设释放更大的能量。

《校园课堂课程》，意图全面开放“校园课堂”，让校园成为师生的乐园。谢副校长经常跟大家这样分享：我们生活在这个校园里，应该感到快乐，也只有在校园里感觉到快乐，我们才能感觉到生活的幸福！所以，通过开放校园课堂，希望学校成为师生的乐园是我们举办活动的初衷与归宿。体育节、科艺节等都体现了这样的要求，渗透了这样的理念。

切实延伸“校外课堂”，构筑学生生命发展新时空，以成全学校、教师、学生的共同成长。例如，学生的系列校外体验教育活动。

《体育文化节课程》，意图全面释放学生的发展潜能，让每位学生都可以成为小领袖，让每位好学生都被需要，让学生在被需要中得到最大的成长。

《游学德育课程》，意图让学生在游学中成长，了解礼仪文化，用课程的理念重新理解与打造游学课程，形成以玩促学的游学体系。现在学校陆续开展了北京夏令营活动和英国、美国、加拿大等境外游学活动，并设想进一步拓宽渠道。

《体验班会课程》，学生亲身参与的学习才是真正的学习，只有学生们在活动中去体验，才能得到真正的感悟。例如，通过不懈努力，他将学校6个模块（起始年级教育、中间年级教育、毕业年级教育等）更加细化地、有机地联系起来，形成了“活动要系列化，活动要课程化”的思想指引，实现了把课程从课堂延伸到学生活动，延伸到校外，让德育课程因机而动，因动而活的目标。

起始班级月活动题安排

月活动主题	主题班会研讨课	活动目的
3月、9月 行为规范月	《体貌谦恭》 《行为规范你我他》	通过规范自身行为，塑造进取、信心、积极的自我形象
4月、10月 科技文体展示月	《全民科技，全面自我》 《超越梦想，放飞校运》	培养创新思维，推动科技与体育活动的开展，活跃身心，展现自我
5月、11月 理想前途教育月	《我努力，我自信，我成功》 《每天面对镜子给自己一个微笑》	建立明确的学习与成才目标，激发信心与潜能，追逐梦想，追逐成功
6月、12月 我是金子教育月	《星星之火可以燎原》 《团结就是力量》	鼓励学生发现自己的亮点，激发自信心，引导学生体味同伴欣赏
7月、1月 信心教育月	《让勤奋插入翅膀》	学法指导，信心鼓励，提高学生学习自信心

中间班级月活动题安排

月活动主题	主题班会研讨课	活动目的
3月、9月 行为规范月	《女生聊天室》 《做有魅力的男人》	中间年级女生心事越来越多，容易情绪波动，女生聊天室为女生提供释放平台；鼓励男生敢于担当，全面发展
4月、10月 科技文体展示月	《全民科技，全面自我》 《超越梦想，放飞校运》	培养创新思维，推动科技与体育活动的开展，活跃身心，展现自我
5月、11月 理想前途教育月	《祖国——妈妈》 《青春、责任》	建立明确的学习与成才目标，为学生提供多方位对祖国的认识，激发学生爱国情怀
6月、12月 我是金子教育月	《我的优点他来赞》 《我们不能总是替别人鼓掌》	鼓励学生发现别人的闪光点，激发自己追求进步，引导学生体味同学欣赏
7月、1月 信心教育月	《成功无捷径，学习当奋斗》	学法指导，信心鼓励，提高学生学习自信心

毕业班级月活动题安排

月活动主题	主题班会研讨课	活动目的
3月、9月 理想前途教育	《百日誓师，决战高考（中考）》 《我的未来不是梦》	一鼓作气，再而衰，三而竭。举办大型有效的誓师活动激发学生斗志
4月、10月 科技文体展示月	《超越梦想，放飞校运》	锻炼身体，炼就强健体魄，推动体育活跃身心，展现自我
5月、11月 行为规范月	《一切正常才能超常》 《快乐人生路》	心理辅导，对于毕业班级来说，心态才是成功的关键
6月、12月 亲情　友情　师情感恩月	《享受考试，感恩成长》	过程是美好的，考试水到渠成，功成之日，感谢一路陪伴

五、敢为人先而治，辐射全区而励

在这个强调“安全第一”的时代，学校组织大型群体活动的现象越来越少。可是谢副校长认为，每个孩子只有感受过汗水的洗礼，才能真正燃起心中的奋斗之火。他所创新开展的毕业班“远足”体验活动，在海珠区内学校引起了强烈反响。许多学校校长对他的“敢为天下先”的思想与行为表示了支持与赞赏，觉得这是具有创新精神、需要极大勇气的一件大事。同时，也引起了兄弟学校的支持与效仿，现在已经有多所学校（海珠中学、聚德中学等）在他的活动之后准备进行远足体验。这项活动也引起了社会积极反响，特别是得到了全校家长们对这项工作极力认同与支持。在活动中，很多家长陪同小孩走完全程，有的家长还主动做志愿者。来自社会、兄弟学校与家长的支持和参与为我们开展工作提供了强大的动力，更加鞭策我们时刻为孩子着想，为学生的健康、顺利成长殚精竭虑。这也为正处于青春期的孩子与家长提供了沟通的平台。更重要的是增强了学生体质，强化了集体观念，培养了学生坚韧不拔的意志品质和耐挫能力，树立了学生亲近自然、热爱家乡的情感和环保意识。同时让学生在高强度的学习压力下得到完全不同的活动体验并调整状态，磨炼了学生在面对困难时的卓越意志。

六、推广交流经验，总结提升教育

谢副校长始终坚持“做一朵云推动另外一朵云的事业”。他认为，教育应该回归原点，做扣动心弦的教育，做打动人心的教育，做受教育者无形无声接受的教育。教育者是一朵云，受教育者是另一朵云。我们应该推动学生前进，而不是鞭赶，也不是前拖。为了让同行、教师和学生得到最大的收益，他主持开展了大量有针对性的讲座。如：《做有魅力的男人》《为自己加油》《心态阳光，高考成功》《如何处理高考考试压力》 《传统文化教育》《海实主流价值观》 《做一朵云推动另一朵云的事业》《让教育成全生命的幸福》《做有故事的班主任》《我们的青春在海实腾飞》《做个不一般的人》。

教育家斯宾塞说过：“记住你管理的对象应该是一个能够自治的人，而不是一个要别人来管理的人。”对于副校长来说，民主的意识一定要有。根据学校的大主流价值观和成全教育思想，他坚持讲授的主题要变知识传授的德育为行动的德育。改变书里来、书里去的德育模式，变单纯的言语德育为行动的德育。让学生自己去观察、体验、接触、思考，在行动中习得感知，习得在体验中感悟人生哲理。

此外，谢副校长倡导以文化厚重底蕴为依托，开展无声教育，响应党的十八大精神，顺应社会需要，大力开展传统文化教育。他希望墙壁能说话，希望墙壁教育人，希望学生在一种良好的文化氛围中受到一种“云推动云”的无声教育，在潜移默化中得到心灵的熏陶与人格的提升。他为学校文化校园、诗意校园做出了竭诚的努力与贡献。他组织学校精英团队，亲自设计、反复斟酌，在学校一楼架设空层，围绕“成全”教育、学生主流价值观，打造出一条靓丽的、极具文化内涵的、赏心悦目的文化走廊，极大地提升了学校文化档次，使学生沐浴其中，流连忘返。

他还主张与推行“动人故事，魅力德育”活动。他十分赞赏著名德育专家张万祥老师在《班主任要善于讲故事》一文中的说法：“教育要克服成人化、口号化、报告式、运动式，努力做到潜移默化，给受教育者以更多的尊重、信任、平等与期待，要像受教育者一样感知、体验与思索，要采用以情感人、以理服人、循循善诱的教育方法，真正地与受教育者缩短距离，沟通思想感情。”德育故事就是最好的载体之一。他是一个教育的有心人，积累了一百多个关于教育的故事，他在校会、班主任会议、德育研讨会、年级、家长会、班级等不同场合经常与教师、学生分享他积累的故事，很受学生的欢迎，收到非常好的效果，并团结和感染了一大批学生与家长，这一招对于后进学生尤其有效。他本人也准备在这方面进行进一步的提升，并结集出版书籍。

七、勤奋不忘教学，教育教学双赢

谢副校长的努力与拼搏终于得到了回报，学校高分好评顺利通过“广州市安全文明校园”“广州市垃圾分类示范基地学校”的评估，为学校更加全面、优质发展提供了更加丰富的内涵。

在如此繁忙的德育评估和日常工作中，他依然坚持上好每一节课。他所带的文科高三（6）班的数学成绩有了稳定的提升，一模取得了优异成绩并得到区数学教研员王老师的好评。由于学生成绩的大幅度提升，他被邀请在区一模分析会上作了“走进学生，风雨同行”的主题发言。在二模考试中，他所带的班级更以93.3分的成绩远超广州市平均分82.6分，跃居全区班级的第九名。尤其是优秀率显著提高，120分以上3人，100分以上18人。他在这个班级高二时接手，平均分比当时理科最差的班还低，与特优班（1）班比更是相差29分之多。功夫不负有心人，在2014年高考中，他所带的高三（6）班数学成绩平均96.1分，远超省平均分21分，超区平均分6分，比高三（1）班仅低7分，远超另外两个理科班12、14分。高三（6）班考了39个（全班48人）本科生，数学学科作出了巨大贡献，得到裘志坚校长的高度肯定。

谢副校长是幸福的，因为他探索出了学校的德育特色与特点（一个特色、两个特点、三个优化）。这个大胆的尝试与其总结与创新，尤其是方向的引领带来的效益是巨大的。学校的校风有了极大的好转，孩子们的仪容仪表变好了、恶性事件没有了。最幸福的应该是德育主任，因为问题学生也没有了。如今的孩子们对学校的“情”不再是单一学习知识的地方，而是变成了对第二个“家”的热爱，海实的孩子们总是骄傲地说：“我是海实人，我骄傲！”这几年来，报考海实已成为一种热潮，无论是小升初还是初升高。海实的德育与校风已在区域内产生较大影响，并成为家长们选择把孩子送进海实的根本保障。

是啊！这就是一种大爱！以环境育人，以环境动人，以环境感人，让每个孩子都实现“成全生命的灿烂”。这就是谢副校长给学校带来的改变，点点沁润学生的心，实现润物细无声的德育！

后记：这就是谢副校长的故事，平淡而朴实，务实而创新。一切为了学生，为了学生的一切，默默地做着一朵云推动另外一朵云的事业，用他的话说，德育就得回归教育原点，回到教育本真！

以人为本育桃李，以德育人馨满园

——记西关实验小学校长钟群莲

题记：『因为爱着你的爱，因为梦着你的梦，所以快乐着你的快乐，幸福着你的幸福……』钟群莲校长认为每一个孩子都是一笔珍贵的财富，作为教育工作者，要用爱去承载孩子们的梦；要用真情去浇灌，用智慧去启迪，用人格去熏陶，用理想去塑造个性千差万别的孩子们，让每一个孩子得到全面、和谐的发展。

钟群莲校长热爱教育事业，曾先后在荔湾区5所学校担任过教师、学科教研组长、教导主任、副校长和校长等职务。从1990年步入教育行业以来，20多年的教育生涯让她积累了丰富的教学经验和对教育事业极其深厚的感情。从荔湾区优秀教师、优秀班主任、特色教师、荔湾名师到荔湾区优秀校长、广州市优秀教师、广州市名校长，沿着她成长的足迹，我们看到了她对教育始终保持着那份激情。从事教育20多年来，钟群莲敬业乐业，遵纪守法，模范履行岗位职责，品行优良。她具有扎实的理论基础和学科专业知识，博学多才，管理能力强，善“管”会“理”，在本职岗位上默默耕耘，取得了骄人的成绩，也获得过很多殊荣和奖励：曾三次获得荔湾区政府记三等功奖励、两次被评为荔湾区先进工作者；被中共广州市委 、广州市人民政府评为广州市创建省教育强市先进个人、广州市优秀教育工作者、广州市“三八”红旗手、广州市百千万工程首批名校长培养对象。此外，2013年，她还被华南师范大学聘请为“国培计划（2013）中西部项目——四川省农村中小学校长短期集中培训、小学校长高级研修”项目华南师范大学班授课专家、被聘请为教育部“农村校长助力工程（2013）——华南师范大学培训班”实践指导专家。钟群莲校长还承担了由广东省教育厅、广东中华民族文化促进会、广东教育学会主办的“广东省山村优秀教师跟岗学习培训项目”的指导任务，被评为2013年荔湾区德育理事会副会长……面对荣誉，钟群莲戒骄戒躁，我们看到了她“实淡泊而寡欲兮，独怡乐而长吟”的淡泊。作为荔湾区教育系统学术带头人、荔湾区校本培训课程评审专家、广东省教育学会专业委员会、《广东教育》杂志理事、中国教育学会中小学整体改革专业委员会委员、中国青年教师协会会员、中国西部教育顾问、荔湾区德育研究会副会长，沿着她专业发展的足迹，我们看到了一位学习型校长，一位专家型校长正在成长、成熟。

一、情系教育，执着追求

追求能把理想化作动听的乐曲，奏响美好的未来；追求能把理想化作希望的绿洲，开拓创新的事业。教师的追求，是在知识的领域里，用智慧“传道授业解惑”，为学生指明生命的方向，赋予学生生命以意义和价值。钟群莲校长挚爱教育事业，全身心投入，曾经为了接任毕业班而延误了生育，直至这个班当年并被评为荔湾区“三好班”并顺利毕业。在担任班主任工作时，她注重培养学生良好的行为习惯，注重营造班集体的凝聚力，注重培养学生健康的心理素质。她兢兢业业，善教乐教，尊重学生差异，因材施教，关爱每一个学生。多年来所教的班级班风好、学风好、凝聚力强、积极向上，多次被评为学校和区级三好班、先进班集体、优秀中队。多年来，她执教的学生的语文成绩总是名列学校前茅；指导的学生作文经常在少儿报刊杂志上发表并参加各级竞赛获奖。她在担任班主任工作和语文教学中，经常承担学校公开课；曾代表学校参加区的语文课堂教学和品德课堂教学竞赛并获奖，还被荔湾区教研室聘任为思想品德中心教研组成员，还曾担任学校语文教研学科科长和思想品德教研学科科长和级长职务。多年来，她认真总结班级管理经验，所撰写的班主任工作论文多次获得市区一等奖并受表彰，班主任工作经验也多次在区级表彰会上受到表彰并推广。

二、根植文化，追求卓越

学校是在先进的办学理念与切合实际的管理实践交互作用中不断发展的。现代学校不仅仅是教师教书，学生学习的地方，更是师生精神生命成长的地方。钟群莲校长的教育思想，源于教育生活和实践，体现在学校的办学理念和学校的持续发展中，体现在校长自身的成长与成熟的过程中。

一所学校的精神气质，很大程度上是由校长的教育思想、办学理念决定的。钟群莲校长基于学校文化积淀和发展需要，站在教育改革前沿，提出了“相融生智，和合至美”的办学理念，用自己先进的教育思想去影响教师的教育观念和工作态度；创建学校“融通教育”特色品牌，促使学校走上了国际化特色学校的可持续发展之路。正是钟群莲这位领航人，带领着学校和师生朝着“校品科品师品生品层层上品，德优智优体优艺优比比争优”的“品优”学校大步迈进。

西关实验小学地处广州老城区西关，在历史的演变中，学制和校名几经变动。根据合并学校特点，钟群莲校长进行优势整合，善“管”会“理”。她高屋建瓴，锐意创新，选择基于融通教育文化背景下彰显“润化德育”特色。这是一种全新的教育理念和持续的教育过程，体现优势整合，兼容、包容、化合。润化德育是基于人文关怀德育理念的情感体验和品德自我建构的德育模式，突出基本价值观和基本品德的教育和培养，强调淡化德育的形式，注重德育的实效。它是一种春风化雨，润物无声，潜移默化的无痕德育。钟校长根据时代要求和人的发展需要，依托深厚的文化底蕴，全面实施素质教育，面向全体学生，把教育的重点放在提高全体学生的基本素质上，着眼于学生适应未来社会发展的需要上，确立了“关注全体学生，促进主体发展，培养具有本土传统意识，又有世界视野的现代人”的育人理念。在这理念的引领下，将一部巨大的学校文化史变成一个学生素质发展的平台、一个教师专业发展的平台。学校德育根植于特色文化中，强基于校本研修中，承载于践行活动中，发展于校本课程中，融合于家校教育中，提高于课题研究中。“传承—特色—创新—发展”的教育之路异彩纷呈，硕果累累。西关实验小学获得了中国少年儿童平安行动示范学校、广东省德育示范校、广东省体育特色学校、广东省书香校园、广东省英语教学示范学校、广东省红旗大队、广东省绿色学校、广东省教师继续教育实践基地、广州市教师继续教育校本培训示范基地、广州市心理健康教育示范学校、广州市优秀家长学校、广州市依法治校示范学校、学校荔湾区五星级书香校园等殊荣。

三、创新理念，内涵发展

在实施教育教学管理中，钟群莲校长善于宏观规划、勇于创新、科学管理、求实求稳、科研引领、研训结合、以点带面，以新课程理念为引领，加强综合活动课程建设，开发校本课程，努力以特色提升教学质量，以特色打造学校品牌，取得的成绩和丰硕成果得到办学单位、家长和社会各界的认同与赞扬，学校教育教学质量稳步提升。目前，学校英语学科成为广东省教研示范单位；学校信息技术实验成效显著，是广东省现代教育技术实验学校、英特尔示范学校；语文、英语、品德、数学、体育学科被评为广州市优秀学科；语文、数学、英语、品德、音乐、科学、美术、综合实践学科被评为荔湾区品牌学科。学校被评为荔湾区首批品牌学校、五星级书香校园，获得荔湾区小学新课程实验先进学校称号。

钟群莲校长科研意识强，善于运用和推广先进的教育理论。在她的引领下，学校成为了中国—美国—加拿大三国教育合作项目“英语浸入式课程与课堂教学研究”实验学校、全国棋类教学实验学校、广州市教育国际化实验学校。近年来，学校承办了国际性、全国省、市、区各级各类研讨会，内容涉及课程改革、教育教学实践、学校特色发展、德育等方面，通过互动交流，得到专家指导和领导的关注，提升了学校整体办学声誉。钟群莲校长善于以理论为引领，加强实践探索，不断夯实学校基础，丰富内涵，取得了很大成效。学校的办学成效也曾在各大报刊杂志等新闻媒体上报道，赢得了社会口碑。

四、独善其身，提升自我

在实施新课程改革过程中，钟群莲校长把平时习得的理论作为她开展学校管理工作的支撑点，把平时的教研活动作为她与老师们探讨新教法的平台，把平时的课堂作为她和老师们探究新模式的舞台，把平时从听课中发现的成功案例作为她挖掘校本培训最好的资源。她在工作中注重自身的学习与提高，尽管学校管理工作千头万绪，但也不忘忙中抽闲翻阅报刊、阅读书籍，了解时事，学习理论，不断提升自我，努力提高“依法办学、依法治教”的能力，确保自己的办学理念与时俱进，顺应时代的潮流。作为校长，她时刻谨记“其身正，不令而行；其身不正，虽令不从”的道理。本着对上级领导负责、对全校师生员工负责的态度，她以身作则，兢业严谨，全身心投入工作中。同时，她也要求班子成员共勉，努力成为师生的表率。面对越来越繁、杂、多的行政管理事务，面对要求越来越高的教育教学质量压力，她迎难而上，工作尽心尽力、尽善尽美。

钟群莲校长认真开展课题研究，以科研引领、促进教研、课堂教学为主渠道，开展理论与实践活动，开展校本培训，提高干部、教师素质。“十五”期间，其本人担任全国规划课题“主体教育”研究子课题负责人、市级课题“发展性课堂教学评价研究”负责人；中国—美国—加拿大教育合作项目——“我国英语浸入式课堂教学研究”子课题负责人。“十一五”期间，其本人还担任了广州市市级课题“棋类教学促进学生智力发展研究”负责人和区级课题“特色学校创建实践与探索”负责人、广州市“十二五”规划德育课题“学校德育特色研究”负责人，广东省“十二五”规划德育课题“基于融合文化背景下的‘润化德育’行动研究”课题负责人；成功组织承办了中国—美国—加拿大教育合作项目“英语浸入式教学研究”国际性现场研讨会、全国棋类教学现场研讨会等一批涉及教育教学、学校管理、校园文化领域的全国、省、市以至海内外的专题现场会，使学校成为“中国—美国—加拿大三国教育合作项目英语浸入式课程与课堂教学实验学校”“全国围棋教学实验学校”“珠江文化研究培训基地”“全国中小学教育整体改革实验学校”。她撰写的论文曾在全国、省（市、区）多次获奖，并在各大报刊杂志上发表。其本人也曾在首届泛珠三角校长论坛上作专题发言；在广州市“发展性评价研究”中期报告会上作经验介绍；多次在荔湾区教育教学专题工作会议上作专题发言，推广经验。在钟群莲校长的指导和引领下，学校科研水平不断提高。钟群莲校长孜孜不倦地带领老师们深入课堂教学研究，把问题转化为课题，在研究中解决问题，不断提高教学水平，提高教学质量，学校教学质量稳居荔湾区的前列。

钟群莲校长不断进取，始终保持着对新思想新事物的敏感，对科研的浓厚兴趣，对教学的不断探索，对教育事业的激情，是一个有精神追求的校长。

后记：在实践中探索，在探索中积累，在积累中走向成熟。这是钟群莲校长的成长历程，她努力着，收获着，追求着，向着更高的境界迈进。

猛志逸四海　骞翮思远翥

——记深圳市园岭小学校长梅仕华

题记：『成长，构建卓越』，这是1994年梅仕华校长辞别家乡、恋别昔日领导岗位时对同事说的一句话。

1999年，深圳市福田区首次面向全国公开招聘中小学校长考试。梅仕华在内地江西已经拥有省级名校校长的职务，志存高远的他却踌躇满志地怀揣着一份坚定的执着来到人才济济的深圳参加考试，最终他以综合分数第一名的优异成绩成为福田区唯一被直接录用的上沙小学校长。2001年，40岁的他又凭借卓越的智慧、超强的本领，接任老牌名校——园岭小学校长。从此，志向飘逸四海，像只大鸟举起翅膀振动气流，大展神威。多年来，他带领全校师生一直秉承“敢为人先，追求卓越”的园岭精神，以高尚的职业操守、先进的管理理念、一流的办学业绩，创造了如今园岭小学位居“全国500强 ”之第11名的骄人业绩。

一、鸿鹄之志，恋别沃土高翱翔

1994年，梅仕华校长恋别家乡父老，放弃如日中天的事业，辞别江西那片给予他成长的沃土，志存高远，开始了他在深圳的逐梦之旅。

当年在内地已为名师名人的他，来到人才济济的深圳，来到名不见经传的翠竹小学，担任普通的语文老师。一切从零开始。然而仅一年时间，他所教的班级教学成果显著，引起了市教育局的重视。在担任上沙小学校长兼党支部书记期间，他依然用强大的人格魅力、卓越的领导才能践行着自己独特的办学理念。

无论在哪里，他始终遵循“凭良心做人、按原则办事、靠本事吃饭”的人生座右铭，秉持“尊重前任、干好己任、想到后任”的职业信条，默默无闻地在特区基础教育园地里辛勤耕耘。

二、敢为人先，改革创新洒心血

“敢为人先，追求卓越”是梅仕华校长对园岭小学所秉承的“园岭精神”的高度概括和创新诠释。作为这一理念的提出者和践行者，他用自己的言行不断地诠释着这种理念。

2011年11月，梅仕华校长在北京参加深圳首届名校长北大教育论坛时，接到了很多在北大、清华就读的深圳学子的问候。那一刻，他感到非常幸福，这也是全体园岭教师的幸福。他说：“我们有理由期待并且坚信，园岭小学这样的‘达人’、这样的品学兼优的毕业生将会层出不穷，全体教职工也将继续享受作为教育工作者的幸福。”

是的，如果你来到深圳，你就会知道声名显赫的园岭小学。在这里，走出了一大批令人惊叹的毕业生：杨采钰、陈思霓、吴介贤、陈傲然、徐梦琪、陈明钰、潘天凤、李欣霖……在文学世界驰骋梦想的杨惠子、余雪尔、苏秦、朱叙蓉……以及各行业的佼佼者，还有更多被国内外知名学府录取的优秀毕业生。

三、追求卓越，坚实口碑誉鹏城

梅仕华校长特别注重办学理念的提炼和总结。他常说："脚步达不到的地方眼光可以达到，眼光达不到的地方思想可以达到。"梅仕华校长的办学思想始终走在同行的前面。从大园岭合并之初的"在做大中做强、在继承中创新、在竞争中发展"到"以学生自主、和谐、可持续发展为本"；从"努力让学校成为广大师生留恋与兴奋的地方"到打造幸福教育品牌；从"构建和谐校园的1333工程"到正在实施的"名师兴校、改革活校、特色立校、文化强校"四大发展战略；始终一脉相承，与时俱进。2014年，他又提出"园岭梦"的具体目标和基本内涵，并要求用"园岭梦"支撑"教育梦""教育梦"助推"中国梦"，要努力为特区乃至中国的基础教育创造价值。他曾多次作为特邀嘉宾或讲师团成员在全国相关研讨会、培训班上介绍经验，其敏锐的眼光和独到的见解为业内同行所叹服。他个人撰写的20余篇管理论文分别获全国和省、市一、二等奖，并有多篇在省级以上的刊物公开发表。

四、德馨飘香，创意举措广传颂

梅仕华校长以开阔的办学视野、清晰的德育理念彰显治校的魅力。

行成于思。园岭小学坚持"五育并举、德育为先、育人为本"的办学方向，遵循"学生自主、和谐、可持续发展"的教育原则，同时在传统德育理念基础上继承与创新，形成了学校独特的教育理念：

（一）坚持德育为先，为学生未来全面、自由的发展奠基

园岭小学始终坚持德育为先，把教育与人的幸福、人的价值、人的尊严、人的需要、人的全面发展和人的终身发展有机联系起来，确立了学校教育应为学生未来全面、自由的发展奠基的这一教育理念。

（二）坚持以学生为主体，激发学生的生命动力，让学校成为学生幸福成长的学习乐园

园岭小学要求教师坚持以学生为主体，尊重学生的差异性和多样性，营造多姿多彩的校园文化氛围，让学校成为学生幸福成长的学习乐园。

（三）坚持以教师为主导，打造充满人文情怀的师德文化，让学校成为教师幸福工作的精神家园

梅仕华校长说："没有幸福的教师，就没有幸福的学生，也就没有幸福的教育。"园岭小学在创新德育工作中，紧紧抓住教师队伍这个核心，着眼于新课程和新时代的要求，立师志、修师德、树师表、铸师魂，通过制度创新，激发教师的职业活力、专业创造力和教育热情，打造充满人文情怀的师德文化，让学校成为教师幸福工作的精神家园。“爱事业、爱学校、爱学生，可敬、可信、可亲，品位高、情商高、境界高”，“三爱”“三可”“三高”已经成为园岭小学独特的师德文化。

清晰先进的德育理念，健全完善的德育机制，都有赖于师资队伍的创造性的教育实践。梅仕华校长始终把打造充满激情和创造力的师资队伍作为推动德育工作的核心，以拓展德育的丰富内涵、提升德育的品质。提炼如下：

高标准的要求，打造园岭人的教育理想和人文情怀。

多层次的培训，提升园岭人的专业素质和工作能力。

多种类的活动，塑造园岭人的阳光形象和幸福气质。

正能量的气场，激发园岭人的教育自觉和创造激情。

梅仕华校长还倡导以体验教育见成效，以多彩活动亮品牌，园岭德育出特色。他说：“生活即教育，学校即社会。德性的养成是一个内化的过程，其中必有经历、感受、共鸣、反思、升华的过程，才有学生的自我教育和自我塑造。”他倡导体验式德育，追求“成人”而非“成事”，“养成”而非“速成”，“内化”而非“强化”，“渗透”而非“灌输”。

此外，长期以来，学校重视改善办学条件，不断加大经费投入，完善硬件设施，整治校园环境，坚持以“书香校园”“人文校园”为主题构建学校特色文化，利用环境氛围潜移默化培育人：特色班级文化多彩，润物无声；养成教育文化精细，春风化雨；校本课程文化多样，熏陶无痕。校园文化塑造卓越品牌，展现春风化雨般的神奇。

后记：就是这样一位有着“猛志逸四海，骞翮思远翥”抱负的老师、秉承“敢为人先，追求卓越”理念的校长、身怀教育济世梦想的教育管理者，任何的语言都难以抵达其内心，只能通过只语片言窥其教育观与教学思想。他真正的思想只能通过他的课堂、他的学生、他的学校才能完整地体现“敢为人先，追求卓越”，这是梅仕华对园岭小学的心愿，也是他对自己的要求！

为孩子的幸福人生奠基

——记珠海市香洲区第十小学校长王琳琳

题记：养成教育是管一辈子的教育，是为孩子的幸福人生奠基。

叶圣陶说："什么是教育？简单一句话，就是养成良好的习惯。"在这方面，王校长一直以来都积极地探索、研究，构建长效的养成教育管理、培育机制，努力将叶老的理念付诸实践，并落到实处。

实践证明，她创建的以校训为主导，以年级养成教育为纵线、每月养成教育为横线，以一日常规为交织点的养成教育机制很有成效：2010年，她主持的德育创新项目"小学生行为养成教育实践探索"获广东省中小学德育创新成果奖；2011年，她主持的省级课题"小学生养成教育"九个一"的培养研究"获得优秀并通过结题；2012年在珠海市中小学德育工作年会上，她的"着力构建和谐德育，促进学生和谐发展"讲座得到广泛好评；2014年7月，她在珠海市香洲区府礼堂和全区30多所中小学的700多名教师分享了学生养成教育方面的成功经验，得到热烈反响；她主编的《养成教育校本参考1》和《养成教育校本参考2》成为教师对学生进行养成教育的蓝本；她根据养成教育内容，重新编排的《学生素质报告册》不仅完善了对学生的多元评价体系，还有效地帮助家长和学生了解学校的办学理念……她所在的学校，孩子们良好的习惯正在逐步养成，学校的养成教育工作得到了师生、家长及社会的大力支持与认可，学校的美誉度逐步提升。

一、精心构建养成教育内容

王校长一直把立德树人作为教育的首要任务。她在教书育人的实践中融入社会主义核心价值观，从促进学生身心健康发展出发，通过采集各地成功案例，咨询教育专家并结合学校工作实践，综合行为习惯、学习习惯、体育·艺术素养三个方面构建学生养成教育体系，她把这三方面的内容统称为养成教育ABC：

养成教育A：行为习惯"九个一"。（ 每天多一点微笑；每天多一份感恩；每天多一份自信；每天多一点包容；每天多一份诚信；每天多个好习惯；每天多一份责任；每天多一个问号；每天多一次帮助。）

养成教育B：12个良好的学习习惯。（记忆习惯；演讲习惯；读的习惯；写的习惯；定计划的习惯；从小事做起的习惯；适应老师的习惯；预习习惯；细心观察的习惯；独立思考的习惯；改错的习惯；筛选资料、总结的习惯。）

养成教育C：体育、艺术素养提高。（开展"体育·艺术"2+1"项目"活动。所谓"2+1"项目，是指通过学校组织以及倡导的课内外体育教育、艺术教育活动，让每位学生能够掌握两项体育运动技能和一项艺术特长，为学生的全面发展奠定良好的基础。）

二、有效运行养成教育机制

为了将“养成教育ABC”落到实处，为孩子的幸福人生奠基，王校长通过多年的探索在养成教育方面构建了稳定、长效的管理、培育机制，增强了养成教育的针对性与实效性，促进了学生身心和谐发展。

（一）贴近儿童生活的每日养成

王校长始终坚持，养成教育要贴近学生实际，贴近学生生活。她带领她的团队，从学生每日生活和学习的细节入手，加强常规教育、常规示范、训练及评价。虽然其中许多都是简单的事，如学生进校门的礼仪、下课或放学时桌椅的整齐摆放、学校直饮水节约用水的饮用方法、过马路走斑马线等，但他们引导学生坚持做下去，促使学生逐步养成了在公共场所遵守公共秩序、生活有条理和遵守交通规则等基础文明习惯。

（二）关注儿童“成人”的每月养成

每年的三月期间，香洲十小的学生都会有一些老师布置特殊的作业，这是结合学校按月设养成教育重点开展的一些活动。例如，在特别的日子精心为妈妈(或其他亲人)做一张卡片，列一份你感谢母亲（或其他亲人）的理由，表达你的感受，然后在家庭聚会上宣读你写的内容，之后将卡片交给母亲（或其他亲人）并给她（或他）一个热烈的拥抱；在公开场合当面感谢别人；平时经常主动地打个电话或者发条信息向不在身边的亲人、朋友(如爷爷、奶奶、外公、外婆)表示谢意、问个好或说说自己的近况；在别人需要帮助时伸出援助之手，而当别人帮助自己时，真诚地表达感谢……

王校长说，学校开展的养成教育，往小处说是关乎做人的态度，往大处讲也是培育和践行社会主义核心价值观的一种有效途径。良好的习惯，是健康人格的基础和外在标志；健康的人格，是良好习惯的升华和结晶。因此十小将学生每年在校的九个月按月设养成教育重点专题开展相关活动：

养成教育重点	月份	活动主题
每天多一点微笑	一月	微笑是世界上最美丽的语言
每天多一次感恩	三月	永怀感恩之心，常表感激之情
每天多一份自信	四月	乐观自信，我能我行
每天多一点包容	五月	包容让我们更美丽
每天多一份诚信	六月	做一个诚实守信的人
每天多个好习惯	九月	好习惯，你有，我有，他也有
每天多一份责任	十月	自己能做的事自己做
每天多一个问号	十一月	勤思考、善提问、多反思
每天多一次帮助	十二月	请让我来帮助你

针对每月养成教育主题，开展以下活动：

月初：校长或班主任通过短信形式向教师、家长渗透有关内容→国旗下讲话；月中：主题班会（或心理健康教育活动课）→各学科老师教育教学过程中渗透→“用故事喂养孩子”→每周一歌；月末：及时为学生树立身边的典型，在校门口展示各班月评的“榜样星”等。

（三）结合儿童成长的每年级养成

根据各年龄段学生的特点及养成教育ABC的内容，王校长还带领老师制定了年级养成教育的主题，并引导老师们根据学生所在年级，在教育教学过程中重点渗透。（一年级：不给别人添麻烦；二年级：今天你微笑了吗？三年级：怀感恩之心，表感激之情；四年级：己所不欲，勿施于人；五年级：知而好问者圣，勇而好问者胜；六年级：志不强者智不达。）

（四）走近儿童学习生活的每学年养成

1．养成教育B：12个良好的学习习惯，分年段从各学科抓起

王校长从各年段的学生身心发展的特点出发，根据“低起点、小坡度、分阶段、分层次”的原则把养成教育分解为不同层次深度和要求，提出具有年级梯度的建议，在此基础上各学科教师结合本学科特点有机地渗透。

2．养成教育C：开展“体育·艺术‘2+1’项目”活动，提高学生体育、艺术素养

王校长主要从以下三个方面促使每位学生能够坚持学习两项体育运动技能和一项艺术特长，逐步提高学生的体育、艺术素养，为学生的全面发展奠定良好的基础。

（1）将“体育·艺术‘2+1’项目”活动渗透在音、体、美学科课堂教学，让有关教师在体育、艺术上的特长充分体现在所教学生的身上，从而提高学生的体育、艺术素质。

（2）借助校内外多种培训机构的力量，加强学校体育、艺术兴趣班的组织活动，支持并帮助学生参加校内外有益的文体活动。

（3）多种形式为学生提供展示体育、艺术才能的舞台。举办文化艺术节、体育节，开展学生体育技能、艺术特长班级、年级、校级展示活动等。

（五）把握时机的多元养成

德育不能说教，但可以“渗透”。不断渗透多元优秀的文化元素，积累文化蕴涵，形成经典和传承，也就形成了学校的文化和精神。

1．学校活动中的养成教育

王校长善于运用仪式和典礼营造特殊的教育氛围。如每周一升国旗的呼号：我是中国人，我爱我的祖国；我是十小人，我爱我的学校。在传统节日仪式上师生齐诵中华经典；为毕业生举行感悟亲情、感悟友情、感悟师恩的毕业典礼；等等。旨在通过多种艺术形式的融合与创造性的运用，作用于人的多种感官，产生强烈的感染力和心理内化功能，使不同人的目标与行为趋同。

2．假期生活中的养成教育

学生在校的习得通过假期进行内化、再生成，这尤为重要。学生每年有很多假期，王校长都会把握时机，引导学生在假期生活中践行“养成教育ABC”，把在学校养成的习惯落实到生活实践中并感染身边的每一个人。

3．学生自我管理中的养成教育

王校长注重学生自觉实践、自主参与活动的开展，通过学生自我管理，促进学生“九个一”的养成。如实行“楼长管理自治”“学长管理自治”及“班级事务岗位责任申报制”，成立红领巾志愿者组织，让学生参与到学校及社会的志愿者活动中。这些活动让学生逐步学会了互助，懂得了包容，增强了责任感和自信心。

4．关键时期的养成教育

王校长非常重视抓好养成教育的关键时期。如一年级新生的养成教育，每学期开学的第一个月，教师接任新班级时，全体教师在班级管理、各科教学中采取多种形式加强学生规范的训练和好习惯的养成，成效显著。

5．“短信微培训”的养成教育

针对养成教育培养的理念和具体方法，王校长经常利用“校讯通”，通过“短信微培训”对教师和家长进行培训，提高教师和家长在养成教育方面的认识，争取教育同步，巩固养成教育成果。“短信微培训”也拉近了王校长与家长、老师的距离。

6．校园环境的养成教育

校园是学生学习生活的“家”，为使学生乐学，王校长引导学生参与进来，用儿童的眼光设计校园，建设自己喜欢的校园。通过征集学生的意见，学校的色彩变活泼了；学校的三幢楼房，八个楼梯、一条连廊有了自己的名字；课间学生可以边浸润在自己喜欢的音乐当中边到书屋中享受精神大餐……学校的色彩、建筑、声音、书屋都熏陶着学生的行为养成，学生学在其中，乐在其中。

基础教育阶段是学生身心迅速发展又极具可塑性的阶段，王校长紧紧把握住这个有利的施教时期，从学生行为习惯的培养入手，通过养成教育培养他们良好的文明习惯和传统美德，教会他们做人最基本的道理，让学生能更好地协调个人与自然、社会、他人的关系，促进了学生素质的全面提高。这是在努力为孩子的幸福人生奠基！

后记：人们常常感叹：经师易得，人师难求。其实，我认为，我们义务教育阶段的教师，要深刻领悟著名教育家叶圣陶曾说过的这句话："什么是教育？简单一句话，就是养成良好的习惯。"而且要用心去做，我相信：在这个过程中，校园中男教师会越来越儒雅，女教师会越来越优雅，学生会越来越文雅。而我们中的一些教师也会在不经意间成为学生某个成长阶段的"人师"！（摘自2014年香洲区中小学教师暑期菜单式培训之王校长讲座内容）

海岛教育梦想的坚守者

——记珠海市兆征纪念学校党支部书记、校长罗志勇

题记：“到海岛学校教书是我心甘情愿的，我热爱我选择的教育事业，更愿为这份平凡的选择倾注一切。”这是罗志勇常说的一句话。因为心中有爱，因为心中有梦。一直以来，关注海岛孩子的视野与自信，关注海岛教师的激情与发展，是罗志勇作为一名教师、一名教育管理者内心始终坚守的一个梦想与希望。在珠海市兆征纪念学校这个地处偏远、偏弱、偏小的海岛学校，谈及教育梦想似乎有些遥远，理想目标似乎有些宏大，甚至实现这个目标的路途显得艰辛而漫长，但他还是默默地坚守这份教育梦想，并不断地蓄势与整装，带领他的团队马不停蹄地践行与推进，义无反顾地朝着内心的梦想踏实前行……

“浪漫之城”珠海有一座人杰地灵的生态之岛——淇澳岛，在这块充满灵性与神奇的热土上，有一所以中国工人运动领袖、省港大罢工领导人——苏兆征命名的海岛学校——珠海市兆征纪念学校。学校现有6个教学班（1个年级1个班），15名教师，274名学生。而这所学校的党支部书记、校长罗志勇被淇澳岛的村民称为“平民校长”，成为淇澳岛家喻户晓的名人。

一、历练，只为蓄势

1992年8月，罗志勇怀着立志特区教育的梦想，从一所山区县城中学应聘到珠海一所农村小学——珠海市香洲区唐家镇中心小学任教。他以加倍的赤诚扎身校园，从班主任干起，先后任总务副主任、工会主席、分管德育副校长、校长、镇教办副主任、党支部书记。由于工作出色，思路清晰，从2002年10月起，罗志勇先后抽调到香洲区教育局、珠海市教育局和珠海市纪委等单位工作。期间，罗志勇受珠海市教育局选派，与其他3名骨干教师赴重庆市巫溪县对口支教一年（2005年9月至2006年7月）。由于支教工作出色，其先进事迹先后在《光明日报》《中国教育报》等多家刊物和人民网、搜狐网等多家媒体网站转载报道，还受到吴邦国、贺国强、张德江和汪洋等国家领导人的亲切接见和鼓励。

一路走来，他硕果累累，先后荣获珠海市先进教育工作者、珠海市优秀共产党员、广东省教育系统关心下一代工作先进个人、广东省教育系统创先争优优秀共产党员等多项荣誉称号。

赞誉颇多，可他总感觉心头还有些许未竟的缺憾。他清楚自己骨子里涓涓流淌着的是一腔热血，一腔想为农村孩子服务的热血！因为重庆市巫溪县的支教经历让他刻骨铭心，山区孩子纯真的眼神让他无法忘怀，农村教育面貌的落后让他心痛……他梦想到农村开辟一所“优质学校”，希望在农村践行他“办好一方教育，服务一方百姓，成就一代孩子”的理想，实现“学校教育影响社会”的回归。

怀揣梦想，罗志勇主动要求调离珠海市纪委回到校园工作，2008年8月他被组织安排到条件艰苦、教育薄弱的珠海市淇澳岛的兆征纪念学校任党支部书记、校长。

如今，七个年头过去了，他依然扎根海岛，乐教无悔。此前的历练，不过是为他梦想的绽放铺垫着、累积着，为他弹拨出心中的最强音符而蓄势着。

二、精神，只为引领

面对这日益浮躁的社会，教育正处于十字路口，作为一位新上任的海岛学校校长，罗志勇正思考着淇澳岛教育的方向。

“一所海岛学校，尤其需要精神引领。”他伫立窗边，凝望校园那座苏兆征塑像。学校精神——苏兆征精神，苏兆征精神——红色精神……他若有所思。对！红色精神！他捕获了希冀中的学校精神！

通过广泛调研，罗志勇运用SWOT模式分析学校现状，编制《学校“红色教育”工作指南》，提出“红色教育、绿色课堂、生态校园、健康人生”的办学理念，“坦诚做人、认真做事、快乐生活”的教育思想和“营造环境、健全制度、提升教师、关爱学生、影响家长、塑造品牌”的办学思路，弘扬苏兆征精神（一是勇往直前的拼搏精神；二是实事求是的科学精神；三是淡泊名利的求实精神；四是真诚和善的合作精神），打造独特的校园文化，构筑德育核心内涵，引领师生幸福成长。

“淇澳岛教育的核心是视野和自信，而践行红色教育活动是最佳途径。”他组织高年级学生在校园开垦“劳动园”，开展“种菜”“种花”和“种树”等劳动教育；开展“四好”（存好心、说好话、做好事、当好人）主题教育活动；举办艺术节、体育节、科技节、读书节、合唱节，铺开学生个性发展的舞台，把“红色教育”渗透到“两纲”教育之中。同时，组织学生走出校园，到珠海市博物馆、古元美术馆和珠海市污水处理厂等校外场所参观，开拓学生的视野，树立学生的自信。

“没有幸福的教师，就没有幸福的教育。”如何激发海岛教师对职业的热爱，心甘情愿为海岛教育事业做贡献，成为罗志勇面临的棘手问题。他开展“四比”（比精神面貌、比工作态度、比工作进步、比工作幸福感）活动，引导教师从精神上自我解放；建设学习型学校，引导教师从学习中自我发展；营造宽松的教育科研氛围，引导教师从教育科研中自我提升。

在“红色教育”理念的影响下，学校出现了很多热爱教书、热爱学生的教师。学校的校风、班风、学风取得明显改善，学生互助互学、教师团结进取蔚然成风，师生关系和谐融洽。校园呈现出政通人和的大好局面，受到社会各界的高度赞扬，学校被投诉率为零。“红色教育”像春风化雨，润物无声，创造了兆征纪念学校的奇迹。

三、奋斗，只为责任

“到淇澳岛工作肯定会困难多多，但只要坚持与用心，我相信梦想一定会绽放出美丽的花朵。”去这所海岛学校工作，他做好了长期奋斗的思想准备。

在学校，罗志勇不喜欢呆在办公室，而是喜欢巡视校园，深入课堂、走进师生和广大家长之间，与师生、家长近距离交流沟通，了解学校情况，了解师生、家长的状态，与师生、家长打成一片，解决实际问题，以人为本，和谐共处。

“教育需要的是责任与坚守。”从第一天到兆征纪念学校工作，近七年的岁月，不论是春夏秋冬，还是严寒酷暑、刮风下雨，每天（除出差、开会之外）学生上学、放学时，罗志勇都会坚持站在校门口迎送学生，主动、亲切地与每位师生、与接送学生的家长打招呼，他几乎都能叫得出全校学生的名字，几乎都能认得出全校学生的家长。罗志勇说：“每天站在校门口跟师生、家长问好打招呼，纯属是简单的小事，但已成为我的工作习惯。虽然任何校长都在可以做，但难的是坚持。如果每位校长连这样的小事都做好了，还怕做不好其他事情吗？”

罗志勇言传身教、榜样示范、潜移默化地影响着淇澳岛的民风。2010年暑假，罗志勇陪同广东教育学院原院长刘劲予教授在淇澳岛参观，不管在红树林、还是在白石街，都有村民、渔民、老人、小孩跟他打招呼，向他问好，有的村民还热情地从家里拿出自家种的黄皮、龙眼、香蕉等送给他吃。过后，刘劲予教授对他说：“志勇，我觉得你这个校长做得非常成功，全海岛的居民都认识你，而且对你很热情，说明你的工作做到家了。”

榜样的力量是无穷的，在罗志勇的影响下，学校的教师更加敬业爱岗。2012年，学校有3名女教师同时休产假、5名教师先后休婚假、2名男教师休看护假、1名教师动手术休病假1个多月，虽然面对每天有30%以上的教师请假，又加上校安工程的建设等诸多困难，但教师们都毫无怨言，齐心协力、爱岗敬业地做好各项教育教学工作，顺利完成各项教育教学工作任务。特别是黎军老师（扎根海岛22年），不仅担任数学、体育教学工作，还义务开校车（学校无经费聘请专职司机）安全接送全校教师上下班6年，从来没有请过一天假，教师们都称他为“活雷锋”，这些都展示了海岛教师的风采。

“海岛学生，应该享受和城市学生一样的优质教育资源”。他锐意改革创新，带领全校教师开展“红色教育校本课程开发的研究”等3个省级课题研究，积极开发“红色教育”校本课程，鼓励师生积极挖掘淇澳岛红色资源，有序地引导学生走出课堂、走出校园、走向大自然，以“淇澳白石街”“苏兆征故居”等爱国主义教育基地为课堂，让学生体验生活，激发兴趣。在全体师生的共同努力下，教育教学质量节节攀升，学校塑造了“淇澳红色教育”品牌。《珠海特区报》《珠江晚报》、珠海电视台和珠海电台等媒体多次报道宣传学校办学的创新做法与经验。

“金杯银杯不如群众的口碑，金奖银奖不如群众的夸奖。”学校的口碑都传到了淇澳籍的港澳台同胞耳中。学校的办学成绩，得到了苏兆征女儿苏丽娃女士的充分肯定。2011年6月28日，苏兆征的孙女、外孙一行3人在市政府有关领导的陪同下，专门回学校看望师生，并给学校捐款10万元设立“苏兆征励志奖学基金”，奖励品学兼优的学生。

四、坚守，只为璀璨

梅花香自苦寒来，所有的收获都可见证罗志勇在这方土地上的坚守和付出。

社会尊师重教蔚然成风。社会各界、家长群众对学校的满意度越来越高，对学校越来越关心、对教师越来越尊重。例如，有不愿意留名的热心人士捐资助学，每年定期捐3万元设立“励志”扶贫奖学基金（已累计15万元）；淇澳社区在经济十分困难的情况下，仍然坚持每年捐款2万元进行奖教奖学（已累计20万元）；2011年6月苏兆征后人捐款10万元设立“苏兆征励志奖学基金”；每到教师节、春节、六一节等节日，社会各界热心人士都会自发到学校慰问并赠送慰问金和慰问品；更令人感动的是很多村民经常将家里饲养的鸡、鸭，种的蔬菜，渔民将海里打捞的鱼、虾、蟹等送到教师食堂，给教师改善伙食。

学生遵纪守法、文明有礼。学生在校园能主动向老师、向同学鞠躬问好，在校外也能主动向游客、村民主动问好。特别是“苏兆征班”的学生表现得更突出，经常利用课余时间深入淇澳社区，开展打扫街道、慰问孤寡老人、帮同学补习功课等志愿者活动，其中叶臻强、钟雪萍、何恒坚等多位同学拾金不昧的好人好事，受到淇澳岛村民的夸奖。六年来，教师办公室无人时不用锁门，校园里也没有发生过失窃现象。良好的环境让教师安心、放心教书育人。

学校素质教育硕果累累。五（1）班被国家教育部授予“苏兆征班”的称号，学校先后被评为“广东省绿色学校”“广东省书香校园”“广东教育系统关心下一代工作先进集体”“广东省巾帼文明岗”等多项荣誉称号。

许多同行觉得罗志勇已经取得了不少成绩，劝他不要再那么拼命工作了。他却说：“我还有遗憾，我的教育梦想还没完全实现，我得坚持，我得坚守，直到学校成为淇澳岛老百姓心里的一颗明珠，我期待着它璀璨。”

后记：展望未来，罗志勇信心百倍，豪情万里。他多次表示：将坚定立足于三尺讲台，用师爱温暖学生，用师德塑造教师形象，用师誉赢取社会对教师的尊重，努力使自己成为人民教师的楷模。愿为实现海岛教育梦想而鞠躬尽瘁，执着前行，无悔今生！

追寻『九中梦』 铸就『海文化』

——记汕头第九中学校长林锦洪

题记：教育的目标就是要培养自强、自信、自尊的人。

马丁·路德·金《我有一个梦想》的演讲，曾经震惊了全世界，至今仍有深远的影响。作为教育工作者，面对的是一个个有鲜活生命的个体，如何带领他们在青春飞扬的岁月里谋划梦想，走向人生的康庄大道，最终汇成一股正能量，共同实现中华民族伟大复兴的“中国梦”，是每一个老师和校长都认真思考的命题。

一、寻根五十载校园魂

汕头市第九中学创建于1960年9月，是市委、市政府为解决西片区居民子弟入学难问题创办的一所学校。作为老市区西南部唯一一所中学，多年来第九中学服务该片区的居民，解决了学生入学难的问题，培养了一大批人才，涌现出不少政界、商界、学界的佼佼者。第九中学原校址在汕头西堤路44号，后因校舍危旧，经上级教育部门决定，予以借地办学。

在生源锐减、学校生存和发展面临严峻考验的情况下，林锦洪作为一个有激情、有梦想的年轻教育工作者，于2011年被调入了该校担任校长。从走入九中的第一天起，林锦洪就深入思考，在追求学生个性化发展的新时代教育背景下，如果不大胆变革，勇于创新，学校将永远处于办学艰难的处境。只有契合本校的生源特点，弘扬学校悠久的文化，办出特色，办出个性，才能让师生有归宿感和向心力。而这一切应以“九中梦”作为载体和灵魂。

近几年，林锦洪和班子领导、老师们经常讨论和探寻“九中梦”的核心价值观，一直未果。直到2012年参加深圳校友会1963届聚会时，会上校友们深情地追忆初中生活。他们谈到，那时候一下课，三五成群的同学就到海边踏浪戏水，玩得不亦乐乎。席间一校友还幽默地说：“上世纪70年代，在汕头流传这样的说法——皮肤黝黑黝黑的，身上有咸咸海水味的，那人一定是九中毕业生。”这么一句话，犹如电光火石，顿时林锦洪平时的思考和苦苦追寻“通了电”，他突然想到，倘若要寻找“九中梦”，“海文化”一定不能放过，它是校园文化之根。

但“九中梦”的内涵还要继续提升。2013年林锦洪参加1980届校友聚会，会上校友会蔡会长自豪地说：“我们这一届出了31个金中生（汕头金中是汕头一所知名的优秀高中），即使是学习成绩平平现在也能在各行各业闯出一番天地，就算是默默无闻的劳动者也能自信走好人生路，这就是‘海墘人’的特质。”这席话再次提醒了林锦洪，教育的目标就是要培养自强、自信、自尊的人，这才是“九中梦”的内涵和核心价值观。

二、构建“海文化”特色学校

在追寻、提炼“九中梦”的内涵和核心价值观的过程中，林锦洪将其与汕头开埠文化历史、学校办学传统、人文特色和新时期学生特点紧紧地结合在一起，提出了构建“海文化”特色学校的总体构想，并将其细化为一个整体方案：一是构建校园“大海文化”特色景观，呈现全新校容校貌；二是提出实施“上善若水，大爱无痕”的全新育人思想；三是以团队精神、创新能力、宽容态度为核心，以高效课堂和规范行为为两翼，逐步形成“一核两翼，两翼齐飞”的学校管理新格局，进而构建具有浓厚文化底蕴和鲜明办学特色的第九中学“海文化”。

作为一个因海而生的城市，汕头人自古以来就具有海纳百川、自强不息、勇立潮头的精神。作为一所在海边滩涂建设起来的学校，九中人秉承了海洋文化中顽强拼搏、敢为人先、勇往无前的精神，拥有大海般广阔无垠的胸怀和波涛汹涌的激情，所以“九中梦”并不是无源之水、无本之木。

三、“上善若水”爱心育人

时至今日，第九中学仍坚守在老市区。但随着人口东移，教育布局调整，学校的生源也发生了巨大变化。来自低保、特困和单亲家庭的学生占到全体学生数的近三成。这部分学生或因父母离异、或因父母一方离世而缺乏安全感，进而造成情感障碍，形成自我封闭、孤僻、敏感等负面心理倾向。家境困难的学生也多抑郁、悲观失望和沉默寡言、胆小怕事。面对这些学生的特点，林锦洪在九中“海文化”中强调了坚持平民教育、大众教育的办学思想，着力弘扬高尚的师德和无私的奉献精神，提出“上善若水，大爱无痕”的育人思想。以水喻德，塑造“若水”教师，给予学生坦诚、尊重、宽容、平等、耐心，让爱渗透于教育，进而培养“上善”的学子，营造“若水”校园，建设“上善”之校。

在这种育人思想的引领下，老师化言语教育为言传身教，着力用真心感动学生，用爱心呵护学生，用耐心磨炼学生。通过构建“五个一”德育工程：即建立一个健全的德育工作组织；建设一支稳定的德育工作队伍；构筑一个良好的德育阵地；营造一个优美的育人环境；开展一个实在的德育科研课题来开展德育教育。通过班会课、国旗下的讲话等日常载体，对学生进行润物无声的教育；通过阳光体育运动、经典诗文朗诵、英语口语比赛、环保知识竞赛等各种形式的竞赛活动，让学生有发挥才能的平台，进而培养自信开朗、合作共赢的精神。同时对初一学生侧重礼仪教育、养成教育；对初二学生侧重感恩教育、法制教育；对初三学生侧重责任教育、励志教育，让学生学会自律、学会思考、学会合作、学会审美、学会创造、学会健体、学会生活、学会劳动。培养具有忠心爱国、孝心敬老、真心做人、诚心交友、爱心济世、信心励己、善心待人、热心求知的“上善”学子。

四、激发学生主体觉醒

在学校的管理中，林锦洪也将“海文化”贯注其中。集体就像汪洋大海，个人就是其中的一朵浪花。有了大海的宽阔，才有浪花的多姿多彩。学校管理弘扬的就是大海般团结协作的精神。为此第九中学每年都搞好四项活动：（1）师生座谈、随堂听课、家长交流、校友拜访等调研活动；（2）关心、慰问病、残、老、弱教职工的问寒送暖活动；（3）迎新年，庆元旦的教职工文体活动；（4）“校友奖教奖学金”颁奖活动。通过以上活动来提升教师的认同感和归属感。与此同时，借助本地区创办规范性学校的契机，规划建设校史室、化学实验室、生物实验室，装修多功能体育室，集乒乓球室、健身室和展览室于一体，每个班级装配新式电脑教学平台，提升办学条件，推动学校跃上新的发展台阶。

海文化有一个特色，就是灵动激情，林锦洪将其引入到高效课堂的打造中。以市级科研课题《陶行知教育思想与高效课堂》为载体，通过对课题的研究带动校本教研，引导老师们深入学习研究陶行知教育思想，在课堂教学中积极践行陶行知教育思想，努力贯彻课程改革精神，让课堂真正动起来、活起来；建立健全校本教研制度，以教研活动、备课活动为平台，加强教师群体间的协作，通过开课、听课、评课、互相说课等实践活动提高教师的教学能力，有效提高课堂教学效率。同时，还引入“弄潮儿”般的竞争机制，激发学生主体的觉醒。从课前预习到课堂展示、质疑的每一个环节，教师都让学生积极参与，让学生体验到“我的课堂我做主，我的人生我把握”的精彩。学生小组活动充分，分工合作、积极思维探究；学生互动百分百参与，主动积极思考；活动与作业体现自主、探究、个性。让学生肯学、想学、学会。同时，做到学情反馈及时；课堂评价及时、到位、适度；作业适中；考试、测验等都能很好地发挥竞争激励作用，使学生身动、心动、神动。

五、“海纳百川”开门办学

纵观一个校长的管理水平，很重要的一点还在于能否整合资源，为我所用，提升学校的水平。在这方面，林锦洪弘扬“海文化”海纳百川的特点，请进来走出去，设计并开展了《为梦起航》系列活动。如举行第十六届校友奖教奖学金颁奖大会，邀请中国第一位女引航员李正容演讲《绿叶对根的回报》；邀请中铁建路桥公司副总魏映华举行《为梦起航》专题演讲，并举办“放飞梦想，九中起航”签名仪式；邀请中书协、市青协副主席李树秋举办《上善若水》书法讲座，并进行书法家送春联活动；邀请市关工委副主任、原市体育局长蔡述彪举行《体育之美》讲座暨大课间活动；邀请原市摄协主席蔡希仁举行《艺术与人生》讲座暨摄影比赛活动；邀请汕头特区晚报资深记者曾漫路作《新闻采访与沟通技巧》讲座。让社会各界取得成就的人现身说法，分享经验，形成“开门办学”的大讲堂，让贫困家庭的学生也能够免费听到高质量的讲座，进而增长见识，丰富心灵。

同时，还带领学生走出去，到“汕头市青少年劳动实践体验园”进行劳动实践；到街道、社区做义工活动；到汕头市救助管理站、汕头市流浪未成年人救助保护中心开展社会实践活动。通过这一系列活动，让学生跳出书本，关注社会，感受真实人生的安危冷暖，由此对自己的生活环境有冷静的反思。这种重在实践的教育胜过了千言万语。

后记：如果一个校长，从来没有过激情，没有过诗意，没有过精神高地，他就不可能带领出充满激情和爱心的教师队伍，也就不可能占据孩子的心灵。林锦洪校长所提炼和弘扬的汕头第九中学“海文化”，熔铸大海澎湃的激情、上善若水的大爱、海纳百川的广博，以此文化来引领，做好新时期的德育工作，最终的目的就是培养自强、自信、自尊的人。林锦洪坚信，梦想的实现必须从现在做起，从我做起，从细节做起，不断学习，不断超越，才能最终实现教育的梦想。

书香溢桂园　悦读润桃李

——记桂城街道桂园小学德育主任吕灿辉

题记：在南海，有一所深为大家熟知的书香名校——桂园小学。『鸟欲高飞先振翅，人求上进先读书。』『心在书中，书在心中。』……这是每一位桂园人心目中耳熟能详的读书座右铭，也是作为德育主任的他一直努力为之奋斗的目标。在这里，读书成为了每一个桂园人的习惯，书香更是校园一大特色。三年前，桂园小学通过『建设书香校园，打造学校书香品牌』活动，成为桂城街道『创书香校园先进单位』。书香校园，让师生、家长真正得到了实惠，提升了大家的素养。两年前，学校书香特色更加明显，率先成为桂城街道『首批书香校园』。

今天，桂园小学仍一如既往地通过书香特色教育，锻造学生深厚的文化底蕴。通过读名篇、诵经典，倾力打造“书香品牌”，让经典滋润孩子的童年，让书香浸润孩子的心灵。现在，书香已经彻底地走进师生们的生活，书香的灵气已经扎根于美丽的校园。“书香溢桂园，悦读润桃李”俨然成为了学校一道亮丽的风景线。

一、国墨书香，营造儒雅的校园环境

为了营造一种浓郁的文化氛围，使学生置身于浓浓的书香之中，学校对书香环境进行了全方位的设计，可谓是“面面”俱到。

（一）诗意的校园，孩子的乐园

婆娑的高山榕、坚韧的黑板树、笔直的英雄树、芬芳的小桂花……优美的校园环境是学校景色的一大亮点，旨在通过诗情画意的校园，吸引孩子的眼球，培养孩子的人文气息。

（二）校园文化设施，沁来悠悠书香

学校一丝不苟地努力营造积极大气的书香校园文化，使学生完全陶醉于文化味十足的“十面埋伏”之中。

1. 文化宣传栏

在学校内设有多个文化宣传栏，每学期展示学生的书香文化作品（读后感、习作、手抄报、学生的实践体验成果等），书香教育的主张贯穿于整个学期。

2. 文化长廊

由原南海日报社社长题词的“诗路花语”的文化长廊，经典诵读《三字经》的励志墙向学生讲述经典的诗词作品，以及名人读书故事、美德故事、民族精神精粹等。借助名人，既达到教育孩子热爱书香的目的，同时对他们品德的形成也起到一种潜移默化的感染作用。

3. 文化走廊

教学楼、综合楼的每一条走廊都是独特的文化走廊，分为书香篇、礼仪篇、环保篇、科技篇、心理健康指导篇等。走廊文化也起到了潜移默化的作用，不但对孩子的学习内容、方法进行一定的指导，而且展示了中国的古典文化精髓，让孩子们了解中国文化发展的历史。

古典文化的展示包括：《弟子规》、《三字经》、唐诗、宋词、寓言故事、成语故事等。

4. 教室文化

教室是最具实效性的教育场所，班级读书座右铭、班级图书角、班级读书格言、

“快乐书吧”等学习方式营造的书香氛围以其独特的魅力处处激励着同学读书。桂园小学是最早提倡建立班级图书角的学校之一，早在20世纪90年代初，便开南海的先河，成立了班级图书角。每学期学生自愿捐书充实班级图书角，让学生们共享各自不同的书籍，且定时对图书进行更换。孩子们个个有书可读，纷纷称赞班里有所“超级图书馆”。每个班内的“快乐书吧”更成为个性班级文化展示与尽情分享读书心得的园地。一句话，孩子读书，如饥似渴。

5. 茶馆式阅览天地——绘本悦读吧

“绘本悦读吧”是学校新创设的学生阅读园地，“茶馆式”阅览是全新的学生阅览尝试。阅览形式有别于传统阅览模式，阅读方法更加灵活与自由，不拘泥于“读”“悟”“议”“讲”“做”五大读书方式，一切皆以学生为本，让他们自由自在地融入全新的绘本阅览天地，真正向阅读要效益。

6. 图书馆

学校图书馆藏书59963册，所存书籍都是根据义务教育语文课程标准必读丛书和“新教育书库”推荐书目而购入的。学校每年投入13000多元用于提高图书质量和充实书籍书目，为学生和教师提供了丰富优质的图书，创设了一个舒心的阅读环境。

（三）书香校园媒体，构建多元平台

校园设有“好书推荐”“红领巾阅报栏”等读书橱窗；校园之声广播站开设了《乐乐故事台》栏目；校园设有书香画廊；学生优秀习作汇编成《七色花》；学校“星星河文学社”报刊《星语小报》；心理健康教育专刊《阳光》；校园网“书香园地”等。众多校园书香媒体为广大师生提供了一个个展示自我的平台。在这里，师生们可以将自己的文学魅力尽情地展示。因为形式的公开化、大众化，所以受到了广大师生的极大欢迎，同时针对敢于展示自我的文学爱好者，学校也配以奖励机制，广大师生参与的热情度极高。

二、书香机制，层层推进

好的管理机制，是书香活动得以实现最优化的保证。吕主任为了让学校的书香活动不成为一句空的口号，而能够踏踏实实、切实有效地进行下去，努力制定了详细的管理机制，并确保其严肃性。

（一）书香校园创建领导小组思路清晰

校长亲自任领导小组的组长并偕同全体领导精心策划，以“品味书香　体验快乐”的书香理念为指导，他一直强调要制定有品味、有特色的书香校园方案，务求培养广大师生“爱读书、读好书”的良好习惯，大力营造知书达理、好学求进的校园书香氛围，为教师的专业发展、学生健康成长提供精神动力和智力支持。

（二）主题鲜明的读书活动月机制

在吕主任的带动下，每学年的4月份、11月份作为学校的读书活动月、开展师生共读一本好书，举行读书交流汇报活动，并在家庭中开展“与书同行”“与经典同行”的活动。年级班级间的《十万个为什么》知识竞赛、《安全出行》知识竞赛、“讲名人故事”“读报知识竞赛”等活动让孩子在充满书香的校园中，以读书放飞梦想，以读书开启心灵之窗。

（三）培养“学习型教师集体”与“学习型学生家庭”机制

教师是书香文化的主要引领者，作为德育主任的吕主任十分重视对教师的培养，为此开展以下活动：（1）成立“名班主任工作站”“名班主任工作室”，学校为每一个“名班主任工作室”赠送“班主任专业化成长系列丛书”。老师按照科组定下每周阅览和例会学习制度，定时定人组织老师开展阅读与班级管理交流。（2）定期组织同级同科老师交流自己的读书体会，写读书心得和教学故事。（3）每位老师在网站上建立自己的教育博客。

创建学习型家庭机制。每年创建并评选学校学习型家庭，对提高家庭综合素质、提升家庭文明程度，对增强学校、社区、城市、社会的文化底蕴，都具有十分重要的现实意义。

（四）实实在在的班级读书活动机制

班级读书活动是书香活动中最重要的一个环节，只有班级读书活动落实到位，学校的书香活动才可以做到真正的成功。

学校在班级的书香建设中坚持四步走，力求通过班级这一载体为学生搭建一个与经典对话、与名篇交流的平台，让孩子的童年打上书香的烙印，让书香浸润孩子的童年。

★一步读：读名篇，篇篇有指导，生生有提高。

读书内容包括：A．经典古诗词诵读；B．各年级课外读本；C．教师及学生推荐的文章或书籍；D．各班特色阅读。

★二步背：诵经典，字字为珠玑，句句是金玉。

背诵内容：70首古诗词、经典名篇（段）、弟子规、名言警句、谚语等。

★三步写：写体会，句句真感受，篇篇皆精彩。

形式包括：读书笔记（读后感）、手抄报、诗配画、实践调查报告等。

★四步展：展佳作，人人显风采，班班尽特色。

展示方式：班内设计专题展示角，学校为各年级、学科提供作品展示长廊，供学生、老师们集中观摩，共同促进。

同时，在班级的各项读写活动中，学校还落实三个保证：保证时间充裕、保证空间共享、保证形式多样，为学生构建个性发展的平台。

三、书香活动，有声有色

德育处、教导处紧密结合，全力为书香沁心益成长，处处从细节入手，着力组织了一系列有特色、重实效的书香活动：

（一）“图书漂流”构建茶馆式阅览天地

“图书漂流”为提高学校图书馆的图书利用率，尽最大限度满足学生的读书需求，由教导处每月组织一次班与班间的图书轮换。一年下来，每个班至少实现2000本以上的图书漂流。

（二）“乐乐故事台”传递读书的快乐

每周的“乐乐午间故事台”的故事展播，是学生最期盼、最欢乐的时光之一，活动也培养了一批故事大王。参加“第十一届埠际实时视频中文讲故事比赛”、桂城街道“做一个有责任感的学生”的演讲比赛、“沥桂一体”文化活动月儿童“讲美德故事”比赛及桂城选拔赛双获一等奖的选手均出自故事台的小主人。乐乐故事台传递着读书的无限乐趣。

（三）“星星河文学社”让校园内书香洋溢

学校经过二十多年的打造，积聚了丰厚的校园文化底蕴。“星星河文学社”的平台使学生突破有限的课堂作文的空间概念，涉入广阔无垠的自由创作领域，为学生提供了一个发表作品的园地，引导学生广泛接触社会，接触生活，在更广阔的空间学习交流。该社团在2012年5月29日南海区首届小学优秀文学社评比中获得高度评价。

（四）校本课外阅读与实践指导相辅相成

每学期的学校《快乐假日行动方案》形成了校本课外阅读与实践指导的传统，涌现出一份份结合假日德育实践活动的征文与随笔，如“2011年千灯湖迎春花市义卖”“2011年给力英德——‘小手托起大球场’新春义卖扶贫活动”“2012年《感恩从心开始 让爱温暖彼此》的亲子活动”。活动对学生假期课外阅读进行指导，并细心推荐适合学生年龄特点的书目，保证学生有充足的阅读时间。学生课外阅读时间每天不少于半小时，假日每天多于一小时。

（五）阅读课题研究，打开了书香校园的另一扇窗

语文科组课题《立足教材，加强课外阅读促进语文素养的提高》获得了“南海区第四届教育科学研究成果奖”；2011年，我校再次成功申报并开展佛山市教科研课题

《儿童文学（绘本）促进小学语文有效教学的研究》，课题必将打开阅读研究的另一扇窗。我们从这扇窗户，看到了学生享受美的能力的回归，心灵折射语言的领悟，以及现代人格的升华。

四、书香让我们如此精彩

开展“书香校园”活动，书让学生丰富了知识，增长了智慧，享受了快乐；书陶冶了学生的情操，涤荡了心灵，打造了充满墨香的人生底色

（一）善读——书香改变了教师

“每日必读管理书；每月必开年级分享会；每学期必写教学论文与反思”成为我们读书的习惯。书，改变了教师，使老师懂得了爱心、责任和幸福……提高了教师整体的素质。书香校园的创建又为广大教师营造了一种浓厚的读书氛围，每天读书成了老师和学生必须做的事，和学生一起读书，一起谈书，不仅让老师感受到了读书之美，也感受到了书香给老师和学生带来的无限快乐。这种快乐既是书给予的，更多的也是学生给予的，做一个会读书的教师是幸福的。

（二）乐读——书香改变了学生

今天“书香”满校园。学生掌握的古诗词的数量达到130多首，《论语》、《弟子规》、毛泽东诗词、《三字经》……孩子们琅琅上口，他们阅读了大量的中外名著，经典文化已经深深地影响着他们，改变着他们。一本本读书心得、诗歌创作、作文集锦、读书笔记、手抄报、诗配画、剪报等记录着他们的书香成长历程。最重要的不是这些成果，而是他们已经养成了阅读的习惯，阅读已经成为了他们生活中不可缺少的一部分，真正达到了当初所预期的“让阅读成为习惯，让书香成为自然”的目标。

（三）好读——书香改变了家长

在深入推进“书香校园”活动的实践中，学校得到了家长的大力支持和称赞。家长们已逐渐养成了与孩子共读的习惯，觉得每天与孩子的共读过程是相互成长，是茶余饭后最有营养的精神食品。“优秀书香家庭”李静怡家长说：“与孩子共读，不但学会了知识，还逐渐提高了自己的人生观，使未来的生活更美好。”2009年至今，423个家庭被评为学校“书香家庭”或“学习型家庭”。

（四）书香让我们硕果累累

书香让我们如此精彩。2007年至今，先后荣获桂城街道“创书香校园先进单位”、南海区优秀学生文学社团、佛山市第八届家庭读书活动之“书香校园——阅读·悦读·越读”活动积极分子称号。张雨之等151位同学在桂城街道小学生读书演

讲比赛、师生朗诵比赛、儿童“讲美德故事”比赛桂城选拔赛、南海区“樵山寻宝”观后感撰写、“开学第一课”征文比赛、区体育题材电影巡映暨观后感征文、“多情的土地”佛山市中小学生诗文朗诵大赛、佛山市“雏膺之星”选拔赛、广东省“优秀少先队员”评比、广东省首届“阅读之星”称号评选中脱颖而出；周雪莹等127位同学荣获南海区中小学生“一纸传爱心 字字寄真情”书信节活动的一、二、三等奖；230多名同学分获全国“1+1”作文大赛金、银、铜奖。近年来，先后有342篇学生文章在全国、省级、市级、县级刊物发表，32篇教师论文（文章）在全国、省级、市级、县级刊物发表……

后记：“小荷才露尖尖角”。回首过去，在吕灿辉老师以及他的德育团队的带领下，学校老师、学生、家长都已享受于书香活动中。愿今天的耕耘，为不久的明天编织一幅“喜看稻菽千重浪，倾听幼竹拔节声”的丰收图！

打造军营文化　创新学校教育

——记乳源瑶族自治县鲜明八一希望学校校长潘启运

题记： 潘启运校长时常在师生面前提到：『让在我们学校就读的学生，走出去就与众不同。』

潘启运，1965年出生，中共党员，现任乳源瑶族自治县鲜明八一希望学校校长兼党支部书记。1987年参加教育工作，27年如一日，默默耕耘，无怨无悔；先后担任小学数学教学工作，当过多年班主任；1997年开始，任过多所学校校长；2012年9月，调入鲜明八一希望学校，全面主持学校工作。潘启运同志始终坚持以人为本，深入实践，与班子成员一起朝着打造“一校一品一特色”的校园文化建设的目标奋进。

一、找准定位　塑造品牌

乳源鲜明八一希望学校位于乳源瑶族自治县乳城镇鲜明南路与国道323线交界处，隶属乳城镇。学校始建于20世纪五十年代初，原址在鲜明村委邹屋，校舍是当地农民的旧祠堂，为土砖瓦房，虽几经维修，仍十分简陋。1997年冬，在中华民族文化促进会及香港爱心人士陈湖昌先生的大力支持下，当地政府择现址新建鲜明小学，于1998年初竣工并投入使用。学校占地面积41000多平方米，办学条件已经远远不能满足教育发展的需求。在县委、县政府的关心下，在县人武部的大力支持下，广东省军区捐建一栋1660平方米的四层教学楼、八一广场、校门、校道，于2008年7月动工奠基，2009年9月竣工并投入使用，省军区蔡多文政委亲自为学校题写校名——乳源鲜明八一希望学校。

潘校长调入这个学校时，学校刚提出打造军营校园文化这一主题建设不久，还没有鲜明的办学理念，正值学校多事之秋，矛盾丛生，困难重重。面对困难，潘校长没有等待，更没有退缩，对于“军人精神教育”这一新鲜事物有着敏锐的洞察力。他深知，办学理念是学校腾飞的思想之翼，准确的定位是学校腾飞的坚强之翼。潘校长带领班子，根据校情，找准坐标，确立了“以军人精神，全面实施素质教育”的办学目标。他大胆地提出，办学特色应做到“与众不同、高人一筹、自成体系”。

（一）确立学校办学发展目标

潘校长根据县教育局关于全县中小学德育特色创新工作的布置，迅速成立学校德育研究小组，经过带领研究组成员反复研究，充分征求教师的意见，结合学校的实际，调整确立学校办学的理念体系及发展目标。即办学理念：“军人精神，立德树人”；办学宗旨：“以军养德　以军促智　以军健体　全面育人”；学校核心价值观：“责任　团结　进取　奉献”；办学特色：“少年军校”；德育理念：“以军养德　培养军人品格卫士”。总体目标：“三品五力”，三品：塑造有军人品格的小战士、培养有品味素养的教师、打造有八一品牌特色的学校；五力：学习力、自制力、协作力、行动力、坚韧力。构建“精细管理、特色培养、以军立校、文化育人”的发展模式，打造军营文化的办学特色。

（二）加强特色创新工作体系

潘校长首先对德育创新研究小组成员进行培训，使每个成员统一思想认识，把德育创新融入到每项工作中去，并加强理论学习，提高研究水平，带动广大教师积极参与到德育特色创新活动去。他还召集全体教师开展《文化倡导　行为体现》专题讲座，内容围绕：德育特色与创新目的；德育的内涵：检查转化内升、外塑转化内生；行为师生体现、内在自我追求；德育的发展：从陈列文化到行为文化、理念生根文化、文化落地策略；德育的内生自我建构：他律—自律—自觉—自为；德育空间的拓展：有为：引领学生品格发展、自为：提高教师品味素养、作为：促进学校品牌提升；树立学校精神、激发教育自觉；评比激励，铸造模式：倡导军营文化、体现少年军校，理念生成、精神力量，文化立校、文化立教，英雄中队、人人争先，活动鲜明、锻炼为主。

通过学习让教师了解学校文化特色与创新工作的精神和意义及整个学校课题研究的框架，完成了学校课题研究的宣传发动工作。

二、营造氛围　打造文化

（一）校园文化建设

潘校长利用创强之机，积极向教育行政部门提出申请改善校园硬件设施，并自筹资金投入到校园文化建设之中。进入校园，大家可以看到宏伟宽敞的校道，花坛里生机盎然的绿色植物让孩子们与大自然有了零距离的接触；崭新的文化广场里的文化长廊、军事长廊。他还精心设置了一条包含“八一建军—红军长征—抗日战争—解放战争—抗美援朝—两弹一星—军民生产—抗洪救灾—神舟飞天—现代军事”十个篇章、长40米“中国人民解放军军队发展史”图文并茂的宣传橱窗；英雄中队专刊里有“教师誓词”“教师亮相台”“厚德笃行　立己树人”的韶关教育精神；在显眼位置张贴“军人精神　立德树人”办学理念、“责任　团结　进取　奉献”核心价值观；而且还有增强“军营”文化氛围的班级文化展览窗。校园文化内容丰富，主题鲜明，室内墙外上的缤纷布置，增添了教室、宿舍的美丽和温馨氛围。教育无处不在，加强校园环境的美化工作，努力创设一个“时时受教育，处处受感染”的德育环境，让学生在耳濡目染中拓展知识，开阔眼界，启迪智慧，陶冶情操。

（二）班级文化建设

潘校长以德育特色创新工作为契机，以创“少年军校”为载体，开展“英雄中队”的创建活动，拟定《鲜明八一希望学校创“英雄中队”实施方案》。他还要求各班自选一个“我心目中的英雄人物”命名班级，以英雄人物的精神为格言，学习他们的优秀品质；布置相关的班级文化，让他们也成为对学生进行各种教育的文化阵地。各具特色的班级文化，掀起向英雄人物学习的高潮并开展了一系列活动，让每一位学生都在潜移默化中受到了熏陶，接受了教育。

（三）宿舍文化建设

潘校长还组织开展“我的宿舍我布置”活动，让每个宿舍都有文化专栏，专栏里张贴规章制度、文明宿舍评比办法、学习成果和手工作品。他要求每个学生学习军人，被子折成方块，统一放法；衣服叠好入柜，鞋子摆放整齐；洗刷用品统一摆放。要求学生将这些做法养成习惯，从小培养良好行为。饭堂内张贴“反对铺张浪费 厉行勤俭节约”的标语，学生们自觉遵守秩序，排队打饭，安静用餐，互帮互助。学校还开展了“携手谱写灿烂生命”帮困活动、内宿生野外生存体验活动和“手拉手，共成长”活动等。通过这样的活动，让学生在接受学校和老师关爱的同时，激起对学校、对老师的热爱之情，继而使他们满怀信心地面对学习和生活。

三、形式多样 创新实践

潘校长还根据学校德育特色与创新的总体目标，结合校园文化布置和班级“英雄中队”的创建，充分利用主题教育课和《品德与生活》《品德与社会》课。他要求凡上课的老师要经过集体备课—制作课件—试教—上课—评课这几个环节才能上课。上课的过程进行全程录制制作光碟，给全校师生、家长观赏，然后留给学校、老师个人存档。他还根据《班主任绩效考核制度》把班级“创建优秀英雄中队评比”活动纳入班主任绩效考核的范围。

为把学校各班打造成团结、向上的班集体，他制定了《优秀英雄中队评比条件及办法》，成立评比小组，对学生每天的思想纪律、学习情况、行为习惯、安全教育进行检查，及时公布，表彰奖励。

为使每个学生具备积极进取精神，他还制定了《星级卫士评比条件及办法》，每学年按一定比例选出一至五星级“品格星级卫士”学生，授予定制的臂章佩戴标志，并于六一节宣传表彰，树立起学生学习的榜样。

潘校长根据中国人民解放军的《三大纪律八项注意》，制定了《鲜明八一希望学校三大纪律八项注意》，从思想、学习、生活入手，教育激励学生，并在每星期一升国旗时全体师生一起诵读，从而塑造学生良好的军人品质。为了培养学生良好的行为习惯，他还主持修订了《品格卫士修养三字歌》，以规范学生的日常行为。

为使学生能真正感受到部队严谨的作风，学习部队战士不怕艰苦、勇敢坚强的品质，潘校长积极与乳源县武装部、韶关市军分区联系，得到他们的大力支持，使学校每年的六年级毕业生都能到韶关军分区军事展览馆、北伐战争纪念馆、武警支队进行“军营体验日”活动，观看解放军战士的训练，并由教官训练学生的队形队列，参观他们的内务，学习他们良好的作风，感受军人不怕苦不怕累的精神。他还要求每个学生写好军营体验心得体会，学校也因此制作了专栏橱窗进行张贴。此项活动已成为每年毕业典礼的常态工作。

为贯彻落实党的教育方针和《中共中央国务院关于深化教育改革全面推进素质教育的决定》精神，引导和鼓励广大学生积极参加形式多样、生动活泼、健康向上的体育、艺术活动，提高学生的综合素质，促进学生的全面发展和健康成长，切实推进学校体育和艺术教育工作，改善中小学生身体健康的状况，推进课外体艺活动的科学化、制度化、规范化，彰显学校校园活力，潘校长带领学校全体师生，制定了《鲜明八一希望学校阳光体育实施计划》。体育艺术“2＋1”特色大课间活动：武术操每招每式刚劲有力，颇有气势；竖笛操动作划一、笛声嘹亮；跑步操跑出团结向上，整齐有力、动作标准、行为规范、体质健康；“感恩的心”手语操，让学生学会感恩父母、感恩老师、感恩社会；每天出队、退队、排队放学要遵守秩序，要有军人的气质。

教师是强校之本。为了调动广大教师的积极性，塑造有素养品味的教师，他把评选“素养品味教师”活动作为促进学校内涵发展的内容之一，并制定了《鲜明八一希望学校素养品味教师评选条件及办法》，从教师的师德修养、德育特色创新、教育成果与业绩等几方面，评价考核教师，定出指标，逐步培养，力求几年内培养大部分教师达到素养品味教师的要求，并在每年教师节进行隆重表彰，从而达到教师对德育创新工作重视的目的，促进德育创新队伍整体素质的提高。

四、捷报频传　硕果累累

潘校长真情付出的两年多来，学校获益，各项工作频传捷报。校园文化建设使我校的校风校貌发生了翻天覆地的变化，师生团结一心，教育教学各项工作取得了诸多佳绩。回顾他做过的工作，广泛开展的校园文化建设全面促进了学生素质的提高，学校的教育教学硕果累累：2013年荣获“韶关市第一届大课间评比活动（小学组）三等奖”“韶关市第六届虚拟机器人竞赛（小学三维搜救项目）团体”第二名、乳源县“创建平安校园示范校”“2012—2013学年度教学工作先进单位”“乳源县中小学德育特色创新与发展评比‘军人精神教育’特色项目学校”，并推荐韶关市德育特色与创新课题立项以及乳源县第十届中小学生田径运动会小学组第三名；2013年四（1）班被评为广东省“少先队先进集体”；2013年、2014年获中小学风采文艺展演奖励；

在2014年5月召开的全县中小学校校园文化建设研讨会上，潘校长作了《少年好风采　军校现朝阳》重点发言，获得与会人员的一致好评；2014年6月被评为乳源瑶族自治县“文明单位”。学校教育教学总体水平跃居全县先进行列。

无论取得了如何卓越的成绩，作为一名教育者的责任始终提醒着潘校长不断努力前行。以军人为榜样，以军人精神为依托，潘校长与八一鲜明希望学校共奋进、同进退。

后记：一个好校长就是一所好学校！潘校长深知：作为教育者，学校的管理者，挑战与机遇并存，变化是永远的真理，创新是永恒的主题。成功者之所以能够在命运中峰回路转，在人生中柳暗花明而取得成功，大都是因为创新。只有善于创新的人才能屡建奇功，开创伟业。事实证明，无论世事如何变迁，潘校长都能带领他的团队在教育大潮中浮沉自如，勇立潮头！

情是德育最高境界，爱是德育最大智慧

——记东莞市电工程学校校长曹永浩

题记：『我见青山多妩媚，料青山见我应如是。』这是南宋爱国词人辛弃疾的一句词，也是我的信念。如果把这句话换几个词，就会变成：我见学生多可爱，料学生见我应如是。其中蕴含的道理是：服务他人，可以幸福自己。

——曹永浩

曹永浩，男，1967年5月出生，祖籍江西赣州。现任东莞市机电工程学校校长、高级教师、湛江师范学院客座教授、广东省普教系统“百千万人才工程”教育专家培养对象、广东省中等职业学校德育队伍培训专家，曾被评为全国优秀校长、首届广东省职业院校杰出校长、广东省优秀共产党员、广东省师德标兵、广东省南粤优秀教育工作者。2010年1月，他在给广东省中职学校骨干班主任培训时，讲话题目是《幸福离我们有多远》；2011年11月，他代表全省师德标兵做先进事迹报告时，题目是《和学生在一起就是和幸福在一起》。幸福，是东莞市机电工程学校德育工作的核心内容。因为热爱学生，当看到学生茁壮成长时，曹永浩感到幸福；因为热爱职业，在职业中体验快乐，曹永浩感到幸福；因为有开拓创新的大舞台，有机遇、有挑战，曹永浩感到幸福。他对学校德育工作有着深深的眷恋之情，热爱并幸福着。

一、探索“牵手德育”，牵着每个学生的手走正途

曹永浩校长爱自己的学生。自1996年主抓德育工作，他探索出符合中职学生成长特点的德育教育新路，即构建“全员参与、全程管理、全方位渗透”的“牵手德育”管理模式，实行 “牵手全天候”。“全员参与”指德育无闲人，学校领导、教师、职工以及各类管理人员都是教育者；“全程管理”指德育无闲时，从早读到晚修，从平时上课到假期跟踪，时时都是教育时间；“全方位渗透”指德育无空地，从校园到家庭、社会，处处都是教育地点。德育无小事，家事、国事、天下事，事事是德育契机。

他提出在德育管理中“不舍弃、不放弃”，在教学管理中“一个都不能少”。每个学生都能够牵着严格之手明规矩，牵着真诚之手懂礼道，牵着鼓励之手树自信，牵着平等之手会自省，牵着友爱之手知爱心。2008级社会文化艺术班学生罗导礼在给他的信中写道：“尊敬的校长，尊敬的所有老师们，谢谢您辛苦的教育，让我们这些曾经被人瞧不起的人拥有了属于我们自己的精神财富——每天微笑多一点。我是一个受益者，同样是一个懂得感恩的职中学生。”

他总结出“靓妈妈班主任”现象。学校班主任工作中，做得最优秀、最突出的是一批女教师，学校把她们叫做“靓妈妈班主任”。她们爱学生胜过爱自己的子女弟妹，不仅在学习上、生活上关心学生，在思想上关心学生的成长和进步，为学生创造良好的学习氛围，而且从心里去关爱学生，全面深入了解学生，满腔热情地帮助学生。曹永浩校长指出，做班主任就应该像靓妈妈们一样对学生充满爱心、耐心、细心、恒心，这既是妈妈的品德，也是优秀班主任的品德。

“牵手德育”获得上级领导和全省同行的认可和肯定。作为广东省的德育优秀案例，“牵手德育”已报送国家教育部参评全国优秀案例；作为广东中职学校德育文库之特色品牌系列丛书的第3本，《东莞机电工程学校：牵手德育》也即将出版。

二、创设“说出你心中的故事”校会，教育学生会自省

“说出你心中的故事”系列访谈节目是曹永浩校长提出的一个全新的、立足于平等对话、交流共享的德育校会。这种形式通过学生自己的视角讲述他们经历的故事，以此来启发和教育学生。访谈由团委负责人亲自主持，在学校大厅内布置了温馨会场，当事人坐在前台，听众坐在台下，共同分享身边的故事、智慧、思想，一起欣赏身边的优秀的人们。

2008年至今，“说出你心中的故事”已开展了“我人生第一次就业的故事”“我最感激的人的故事”“半工半读班的故事”“我就业创业的故事”“优秀校友”“我们的专业技能竞赛”“我们的体育艺术节”“东莞市机电工程学校教会我”“牵手背后的故事”“军营版说出你心中的故事”等二十多期访谈，嘉宾主要是学校的学生、老师、亲朋好友和企业的领导、教官等。访谈内容贴近学生生活，贴近学生周围的人和事，贴近学生的所思、所想、所虑、所惑，解决了学生思想中的实际问题。在“我人生第一次就业的故事”访谈中，半工半读班的同学们说起他们在工厂里最喜欢穿的衣服是校服，下班后最喜欢做的事就是站在公司宿舍的西北角遥望校园，盼望着回校上课的那一天。爱校之情让在座的每一位师生深受感动。学子们的思想教育也就在这鲜活的故事中完成，效果奇佳。

三、提出“超市模式第二课堂”，重塑中职学生自信心

为了重塑中职生的自信心，曹永浩校长于2003年提出了新的第二课堂开设方案，创造性地在学校启动了“超市模式第二课堂”（教育部立项课题），通过组织开展丰富多彩的第二课堂活动，发现学生的特长，发挥学生的潜能，发展学生的个性，培养学生的自信。现在又实现了网上报名、网上选课，学生根据自己的兴趣挑选课程时就像在超市购物一样。精心设置七十多门课程，从交谊舞到健美操，从FLASH制作到学校网站新闻采编，从电气线路安装到电子模拟仿真，从摄影摄像兴趣小组到男子棒球队，无不受到学生的喜爱和热捧。70多个精心设置的“第二课堂”，为学生的健康成长提供了广阔的发展空间，给学生进行自我锻炼提供了一个大舞台。2007级学生李同学是一名富家子弟，生活条件优越。家长为了让他能有一个好的受教育环境，先后送他读遍了国内大江南北多所名校，后来又送他出国读书，但是都无法让他有切实的成

长。后来，李同学的家长在朋友的推荐下把他送到了东莞市机电工程学校。他先后在学校参加了多门第二课堂活动，如英语沙龙项目之英语口语面对面等，拥有了自己做主持人的机会。他出国读书时学会的英语口语才能得到了发挥，渐渐成了校园里小有名气的主持人。同时他歌也唱得好，在第二课堂项目“校园十佳歌手大赛”中一举成名，成为了校园小明星。李同学毕业时感动地说：“国内外的很多名校我都呆过，只有东莞市机电工程学校才是最适合我的学校。”这句话并不是说东莞市机电工程学校有多出名，而是因为学校的超市模式第二课堂给了学生最适合的教育，顺应了他们的个性，成就了他们的兴趣和特长，挖掘了他们身上固有的潜能，培养了他们的自信和良好生活素质。

如今，“超市模式第二课堂”这个素质教育的大超市，在整个东莞乃至全省范围内都引发了强烈的反响，《南方日报》《南方都市报》《广州日报》《羊城晚报》等省内知名媒体纷纷报道。学子们除在综合素质上完善自我外，更是为自己培养了强大的自信心。

四、独创“学生成长十字训”，教给中职学生快乐与幸福

2010年，曹永浩校长根据他对中职教育的思考，提出了《学生成长十字训》：“微笑招呼‘诚’一；，坐正立直‘雅’一点；仪容端庄‘靓’一点；团结友爱‘善’一点；令行禁止‘正’一点；知书达理‘文’一点；一技傍身‘巧’一点；个性发展‘酷’一点；拼搏人生‘勤’一点”；享受生活‘乐’一点”。

“学生成长十字训”成了东莞市机电工程学校多年德育工作的概括和提升，它已经落实在学校的计划中、制度中、活动中。通过创新党员巡讲团课，全校一年比以往多增加了600节德育课：60个党员利用晚修的时间，每人每学期上5节，每学年可以上10节，一学年全校共有600节。同学们都说：“团课不仅开阔了我们的视野，而且还让我们学到了很多课堂上学不到的知识，在游戏中增加了同学之间的默契。我还学会了如何跟别人握手，礼貌待人，做到彬彬有礼。”学生的言语中洋溢着快乐和幸福！

2011年5月，“‘学生成长十字训’党建带团建党员巡讲主题团课”活动作为广东省“创先争优”优秀案例由广东省教育厅上报到国家教育部，并在教育部网站上作了专篇报道，人民网也在“中国共产党新闻”栏目中进行了全文转载。教育部还用简报的形式抄送给了刘延东委员和李源潮部长。

如今，东莞市机电工程学校“学生成长十字训”已经深深地刻在了每一位党员教师的内心深处，也印在了每一位教师的思想深处，更是写在了每一位学生自信大方的脸上。时任广东省团省委谭君铁书记在东莞市机电学校参观时，高兴地说：“刚才看

到你们车间里的学生满脸阳光、笑容灿烂，举动得体大方，现在再看到你们的‘成长十字训’，让我眼前一亮，‘靓’‘酷’等字眼很符合现代学生的个性特点和心理喜好，健康、阳光、有魅力。看来校长的思维模式卡到了学生的思维模式，校长是个心理学家！”

五、创立“校园红歌对抗赛”，提振中职学生的精气神

2010年，曹永浩校长根据中职学生群体普遍缺乏团队精神的弱点，提出用“集体拉歌”的形式，鼓励学生健康成长，培养他们的精神气质，端正他们的行为习惯和思想态度。

红歌对抗赛嘹亮的歌声、鲜活幽默的拉词、鼓励对手的口号等，让各个参赛队伍豪情满怀，激情高涨。2010年五四青年节期间，校园红歌对抗赛作为东莞市主题团日的品牌活动在全市进行了展示，各班级用嘹亮歌声传唱了《歌唱祖国》《打靶归来》《团结就是力量》等经典红歌，充分展现了东莞市机电工程学校学子的自信与魅力，整个过程精彩纷呈。在2011年广东省中等职业学校德育科研成果展示交流会上，两支红歌对抗赛冠军班级又进行了展示表演，得到了全省同行和教育人员的充分肯定。学生通过唱经典红歌，真正练就了同学们大声唱歌、大胆说话、大度待人、大方处事的本领。

后记：“情是德育最高境界，爱是德育最大智慧。”曹永浩校长热爱并幸福着的德育工作，充满理性的光芒和人性的芬芳，真正促进了学校学生的健康成长！如今，曹永浩校长提出的“牵手德育”“说出你心中的故事”“超市模式第二课堂”“学生成长十字训”“校园红歌对抗赛”等已经成为广东省中等职业技术学校鲜活的德育工作案例。2010年，东莞市机电工程学校被评为全国中等职业技术学校德育先进集体。

『活力德育』追梦人

——记广东省中山市石岐西厂小学李园萍

题记：『要让学校德育焕发生命的活力，有了活力，学校德育就更有激情、智慧与诗意。』她是这样说的，更是这样做的。从2005年至今，她孜孜不倦地带领西厂小学的全体老师，在思考中探索，在实践中前行，在反思中创新，走出了一条"活力德育"的特色发展之路，实现了一所普通小学的华丽转身。她，就是"活力德育"追梦人。

李园萍，江西省樟树市人，现任广东省中山市石岐西厂小学校长兼党支部书记。广东省特级教师，广东省小学高级教师（副高级）、广东省名教师工作室主持人，兼任广东省中小学德育指导专家委员会委员，广东省中小学德育研究会理事，广东省小学综合实践活动课程学会理事，广东省中小学教材审查委员会委员，中山市教育科研学术委员会委员，中山市教师进修学院客座讲师，中山市小学数学学科指导组成员，中山市小学数学学会常务理事；曾获得全国思想道德建设先进个人、广东省教育科研先进个人、广东省小学数学教学优秀工作者、广东省“阅读校长”、中山市先进工作者、中山市教育名师、中山市学科带头人等多项荣誉。

2001年8月，她服从上级安排，从当时的市直属学校省一级学校杨仙逸小学调任石岐实验小学任副校长，次年任校长。她办学理念新，思路广，创新意识和创新能力强，在短时间内，学校成功晋升为中山市市一级学校，并成为中心城区石岐区教学质量、办学效益最好的学校之一。学校成为首批广东省综合实践活动课程样本学校、中山市基础教育课程改革样本学校，被评为中山市创建省教育强市突出贡献单位。

2005年10月，因组织信任，她调任石岐西厂小学校长。任职以来，李校长秉承“创造有生命力的教育，为学生终身发展奠基”的坚定信念，立足学校发展实际，关注原生态，重在激活引领。学校德育工作遵循“让德育像呼吸一样自然、让德育与学生心灵无缝对接、让德育更有魅力和效力”的中山德育核心理念，提出了构建“活力德育”内容体系的理念，即根据孩子的年龄特点和接受程度设计德育内容，形成了一个有层次、有梯度，既相互关联、又相互融合的实施体系。

一、筑梦“活力德育”，破解德育难题

如何让沉闷的课间10分钟变得精彩起来？如何让校园充满生命的活力？如何让充满活力的校园成为焕发学生生命成长活力的“磁场”？2005年，接任西厂小学校长不久的李校长带领学校新班子确立了“创造有生命力的教育，为学生终身发展奠基”的“活力教育”办学理念，“活力德育梦”扬帆起航了！

李校长认为：“活力”是“生动、活泼、主动、全面发展”等素质的集中体现，活力教育是具有旺盛生命力的教育理念和模式，通过实施以“参与—体验—感悟—内化”为特征的活力教育课程体系，激发和培养学生以积极心态、创意思维、主动探索和自主发展精神为核心的活力品格，为学生的幸福人生奠基。这种教育能最大限度地调动教师的智慧，最大限度地开发学生的潜能。它的内涵在于尊重教育规律和学生身心发展规律，促进每个孩子主动地、生动活泼地发展，让每个孩子健康快乐地成长。

因此，学校“活力德育”体系依据“析茧”—“破茧”—“蝶变”的“破茧化蝶”原理，实施“一二三四五”德育工程，即：制定一个《西厂小学活力德育纲

要》；开设国家《品德与生活》《品德与社会》和校本“班队活动课程少先队活动课程专题教育活动课程社团活动课程”两大德育课程体系；整合学生家长社区三方德育资源；开发“遵纪守规，争当文明少年”“学会负责，争做有责任感的人”“享受童年，争做阳光少年”“弘扬美德，争当现代小公民”四大主题校本教材；拓宽了国旗下讲话为引领、班队会和思想品德课为主导、大队主题会和综合实践活动课为主阵地、各学科教学渗透、校园文化活动熏陶为系列的五条德育渠道。学校德育工作通过实情析茧创意破茧自主蝶变，构建“快乐大课间”“别样班队会”“活力特色班”“活力志愿团”“阳光使者团”“文明升旗班”“德育训练营”“数学体验营”“风采展示台”“慈善拍卖会”“创意儿童节”“特色运动会”“毕业典礼秀”“实践型作业”14项常态的德育特色活动，以“活力德育”破解德育难题，学校德育充满生命活力。

二、追梦“活力德育”，创新德育形式

学校通过开发《活力德育》《课间创新游戏》《一分钟创意游戏》《活力假期手册》等活力校本课程，开展《综合实践活动校本化实施与创新》课题研究，整体构建综合实践校本化实施框架，拓展《蚕宝宝的一生》《春游前的准备》等丰富多彩的综合实践活动主题；开设机器人、击剑、小发明、科学实验等30多个深受学生喜爱的特色项目培训；对学生进行爱国教育、感恩教育、责任教育、生命教育、诚信教育、友善教育，最大限度地发挥课程育德的整体功能，加强了学生创新精神和实践能力的培养。

学校以新课程改革为契机，致力打造活力课堂，确立了以“形动—心动—神动”为主要特征的《活力课堂指南》，并以此为准绳，制订了各学科的《活力课堂评学指标》。在活力课堂评学指标的评价中，教师们更加注重对话、倾听、合作、反刍，开辟了“以儿童为中心的自主学习、自主构建”的活力课堂教学新局面。如今，一个个具有游戏性、体验性、开放性、自主性、多元性、生成性的课堂应运而生，有效地促进了学生乐学好学，学生思维方式的优化，活力课题引领学生智慧成长。

校园是无声的教育力量。良好的校园氛围，可以使学生在潜移默化中受到熏陶和教育。学校以培养个性张扬的阳光少年为目标，以培育“活力校园文化”、建设“活力校园”为学校“文化之眼”，谋划学校的校园文化建设。齿轮、铁环、风车装点活力校园文化风格；“说到不如做到，要做就做最好”的校训催人奋进；装载着童真童趣的马赛克文化尽情挥洒孩子的中国梦；多姿多彩的校园“玩”文化引领学生健康成长；开心角、心灵小径、亲子农场等。学校精心布置每一个学习生活的活动空间，使其处处彰显生命活力的文化气息，让师生学得认真，玩得开心，充分享受生命的尊严

与活力。

三、圆梦“活力德育”，再谱德育华章

近年来，西厂小学先后荣获全国校本德育创新基地、全国优秀家长学校示范基地、广东省德育示范学校、广东省书香校园、广东省德育科研先进集体、全国中小学思想道德建设先进集体等荣誉称号。学校“活力德育”“创新大课间”“电脑机器人”等特色品牌声名远播，影响大，辐射广，赢得各级领导、专家及市内外兄弟学校的广泛赞誉。云南、福建、广州、深圳等地的教育部门及兄弟学校400多家单位、2000多人先后慕名到校观摩学习，国家级、省级、市级新闻媒体100多次报道了学校的亮点。“活力德育”登上《中国德育》名校上榜栏目；机器人代表队勇夺全国恩欧希最高奖；创新游戏“玩”上中央电视台；综合实践获国家级奖励。

作为校长，她忠诚于党的教育事业，廉洁奉公，依法治校，开拓创新，追求卓越。作为广东省中小学德育专家指导委员会委员，她曾到广州、深圳、中山等地的30所学校参与评估。在高质量、高效率、富有特色地开展学校管理的同时，潜心研究，改革创新，科研课题研究成果丰硕。李校长撰写的学校管理和教育教学方面的论文有20多篇在市级以上获奖或发表；主持的教育科研课题有20多项次获市级以上奖励。其中《综合实践活动课程校本化实施与创新》课题成果获广东省普教科研成果二等奖；《一分钟创意游戏 促进学生品德与心理健康教育协调发展》获广东省中小学德育创新成果一等奖；《“活力德育”实践探索》成果获广东省中小学德育创新成果二等奖；论文《让体验成为活力德育的土壤》《破茧成蝶——“活力德育”实践》先后在《中国德育》上发表；《创新课间游戏 促进学生身心健康发展》在《教育文摘周报》上发表；《创新德育途径 开发活力德育校本课程》在《现代教育报》上发表。

后记：“高山仰止，景行行止；虽不能至，心向往之。”李校长说：“教无止境，我愿做一个永远的教育追梦者，用自己的梦去点燃孩子的梦，帮助她们实现自己的未来梦。”现在的她，继续行走在追求教育梦想的路上。她在享受着、幸福着……

以文化人 润物无声

——记中山市坦洲林东小学校长王祖慧

题记：王校长经常会提到荷兰哲学家冯·皮尔森的名言：「文化不是一个名词，而是一个动词。」认为这句话道出了以「文」「化」人的深刻内涵，当时时铭记，努力践行。

中山坦洲林东小学是中国十大慈善家林东先生捐资兴建的一所公办学校。学校秉承“以人为本，教有特色，学有所长”的办学理念，全面实施素质教育，在内涵发展、特色发展和创新发展方面取得了斐然业绩，先后获得广东省一级学校、广东省书香校园、全国德育实验学校、首批广东省德育示范学校等荣誉称号，在省内外具有相当的知名度和影响力。

都说“一位好校长就是一所好学校”，的确如此，王祖慧校长对教育不仅有爱，更有智慧。她多次被评为市先进德育工作者和优秀教育工作者，因工作突出，还被省教育厅增补为第二届广东省中小学德育指导委员会委员。她理论功底深厚，科研能力强，先后主持了6项国家和省级教育课题，多篇论文发表在《中国德育》等国家级刊物上。她力戒灌输式教育方式，力行市教育局提出的“让德育像呼吸一样自然”的育人理念。她勇于突破，大胆创新，借教育局“一镇一品牌，一校一特色，一班一亮点”的教育规划，紧抓“文化”二字，发挥文化魅力，以文促智，以文育德，以文化人。

一、深耕细作：提升阅读文化，共建精神家园

腹有诗书气自华。王校长在林东小学良好的读书传统的基础上，进一步弘扬优秀传统文化和当代先进文化，身体力行，精心打造书香校园。

大力改善读书环境。她设计出多种方案，通过全面构建，营造出让墙壁说话、让花草树木赋诗、让文化设施启智的校园人文气息。校园里统一规划了宣传橱窗、流动展板、琴棋书画台，构筑了全新的文化长廊。每间教室都布置了特色墙报和板报，开辟了图书角。通过不断完善硬件设施和每年购置大量新书，为师生创设良好的读书条件。

共同营造读书氛围。学校设立了专门的阅读指导课，分年级分层次进行指导；校图书室定时开放，鼓励学生多读多借；课前三分钟的阅读交流、周二的国学经典诵读、周三的美文朗读红红火火；王校长还重视学生阅读习惯的培养，激发学生博览群书的阅读兴趣；经常与家长沟通，积极推动家庭读书计划，让家长陪伴孩子一起读书成长。

长期开展读书活动。学校定期举办读书节和读书竞赛，持续开展了“千人诵读”“年级经典诵读PK赛”“好书进班级”等活动；经常邀请专家讲学，开展读书研讨和读书交流；读书工程建设有效提升了师生的文化修养和学校的办学品位。学校先后被评为首届中山市“书香校园”、广东省“书香校园”“全国阅读教育”先进集体，

王校长也荣获广东省“十大读书校长”荣誉称号。

二、善做善成：凝练班级文化，促进个性发展

王校长在大力建设书香校园的同时，积极推进班级自身的文化建设，在全校创建了手工、纸艺、书法、绢花等20多个特色班，大力培育利于学生个性成长的班级文化。

以特色文化滋养个性。她要求各班注意审察自身的特点和优势，深挖文化内涵，让学生于无声中受到感染和熏陶。比如，美化教室，启迪个性，处处彰显特色教育内容；集思广益，打造个性，充分发挥学生的智慧与特长；确立目标，包容个性，让班级共同目标和学生个体目标和谐共振。

以特色活动发展个性。她倡议各班采取切合本班实际、家校共同参与、发挥师生特长的活动方式。各班建设向着多样化、特色化发展，并为学生预留展现优势、发掘潜力的空间。例如，邀请家长进课堂教授一技之长，举办班级特色展示，开展亲子活动等，增强学生的社会意识和实践能力。

以特色评价引导个性。她特别看重特色班的个性化教育功能，全面审视、多元评价学生，引导学生个性的良性发展。她指导各班建立综合评价制度，欣赏每位学生的进步。除了常规奖，学校还设立了许多体现个性特长的奖项，如苗圃园丁、剪纸小能手等，激发学生潜能，培养自强自信、积极进取的精神。

以特色成果激励个性。特色班建设形成了学生主动参与的育人氛围，孩子们从中不断收获成功的喜悦。学校和班级的橱窗、展板上张贴着学生作品和各类活动照片，每学期每个人都有多次机会上榜。到了学期末，手工、文摘等特色班把成果汇集起来做成一本内容丰富的作品集，极具个性特色和魅力。

以特色大课间活动丰盈个性。针对孩子们广泛的兴趣爱好，她与艺体科组一起谋划，进一步拓宽特色班建设的范围，开展了丰富多彩的大课间活动，开设了球类、棋类、书画类等近30个兴趣小组，让孩子们在互动中取长补短，使个性特长得到更好的发展和优化。

通过她的有效引导和各特色班的积极建设，如今，学校班班有亮点，人人有特长，全校半数以上班级被评为市镇特色班。市实验小学等名校先后前来参观交流，共同探讨特色班建设的经验做法。她还在中国教育学会中小学德育研究分会第26次年会上作了经验介绍，得到了领导专家的充分肯定和好评。

三、先行先试：培育叙事文化，开展德育创新

王校长是教育的有心人，她一直在苦苦思索学校德育普遍存在的低效现状。2008年，市教育局廖诚科长为她送来了李季教授的叙事德育，她欣喜万分，立即开展实验研究。这项课题后来成为省级重点课题，并且取得了巨大成功。2011年结题后，相关成果先后被省教育厅评为优秀等次、德育创新成果一等奖，她也被评为课题研究先进个人，受到李小鲁巡视员、班华教授、韩东才教授的肯定与赞赏。邝丽湛教授高度评价叙事德育“有效破解德育难题，德育特色和创新发展成果在全省处于领先地位，在中山、广东乃至全国都具有推广价值”。

当时，在学校开展叙事研究是一项创新工作，没有多少经验可以借鉴，老师们不会忘记作为课题负责人的王校长为此倾注的心血和所做的大量工作：

邀请专家，走近叙事德育。她深知创新不易，于是多次联系并邀请李季教授来校指导工作，借专家智慧逐步解决了老师们叙事理论方面的困惑；同时，又指导课题组搜集资料、购买专业书籍供学习之用。通过研训交流，有效提高了大家的应用水平。

实践探索，开展叙事德育。她牵头抓总，及时成立课题组，确定实施方案和研究计划。各学科教师全员参与，全心投入，攻坚克难，大胆实践。她坚持亲自参加实践活动，与大家一起听课议课，共谋良方妙策。

反思提炼，创新叙事德育。她鼓励老师们在实践的基础上，注意联系实际进行反思总结；自己带头，积极撰写论文随笔。全校先后汇编了三部作品集，另有数十篇论文发表或获奖。通过研究，初步构建了小学叙事德育模式。

广泛探讨，交流叙事德育。课题研究以来，王校长以无比的魄力和开放的胸襟，广迎四方志同道合者，先后接待了省内外数十所学校的德育骨干上千人次。她力推的交流活动，对展示研究成果、聆听专家建议、扩大合作交往及打造德育特色品牌起到了积极的促进作用。

加强研究，深化叙事德育。她未雨绸缪，将叙事由学校延伸到家庭，动员家长广泛参与；巩固已有成果，进一步加强叙事精品课建设；与李教授密切沟通，申报后续新课题“把社会主义核心价值体系融入小学叙事德育的实践研究”。她不仅要做课题，更让课题紧跟时代步伐，助力学生健康成长。

王校长的“叙事之路”已经走了6年，而新课题也通过省级立项，正在顺利开展中。叙事德育走进了学生的心灵，促进了教师的专业成长，彰显了学校的德育特色与亮点。

后记：苏霍姆林斯基曾说，“任何一种教育现象，孩子们在其中越少感觉到教育者的意图，它的教育效果就越大”。文化是学校的灵魂，王校长精心打造学校的文化名片，将校园文化、班级文化和叙事文化有机融合，不仅展示了办学特色，更有效发挥了文化的魅力、亲和力和感染力，让孩子们沉浸其中，得到润泽和滋养，为其终身发展打好基础。当然，以王校长对教育的情怀和追求，远远不会满足于现在的“小成”，她和她的教育团队一起且行且思，正在谋划大文化大德育，让文化战略再上新台阶，再展新气象。

融合德育『三感』模式 塑造幸福育人机制

——记江门市新会圭峰小学校长冯家传

题记：在传承中创新，走幸福育人之路，让每位受教育者都有一种成长感、归属感和成就感，这是所有教育者的终极追求。

江门市新会圭峰小学（以下简称“圭峰小学”）前身是新会师范附属小学，复办于1994年。这是一所年轻的学校，同时也是一所被授予“广东省德育示范校”等60多项光荣称号，获得省德育科研成果一等奖等80多项奖励的品牌名校。20年的办学历程，圭峰小学以“十年磨一剑”的信念，始终坚持以德育为首，刷新着一个又一个发展高度。冯家传校长先后主持或参与七项省、市德育课题研究，在充分调研的基础上，他提出以“融合德育三感模式，塑造幸福育人机制”为办学理念，形成了以“三感”为主线的圭峰小学独有的德育创新模式，积极打造“最具幸福感的学校”。

一、“三感”德育模式的形成

德育模式是一所学校的全体师生经过长期努力而积淀形成的相对稳定的理想、信念与追求，更是学校文化的精髓与灵魂。据此，圭峰小学的冯家传校长根据学校实际和学生的个性特长，开拓创新，积极探索，不断创新德育机制，培育新的德育增长点，创造性地建立了一个优质的道德教育环境，铸造了一个磁力强劲的“德育场”，形成了具有圭峰特色的德育培养模式：融合德育“三感”模式，塑造幸福育人机制。这是指，在学校教育教学全过程中，坚持面向全体师生，面向全体师生的每一个方面，激发学生的“成长感”“归属感”“成就感”，促进师生的整体发展、全面发展、个性发展，力争实现教育的终极目标——幸福。这是圭峰小学继续向前发展的生长点，也是冯家传校长把学校打造成德育名校的根本基点。

二、“三感”德育内涵的解读

圭峰小学德育总目标可以用“三感”来概括，即成长感、归属感、成就感。

成长感：指一个人在学习和工作过程中，对自己所取得进步的自我感知和认同。“成长感”是陶行知教育思想的精髓。鉴于此，冯家传校长将培养学生的成长感分为五个目标：健康体魄、学习技能、艺术兴趣、征服自然能力、改造社会精神的日渐成长。

归属感：指在一个学校团体或是班集体中每一位学生的团体意识。冯家传校长说：“德育是做人的根本。”要提高学生的德育归属感，就应该从学生日常的潜移默化中着手，具体目标可分为：走进生活，重视学生实践性；深入课堂，重视学生的参与性与主动性；渗透教育，归属学生的情感体验。

成就感：指一个人做完一件事情以后，为自己所取得成绩或实现目标感到一种成功的感觉，是对结果的肯定和自豪。冯家传校长认为：学校作为培养未成年人思想道德的主阵地，就必须在树立学生的正确人生观和价值观，在培养学生的正确“成就感”上下功夫。

三、“三感”德育模式的融合

冯家传校长在长期的德育实践过程中，形成了“德育即模式与理念的反映、德育重理论与实践的践行、德育靠爱心与智慧的融合”的德育理念体系。

（一）夯实“三感”教育的文化基础，构筑幸福育人制度的坚强基石

在冯家传校长看来，精美雅致、温馨和谐、促学净思、书声琅琅就是“三感”的文化基础。“精美雅致”是文化基础中培养“三感”的基本要求；“温馨和谐”是文化基础中培养“三感”的真实显现；“促学净思”是文化基础中培养“三感”的期望目标；“书声琅琅”是文化基础中培养“三感”的外显形式。具体表现在：

1．植根本土，挖掘“三感”文化

圭峰小学地处名人梁启超的故乡，这是学校德育本土文化最大的资源。为了让学校处处都能熏陶学生个人的成长感、归属感和成就感，冯家传校长充分发掘、利用校园的环境，使一草一木、一墙一板都能说话，无不体现着纪念伟大先人的深厚文化底蕴，起到深刻教育人、启迪人的作用。这些都是历史赋予圭峰小学得天独厚的，取之不尽、用之不竭的德育资源，为学生“三感”的发展提供了最肥沃的土壤。

2．源于生活，修炼“三感”文化

德育即生活。圭峰小学通过一系列贴近学生生活实际的活动，磨炼学生的意志，培养学生的社会责任感。冯家传校长倡导的“向日葵工程”是圭峰小学德育部门一个非常有特色的亮点，它分为“仁心”与“仁义”两大小组，前者帮助精神上遇阻的同学，后者帮助经济上有困难的同学。向日葵工程的重点活动是“人人都献出一点爱，世间就会更加美好”的大爱筹款。同学们通过平时举行的“红五月活动”“游园活动”“义卖活动”等进行义捐义助，让大爱无痕的精神在润物细无声中内化为学生的成长感、归属感和成就感。

3．面向社会，建设“三感”文化

为了使学生努力实践，开启心灵，使他们在活动中实践自己的道德认识，冯家传校长极为重视对学生“服务社会”的意识培养，他建立了四个德育基地，让每一位学生都能走出学校，深入社会，开阔视野，坚定信念。这四个基地分别是以梁启超故居为核心的爱国主义教育基地、以新会怡园安老院为核心的敬老教育基地、以新会北园革命烈士陵园为核心的传统教育基地和以新会武装部为核心的国防教育基地。圭峰小学的学生深入每个基地，开展形式多样的学习，集安全演练、文明礼仪、体质锻炼于一体，使之真正成为“三感”教育的窗口，焕发学生内心的成长感、归属感、成就感，努力构建“幸福育人”机制。

（二）建立“三感”教育的运行机制，形成幸福育人制度的坚实保障

1．树立“三感”理念，丰富课程内涵

圭峰小学充分挖掘校内外资源，努力走出传统德育课程体系的瓶颈，逐步建立了整合显性课程和隐性课程的生态课程体系。显性课程是指上级规定的课程计划，包括国家、地方、校本三级课程。隐性课程是指在显性课程之外的，但却在潜移默化地影响学生身心发展的一切学校文化要素的统称，是以间接的、内隐的方式呈现的课程。

2．实践“三感”课程，打造幸福教育

为了让学生在全面发展的同时，个性得到成长、归属和成就，学校实施因材施教，注重社团建设。全校一共开办了芭蕾舞班、烹饪班、象棋班、羽毛球班等33个社团；每年开展读书节、艺术节、体育节、科技节、合唱节活动；组织学生祭扫烈士墓；新学期组织学生观看“开学第一课”；邀请“推进国学教育，引领孝行天下”演讲团来校演讲等，以增强学生的归属感与成就感，让他们热爱学习、享受学习、享受幸福。

（三）落实“三感”教育的“人本”因素，突出幸福育人制度的工作重点

落实“三感”教育是一项伟大而神圣的事业，需要全体学生“静下心来，潜下心来”。为此，冯家传校长摸索出了“三感”教育的培养目标——身正学高、诚仁博达、敬学乐学、文质彬彬。

1．创设氛围，塑形铸魂，提升学生的“成长感”，塑造人格魅力

圭峰小学一直坚持“超越自我，超越规范，做有思想、有能力、高品位的人”这一培养目标。首先，要求每位学生每学期要做到看完一本经典著作；每个月写一篇学习随想；至少要为自己或他人解决一个困难；……其次，成长感在多种形式的培训中提升，举办演讲、辩论会、文艺汇演等活动，为提升学生修养的成长提供了学习交流的平台。

2．真抓实练，丰富内涵，提升学生的“归属感”，塑造学习魅力

一个有魅力的学生，不仅是具有上进心、有爱心、有奉献精神的人，而且一定是一位有学习归属感的人。为此，学校在“归属感”提升方面确立了三个层次：一是个人层次——自我反思；二是小组层次——同伴互助；三是集群层次——专业引领。专抓成长型学生的归属感。

3．鼓励自学，形成特长，提升学生的“成就感”，塑造才华魅力

多才多艺的学生，会在其他同学心中燃起崇敬的火花。冯家传校长认为，不仅要培养全面有特长的学生，还要锻造一批多才多艺的学生群体。学校要求每位学生至少要有一项艺术特长。这不仅能提升学生的“成就感”，塑造才华魅力，也让同学们的生活多姿多彩，充满幸福感。

（四）坚持“三感”教育的有效探索，明确幸福育人制度的根本要求

1．探索“三感”互动，实践幸福育人机制

圭峰小学进行以班、级、科为本的“三感”育人模块的探索，针对不同的年龄阶段，提出不同的要求，如针对低年级提出的“自己的事情自己做”的建级方针和针对高年级提出的“我能帮他一把”的建级方针，有针对性地指导学生主动参与日常的管理，在管理中学会做人与做事，从而加强学生的成长感、归属感、成就感。

2．探索“三感”渠道，拓宽幸福育人空间

思想品德课、班队会活动是德育的主渠道，如何使用思想品德课、班队会活动体现德育课程所倡导的回归社会、回归生活、走向综合的要求是德育的重点。冯家传校长便在抓“三感”教育上做文章：一是变传授式为主的思想品德课为探究式为主的道德实践活动课，让学生当课堂的主人；二是把生活引进课堂，编写了一套“三感”教育综合活动方案；三是变管理式的班队会活动为体验式的“三感”实践活动，让每位学生都成为幸福少年。

四、“三感”德育模式的展望

实施“三感”的德育管理策略，激发学生的成长感、归属感、成就感是教育本身对学校德育提出的恒久课题。实施“三感”的德育管理模式，必将给学校的德育带来“革命化”的变革和全新的“源头活水”，有利于提高学校德育工作的吸引力、针对性和实效性，具有广阔的发展前景。冯家传校长表示，在今后的工作中，圭峰小学还将努力构建起一套科学完整的、具有极强操作性的“三感”德育模式的目标体系、内容体系和评价体系；建立起一套行之有效的校本化的“三感”模式的德育课程，让“三感”教育的德育管理模式有层次、有目标、有内容，真正为学生的人格和终身发展奠定基础。

后记：勇立潮头千帆竞，幸福发展谱华章。实践证明，融合德育“三感”模式，塑造幸福育人机制，才能提高同学们的成长感、归属感、成就感，才能为学校的德育创新发展做出贡献，从而赋予幸福育人机制的建设秉有灵动、舒展和充盈，渐渐地花团锦簇，浓荫匝地！

只有打动心灵，德育才充满魅力

——记茂名市第十六中学校长吴中耀

题记：『学校德育工作就应该用激情点燃激情，用高尚培育高尚，用责任强化责任，用追求引领追求。』吴中耀校长的『四个用』高度地概括了学校德育工作的内容、形式和目标，也充分体现了他的德育工作理念和特色。

吴校长是茂名市第十六中学党总支书记、校长。茂名市第十六中学是广东省一级学校、广东省绿色学校、广东省现代教育技术实验学校。2010年以来，学校先后荣获全国学校心理教育规范化建设科研基地、全国课堂教学管理先进学校、国家级语言文字规范化学校、广东省安全文明校园、广东省体育传统项目学校、广东省德育示范学校、广东省五一劳动奖章和广东省“巾帼文明岗”等荣誉称号。

吴校长是一位专家型的校长，曾被评为全国中学教育领导与管理先进校长、广东省“南粤教坛新秀”、广东省“朝阳读书活动”先进个人、茂名市第七批优秀专家、茂名市优秀校长、茂名市教育系统优秀共产党员、电白县先进教育工作者，多篇论文在国家、省、市级刊物发表或获奖。他主持的全国教育技术研究“十一五”规划重点课题的子课题《应用敏特英语网络学习平台，优化词汇学习效果》于2011年5月通过结题鉴定。目前，他正在主持广东省中小学德育科研课题《中学德育课程教学方式创新的研究》和全国教育科学“十二五”规划课题《提高高中课堂教学效率方法的研究》。

吴校长认为，德育就是素质教育，就是教学质量，就是持续发展力。目前，我国学校德育现状堪忧：目标高大全，内容假大空，方法看管盯。有人说，中国学校德育是“幼儿园教小学的东西，小学教中学的东西，中学教大学的东西，大学教幼儿园的东西”。德育发生这种“教育的颠倒”，究其原因，跟德育课程设置不科学，方法以灌输为主等不无关系。我国德育以说教、训诫为主，许多需要践行的品德规范，并没有通过养成而内化为道德主体的自觉行动。因此，吴校长经常告诫班主任：“只有打动心灵，德育才充满魅力，才能真正实现立德树人的目的。”他以所主持的广东省中小学德育科研课题《中学德育课程教学方式创新的研究》为抓手，对学校德育工作进行了一系列卓有成效的探索和实践。

一、建设科研型德育队伍，使教师播种幸福教育

德育是科学，也是艺术。教师，特别是班主任，是德育的具体实践者、组织者和参与者，德育工作主要通过班主任实施和贯彻。因此，吴校长十分注重德育队伍建设，使班主任由职业型、经验型、勤奋型向事业型、学者型、科研型转变，打造一支德高能强的德育队伍，为班主任建功立业提供动力和平台。

合理规划，科学考核，指导班主任发展。为了激励和引领班主任专业化成长，吴校长把班主任的成长划分为六个阶段：合格班主任、班主任希望之星、骨干班主任、最受学生欢迎的班主任、优秀德育工作带头人、功勋班主任。同时，吴校长制定了班主任工作能力考核的五项内容：敏锐的观察能力、准确的判断能力、良好的协调组织

能力、高超的批评能力和表扬能力。“六个阶段”“五项能力”都有具体的评价和考核标准，使班主任在专业化成长上有了明确的努力方向，也使班主任队伍建设有了明确的指导思想和考核评价指标。

“三促”“四带（代）”过“五关”，促进班主任成长。吴校长把班主任培养目标定位为“以人性化管理促个性化发展、以科学化管理促专业化成长、以精细化管理促整体性提高”，提出了“三促”“四带（代）”过“五关”的班主任队伍素质提升思路。“三促”：一是以考促评，组织班主任进行教育理论考试，考试成绩录入班主任个人业务档案；二是以评促教，定期组织班会公开课和班会反思课；三是以赛促练，定期组织班主任进行各种比赛，如班主任工作案例竞赛、班会课设计竞赛、德育论文竞赛、情景答辩竞赛等。“四带（代）”：一是以点带面，每学期进行“优秀班主任经验交流会”“优秀班主任事迹报告会”“优秀见习班主任工作汇报会”，推介典型，学习经验；二是以老带新，推行“见习班主任制”、导师制，设人梯奖、新秀奖；三是以会代训，对存在的问题通过组织班主任论坛、班主任专题研讨会、青年班主任专题会等方法解决；四是以学代奖，对业绩突出的班主任，用选派外出学习的形式代替奖励。“过五关”就是青年班主任4年内要过思想品德关、教学技能关、教材教法关、教育管理关和教育科研关，关关有标准，关关有建档，关关有考核。

创新班主任激励机制。吴校长创新班主任激励机制，使班主任在艰辛工作中获得成功的愉悦体验，享受德育工作的成果，不断激发工作的热情和创造的精神。一是让学生给予班主任精神上的激励，如组织教师节学生感恩活动、新年学生探访活动、班主任生日学生祝福活动、毕业晚会学生答谢活动、毕业后学生回访活动等；二是让家庭给予班主任精神上的激励，如儿童节组织班主任的子女开展游园活动、重阳节慰问班主任的父母、春节到班主任家中慰问等，使班主任从家庭中获得巨大的精神支持和动力；三是学校给班主任精神激励，如对优秀班主任进行表彰奖励、举办优秀班主任事迹报告会和经验推介会、组织优秀班主任外出学习、选拔优秀班主任进修培训等。

二、创新德育课程及模式，使学生享受幸福教育

传统的德育注重教师的训诫作用，缺乏“活动体验”的教育方式，难以引发学生自身体验，未能深刻打动学生心灵，其结果有两种：一是学生掌握了道德知识却没有相应的道德情感和道德行为；二是学生在有约束的环境下“不得不这样做”，在没有约束的情况下就“自由自在”。这样的教育会培养出知行不能统一的“人格分裂者”，被动接受的教育不可能在心灵生根。鉴于此，吴校长坚持“育人从心开始”的理念，依据德育工作目标，遵循学生身心发展规律，创新德育活动课程与模式，变

“被动教育”为“心灵教育”，变“说教式”为“参与式”，让学生的情感、态度、价值观在实践中升华。

确立德育课程六项目标，目标是引领。吴校长提出了德育课程的目标，以指导德育课程的设置：一是陶冶品德，传承明礼诚信、崇德向善的民族传统；二是磨炼意志，要培养勇于吃苦、不畏艰难险阻的顽强作风；三是提高能力，要有勤于思考、善于钻研的实践创新能力；四是纠正习惯，要养成文明规范、快速高效的生活和学习习惯；五是学会担当，要有关心集体、关爱他人、热爱祖国的责任意识；六是成就梦想，要拓展成人成才、赢得进一步发展的空间，具备走向幸福未来的必备品质。

构建德育课程八种类型。德育课程只有与社会生活、学生日常生活紧密结合，教育情景妙趣横生、为学生喜闻乐见，才能实现“心灵教育”。在实施德育课程过程中，吴校长依据现代学生应具备的素养，以“体验、实践”为重点，构建了德育课程八种类型，使德育课程规范化、有序化、系统化、科学化：一是榜样引领类，如通过校园十大道德模范、学习标兵、十佳班长、每周之星、星级宿舍评选表彰和优秀学生事迹报告会等活动，用先进典型为学生树立追求的标杆；二是社会实践类，如通过参观学习、职业体验、志愿者服务、社区宣传等活动，实施心灵教育；三是文体历练类，如军训、新生入学宣誓、高考百日冲刺宣誓、远足、跑操、成人礼、感恩励志演讲会、国旗下讲话等活动；四是科技创新类，通过科技创新和成果展示活动，培养学生热爱科学、崇尚真理的精神；五是阳光体育类，如开展会操、拔河、绑腿跑等活动，培养学生热爱集体、团结合作、互助共赢的精神；六是生命关怀类，开展关爱生命、守护生命教育；七是社会法制类，开展公民法制教育；八是心理健康教育类，培养学生健全人格和健康心理。

丰富课程实施的形式。在课程的实施上，吴校长坚持以“兴趣、实践、体验、分享”为宗旨，丰富德育课程实施的形式，突出德育活动的参与性、体验性和深刻性。一是走出去，组织学生到社区参加社会实践，到厂矿企业、科技馆、博物馆参观，到敬老院慰问孤寡老人等，让学生亲眼目睹、亲身体验祖国的经济建设和社会发展情况，唤起学生对他人、对社会、对祖国的关注和关心；二是请进来，邀请著名企业家、社会名人、优秀毕业生做成人成才、成就事业的事迹报告，邀请专家学者做形势报告，邀请法制专家、心理教育专家等做专题报告；三是查一查，让学生自己在书籍中或上网查找与主题活动相关的资料素材；四是演一演，把学生喜闻乐见的各种事情引入活动课堂，使学生在演一演中受到教育；五是谈一谈，选择学生感兴趣、关注度高的事情，让学生谈感受、共分享，如谈谈学生中出现不良行为、好人好事，说说母亲节、父亲节、教师节、感恩节、青年节的感怀等；六是议一议，以小组的形式，让学生从不同的角度对某一事件或某一行为各抒己见，如评议同学们的言行举止，评议最近发生的国内外大事；七是看一看，教师或学生提供与主题相关的素材，通过多媒体播放、参观、考察等形式，如每天组织学生观看热点新闻、时事焦点，让学生了解、体验、思考；八是做一做，让学生在活动课上或课后做相关事情。德育活动紧贴学生实际，把握学生思想发展的脉络，聚焦时代生活，主题鲜明、内容丰富、形式多样、突出体验、注重分享、寓教于乐、充满张力，为学生心灵导航，让学生从精神上站起来。

三、打造强大的校园文化，让师生永葆生活激情

吴校长常说："学校最需文化，教师最需善待，学生最需人格。"学校文化其实最能体现学校的软实力。文化直接作用于人的精神与情感，文化的灵魂是共同的信念，文化的作用是认同、交流、凝聚与融合。人的外在精神面貌来源于内在品质的熏陶。情感是人类精神生活中最神圣、最庄重的东西，情感发展是人格发展的不竭源泉和动力。因此，吴校长一直把校园文化建设作为学校德育工作的一项重要内容，用高尚文化浸润师生心灵，使师生永葆生活激情。

建好橱窗文化，用精神感召师生追求高远。吴校长充分利用校园空间建设橱窗文化、墙体文化和教师办公室文化，营造积极向上、充满活力的校园文化。校园处处有名人名言、格言警句，如"学会做人，学会学习，学会合作，学会发展""铁的纪律铸底柱，金的人格育栋梁""在活动中学习，在主动中发展，在实践中增知，在探究中创新""为学生的生命质量负责，为学生的终身发展奠基""课堂因互动而精彩，课堂因自主而发展""自己的课堂自己把握，自己的事情自己去做，自己的梦想自己去圆""给我一次机会，还您一份惊喜""志向决定方向，目标成就未来"等。橱窗张贴着优秀学生的大幅照片和简介，陈列着历届杰出校友的照片、格言、事迹介绍，具有强烈的精神感召力。吴校长以教师精神文化建设为重要载体，抓好师德师风的建设。教师办公室张贴各类宣传办学理念、工作要求的口号，如"教师的四种精神：奉献精神，进取精神，求实精神，创新精神""学校的工作方针：课堂成就梦想，信念捍卫辉煌，态度决定高度，细节决定成败，和谐促进发展，团结就是力量""学校的工作目标：思想工作有新亮点，教育管理有新进展，学生素质有新提高，高考指标有新突破，教育科研有新思路，队伍建设有新举措"。浓郁的校园文化熏陶和浸染师生的世界观和价值观，为师生树起精神的航标。

建好教室文化，点燃学生拼搏成才的激情。一是办好班级展示栏。每个教室门外的墙壁上都设有班级展示栏，内容包括班级合影照片、班训、班级目标、班级特

色、榜样的足迹、班级成绩展示等，各班的展示栏规格统一，形式多样，内容积极，特色各异，展示了现代高中生的健康形象和风采；二是每日诵读一语。教室每日一语由师生共同辑录或撰写，如“能吃苦，吃半辈子苦；怕吃苦，吃一辈子苦”“人生一分钟，奋斗60秒”“两眼一睁，开始竞争”等。通过每天诵读警句格言，学生想到的是国家、民族和自己的未来，树立“做大事，成大器”的高远追求，激发出为成就大业、为民族振兴而发奋学习的强大动力。

创建宿舍文化，营造和谐的生活环境。吴校长引导学生精心打造充满活力而又温馨和谐的宿舍文化。学生宿舍舍舍有主题，屋屋有特色。宿舍的门上都写有学生为自己宿舍起的名字，如 “和谐园”“静心居”“花样年华”“水木清华”“远志室”“无涯斋”等。门上还挂有每位学生的照片，各寝室还张贴了处世名言、立身格言，形成了风格各异的寝室文化。学校通过定期评选星级宿舍，培养学生和谐、健康的精神。

后记：“教育是科学，需要我们去求真；教育是艺术，需要我们去创新；教育是事业，需要我们去献身。”这是吴校长的工作格言。他也正是以求真务实、开拓创新、无私奉献的精神开拓了德育工作的崭新局面，取得了瞩目的成果。

探索德育新路　坚守教育良心

——记潮州市湘桥区城西中学校长林国平

题记：『作为教育工作者，一定要坚守教育的良心。』这句简单而朴素的话语被潮州市城西中学校长林国平经常挂在嘴边。对于这句话，他是这样阐述的：应试本位的教学观、知识本位的课堂观、分数本位的评价观是教育的『三座大山』。『三座大山』重压下的教育，必然走向畸形。我们需要坚守的是『教育良心』，我们需要回归的是『教育原点』。全面、和谐、可持续的教育观，就是『良心』和『原点』。学校要有升学率，但不能只有升学率；要对所有孩子负责，而不是只对可能升学的孩子负责；要对孩子全面负责，而不是只对孩子的分数负责；要对孩子的今天负责，更要对孩子的明天负责。任何时候都不能以牺牲孩子的身心健康和可持续发展为代价去换取升学率……只要我们心中有『良知』，脚下有『底线』，学校就能在浮躁之中守住宁静，在混乱的思绪中认清方向。

城西中学坐落在“海滨邹鲁”潮州的新城区，规划科学，布局合理，环境幽雅，绿树成荫，是潮州市“园林绿化先进单位”。近年来，随着学校教育教学质量的不断提升，社会对学校的认同程度越来越高，办学规模不断发展，学校现有38个教学班，在校学生2049人，教职员工169人，其中高级职称27人、中级职称80人。学校不断完善设备设施，努力创造优质的教育环境。学校占地65亩，建筑面积约2万平方米，共有标准教室60间，电脑室、音乐室、美术室、图书馆和物理、化学、生物实验室等功能室配备齐全；建有400米田径综合运动场、标准足球场、篮球场、乒乓球馆、健身路径等体育设施。经过几年的发展，城西中学已成为一所校园环境一流，教学设备齐全，教师队伍优秀，教学质量良好的颇具特色的初级中学。学校先后被评为“国家全民健身活动先进单位”“广东省安全文明校园”、首批“广东省德育示范学校”“广东省首批法治文化建设示范点”“潮州市初中教学优质学校”“潮州市十佳文明校园”和“潮州市书香校园”。

一、他，是德育理念的践行者

城西中学地处新城区，有着良好的发展前景，但同时又处在城乡结合部，不少学生来自农村或者市郊，生源素质总体不高，而且参差不齐，学生基本都是经过“过滤”后招进来的。这些学生处于价值标准多元化、道德取向世俗化的环境之中，道德观念模糊，文明意识淡薄。学校能否把德育放在首位，把促进学生健康成长作为学校一切工作的出发点和落脚点，这是学生能否全面发展、学校能否进一步发展的关键。担任校长20个年头的林国平校长深知这个道理，在他的积极倡导下，学校确立了“一切为了学生的成长和发展”的育人理念，并将之贯穿教育的全过程。学校形成了“校长宏观管（定方向）——政教处主任、管级行政亲自管（抓措施）——年级组长、班主任、科任教师具体管（抓落实）”的德育管理网络；坚持实施班主任校本培训，使德育教师队伍的培养更趋科学化、长效化；建立了一支由值日行政、督导老师、楼层值日老师组成的队伍，负责校园日常的德育管理，让“人人育德，德育人人”的德育观念深入人心，落到实处。在他的带领下，学校逐渐形成了积极向上、文明和谐的良好校风，在社会有了一定的口碑。

林国平校长既是学校德育工作的引航人，又是学生成长的导师。他用自己的人格魅力影响着一届又一届的学子。一位即将毕业的学生写信给他：“在您的领导教育下，我感受到了另一种温暖。您的很多关心学生的感人行为我们记忆犹新。您会在放学后去到我们每个教室，还送上一句温暖的话：不要学习太晚！我也曾透过透明的玻璃窗，看到您正在与学生谈话，您是那样和蔼可亲而又不失威严。您似乎都能读懂学生的心，让人佩服不已。我真的在您身上学会了很多道理。在待人处事方面，在行为举止方面，在人生态度方面，我都受益匪浅。”这正是他始终坚持以“爱”育人的理念，尊重学生个性发展，关心、理解、信任和鼓励每一位学生的最好体现。

二、他，是德育新路的探索者

林国平校长沉稳威严又不失亲切，言语间充满自信和智慧，是一个大胆的探索者，更是位实干家。面对教育形势的变化，对于德育新路子的探索，他总能走在时代的前面。

寓德育于传统文化教育之中，是林国平校长一次大胆的德育实践。校园里，精选古诗文的画幅悬挂在走廊墙壁上，古代圣贤铜像矗立于绿色花圃中，《弟子规》里的经典格言镶刻在操场石椅上，处处弥漫着中华优秀传统文化的气息。这一切，都是他一手打造出来的。学校利用每天下午第一节课前15分钟的时间，以“听诵，吟诵，临帖”等形式，组织学生深入学习国学经典。每周一午间，校园广播站播放《弟子规》《三字经》等国学经典的诵读录音，配上古典音乐，让学生在浓厚的诵读氛围中静静地聆听、跟读。每周三以学生喜闻乐见的形式进行吟诵，如全班齐诵、自读自诵、小组赛诵等，让学生真切感悟经典文章之美，品味读书的乐趣。每周五安排学生临摹名家书写的《中学必背古诗》，激发学生热爱祖国文字和诗歌文化的思想感情。传统文化教育极大地丰富了德育的内涵。他说：“我们的目的不是培养文化方面的专家，而是要培养学生对传统文化的情感。在他们的心里播下种子，让学生先感动自己，再感动别人，成为保护、传播和弘扬优秀传统文化的使者。”

2011年，教育部决定在全国义务教育阶段实施“体育、艺术2+1项目”。然而，学校艺体教育的位置在哪里？艺体教育之于教育的终极意义又是什么？这是教育者需要思考的问题。林国平校长及时地给出了答案：把艺体教育纳入德育的轨道，让艺体教育本质的功能服务学生健康的人生。他强调，学校不仅要开齐开足体育、音乐、美术课程，还要不断拓宽渠道，创新形式，积极开展艺体活动。在他的推动下，学校每天专门开辟30分钟时间，开展大课间活动。学生们在“大课间”里参加长跑、跳绳、踢毽球、做广播体操，有趣地、充实地进行活动。大课间活动已是该校学生强身健体的舞台和放松身心的驿站。同时，学校组建了田径队、篮球队、合唱团和书画兴趣小组。有兴趣的学生均可报名参加，由专业老师利用课余时间悉心辅导。他还精心设计一年一度的体育节、艺术节、校园十佳歌手大赛、学生书画展览等活动。这些活动都着力于关注学生的心灵，关注学生的道德体验，注重培养学生顽强拼搏、积极进取的体育精神与正确的审美观，为学生的终身发展奠定良好的基础。如今，艺体教育已成为学校一道亮丽的风景线，学生在各级各类的艺体竞赛中体验成功，成绩斐然，每年学校都要为高一级学校输送一大批体育和艺术特长生。

当前，青少年违法犯罪的现状不容乐观。学校应如何进一步增强青少年学生的法制观念，预防青少年违法犯罪？这是摆在林国平校长面前的又一难题。他想，法制教育是德育的重要内容，学校必须充分发挥在青少年普法教育中的龙头和主阵地作用，但仅靠学校教育又是远远不够的。于是，他多次奔走，积极联系潮州市中级人民法院，终于得到他们的大力支持。学校在全市率先开展“法官进校园”活动，先后五批共聘任60多名青年法官为法制辅导员。一名法官与一个班级结成对子，法官定期为结对子班级学生上法制课，宣讲法律知识。青年法官进驻校园，进入课堂，走上讲台，围绕“未成年人犯罪的原因与预防”“未成年人如何依法维护自己的合法权益”“文明上网”等话题，把严谨的法律条文和生动的具体案例有机结合起来，深入浅出地为学生讲解，让学生在轻松的氛围中接受法制教育。法官协助班主任老师做好问题学生的帮教工作，留下手机号、QQ号，让老师、学生和家长可以及时联系，进行法律咨询，解决法律疑难问题，使法制教育收到良好的育人效果。林国平校长还亲自邀请中院林友好副院长在学生家长会上为家长开设法制专题讲座，增强家长的法制意识，使家校形成教育合力。“法官进校园”活动有效地推进了该校的法制建设，也为净化校园环境、净化青少年成长的社会环境、预防和减少青少年违法犯罪做出了有益的探索。

三、他，是德育科研的引领者

德育不能被动地跟在学生发展的后面，德育课题的研究既要立足实际，又要立意长远。对于德育科研，林国平校长有着自己独到的见解。多年来，他不忘学习先进的教育理论，了解教育的前沿信息，积极投身于德育科研工作，主持了多项课题的研究。“十一五”期间，他主动承担市级课题《潮州市青少年思想道德现状及其教育研究》子课题——《中学生文明行为培养研究》的研究工作。他主张要在研究中学习，在实践中研究，要善于从实践研究中凝练形成德育理念。在加强学生文明行为教育过程中，他总结探索了“融文明行为培养于课堂教学、常规管理、校园环境教育、心理健康教育、法制教育、公民道德教育、主题活动和社会实践之中”的新鲜经验。2011年4月，他又积极承担省“十二五”规划科研课题《中学心理咨询中心的建设》的研究。在课题研究中，他亲力亲为，召开课题研讨会，拟订课题实施方案，聘请高校专家指导课题研究，严格按照方案开展工作。三年后，学校终于有了完善的心理咨询室，30多名德育教师有了心理健康教育A证、B证和C证，学生们有了心理健康教育活动课，学校的心理健康教育不再是一句空话。林国平校长就是这样一名德育科研的引领者，他的德育论文《更多地体现宽容和理解》发表在《广东教育》，教育管理论文《细节决定成败》发表于《师资建设》，并获得广东省教育学会主办的“精艺杯”第九届广东省中小学校长论坛征文一等奖，还被中国高等教育学会、学习科学研究分会评为优秀成果一等奖。同时，他要求德育专干和班主任老师都要参加课题的研究，鼓励他们积极撰写课题研究论文和德育经验文章，并将论文结集成册，让德育科研真正成为一项制度。

后记：春风化雨，润物无声。林国平校长，一个脚踏实地，执着追求的人。在将近30年的教育生涯中，他有了“潮州市十佳优秀校长”“潮州市十大杰出青年”“广东省南粤优秀教育工作者”“湘桥区优秀中青年科技人才”一个又一个光环。但他仍觉得自己只是一名普通的教育工作者。他说：“作为教育工作者，我们一定要坚守‘教育良心’，‘以德修身’‘以德育人’‘以德治校’，让德育焕发生机，充满活力，让一切教育都是为了所有孩子的一切。”

心系学子　以德育人

——记广东省环境保护职业技术学校副校长陈秀珠

题记：『一切以学生为先，一切以教育为重！』这是陈秀珠副校长时常挂在嘴边的话语，也是她平日处理学生事务的第一准则。

广东省环境保护职业技术学校于1978年成立，是全国第一所环境保护类中等职业学校，现隶属于广东省环境保护厅。学校创办至今已36载，坚持“以学生为本”的办学方针，已为全国环保事业输送技能型人才1万余人；培训环保干部、环保从业人员2万多人次，是我省乃至全国环保人才培养的摇篮，在环保行业素有“黄埔军校”美称。当下，学校开设了环境监测、环境治理、园艺设计、酒店管理等多个专业，在校学生近千人。30多年的办学历史，产教结合的办学模式，使我校的毕业生遍布全省各地的环保局、环保公司、园林公司和各大酒店，在我省的环保行业中形成了独特的影响力和辐射力。

陈秀珠副校长，1989年毕业于华南师范大学数学专业，大学毕业后便投身于环保学校的教育与发展事业。陈秀珠副校长工作认真负责，多年来坚持在教学第一线，也从未放下学生管理工作。在校工作的25年间，担任了6年的班主任。自2001年担任学校学生科科长、校团委书记以来，她坚持“学生为先”的教育方针，做好教书育人工作，以与时俱进的态度不断制定、修改、补充学校各种学生管理制度，在推动学生管理工作上，取得长足的进展。陈秀珠副校长还多次组织学生开展各项活动：组织、带领学生参加多项青年志愿者活动，包括2010年广州亚运会、亚残运会的城市志愿者工作；后亚运时期的“西关小屋”志愿者服务站工作等。在提升学生综合素质的同时，也将思想教育融入志愿者工作当中。

2013年担任学校副校长至今，陈秀珠副校长始终负责着学校的教学管理和学生的管理工作，并一直坚持“一切以学生为先，一切以教育为重”的教学理念，将学生管理，德育建设，融入到日常的教学，坚持走到学生当中，努力成为学生心目中的知心人。

一、将心比心，融入学生群体

将学生管理由外部约束转变为内部预防

在陈秀珠副校长看来，只有真正地融入学生群体，才能真正了解学生，才能让学生管理、学生教育变得事半功倍。

长期以来，我校只有两位德育专任教师，课堂之外无法抽出更多的时间对学生进行德育辅导。加之2002年后，中专生源的素质开始下降，有相当一部分学生缺乏理想信念，无明确的学习目标，无端正的学习态度，整天无所事事，无心向学；个别学生纪律观念淡薄，打架斗殴，甚至顶撞、辱骂老师；有小部分学生审美观念有所偏差，以致举止怪异，奇装异服；亦有少数学生在日常学习生活中自私自利，对家庭、集体和社会缺乏责任感，一切以自我为中心。传统的“说教”对该部分学生已经难以起到实质性作用，甚至有不少教师、班主任开始对这些所谓“差生”采取“放任自流”，乃至“放弃”的政策。

由于生源素质发生了较大的变化，再加上培养目标的根本性变化，中职学校的学生管理工作面临着新的挑战。

时任学生科科长、校团委书记的陈秀珠副校长，深知按制度办事、有章可循在学生管理工作中的重要性。她先后制定或补充了学生科、校团委的各种学生管理制度，如学生科每周工作例会制度、学生每天零报告制度，从而明确学生日常行为准则，让学生管理做到有据可依。

在完善各种制度的同时，她深入学生群体当中，事无巨细、身体力行、认真聆听，一心一意做学生的知心朋友，先后成功劝导多名想辍学的学生回归校园继续学习。其中一名被劝导回校的学生后来成为校团总支委员，并发展成学生党员。至今，哪怕工作如何繁忙，陈秀珠副校长依然会利用早操、课间、晚自习等一切空余时间，走进课室、走上学生宿舍、走下操场……主动与学生亲切攀谈，倾听他们的心声，了解学生学习、生活情况，甚至留下自己的联系方式，让学生在遇到困难，或者遇到突发事件需要寻求帮助时，能第一时间联系自己。如此，就能第一时间了解学生的动态，并将可能发生在学生群体中的不良事件，扼杀在摇篮之中。

通过沟通与聆听，让自己成为学生中的一员，将学生管理由外部约束逐渐转变为内部预防，将学生管理、学生思想教育落实到每位学生——这已成为学校教职人员参与学生管理时的首要要求，也是陈秀珠副校长一直坚持的学生管理理念。以至于现在，许多毕业多年的学生，依然留有陈秀珠副校长的电话，亲切的沟通让双方由师生关系转变为亦师亦友，建立了深厚的感情。如今，已踏入社会的毕业生依然通过这个电话积极为学校的发展、专业的建设谏言献策。

二、设身处地，保证学生优先

对学生负责从只管教学渐变为多方辅助

在陈秀珠副校长看来，“安居”才能“乐业”，只有设身处地地为学生着想，努力帮助学生解决生活、学习中的困难，做好后勤保障，才能使学生将更多的精力投入到自主学习、主动实践当中。

作为一所省属中专，学校生源除一小部分来自广州及周边地区，其他大部分来自珠三角以外的粤东、粤西地区，甚至有省外的生源。因此，学校绝大部分学生需要住宿，可以说三年的中专学习中，学校将是他们的第二个家。如何能让学生在校园“安居”，成为了陈秀珠副校长最为关心的问题之一。

省环保学校，作为一所有30余年办学经历的学校，校内各类教学设施已经相对陈旧，课室、宿舍的墙面、电线出现老化，甚至有剥落等现象。学校努力改善学生的学习、生活环境，尽可能地保障学生拥有舒适的学习、生活条件，为此，陈秀珠副校长确立了学生宿舍检查制度——每周的宿舍检查日。陈秀珠副校长带领学生科全体教师、各班班主任，以及学校部分中层负责人到学生宿舍进行检查。除了查看各宿舍的卫生情况，陈秀珠副校长还及时向学生了解宿舍情况，并将学生反馈的问题收集、统计后，交由总务科处理。为了尽快解决各类维修问题，将设备老旧、故障等对教学、学生生活带来的影响降至最低，陈秀珠副校长还要求“学生上报的维修项目，需要总务科在24小时内解决”。去年，在校长多方申请、筹措后，男生宿舍终于得到经费加以翻新，而教师休息室内使用10多年的空调早已不再制冷，却至今未换。

在日常学习、生活中，陈秀珠副校长急学生之所急，处处为学生着想。每年6月都将举行全国普通高考，由于学校并非考场，学校每年将有两三百考生需要到其他考场参加“3+证书”高职高考。如何在9点前准时、安全地到达考场成了考生们最为关心的问题。为此，陈秀珠副校长努力协调送考车辆，将考生安全送到考场。为缓解考生们在陌生场地考试所产生的压力，也为了应对可能有考生漏带准考证等突发情况，每到高考，陈秀珠副校长都会亲自送考，并顶着烈日在考场门口守候，直至高考最后一门考试结束，最后一位考生步出考场。

每每有考生向在烈日下送考、“陪考”的陈秀珠副校长表示感谢时，她总是微笑着说：“学校平日只能给你们安排最好的辅导老师，硬件上也尽可能保障大家的学习、生活需要，只希望大家能将更多的精力投入到自主学习当中。”

三、融会贯通，坚持学以致用

将日常学习由课堂教学延伸至社会实践

一直以来，学校始终坚持学习重在实践的办学理念。陈秀珠副校长更认为“只有在实践中才能让学生全面发展”。

以活动为切入点，以节日为契机，开展丰富多彩的第二课堂活动，结合学生所学专业，学生在活动中实践课堂所学知识，全面提升综合素质。在陈秀珠副校长的积极推动下，学校在每学期都举办不同主题、不同内容的活动。如：环保知识竞赛、化学检验工操作技能竞赛、“五四”文艺晚会、“六五”现场海报设计大赛、“秋之风”

艺术作品展、“我的中国梦”主题朗诵比赛、田径运动会、“知识守护生命”主题征文比赛等。这些活动的开展，在潜移默化中对学生进行思想道德教育，并将课堂所学与实际应用相结合，培养学生的自主学习、自主创新能力，更重要的是培养学生的团队精神、爱国精神。这些活动在为学生营造一个展现自我才艺的契机，在增强学生自信心的同时，学生的组织能力、管理能力、协调能力也得到锻炼，寓教于活动中。

此外，陈秀珠副校长还积极组织、带领学生参加省、市、区、员村社区组织的各种志愿者服务活动，让学生除了在课堂中学会学习，也能在社会实践中学会做人。从2001年至今，全校志愿者服务活动累计超过600小时。志愿者服务活动成为全校青年志愿者，乃至全体学生的共同课堂，学生也在社会服务、社会实践中不断自我完善。在师生共同努力下，学校青年志愿者服务队受到社会的肯定：2007年荣获广州市“雷锋号”志愿服务先进集体；2008年荣获广州市创国家卫生城市志愿服务先进集体；2010年全校师生参加了广州亚运会、亚残运会城市志愿者服务。在2013年，陈秀珠副校长带领学校2013级的全体学生参加广州马拉松赛志愿服务、现场助威活动……

无论是不同主题的校内比赛，还是服务社会的青年志愿者活动，陈秀珠副校长在一次次组织、推动这些活动的同时，也在为学生搭建一个展示自我的平台，同时让学生在一次次参与社会实践的过程中不断成长，让思想教育延伸到社会实践中。

后记：作为一名教师，陈秀珠副校长已经在讲台上耕耘了25年，相信在未来她也一样会坚守在学生教育、学生管理的第一线。“一切以学生为先，一切以教育为重！”这既是陈秀珠副校长工作的宗旨，更会成为全校所有教育工作者的行为准绳。只有这样，才能无愧于学生、家长的信任，无愧于人民教师的称号！

让教育的理想自由翱翔

——记广州大学附属中学校长邓云洲

题记：我们必须承认每个学生的个体差异，同时相信天生我材必有用，我们要做到的最重要的事情，不仅仅是力争上游，更要超越自己，做最好的自己。不但要学会对自己负责，而且要努力超越自身和环境的局限性，实现生命价值的最大化。

广州大学附属中学是广东省首批省一级中学、广州市重点中学、国家示范性普通高中。学校具有光荣悠久的历史，其前身是中国人民解放军中南军区干部子弟学校，1956年更名为广州八一中学，“文革”期间改名为广州市第五十三中学，1981年成为广州师范学院附属中学，2000年始更名为广州大学附属中学。2004年邓云洲走马上任，担任广州大学附中校长。当时的广州大学附属中学正处于发展的转型期，情况不容乐观：高考升学率处于低谷，在广州市重点中学中排名居下，教师思想波动大，对学校发展前景产生迷惘感。邓校长看到这种状况当机立断，首先从抓思想作风建设入手，进行制度整顿，狠抓德育和教学常规管理，通过“以德育促教学”的方针，在短短5年时间，彻底扭转了广州大学附属中学的不利局面，学校稳居广州市重点中学前十的位置。在第二个5年内，邓校长制定“目标一流、比学赶超”的战略。经过5年的励精图治，广州大学附属中学的发展更是芝麻开花——节节高，无论是中、高考升学率还是社会美誉度，都获得了广泛提升。在今年刚刚揭晓的高考成绩中，广州大学附属中学本科率达98.9%，重本率近68%，有两人被清华录取，位列广州第5名，创造了广州大学附属中学高考的重大辉煌。

一、理念，在管理中聚力

理念是行动的先导。邓校长团结学校党政一班人，坚持“以生为本，文化立人”的德育理念，明确提出“端庄品行、健全人格、诚实守信、富于理想”的德育目标，践行“做最好的自己”的校训，努力培养学生成为人格高尚、品行端正、明礼诚信、自强不息、和谐发展的“大写的人”。

他狠抓德育管理，注重“立体德育模式”的建构，让它产生强大的内生动力；重视三大团队建设，并在德育工作中始终强调“知识领悟，行动感悟，知情合一”；克服单纯说教，激发学生潜能，有效促成学生的自主发展。

（一）建立精干的德育管理团队，健全德育管理制度，为育人提供组织保障

学校成立了德育工作领导小组，由邓校长亲自担任组长，下设由德育处、校团委、学生会组成的德育工作执行机构，制定了完善的德育管理制度：（1）德育例会制度按层级设置，包括周五级长例会、周一上午第一节年级班主任例会、每月两次校级班主任例会；（2）各类德育管理制度一应俱全，如《广附新生入学须知——做最好的自己》《广附文明生评选方案》等，使学校的德育管理有章可循，有法可依。

（二）大力加强以级长、班主任为核心的德育骨干团队建设，为育人提供原动力

为了实现学校德育目标，邓校长着力打造一支品德高尚、爱岗敬业、创新奉献、业务精湛的级长、班主任队伍，为德育工作的有效开展打下坚实的基础，现已形成一

套融培训、评价、激励于一体的卓有成效的培养建设体系：（1）以“广附班级教育一日常规管理制度”为基本教材，开展“班干部的选拔培养”“新班主任的沟通艺术”“家长会的筹备与召开”等系列专题讲座，严格规范培训新班主任。上岗第一年以“师徒结队传帮带”的形式，在具体工作中帮他们“扬鞭前行”；（2）以“班主任月度评估方案及细则”为指引，指导和激励班主任开展有序规范的班级教育管理工作；（3）以“德育研讨会”“班主任技能竞赛”“户外拓展培训”“勤走出去，多请进来”参观学习为举措，全面提升班主任的理论水平和工作技能；（4）以“绩效评优评先机制”为激励，加大对班主任工作的支持和认可。

（三）加强学校、家长委员会、家长学校、社区组织及德育基地单位的立体团队建设，为德育创新搭建新平台

邓校长十分重视通过学校、家庭、社会各种教育力量的有机整合，沟通学校德育、家庭德育和社会德育之间的联系，形成教育合力，充分发挥德育的整体育人功能。

在内引工作上，学校十分重视与家庭教育接轨，注重家长委员会和家长学校的建设，利用家访、家长会、校园网、家校通和家长学校等多种沟通形式，定期举办德育专题讲座、印发家长学校教材，取得学校教育与家庭教育的一致性和高效性。

在外联工作中，学校加强与政府、公安等部门的沟通，为学生的身心发展创造良好的环境，重视与邻居单位广东省公安厅的共建合作，加强学生安全法纪教育，培养学生的自律意识。如定期给学生安排法制安全讲座，组织学生参加法制宣传日、禁毒教育月等活动。

通过这种多层次、全方位的德育管理制度建设，为学校的发展搭建了一个广阔的平台，确保德育沿着这个快车道飞速前进。

二、德育，在活动中育人

在“文化立人”战略指引下，邓校长坚持以深厚的文化传统陶冶学生情操，以丰富的实践活动塑造学生品格。学校坚持走德育活动立体化之路，主要分三个层面落实。

（一）常规活动求“实”

新生军训。这是我校军地结合的特色项目。每年高一、初一新生入校，都要进行高强度的军训。我校军训与其他学校相比具有如下亮点：目标明（强健体魄，文明精神，锻造优秀团队）、周期长（训练时间持续九天）、要求高（教官来自广州军区，训练严格）、收效显（军训后学生在行为习惯和意志品质方面进步大），关注高（接受军区首长、师生家长和媒体全程检阅）。

冬、夏令营。这是我校的一个传统德育品牌，至今已开展了27届，其目的是“挖掘学生潜能、提升自我素养、做最好的自己”。每年1月和7月，学校从各年级中选拔优秀学生，采取举办德育论坛、专家讲座、远足游学、团队拓展等方式，开展为期1—3周不等的户外活动。学生足迹踏遍了除新疆、西藏外的全国各地并前往美国、英国、澳大利亚等国家游学，参观哈佛、剑桥、牛津等名校，感受了异域深厚的文化底蕴，丰富了自身的社会实践，培养了深广的国际视野。

毕业典礼。这也是我校倾全力打造的独具匠心的德育品牌活动。每年在高、初中毕业生离校之际，我们给学生上最后一堂德育课——举办“感恩的心”毕业典礼，邀请家长、老师和社会各界人士参加，分享学生成长的喜悦。行拨穗礼、发毕业证、给家长老师献花、系红丝带等感动环节，让“感恩与爱”的文化基因在学生心灵深处扎根。

（二）主题活动求“新”

为了激发学生的进取心，培养乐观向上的自信心，学校还重点打造了三大特色主题活动。

初三环大学城行军拉练。这是初三“一模”后的励志品牌活动。它要求学生在近六小时内环绕广州大学城10所大学行军15.1公里，学生自带干粮、高喊口号、手挥校旗，拉练行军。它既磨炼了学生的意志品质，又让他们领略到大学的风采，激发学生考上名校的决心。

高考加油站。每年高三“一模”后，学校组织全体高三学生进行户外拓展训练。采取“活动搭桥、多方互动、益智激趣、释放压力”方式，在“勇闯魔王关”“星空夜话”“智翻名校牌”等活动中，学生释放了压力，砥砺了意志力，提高了自信心。

爱心嘉年华。为培养学生的社会责任感和奉献精神，由校团学会牵头，在每年下学期，组织全体学生进行爱心义卖。采取“投标竞摊、自备商品、互助协作”的方式，学生把义卖筹得的善款，捐献给学校“希望”基金会，用来资助地震灾区和贫困山区。

（三）特色活动求“美”

打造“一坛五节”，扩大德育内涵，注重学科文化与德育融合发展。学校开展了一系列有声有色的活动，其中最为掷地有声、最富社会反响的当数“一坛五节”：博士讲坛、语言艺术节、数学文化节、英语文化节、体育节、科技节。可谓坛坛精品，节节生花。“博士讲坛”迄今已进行了21讲，它依托广州大学雄厚的学术实力，聘请大学各专业领域的学者，用通俗易懂的方式，对中学生进行学术知识和人文启蒙教育。这一开创广州市中学先河的活动已成为了广附学子的骄傲，它因其知识丰富、视野开阔、思维活跃而深受师生的喜爱，被师生誉为广附的“文化大餐”。语言艺术节是语文科牵头，响应我省书香校园建设而量身定做的大型活动。“书香广附 诗意校园”语言文化活动因其形式丰富，富于沙龙性，得到了广大师生的热烈追捧。

创办“新年音乐会”。秉着“以美启德，以美的规律塑造和培养人”的理念，我校创造性地创办了“做最好的自己 成璀璨之人生”新年音乐会。音乐会采取“学生自荐、节目自定、品位高雅、公开选拔”的方式，挑选出优秀选手。选手们在台上各擅其长：古典悠扬的钢琴曲、激越高亢的吉他独奏……让师生和家长们沉浸在美妙的音乐里，获得了美的熏陶。

学校通过这样多层次、高规格的立体德育活动，既培养了学生的内在素质，增强了德育实效性，也提升了学校的知名度和美誉度。

三、经验，在总结中推广

邓校长坚持教育研究，先后独立著作、主编、参编教育类著作14部，发表学术论文30余篇，有的被《新华文摘》转载，多篇被《人大复印资料》转载，多篇获奖。其中《我国传统思想文化与道德建设》获中国“九五”哲学社会科学优秀成果论文证书；《教育市场的悖论性质》一文获广州市优秀教育科学成果二等奖、广州市哲学社会科学优秀成果青年奖。《大教育学》获广东省高教厅黄华奖；《后现代伦理思潮的道德教育意蕴》获中国比较教育学专业委员会优秀论文二等奖。

他先后主持与参与各类课题研究10多项。邓校长作为课题负责人，2004年获教育部“十五”规划课题立项，2005年获得广东省科技厅“十五”规划课题立项。由邓云洲校长领衔的《提高中学家长学校教育实效的对策研究》被列为2009年广东省省级德育研究重点课题，其成果之一“家长学校校本教材”——《与孩子一起成长》被评为2010年家长学校特色项目成果评比一等奖并在全市推广经验。由邓校长主持的《中小学心理健康与压力应对》2011年被广东省教育学科研究会立项，其研究成果在广东省教育界产生积极的影响。

在进行教育研究的同时，他还从事大量的社会实践活动，是广东省教育学专业委员会秘书长、广州市学校教育心理学会副会长、广东省中青年教师工作者协会常务理事、广东省民办教育研究会常务理事、广东省“百千万人才工程”省级培养对象的导师；先后多次担任广东省基础教育“黄华奖”评委和广东省吴汉良奖评委。

“看似寻常最奇崛，成如容易却艰辛。”学校先后获得“广东省德育示范学校”“广州市示范家长学校”“广州市德育示范学校”等10多项重大荣誉称号。面对取得的荣誉，邓校长坦言：“面对前途，我们要满怀信心，拿出广附人的亮剑精神，坚信

‘长风破浪会有时，直挂云帆济沧海’！”

后记： 作为担任广附校长近10年的邓云洲，回首走过的崎岖坎坷的教育路，感慨良多，但更多的是对自己教育理想的坚守和对师生们那份依依不舍的爱恋之情。他常常说：“广附是一个大家庭，每一个广附人都为了这个家默默奉献，我作为广附的一员，深深地被大家感动，让我们一起努力，让教育的理想自由翱翔。”

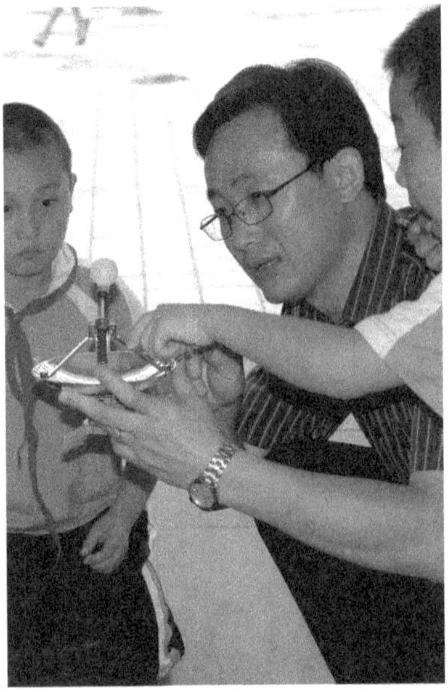

叩问教育之根

——记广州市番禺区市桥实验小学校长柯中明

题记：『给个信任的微笑，好过严厉的指责；给个温馨的拥抱，强过冷漠的尽职。』关于德育工作，柯中明总是这样讲。

柯中明，广州市番禺区市桥实验小学校长，广州市名校长，广东省“百千万工程”名校长培养对象，教育部“国培计划”特聘专家，华南师范大学客座教授，全国中小学公民道德教育先进个人。

市桥实验小学是“教育部—中移动”校长培训基地，是广州市首批特色学校。目前学校有1620名学生，88名教师，是一所环境优美、文化深厚、特色鲜明、业绩优秀的窗口学校。

柯中明有早读的习惯。他说：“每天晨读时，常高声诵读《种树郭橐驼传》。”在他看来，这一名篇虽寓意为官治民之理，但是对于每一个教育工作者来说，却有着极强的启发意义。

“说来也巧，作为一个生在农村、长在农村的教师，似乎冥冥之中就和根、树结下了不解之缘。”说起“根教育”，柯中明颇有感慨地说。

一、品“根”生思：追寻教育的原点

中国人的根是什么？我们基础教育的根又是什么？学生成长之根本又是什么……细细品味着校训“做有根的现代中国人”题词，柯中明陷入沉思。

一番思量之后，柯中明豁然开朗，校训既是一种教育价值追求，也是一种社会价值追求。年轻的市桥实验小学要办出特色和品位，就需大力践行这一理想，并努力实现这一理想。基于此，柯中明提出了“根教育”的办学理念。

根平凡普通，但被人们随物赋义，予以种种象征。而幼时见闻和求职经历，使柯中明对“根”有着与常人不一样的理解。在他看来，大自然中司空见惯的根有着深刻的哲学内涵——根既是一个生命的原点，也是一种内谦的品质，一种质朴的境界，让生命之根深扎——广延——牢固，人生就能绽放繁花。

在柯中明的眼中，教育也成了一种可感知的生命体。“根教育”是他心中一个形神兼备的生命个体——有丰腴的体形，有灵动的神韵，更有高格的境界。

首先，根教育有灵魂。柯中明认为，根教育的核心和灵魂是“价值”，没有高尚的价值引领，教育就会陷入平庸、低劣、粗鄙。一个大学生为了一个极其琐碎的俗事而残忍杀害同学，一个高材生用硫酸泼向熊猫，仅仅是为了看看对方的反应，这都是人性泯灭、教育的价值取向歪曲所导致的悲剧。

市桥实验小学的“根教育”基于崇高的价值引领，立足于对生命的敬畏和尊崇，着眼于培养具有“人的精神”的人，追求“守住教育之根，让生命快乐绽放”。“让生命快乐绽放”，这是“根教育”的核心价值追求。为了凸显其意义，柯中明将之刻印在综合楼大堂的笑脸墙上，旁边，是全校1620位孩子灿烂的笑脸。

其次，根教育有血脉。柯中明心目中的“根教育”坚持为幼苗铺设肥沃、厚实的土壤，倡导用人类的文化神韵去滋润学生心田。柯中明尤其希望“根教育”能引领让学生走进积淀着五千年民族精魂的中华文化，让他们去徜徉、去仰慕、去熏陶、去沉醉……最终让每一个学生身上都烙上深厚的中国印记。

再次，根教育有神韵。谈起“根教育”，柯中明又常常提到《种树郭橐驼传》的另一段话：“他植者则不然，根拳而土易，其培之也，若不过焉则不及。苟有能反是者，则又爱之太恩，忧之太勤，旦视而暮抚，已去而复顾，甚者爪其肤以验其生枯，摇其本以观其疏密，而木之性日以离矣。虽曰爱之，其实害之；虽曰忧之，其实仇之。”柯中明心目中的“根教育”摒弃这种名为爱之、实为害之的“道”，而呼唤一种大智慧的观照和统领。

此外，根教育还有光华。柯中明认为，学生的精神生命是一个由无明到觉悟的过程，这个过程，就是实施“根教育”的过程，就是不断唤醒的过程。在柯中明的预设中，“根教育”充满对人的价值与意义的理解和尊重，能唤醒人们对美好时光的追忆和缅怀、对幸福生活的向往和憧憬，被崇高的信念所感召、所引领。

根能直扎深泥，也可盘旋往复。因此，柯中明眼中的“根教育”尊重人的独特个性，尊重成长中的种种不同。“根教育”期待每一个学生各美其美，美美与共——这也是市桥实验小学鼎力追求的“根教育”的至高境界。

二、循“根”生慧：迈出坚实的脚步

行动起来就有收获，这是柯中明常说的一句话。在不懈的探索中，他和老师们一道，总结出了实施“根教育”的六大路径。

（一）以文化的柔性之力培根

在琐碎繁杂的德育实践中，柯中明看重文化这一无形之力。他认为，学校与文化天然结缘，学校的发展史必然是一部积淀、记载、传承、延续传统和现代文化的历史，因此校园文化的建设必然成为学校发展的主题。为此，他着力建设环境文化、管理文化、团队文化、人际文化。

建设健全刚柔相济、宽严有度的制度文化，是柯中明的努力方向。在他看来，制度是刚性的，是团队坚韧的构架，但离开文化的润泽，极易成为一口越补越漏的锅。文化，是柔性的，在制度管不着的地方起作用。师生快乐幸福，是优质学校走向理想学校的重要标志。唯有快乐幸福，才是师生发展的持久驱动力。因此，他组织大家集体过生日、外出学习旅游、集体登山……创造快乐、寻找快乐，传递快乐、享受快乐，以至于现在学校有什么喜讯，谁家有什么喜事，甚至个人看到一个幽默段子，老师们都会通过校内邮箱上传分享。

（二）以活动的创新之举育根

育人在育根，所以柯中明看重德育创新在“根教育”实践中的重要作用。柯中明认为，在育根工程上，“根教育”追求的终极目标是“止于至善”。

只要不外出，每天早上，柯中明一定要站在学校门口，笑盈盈地迎接全校师生的到来。“您好！”“早上好！”当一张洋溢着笑意的脸庞出现在师生们的眼前时，当一句句热情的话语在师生们的耳边响起时，早起的倦意一扫而光，朦胧的睡眼陡然有神。“校长好！”“校长早！”“老师早！”“老师好！”“同学们好！”校门口，热情在传递，笑意在流动。一个个很平常的早晨就这样被柯中明的一个微笑一句问候演绎得多姿多彩，诗意盎然。

柯中明不仅自己笑对学生，还在各个场合倡导老师们向孩子微笑。因为微笑是一份涵养、一份理解、一份宽容、一份尊重，更是一份和善。学生可以从老师们的微笑中感受到亲情和友情，得到鼓舞和力量！在市桥实验小学，类似这样的创新活动很多，如爱读书的妈妈最漂亮、穿好衣服戴好校卡、大声唱响国歌、垃圾分类动动手、给小鸟一个家等，柯中明力图在“至善”中成就孩子们的“至德”。

在柯中明的倡导下，“根教育”的德育工作不贪大求全，而致力于建立合宜的体系，注重情境设置，重视在实际生活中养成学生的德行，通过创设各种游戏、活动，增强学生道德体验，丰富学生精神世界。

（三）以课程的有机之境扎根

为了让儿童“扎根”，市桥实验小学尝试构建以“情境”为中心的课程结构，将学科课程、活动课程与优化的情境融成一个有机的整体，克服了单纯学科课程存在的重讲、轻练，重知识、轻能力的弊端。在这一模式下，市桥实验小学的课堂是“生态课堂”，是人本课堂。在这样的课堂上，学生获得了自我发展的能力，拥有了自我扎根的能力。

在市桥实验小学，每到星期一的中午，朗朗的读书声就会从30多个教室里飘出来。走近教室，你会发现，同学们一个个手捧着书卷，或低声吟读，或高声诵读，举手投足之间，抑扬顿挫之中，俨然是一个个“小小国学家”。每当放学铃声响起的时候，全校各班的学生排着整齐的队伍，一边走，一边还吟诵着每周一诗。响亮的童音，十足的古韵，流淌着无穷的雅致，校门口的行人无不啧啧称赞。

为了让课程贴近实际，柯中明亲自参与、带领老师们开发出了“亲近经典”“生活数学”“快乐运动”“快乐英语”四大板块的学科类课程和“引桥课程、节日类课程、社团类课程”三大板块的活动类课程，使孩子们健康、快乐、和谐成长。

（四）以阅读的书香之味养根

柯中明推崇读书。在他看来，缺少故事的童年是苍白的，没有书香的人生是灰色的，荒疏阅读的民族是没有未来的。基于这样的认识，“根教育”探索建立以“亲近经典”的理念为引领，以学科阅读、主题阅读、经典阅读、当代作家系列阅读等为主要领域，以课堂阅读、班级阅读、亲子阅读、社区阅读、自主阅读等为主要形式，以建立充满激励功能的星级阅读评价机制为主要支撑的儿童阅读文化生态圈，让校园书香弥漫，风气蔚然，让亲近经典的书香校园工程真正成为滋心养根的工程。

时至今日，静心阅读已成为市桥实验小学最流行的时尚，浓浓的书香味让每一个走进市桥实验小学的人都备加称赞。

（五）以教师的成长之径守根

如何守住教育之根？柯中明认为要靠教师的专业成长。因此，“根教育”提出“做最好的自己”这一思想，旨在让每位老师都成为“最好”，让每位老师都能感受到自身的价值，都能享受到精神上的愉悦和幸福。

为了锻造名师队伍，学校倡导“三化”（学校教化，锻造学习型组织；科组强化，走校本草根教研之路；个体内化，提升职业认同感）“四模式”（导师引领模式、名师研修模式、课程开发模式、课题带动模式）。这种从经纬两度提出新思路，灵活有效的培训机制，保证了教师有序健康成长。

在柯中明的引领下，学校涌现了一大批教育教学骨干教师，并在各类比赛中屡获佳绩，真正做到了“做最好的自己”。

“五根”之外，柯中明还清醒地认识到，家长是学校教育的同路人，除了教师，家长、社区的支持也是学校发展的有力一翼。学校教育只有更加开放，重视家庭教育的启蒙与强化作用，包容家长的个体差异，才能收获更佳实效。

在柯中明的教育实践中，家长、社区的支持不但屡屡成为巨大推力，更曾使其渡过难关——在此前的乡村小学工作期间，正是学校所在村村长个人出资，垫补教师工资，才使得柯中明顺利稳定了教师队伍，为学校的改革发展赢得先机。社会力量的支持，是稳固的“护根工程”。

后记：柯中明说：“教育是成就人的事业，是对生命的塑造。”如泰戈尔所言，教育的目的是应当向人类传送生命的气息。学校的使命就是让生命更美好。因此教育要千方百计为每一个生命的增值而不懈努力，为每一个生命的发展创造机会、提供舞台、给予帮助。也许，身为教育人，柯中明心中总是有一种种子和树的情结，蒂固根深，挥之不去。也许，每个教育人都渴望站成一棵挺直的树，种在教育的旷野，扎根，深固，期待着枝繁叶茂，满目飘香。

登山则情满于山　观海则意溢于海

——记增城正果镇中心小学校长温小金

题记：作为一名教育工作者，她情注教育，作为一位校长，她率先垂范。她一直坚信：一分耕耘，一分收获。『捧着一颗心来，不带半根草去』，这是著名教育家陶行知一生献身于教育事业的真实写照，也是温校长奋斗在教育战线上的座右铭。

一所出色的学校总是跟一位出色的校长联系在一起。从担任校长职务以来，要求老师做到的，温校长首先做到；要求老师不做的，她从来不做。她坚持每天早上7点到校，下午6点离校。节假日和寒暑假，她更是牵挂着学校的平安，一心扑在学校的工作上，用心血和汗水抒写着自己的工作业绩。

学校位于正果镇正果大道10号，是广州市级的示范学校，现有23个教学班，学生800余人，主要来自于周围13条自然村，生源比较复杂。教师64人，学校设有多媒体教室、舞蹈室、音乐室、美术室等各功能室齐全。温校长根据学校实际，充分利用好各种资源管好学校，以德育为首，做好各项工作。

一、以身作则，做行动楷模

作为校长，她要求教师做到的，她首先做到，教师做不到的，她也努力坚持做到。寒来暑往，风雨无阻，她披星戴月，每天到校最早的老师也能看到她在校园内巡视的身影，指导打扫卫生、教育直冲乱撞的孩子、与同学们聊天了解动向……为了预防学生发生安全事故，不论值班与否，她几乎每天课间时间都在操场上巡查。值日教师们在她的影响下也都认真负责地做好此项工作，防患于未然。她时刻以自己独特的人格魅力影响着每一位教师、学生。

二、知人善用，科学管理

（一）以人为本

一位教育家说过：一个好的校长，应该在如何调动教师的积极性上做好工作。温校长在这方面做得很好，不仅制定了一套优秀的工作管理方案，还根据学校的实际情况制定了学校的评优评先制度，彻底打破教师干多干少一个样干好干差一个样的局面。工作中，温校长在处处按章办事遵循原则时，时时对师生们彰显人文关怀。温校长对教师大都非常了解，谁家有困难，温校长都会非常关心，并尽可能地提供帮助和照顾。今年，有两位老师因身体原因需要做手术住院，温校长知道后，不仅打电话对她们表示关心，还亲自看望，并号召全体师生向这两位重病的老师捐献爱心。同时，温校长还主动地承担起这些班的上课任务，扎扎实实做好培优辅差工作。她在工作中不断创新，在效率上不断提高，在管理上日趋科学规范、精细化，处处彰显人文性，受到大家的一致肯定。

（二）重师德教育

师德素养是教师队伍建设的重中之重。温校长领导教师积极进行师德教育，除了认真组织学习《中小学教师职业道德规范》《增城教师“十不”行为规范》，还要求老师们发扬“敬业奉献、勤业爱岗、乐业爱生、精业钻研”的精神，重塑人类灵魂工程师良好形象。通过树立本校一批典型，对照先进典型找差距，广大教师都找出了自己的不足，获得进取的力量。根据学校的办学特色——“小小儒家”，温校长组织教师收集和学习古今中外弘扬高尚师德的名言、警句，并要求每位老师用一句儒家名句作为自己的座右铭，使广大教师从中领悟到经师易得、人师难求的道理。

（三）齐抓共管

温校长非常注意整合各方面力量管好德育工作。首先，她成立师德建设领导小组，统一领导、统一布署。各相关部门分工负责、紧密配合、齐抓共管，做到制度落实、组织落实、内容落实，切实将师德建设落到实处。其次，她非常重视舆论氛围的营造，借助广播、网络、报纸、宣传栏等各种媒介对师德内涵以及涌现出的先进事迹进行广泛宣传。通过召开座谈会、组织知识讲座、开展师德师风培训、征集师德论文等多种形式，深入开展教师职业道德教育，把师德作为经常性的宣传、教育活动，常抓不懈，努力营造人人重师德、个个争当师德先进的良好舆论氛围。

三、创新方法，德育见成效

（一）开展形式多样的德育活动

温校长对学生的教育力求实效，把教会学生做人作为教育的最高理想。学校每学期都根据各个节日、纪念日的主题，开展学生喜闻乐见的活动，对学生进行爱国主义、集体主义和树立远大理想的教育，均取得良好的成效。如在六一节，学校举办了“童心向党”的班际歌咏比赛以及“我的中国梦”文艺汇演，校园唱起了嘹亮的红歌，活跃了校园文化，取得了很好的效果。学校一方面认真组织贯穿学期始终的学生日常行为量化评比活动，另一方面开展《文明礼仪伴我行》主题教育活动，利用国旗下的讲话、主题班会等形式倡导道德自律，引导学生自觉遵守各项行为规范、懂文明礼仪。学生都自觉养成珍爱自己、关心他人、维护社会的良好习惯，综合素质也得到提高，如本学期参加交通安全知识竞赛，学校代表队获得第一名；学校派代表参加经典美文诵读比赛，获得增城市一等奖；在环保讲演比赛中，学校代表获得了增城市一等奖……

（二）开展社会主义核心价值观教育

温校长非常注重学生的思想教育，特别是加强社会主义核心价值观教育。她帮助学生树立正确的思想观念，努力推动社会主义核心价值观进校园、进课堂、进书本、进头脑。她经常利用教师会议和班会、展会等形式，组织全体师生认真学习、领会社会主义核心价值观。同时温校长还结合本地的人文资源，开发本校的特色校本课程，如利用本镇的佛教资源，在师生中宣扬和传承余宾公天性慈善的道德品质，强化社会主义核心价值体系的渗透教育，大力倡导“友善”的德育氛围；利用本镇打造“杜鹃之镇”的契机，组织学生开展杜鹃花花语的学习活动，学习杜鹃花吃苦耐劳的品格，开展环保教育。

温校长还大力开展志愿服务活动，发展家长义工队，大力弘扬“学习雷锋、奉献他人、提升自己”的志愿服务精神。通过“如何当好我心中的雷锋”主题班会提高学生对雷锋的认识，学习雷锋钉子般的学习精神和助人为乐的奉献精神；同时组织学生参加社会志愿服务实践活动，帮助学生不断提高思想觉悟，树立远大理想，争当修身励志的好少年。

（三）认真开展阳光体育活动

良好的体魄造就健康的心理。温校长非常注重学生的身体健康，组织学生每天开展“阳光一小时体育活动”，将学生课外体育活动纳入教育计划，形成制度，还开展了丰富多彩的体育竞赛活动。如全校广播操比赛、校体育运动会、体育兴趣小组等，保证学生每天超过一小时的体育锻炼，保证足量的体育课与体育活动课。同时，温校长还鼓励老师积极锻炼身体，每周三下午放学后就是老师的体育锻炼时间，有打篮球的、跳广场舞的……只要参加锻炼的老师就可以获得一份小礼品，让“每天锻炼一小时，健康工作五十年，幸福生活一辈子”的口号深入人心。

（四）抓好班主任队伍建设

温校长认识到，书是净化心灵、提高素养的重要途径，为了进一步充实班主任书架，她为每位班主任订阅了《中小学管理》《班主任之友》等期刊杂志，要求每位班主任每学年完成一篇读书心得和一篇班主任工作经验交流论文。在此基础上，她还完成班主任工作课题的申报与研究工作，完善班主任论坛、班主任考核制度，使其形成一支有特色的班主任队伍。

（五）心理健康教育常抓不懈

温校长重视加强心理健康教育，培养学生生命教育，重点引导学生认识生命和珍惜生命，提高生命质量。她不断加强心理健康教师师资队伍建设，推进校园危机预防和干预工作；结合课程继续开展“珍爱生命，远离毒品”为主题的禁毒宣传教育活动，加大对新型毒品危害性的宣传教育工作；深入开展预防艾滋病健康教育，提高学生自我保护意识和拒毒防艾教育能力。温校长还关注个别学生的心理辅导和行为矫正，她主持的课题《农村小学学困生厌学情绪成因及矫正》获广州市级立项。温校长特别重视单亲家庭、离异家庭、贫困家庭、外来外出务工家庭等特殊家庭家教工作的指导和该类家庭学生的教育和管理，经常帮助他们解决困难，争取社会慈善机构的支持等。

后记：登山则情满于山，观海则意溢于海。温校长以满腔的热情做好学校的德育工作；以先进的办学理念，卓有成效的管理方法，积极推进学校的德育工作，推进青少年的思想道德建设；善于从实践中凝炼形成德育理念，为教育事业的发展做出了贡献，使学校成为教师、家长和学生满意的学校。

为学生心灵植种阳光的人

——记广州市花都区新华云山初级中学副校长罗太良

题记：只要心灵充满阳光，就不惧人生道路上的任何风霜雪雨。

广州市花都区新华云山初级中学，创办于2000年8月，是花都区规模最大的初级中学，占地面积61727平方米，建筑面积27120平方米，办学规模60个班，学生2965人。罗太良同志曾历任中学团委书记、教导主任、副校长。在来新华云山中学之前，罗太良同志曾借调在花都区教育局工作三年。丰富的工作经历，使他对学校管理特别是学校德育有着更宏观且深刻的思考。

一、学习与思考——且学且深思

罗太良同志在教育局工作期间，因为从事宣传工作，对全区德育现状有较全面的了解，因此到云山中学后，他能站在一个相对独特的角度思考问题。为了更好地搞好学校德育工作，他大量阅读了学校管理方面的书籍，特别是全国知名校长治校经验录。如程红兵的《好教师就是好教育》、李希贵的《学生第二》、郭元祥的《教师的20项修炼》、雷玲的《谁来办好每一所学校》、时晓玲的《用心做校长》、余清臣的《学校文化学》等，读书笔记不下百万字。

正是由于大量的阅读，让罗太良同志能站在一定的高度思考学校德育。2008年，他的文章《走近真实——初中德育的困境与对策》获广州市二等奖。他在文章中认为，“德育为首”在不少初中并未得到真正的落实，德育手段有限，德育效能较低，这是初中普遍存在的现象。其中一个重要的原因是我们的德育目标存在“虚空”的缺点，难于将德育落到实处。要使德育取得更好的实效，就必须走近真实，从行为化入手，让德育生活化、集体化，再逐步内化为学生的思想品德。

二、设计与践行——且行且改进

2006年前的一两年，云山中学的发展经历“冰冻期”，学校发展陷入了最低谷，成为人见人厌的问题学校。2006年暑假，当年招收的20个班的初一新生，在开学时竟转走了7个班。附近小学的教师批评学生时说得最多的一句话：“你再不好好学习，将来就只能去云山中学！”

2007年9月，罗太良同志来到云山中学任副校长，分管学校德育工作。根据自己对学校情况的分析，他提出了阳光德育的口号，并逐步完善学校德育工作的顶层设计。根据学校当时面临的现状，他认为学生最缺的是自信，是对人生未来的思考，是一种积极向上的阳光心灵。所以，他在学校提出了“阳光德育”的行动纲领，将培养学生的阳光形象与阳光心灵作为德育的两大任务，将健康身体、阳光心灵、良好教养、高尚情操、远大理想作为培养目标。与此同时，他设计并落实了一系列符合学生特点的主题活动，如感恩教育、法制教育、礼仪教育、砺志教育，为培养学生的阳光心灵注入活力。

第一次国旗下讲话——“我是云山人，人行我也行”。针对学生严重缺乏自信的情况，罗太良同志在他的第一次国旗下讲话的题目是“我是云山人，人行我也行”。“我能行”是一个人信心的表现，如何证明“我能行”？一句话，从小事做起，以实际行动证明“我能行”。相信自己能行，才会我能行；别人说我行，努力才能行；小事我能行，大事才能行。此后，他还邀请了中国心连心残疾人艺术团来学校进行表演，让同学们感受到“我能行”的深刻内涵。

第一场大型活动——感恩报告会。2008年3月，学校开展了花都区第一场大型感恩报告会，邀请广东省文化传播学会子月老师，为全体师生及学生家长近5000人进行了一场“让生命充满爱”的主题演讲。子月老师以感人的故事、激情的语言，感动了在场的每一个人。在演讲过程中，听众聚精会神，听到动情处，不少学生和家长流下了感动的眼泪，有的母子深情地拥抱在一起。

专题报告会后，学校通过主题班会、公开课、给家长写信等多种形式，将感恩活动推向深入。罗太良同志的一节全街公开课《妈妈，我该如何报答你？》取得了意想不到的成效，学生与听课者都泪流满面，甚至泣不成声。区关工委、区教育局在云山中学召开了全区“感恩教育经验交流会”，推广感恩教育的经验。从此，学校每两年举办一次感恩报告会并开展系列活动，让感恩情怀深入每个云山学子的心田。

三、嬗变与转身——且变且美丽

2011年11月，《今日花都报》头版“走基层”栏目用三分之一的篇幅，以“云山中学的华丽转身”为题，详细报道了云山中学的巨变。2008年以来，云山中学德育教育逐渐成为学校成长的发动机，成为区域德育的窗口：先后承担区感恩教育经验介绍会、广州市青少年法律心理咨询现场会、中国教育学会中小学德育研究分会第28届年会的举办场地。罗校长先后在区市多个德育现场会做经验发言。2010年，云山中学被评为广州市德育示范学校；2013年，被评为全国德育实验学校。

学校风气改变了，教育成绩也有了突出表现。2010年起，云山中学中考质量实现质的飞跃。当年，中考700分以上的达61人，舒劲旅同学被广东实验中学录取。2011年，宋紫莹同学以总分758分成为花都中考总分第一名；宋紫莹、刘海欣、谭慧莹同学进入全区前10名；总分700分以上同学共62人；重点中学上线人数达217人，提前批上线人数达248人。2012年，700分以上的学生38人，占新华街的47. 3%。王嘉琪同学以750分的成绩名列全区第二名，王嘉琪、黄志红、卢静怡、邵嘉琪等四名同学进入全区前20名，600～699分人数达311人，占全校考生的34. 3%；提前批上线人数达241人。2013年，中考700分以上人数占花都区新华街50%。中考成绩由2005年的全区第26

名上升到2013年的第5名。

2013年12月18日，中国教育学会中小学德育研究分会实验学校挂牌仪式在花都区新华云山初级中学举行，中国教育学会中小学德育研究分会副会长于彦博、于荣学和花都区教育局副局长陈维新等领导出席了挂牌仪式。中国教育学会中小学德育研究分会第28届年会分会场在云山中学举办，中国教育学会中小学德育研究分会副会长于荣学、常务理事黄黎明、《中小学德育》杂志社主编王清平，《新课程》副主编陶细根、花都区教育局团委书记徐雪琴等领导出席，来自全国的实验学校暨花都区各中学分管德育的领导共100多人参加了会议。大家听取了张帜校长作的《阳光德育，幸福人生》的工作汇报，观摩了云山中学的大课间和学生社团活动展示。丰富的学生社团活动获得了与会人员的高度评价。

四、实践与反思——且行且提高

罗太良同志分管的德育工作成为学校前行的发动机，学校面貌发生了翻天覆地的变化，成为当地一所人人向往的学校。罗太良同志也在实践中不断提高自己的理论水平。他先后在市级以上德育杂志发表论文多篇，如《管理的成败取决于细节》《走近真实——初中德育的困境与对策》《阳光德育模式的构建与实施》《金巴多尔去个性化原理在德育中的反向运用》《学校文化建设应防止空心化》等。

罗太良同志在《金巴多尔去个性化原理在德育中的反向运用》一文中写道：金巴多尔实验证明，在去个性化条件下，个体表现出较少的约束。参加集体行为的个体，由于其原有的个性特征完全埋没在集体之中，成为一个没有个性的去个性化个体，从而使个体的自我意识降低，变得不负责任，最终导致反制度化的集体行为的产生。在德育工作中，我反向运用“去个性化原理”，将个体的表现置于公众视野之中，以增强他的责任感。长此以往，将个体的行为强化为习惯，促进个人良好习惯的形成，个人的转变促进群体的优化，群体的优化又反过来带动个体的进步，从而进入良性循环。

后记：罗太良同志认为，决定学生发展的关键，其实不完全取决于知识的多少，更重要的是积极向上的人生态度。阳光的心灵，是一个人在人生道路上战胜困难，奋发向上的根本保障。用有意义的思考去指导学校德育，对学校德育进行有针对性的思考，都是德育工作者应该奉行的态度。

创造呵护学生生命的教育

——记深圳市宝安中学校长彭锻华

题记：『教育的最高境界就是创造呵护生命的教育，就是创造高质量生存的教育』。彭锻华校长认为，『先有生命，而后有教育』，『生命不保，何谈教育』。教育者在关注学生精神成长与发展的过程中，应对精神赖以存在的基础给予时刻的呵护关怀，让学生学会珍爱生命、保护生命，能安全、健康成长。

彭锻华校长从教35年，从事学校管理25年，2001年12月起任深圳市宝安中学校长。他是享受深圳市政府特殊津贴的专家，中学特级教师，深圳市地方级领军人才，广东省劳动模范，广东省名校长，“广东省名校长工作室”主持人。他在全国首开“生存教育”之先河，引领中小学安全教育蓬勃发展，为教育界做出重大贡献。他在国家、省级刊物发表论文30多篇，其中在《人民教育》发表7篇，主编或参编专著15部。

彭锻华校长以先进的办学理念引领学校发展，使宝安中学从一所中等偏下的学校跃居深圳市前列，成为在广东省内外都有较大影响力的学校和广东省首批全国示范性高中、“北大校长实名推荐制”资质学校。学校还是全国德育实验学校、全国青少年文明礼仪基地、广东省德育示范学校、广东省安全文明校园、广东省心理健康先进单位、广东省书香校园、深圳市德育特色学校、深圳市艺术特色学校、深圳市教育系统先进单位、深圳市师德师风先进学校、深圳市依法治校示范校、深圳市文明示范单位。

30多年来，彭锻华校长在教育战线上始终对事业充满激情，追求卓越，在平凡的岗位上创造了不平凡的业绩，为教育事业做出了突出贡献。他崇尚“以德立校”，强调“以德治校”。这里的“德”有两层含义：一是教师的师德；二是学生品德。教师师德好则学校教风正，学生品德好则学校学风浓。良好的教风、学风又会促进优良的校风的形成，学校就会进入良性循环，实现跨越式发展。

一、教师管理：激发成就动机，打造团队精神

彭锻华校长对教师的要求是“德艺双馨，育教双能”。他认为师德永远是第一位的，师德是宝安中学教师队伍的灵魂。只有摆正了“德”和“艺”的关系，教师团队才能够乐教善导，才能百战不殆，才能杜绝“个人英雄主义”，把学校和集体的利益放在首位。

进入21世纪以来，宝安中学不断发展，办学规模在短时间内迅速扩大，学校从全国各地大量引进骨干教师、优秀教师，统一思想、凝聚心神就显得十分重要。针对这种情况，彭锻华校长提出了“激发成就动机，打造团队精神”的教师队伍管理理念和“一个脊梁，两个翅膀”的管理模式。在彭锻华校长的领导下，宝安中学始终坚持“以师为本”，极力营造民主和谐的人文环境，注重“管”与“理”的和谐，加强情感疏导和人文关怀，力求在严格的管理制度和人文关怀上寻找平衡点和最佳结合点。他认为，作为校长，不能做队伍的驱赶者；而应该注重情感管理，做队伍的引领者。

为此，在他的倡议下，学校通过各种集体活动增强教师的主人翁责任感，激发教师干事创业的内在动力。如每年一次的“宝中是我家”中秋晚会，让新调入的教师找

到家的感觉；定期召开座谈会，鼓励新教师用独特眼光审视宝安中学，让老师们从心底里感觉到自己是学校的主人，学校的发展与个人息息相关。通过征文比赛、演讲比赛以及各种文体活动培养教师对学校的认同感和归属感，努力创设教师与学校民主对话的精神平台，使学校真正成为教职工的精神家园和心灵居所。教师生病，他会出现在病床前；教师生日，他亲手写贺卡，送上鲜花；每学期为毕业班教师开生日晚会；每年为退休教师授“桃李芬芳”纪念牌。作为校长，他就是这样——以人为本，以师生的发展为本，善于激发全体教师干事创业的激情，激发他们成才、成名、成功的成就动机，让每一位教师产生在宝中奉献追求的热情和决心。在他的引领下，宝安中学校风、教风、学风优良，全市一流，学校教师专业发展进入佳境，名师辈出：古晓霏老师的“班主任工作艺术”被《人民教育》杂志推介向全国；奥运会开、闭幕式编导穆青，骑自行车穿越欧洲、澳洲第一人林明伟等一批名师走向全国，走向世界。

二、学生管理：尊重平等民主，养成宽容心态

学校教育的民主，要求教育工作者要以宽容的心态对待学生。特别是在资讯迅捷、共享的网络时代的背景下，学生国际视野不断开阔，学生自主意识、民主意识、维权意识不断增强，学生不再安于做“听话”的“循规蹈矩”的“乖孩子”。彭锻华校长提出以“尊重”“平等”“民主”的国际化思维，强化学生自主管理，培养学生的公民意识，促进学生未来持续发展。

校园超市物价过高，学生会联名投诉；学校饭堂饭菜质量下降，学生可以罢吃；对教师上课不满意，学生可能要求学校让老师“下课”。面对“孩子越来越难管”的现象，彭锻华校长没有埋怨学生怎么变得如此激进、浮躁。恰恰相反，他把这些现象看作是学生思想独立进步的表现。于是，他要求老师们要以宽容的心态对待学生，以自己的宽容换取学生的宽容。他带领全体教师一起分析、反思，树立“尊重”“平等”“民主”的国际化思维，对学生的情绪及时加以疏导，引导学生以合理的方式正确提出诉求，防止过于偏激的行为出现。他提出要尊重学生的知情权，保护学生的“话语权”，注重养成学生敢于质疑、善于质疑的精神。

在他的主导下，学校建立“民主谏议制度”，定期召开会议，学生每月与校领导面对面；成立“膳食委员会”，让学生参与管理食堂；评价教师，学生说了算；学校艺术节、体育节、模拟联合国、一年一度的“六月旧书交流市场”、各种社团活动都是由学生自主策划、组织。真正让学生参与学校管理，实现从“被管理者角色意识”向“管理者角色意识”转变，使学生不再从对立角度来审视问题，真正实现换位思考，使网络时代的学校管理从被动走向主动。这样不仅增强了学生的主人翁意识，提升了学生的“参政议政”能力，也提高了他们自主管理的能力。

三、生存教育：呵护学生生命，关爱学生心理

彭锻华校长对学生的要求是“学会生存生活，学会做人做事”。他希望通过宝安中学的德育教育，使学生养成强烈的生命意识，身心健康，善于合作，从容面对竞争，成为具有祖国情怀、国际视野和自我持续发展能力的高素质后备人才。

生存教育，不断提升学生生命质量。彭锻华校长在全国首倡“生存教育”。在他的主持下，学校从2002年开始“生存教育”课题研究，校本教材整合社会资源，动态生成，不断成熟。由他主编的《应急避险》教材成为广东省地方教材。2007年彭锻华校长受国家教育部委托主持编写《初中公共安全教育读本》，后经国务院应急办等六司局联合审定，全国推广使用。近几年来，其课题研究成果屡获大奖：广东省第六届普通教育教学成果一等奖；广东省哲学社会科学优秀成果三等奖，实现全省中小学校此类奖项零的突破；首届广东省中小学德育创新成果一等奖；《应急避险》课程获深圳市首届教育教学科研成果一等奖第一名，并获得国家科学技术研究成果登记（登记号：2005068）。这些成果既使宝安中学成为广东省基础教育的学术研究重镇，把学校的管理与教育科研引领向更高的层次，又让全国中学生和亿万国民增强了生命意识，具备了安全素养，增长了安全知识，掌握了求生技能，受益终生。社会效益极为显著。

心理健康教育，让学生身心和谐发展。宝安中学早在1996年就启动了心理健康教育。彭锻华校长入主宝安中学后，更是注重对学生心理方面的疏导和管理。他于2002年从高校引进心理学教授，2005年主持建立了心理健康教育网络管理系统“心灵乐园”。他着力构建“五个结合”的心理健康教育模式，即 “专家引领与全员参与相结合、面向全体与个案跟进相结合、心理课程与各学科教学渗透相结合、教师辅导与学生同伴辅导相结合、学校教育与家庭教育相结合”。他强调“一个个案就是一个课题”，为学生建立心理档案并追踪。如学校曾有一位女生，由于父母重男轻女，并且迷信地认为小孩与自己生肖相克，这个孩子从小就被歧视，形成了极端的自闭心理，患上了比较严重的抑郁症。班主任及时发现问题后，学校马上启动高危心理干预机制，成立了专门的心理健康教育小组。首先认真分析原因，说服家长，支持配合。连续几个月，采取内紧外松策略，实行一天一通气、一周一会议。上至校长、下至任课教师，全程参与、共同研究寻求对策，并积极动员该同学看心理医生。在学校无微不至的关怀下，在全体教师的共同努力下，这位同学心理抑郁问题迅速得到了解决，不仅顺利毕业，而且考上了市内一所重点中学。像这样的例子，在宝安中学还有很多！

作为重点中学校长，彭锻华校长始终注重德育为先，因材施教，全面育人。在

他的带领下，学校师德师风不断发展，学生道德品质不断进步，显露在外的就是学校办学业绩的不断提升：宝安中学中考高考成绩连续十多年在高位上稳步攀升，列深圳市所有中学前茅，几乎年年出省市总分、学科第一名。21世纪以来，已有43位优秀学生考取北大、清华。2013年我校获得“北京大学中学校长实名推荐制”推荐资格，经过三轮选拔，产生了我校历史上第一位校长实名推荐学生——李博杨。2014年高考，学校创造了新的辉煌成绩。侯斯琪同学高考总分进入广东省理科前10名（深圳市唯一），夺得深圳市理科总分第一名。由于德育工作突出优秀，继2008年我校在全市中小学德育工作总结会上介绍学校德育工作经验后，2012年11月，在全市高考工作总结会上，彭锻华校长再次发言，作了题为《德育促进智育，全面提升质量》的报告，介绍学校 “跳出高考抓高考”的成功经验，得到市教育局领导的充分肯定。

丰富的学生自主活动，不断提升学生的综合素质，各类人才脱颖而出：有艺术名校的青年歌星、未来的乐团指挥，也有与北大有约的运动健将；有聪颖好学的高考状元、奥赛冠军，也有志在蓝天的飞行员；学生辩论队夺得深圳市中学生电视辩论大赛总冠军；学生组队参加深圳市中学生模拟联合国大赛包揽冠亚军，获得“杰出代表团”称号，连续五届获优秀组织奖。一批学生进入高校、走向社会乃至在国际舞台上突显优秀素质。

中央电视一台、十台、新华社、中国新闻社、《人民教育》（近五年三次长篇报道）、《人民日报》《中国教育报》《中国改革报》等几十家权威媒体对宝安中学德育工作进行报道，推广宝安中学德育工作经验。2008年12月10日由教育部主管、中央教科所主办的具有全国性影响的《教育文摘周报》将彭锻华校长作为头版人物进行了深度报道。2011年9月，彭锻华校长应邀与人大附中、华东师大二附中、江苏省泰州中学等7所全国名校校长在中央教科所70周年所庆论坛上向全国介绍特色办学经验。

后记：“潮平两岸阔，风正一帆悬。”宝安中学始终坚持以德立校，以德治校，以“团队精神”激励全校教师，以“国际化思维”管理学生，以生存教育呵护学生成人，不断促进教师、学生持续发展。学校在彭锻华校长的带领下将继续面向全体学生，全面育人，不断创新德育工作，提升德育实效，擦亮学校品牌，向着“全国一流，国际知名”的目标不断迈进！

仰望星空的教育行者

——记深圳市宝安区坪洲小学校长张云鹰

题记：从小事做起，从细微处做起，把简单的事做精彩，把平凡的事做完美。

张云鹰，全国优秀校长，广东省特级教师，正高级教师，中共深圳市党代表，深圳市“教书育人模范”，深圳市首批“名校长工作室”主持人，享受深圳市政府特殊津贴，《人民教育》《小学德育》等杂志封面人物……在担任深圳宝安西乡中心小学校长的八年期间，她创造性地提出并实施“培养现代城市人”的办学理念，把一所农村小学建设成为全国知名学校。2011年秋，张云鹰调任宝安区坪洲小学创校校长，带领学校深入践行“开放式教育”理念，通过“天天向善”“亲子城堡”“校园八节”等开放式育人行动，努力培养“有德行、有智慧、有情趣、有气质”的文明都市人，为小学德育提供了可供借鉴的成功样板。

一、天天向善：全程开放学做人

坪洲小学是深圳市首个“慈善文化进校园”试点学校。张云鹰倡导通过“日行七善，天天向善”的教育活动，引导学生从小事做起，从自身做起，做一个有德行、懂感恩、乐助人的人。该项活动由学校德育处、少先队整体设计并组织实施，其具体内容及操作要领如下。

第一，颜善。每天和颜悦色，用微笑与同伴相处；每天勤洗澡、勤换衣，衣着朴素整洁，头发、脸面、脖颈清洁，指甲干净无污垢，时刻保持面洁口净。

第二，言善。讲文明话，说普通话，对他人多说鼓励的话、安慰的话、称赞的话、谦让的话、温柔的话；礼貌用语挂嘴边，如“请、您、您好、谢谢、对不起、没关系、再见”等；遵守秩序，轻声交谈，不打扰他人；同学之间交往不说粗话、脏话，不骂人，不给同学取难听的绰号，不随便对人发脾气，要谈论健康、有趣、有意义的话题；见到师长、客人能主动问好。

第三，眼善。以善意友好的眼光去看待别人；见到别人有需要，能给予力所能及的帮助，如公交车上主动让座、拾金不昧等；保持正确的读书、写字姿势，形成良好的坐、立、行的行为，从小养成“保护视力”的好习惯。

第四，心善。敞开心扉，对人诚恳；心想好人好事；懂得尊重长辈、爱护弱小；每逢吃饭入座必须让长辈先入座，主动为长辈添饭；到家必须先向家长报平安，每逢出门必须告知家里的长辈，并说再见；外出玩耍、办事必须告知地点、时间和同伴，迟归时必须及时告知原因，不让家长担心。

第五，身善。树立“健康第一”的思想，善待自己的身体，不进网吧，不读不健康书刊，不抽烟喝酒，不赌博；爱好一项体育运动，行走身姿端庄，有健康的身体、良好的体魄；升国旗、奏唱国歌时自觉肃立；学会正确行队礼、唱国歌；做操、集会时做到静、齐、快；课堂上能坐得正、站得直，回答问题声音响亮，落落大方。

第六，食善。不挑食，不偏食；不把零食带入学校，不攀比吃穿，不剩饭菜，不浪费水；懂得就餐的基本礼仪，文明就餐。

第七，物善。保持家园校园环境整洁；取用物品归还原处；爱护公物，不在课桌椅、墙壁等处乱涂乱画；不伤害树木，不践踏草坪，不随地吐痰，不乱扔垃圾，见到垃圾纸屑能主动捡拾；节约水电，能主动关闭滴水龙头；文明入厕，维护厕所、洗手台地面干燥清洁；物品循环利用，珍惜使用。

“天天向善”，细致入微，贴近生活。孩子们认领了校内“校长小助理志愿岗”，礼仪长廊、开放书吧、校园十景、两操卫生都由各班学生负责日常管理。在一次次岗位实践中，让学生懂得了奉献、关爱、负责。

二、亲子城堡：全员开放感化人

张云鹰首倡并践行的“开放式教育”，其中一个重要内容就是开放学校教育平台，扩大学校教育的社会再造功能，充分发挥家庭教育积极作用，共同为孩子的成长撑起一片蓝天。“亲子城堡”由此应运而生。学校通过“亲子城堡”系列活动，引导家长陪伴孩子一起成长。

亲子周末有约。学校立足于家庭的需要、家长的需求，挖掘各种资源力量，开展“周末有约”家庭教育趣味活动。如“我爱我家”“小小理财家”“学习雷锋好榜样”“六一亲子同欢乐”“你行我行他也行”“亲子体育比赛”等“亲子城堡”系列活动的展开，有计划、有目的、有效果。学校还通过“亲子城堡德育小报”，为家长提供诸如“家校开放日”“家庭读书节”“亲子游戏日”“休闲考察采风”等活动的设计指导和实施建议。

亲子作业菜单。每逢节假日，学校都会为家长精心准备亲子同乐的开放式作业菜单。如10月1日主旋律，爱国主义教育，鼓励家长带孩子在电视、电影中感受国庆氛围……10月7日收心课，推荐家长和孩子共读一本书。针对每个不同的节假日布置形式多样的开放式亲子作业：“爱心作业”——我为家庭服务一天；“情趣作业”——花艺剪纸等；“健身作业”——走绿道活动；“艺术作业”——“唱支儿歌给父母听”等，深受家长和孩子们的喜爱。

亲子课程开发。为提高家长科学的育人能力，张云鹰每学期都会亲自为家长们做《理想的家庭教育》《我的家庭教育观》《如何引导孩子课外阅读》等专题报告，让家长对家庭教育有智慧、有方法、有信心。为了将家长点滴、零散的教子经验系统化、科学化，减少家教的随意性和盲目性，张云鹰主持编写了《传统节日与文化》《给家长的100条建议》《礼仪教育读本》等校本教材，免费赠送给家长学习交流。张云鹰还鼓励有爱好专长的家长参与学校课程开发，如摄影、编织、舞台设计、《周易》研究等。目前学校开发的48项开放式“配方课程”项目中，家长开发授课的就有“《周易》解读”“手工编织”“拉丁舞”“书法”“中国象棋”“厨艺”等，进一步满足了不同学生的课程要求。

亲子情感培育。学校每学期都会策划组织“衣加衣”送温暖等爱心活动，学生、家长、教师纷纷响应。“跳蚤市场爱心义卖”“为三（7）班黄瑜婷同学换肾募捐”等，共募集20余万元善款支援灾区和福利院的孩子。学校德育处通过组织开展“种盆小花送妈妈”“我为妈妈做靓装”等活动，培育孩子们的感恩之心。各班进行的爱心日记评选，让孩子们增强了奉献爱心、珍藏美好的体验。“把爱种在心里”“我为妈妈做靓装”“你真豆”等爱心活动也在《深圳青少年报》头版被专题报道。

三、校园八节：全面开放发展人

张云鹰设计并组织践行的“校园八节”，是学校发展学生综合素养的大舞台，是实现学校培养“有德行、有智慧、有情趣、有气质”的文明都市人这一育人目标的重要方式。张云鹰在学校开办之初提出举办“校园八节”（即除去寒暑假，每月一节），当时，不少中层干部和教师提出异议，一是担心每月一节会增加教师的工作量；二是忧虑每月过节会影响孩子们学习；三是质疑能否坚持下去。事实证明，“校园八节”不仅提高了学生的学习兴趣和品质，更是与后来深圳市提出的培育学生“八大素养”（即品德素养、身心素养、学习素养、创新素养、国际素养、审美素养、信息素养和生活素养）不谋而合。

阳春三月“踏青节”——生活素养。学校结合“妇女节”开展“走进青青世界”“种盆植物献妈妈”“最美妈妈我装扮”“环保时装秀”等系列感恩环保活动，让孩子们在大自然的宁静与生机中聆听生命拔节的声响，学会“节约、环保、文明、感恩”。学校还组织学生走进社区、福利院、凤凰山、西乡客运站、污水处理厂等地慰问演出，服务他人，提升自我。

活力四月“健美节”——身心素养。学校通过举办运动会，进行广播操、特色健美操等比赛活动，推动阳光体育，感受健美乐趣。学校“洲际视野”讲堂还邀请知名教育专家进行“生命、生存、生活”的“三生教育”，让学校“蒙以养正、文明以健”的校训落到实处。学校“雏鹰健美操队”连续两年获得全国健美操比赛冠军。

梦幻五月“超人节”——信息素养。通过举办纸飞机比赛、纸船载重比赛、小小建筑师、机器人科学营、科普图书作品展、科学观察小论文等活动，提高孩子们的科技水平和创新能力，为孩子们的梦想插上了信息科技的翅膀。学校“雏鹰机器人队”连续两年获得广东省冠军，并在台湾参加东南亚地区比赛荣获第一名。

炫丽六月“秀秀节”——审美素养。孩子们通过专场文艺表演、“坪洲好声音”等系列活动，尽情演绎“挑战无处不在，秀出你的风采”活动主题，秀出了儒雅，秀出了风度，秀出了气质，更秀出了审美素养。

优雅九月“雏鹰节”——品德素养。每年九月是新生入校、学生升级的日子，“学习礼仪规范，彰显蒙以养正”成了这个节日的主旋律。9月1日，学校进行新生“朱砂启智”“拜孔仪式”的开学礼，启动“三礼”（礼仪、礼节、礼貌）系列教育活动，从启蒙教育阶段采用正确的方法培养人走正道、做正人君子。借助教师节，倡导尊师，践行“养正”教育，展示“走出校门，不忘我是坪洲人”的精神风貌。

智慧十月“观察节”——创新素养。通过观察教师的教学方式和学生学习方式，建设“开放、智慧、有效”的课堂，切实促进教学开放。教师引导学生观察校园的“竹节园”“兰馨园”“桂香园”，认识校园不同植物的生长特点及用途，并在校园实践基地种菜、酿葡萄酒；指导学生观察校园“八卦图”，初步了解《易经》的基本知识，知晓我们的校训来源于《易经》的“蒙”卦和“同人”卦，认识八卦代表八种自然现象，即天、地、雷、水、山、风、火、泽；从校园八卦图中知道“雷”是“震”卦，也代表学校的正东方。张云鹰还给师生培训，用图形让大家初步了解八卦与五行的关系，懂得《易经》是中华文化的宝库，是古人智慧的集合。

魅力十一月“悦读节”——学习素养。“与经典为友，与大师对话”是悦读节的主题。“捐一本自己喜爱的书”“讲一个书中的感人故事”“演一场经典诵读”“写一篇读书体会”“编一张读书手抄报”“画一幅绘本作品”“评一批悦读之星”……一系列悦读活动，让孩子们在开放的阅读中感受学习的快乐。张云鹰还被评为2013年深圳市“十大优秀阅读推广人”之一。

缤纷十二月“狂欢节”——国际素养。深圳毗邻港澳，孩子们对圣诞节的渴望绝不亚于对春节的期盼。圣诞节那天，全校师生头戴着学生用废旧材料制作的富有个性的圣诞帽，载歌载舞，校园一片欢乐的节日气氛。同学们表演英语话剧、英语情景剧，演唱英文歌曲；“小画家”用画笔描绘圣诞节的喜庆；“小书法家”现场写下圣诞的对联；“小摄影家”用相机拍下同学、老师和家长美丽的倩影……学校“英语村”每天对学生开放，他们在英语超市跟外籍教师进行英语交流，在英文吧台接待“来宾”。他们用学校奖励的“购物券”在“阅览区”购买英文图书，在“小超市”购买新鲜食品，在“服饰间”购买琳琅满目的外国衣物，在“礼品店”选择各国特征鲜明的小饰品……

后记：云天骄鹰，远见先行。张云鹰以追求完美的执着精神，引导学校德育发展，从而铸就了事业的灵动，传播了教育理念的新潮，缔造了开放式教育的神奇。毋庸置疑，她的创新精神和实践经验，已然生成为一种资源，一种传承。她用智慧和激情把教育思想演绎成了一种教育理想，把教育理想演绎成了孩子们精彩纷呈的校园生活。

铸德育品牌，让每一个生命都光鲜精彩

——记深圳亚迪学校校长郭刚

题记：德育就是育德。德育工作的核心就是以生命影响生命。德育工作的目标就是要让德育工作成为学校快速发展的推进器。

深圳亚迪学校创建于2003年，是由著名企业比亚迪公司投资一亿元人民币兴建，深圳中学组建并管理的九年一贯制、小班化、寄宿制的民办学校。自创建以来，亚迪学校一路汗水一路欢，一路辉煌一路歌，很大程度上就是因为这所学校有一个好校长，这个好校长就是深圳中学派来的郭刚同志。作为掌门人，郭刚校长以德育工作为支点，以先进理念引导人，以高尚师德影响人，以科学管理塑造人，以大胆改革提升人，促进了每一位师生的健康发展。学校先后荣获深圳市首批素质教育特色学校、深圳市优质民办学校、深圳市绿色学校、深圳市教育工作先进单位、深圳市德育示范校、中国民办教育特色学校、全国最具创新力榜样学校，使亚迪学校成为深圳市民办教育的一面旗帜。

一、走遍大鹏的山山水水，以山海精神滋养心灵

亚迪学校依山傍海，得天独厚的山海环境为校园文化建设丰富了内容。郭刚校长因地制宜，系统规划，以大鹏半岛的山、海环境为依托，每学期组织师生开展社会实践活动，带领学生走出校门，走进大自然，去欣赏海的壮美，认识海的生物，探索海的秘密，感受海的博大；带领学生攀登高山，去观赏山之态、山之秀，去体验山之趣、山之深，去领悟山之骨、山之魂。山海文化的开放与包容，坚毅与进取、雄浑与豁达、广博与深邃深深地影响着师生，陶冶了师生的情操。师生们浸润于自然山海，汲取山海精神，内化山海品质。渐渐地，他们明白了做人就应该像山海那样，立足根本，坚韧不拔，包容百川，激情澎湃，兼收并蓄才有突破，谦逊进取才能卓越。今天，“襟怀纳百川，志越万重山”已成为他们实现梦想的潜在动力。

现在，“走遍大鹏的山山水水”已成为学校德育的一个特色项目。通过对“山海精神”的探索和实践，逐步形成德育文化传统和精神积淀，并将其转化成为师生发展的内需力和内驱力，加速了学校发展的进程。

二、实施个性化成长计划，让学生自主发展完善自我

学生从进校门开始，郭刚校长就要求各班主任为其建立个性化成长档案。尽管年级升高了，班主任更换了，但一翻开学生的个性化成长档案，学生的概貌就能一目了然：性别、生日、人生座右铭、特长、理想等都记录清楚。个性化成长记录主要内容分四个板块：序言篇、目标篇、发展篇、展示篇，让孩子们留下每一阶段成长的足迹。记录中“我进步啦”“小小的遗憾”“同伴悄悄话”“老师温馨提示”“父母心语”等栏目，成了学生心灵交流的窗口、自我审视的一面镜子、医治缺点的良方和激

励上进的催化剂。其中“目标的制订”以郭刚校长提出的学生发展阶梯化理论（即不同的学生站在楼梯不同的台阶上，在学校、老师、家长、同学的共同关爱下引导逐级登高）为指导，开学初订下阶段发展目标，学期中途进行自我对照，大家评议，期末进行总结表彰。学生个性化成长档案一式两份，一份给学生建家庭档案，一份留学校跟踪培养。实践证明，个性化成长档案不仅起到了“无声胜有声”的教育效能，也给孩子留存了成长过程中的多彩画卷。对此，家长十分赞赏和高兴。

三、开展特需关爱研究工作，让每个生命都享受到教育的阳光

民办学校往往是“问题生”的积聚地。为了保证进校的学生真正做到一个不弃、一个不差、一个不“残”，郭刚校长将“问题学生”梳理为几种类型，发动老师自愿报名，选择关爱对象，实行“一对一”“多对一”帮扶，全面观照、全程跟踪，思想上引导，学习上辅导，心理上疏导，生活上指导，用特殊的方法教育感化，一把钥匙开一把锁，把特别的爱献给这些特需关爱的孩子，以生命影响生命。学校给这些导师发放专门的津贴和研究经费。这项工作的成效最终以孩子进步的大小为评价依据。学校每学期对“特需关爱”研究工作都要进行调研总结，表彰奖励。这些措施保证了别校不要的学生转进来、家长认为难管的孩子送进来，老师在照亮学生的同时也升华了自己。毕业的学生说：“在念过的学校中，我最爱的还是亚迪！”“问题生”家长说：“把孩子放亚迪，我们最省心，最放心！”社会对该校的评价是：亚迪学生是低进高出！这项研究在2011年被列为广东省立项课题，今年六月进行了结题，研究成果得到了评审专家的高度赞誉。

四、创建八景四堂山海环境，让校园成为鲜活的育德教材

学校是树人的“教育场”。郭刚校长是这么想的，也是这么做的。他千方百计腾出资金创建八景四堂，为的是让校园环境成为一本鲜活的育德教材。这八景是“山海广场、山海雅径、山海园林、山海晚亭、山海艺苑、山海讲坛、山海灵峰、山海家园”；四堂即“山海堂、树人堂、幸福堂、锦绣堂”。进入亚迪学校的校园，无论走到哪个角落都能感受到“山海精神”的熏陶。学校利用这些阵地介绍学校发展历程、师生成长足迹、校园生活的丰富多彩。尤其与众不同的是，一般学校悬挂的是名人名言，而该校在四堂里展示的是师生的山海心语、幸福感言、人生座右铭。虽然现在的他们不是名人，但他们的心语有名家的风范，有哲人的睿智，教人向上，催人奋进。这样的山海环境使校园成为师生的精神氧吧，对学生起到了培德、启智、融情、立志的教育，师生在潜移默化中浸润山海精神，成就了山海品质。

五、打造多姿多彩的社团，为师生演绎精彩搭建舞台

郭刚校长常说，学校是让更多人活出生命意义的场所，学校的存在和发展要提升师生的生命质量，促使师生共同成长。在他的直接指导下，学校精心打造校园社团文化，努力营造健康向上、生动活泼、浓郁热烈、文明和谐的校园文化氛围，力争通过活动引力来激活人、塑造人、凝聚人、提升人。

首先，学校充分发挥教职员工的特长，让特长老师辅导特长学生；其次，让某方面有兴趣的老师辅导志趣相投的学生，在学中干，干中学；再次邀请专业人士来校培训，满足了师生个性发展的需要，使“人人有自信，个个有特长”的社团活动宗旨得以实现。

目前，全校有师生社团54个，其中教师社团8个，学生社团46个。教育开放日，师生自编节目同台演出；元旦到来，师生一起组织游园活动；六一儿童节，学生我唱我歌，五四青年节，学生我展我才；教师节，学生亲手制作贺卡献老师；感恩节，学生自创诗歌颂师长、谢亲人；运动会上，百人琵琶演奏、竹竿舞、武术队、舞龙队、滑轮队、健美操、太极拳……师生踊跃参与，倾情投入，演绎着精彩，收获着快乐。“我能行、我快乐、我成长、我出色”成了社团活动的主旋律。

通过社团活动，师生之间增进了了解和友谊，大家成为了相亲相爱的一家人；通过社团活动，张扬了师生的个性，发展了师生的潜能，提升了他们的综合素质，实现了师生共同成长的美好愿望；通过社团活动，丰富了师生的校园生活，给了每个生命绽放光彩的舞台，因而校园显得生机勃勃，富有朝气与活力。

六、实施综合素养积分制，激励学生不断追求

郭刚校长提出，学校就是要让每个学生在不同的层面上，享受最适合的教育，张扬个性，健康成长；要把规范内化成学生的习惯，把习惯演变成学生的品质；让优秀者更优秀、平凡者不平凡。为了达到这样的育人目标，他亲自指导德育部制定了《亚迪学校学生综合素养积分制》。积分由基础分、加分和减分三部分组成。每个学生进校基础分为100分，要求能够熟练地掌握校园规范中的各种制度的详细内容，基础分的获得通过每学期的两次达标考试确定。加分和减分项目由学业积分、角色积分、活动积分和荣誉积分四个专项组成，学生所对应的每一个专项都将根据学生的在校表现获得加分或减分。学生的积分每学期综合核算一次，每个学生的积分和学生的期末德育考评等级直接挂钩，毕业的最终积分将和六年级、初三的综合表现评价等级挂钩，其积分情况直接计入小六和初三中考的综评，最终将以奖学金形式进行返还。

完备的积分体系，推动了养成性教育的落实，规范了学生的日常行为，提升了学

生校园活动的参与意识。积分制的实施，培养了学生责任意识、竞争意识，还为学生提供过错补偿的机会，从而提升了学生的综合素养，促进学生不断追求进步，完善自我。

郭刚校长凭借自己的智慧和策略，以情化人，以爱育人，以心塑人，其创新做法影响了师生，改变了师生，激励了师生。一批批品学兼优的学生从亚迪输出，一批批德才兼备的老师从亚迪涌现，亚迪学校赢得了家长的口碑，领导的认可，社会的赞誉。学子升入高一级名校，名校纷纷送来喜报；毕业生离开亚迪，家长送来一面面锦旗；每逢节假日，校友大批返校，看望母校和师长，留恋之情溢于言表。

郭刚校长创新德育工作的做法也吸引了众多媒体的关注：《深圳晚报》曾以《一年三台阶，五年两状元》《深圳东部的优质民办学校》为题作了报道；《南方都市报》曾以《教育奇迹在这里产生》为题做过报道；2011年《人民教育》第6期在封二、封三以《一切为了学生健康发展》为题报道了亚迪学校的育人成果，同时还以《能与同处求不同　惟不能同斯大雄》为题长达5000字介绍了亚迪学校德育工作的做法和经验等。

德育，推动了亚迪的综合发展；德育，提升了亚迪的办学水平；德育，创造了亚迪瞩目的成就。短短几年，师生参加各级各类竞赛获奖近2000人次。国际天文奥赛铜牌获得者黄嘉睿是亚迪学生；国际高尔夫球赛冠军梁政是亚迪学生；全国初中物理竞赛第一名江再风是亚迪学生；全国新概念作文大赛一等奖获得者有亚迪学生；全国科学信息技术大赛一等奖有亚迪学生；全国数学竞赛一等奖获得者有亚迪学生。学校获得殊荣50多项，中考成绩在全市一直名列前茅，两次夺取深圳市中考状元。2013年，深圳市中学推荐上清华、北大的6人中有3人是亚迪学校毕业生；2012年广东省高考状元来自亚迪学校；2013年广东省特教高考状元还是来自亚迪学校。

后记：郭刚校长并不满足现有的辉煌，还在执着地探索和追求，引领师生向着更宏远的目标、更璀璨的明天超越梦想一起飞。

用爱心营造回归生活的体验式德育

——记深圳市螺岭外国语实验学校副校长王燕

题记：作为中国陶行知生活教育实践基地的螺岭外国语实验学校，分管德育工作的副校长王燕常常引用陶行之先生说过的话：『捧着一颗心来，不带半根草去』。她坚信在学校德育工作中，爱是基础，爱是本质，爱是师德的核心，只有用爱心才能营造回归生活的体验式德育。

王燕，中共党员，从教30年来担任过音乐教师、大队辅导员、罗湖区阳光家长学校讲师、学校新闻发言人，在担任副校长的13年里，一直主抓学校德育工作。

她是一个做人诚实、做事踏实、敢于创新的德育工作者。在全国优秀德育工作者、省市名校长杜小宜的影响和带领下，坚定的党性，严明的纪律性，使她始终遵守党纪国法，坚定地贯彻执行党的路线、方针和政策；良好的思想道德和敬业精神，使她为学校德育工作做出了较大的贡献，使学校树立了良好的社会形象；开阔的眼界、过硬的工作能力和先进的理念，尽现其独特的个人风格；工作中始终力求高标准、严要求、创特色。她曾获得区巾帼建功先进个人、“三八”红旗手、深圳市教育系统先进个人、市学联、市少工委“优秀园丁奖”、深圳市音乐工作先进个人、国家（省、市）级优秀课教师、深圳市中青年骨干教师与学科带头人、在市首届教师基本功大赛中获得了全能奖。在她分管德育工作的十几年里，德育工作一直是学校的特色和窗口，学校也因此荣获了深圳市首届素质教育“德育工作特色学校”、广东省德育示范校。学校德育已成为深圳市德育工作的一面旗帜。学校的“1357家校合作创新模式”获得了广东省优秀德育科研课题，同年还获得了广东省德育创新二等奖。王校长组织创建的全国首个“四点半军校”在中央电视台多次作了专题报道，学校被全国精神文明办指定为“做一个有道德的人”深圳市唯一示范窗口单位。

一、“爱”是支点

爱的教育是回归生活的体验式德育的母体；回归生活的体验式德育是 “爱的教育”的核心内容。而螺岭德育中倡导的“爱的教育”是指用爱将学生、教师、家庭、社会结合起来，编成一个无形的、充满爱的德育网，让学生充分体验回归生活的德育。

爱是世界的语言，学校是学生走向世界的窗口。螺岭校训“志存高远，海纳百川”隐含着“培养具有中华民族情怀、国际视野的‘五美六会’阳光少年”的育人目标。学校的育人理念是希望螺岭培养的学生心胸宽广、包容大度，既善于传扬中华文化、又善于吸纳世界多元文化精髓。将学生培养成“爱的公民”，服务于“爱的社会”是爱的教育的支点。

在王燕副校长主抓学校德育工作的几年间，她从对待特殊学生的真情小爱入手，关注患自闭症、焦虑症、多动症的孩子，允许这些特殊孩子随时光临她的办公室，陪他们画画、讲故事、飞飞机、做游戏……每天上班她都要巡视各个班级，对特殊的孩子们投去一个微笑，送去一个温馨的眼神，给一个亲切的拥抱……帮助他们适应集体生活，帮助他们认识了解周围生活的一切。孩子们成了她生活和工作中不可缺少的一部分。

她说："爱的教育不是一种说教，而是一种体验，一种唤醒，体验离不开生活，唤醒需要儿童的主动领受。因此，有效的德育就是要以爱为支点，使儿童在丰富多彩的活动中体验感动心灵的德育，从而唤醒儿童内心向善的本性与爱心。只有在爱的教育大背景下，实现德育回归生活，我们的学校教育才能真正满足学生成长的需要。"

二、"爱"是路径

在螺岭爱的大家庭里，她带领德育队伍不断营造生活化的校园氛围，创设贴近生活的情境，使学生在生活化的情境中学会求知，学会做事，学会合作，学会做人。对于学生而言，学校温馨如家园，美丽如花园，动感如乐园；对于老师而言，学校是教书育人、塑造灵魂、同伴互助、专业成长的大舞台；对于家长而言，学校是教师、学生、家长心灵互动的爱的共同体。

"回归生活的体验式德育"要以学科教学、校本课程、家校合作三方面为实践支撑。德育不只在德育活动中发生，它也根植于学科教学、校本课程、家校合作中。德育不只在学校中发生，它还可以延伸到家庭、社区、社会；德育内容不只源于课本，也源于生活、源于社会。因此，在螺岭外校，生活、课程、教学、活动都是以爱为支点，积极实践回归生活的体验式德育。

三、"爱"是体验

为了培养"五美六会"阳光少年，她带领老师创编了极富校本特色的《德育指南》《五美六会育人目标》《学生一日常规和文明礼仪要求》《日常生活规范三字歌》，开展了感恩教育、磨砺教育、诚信教育、法治教育、习惯教育、安全教育、学习《弟子规》等特色校本德育课程，这些课程为螺岭学子的品质成长提供了丰厚适宜的土壤。通过讲述"爱的故事"，让人人都在爱的沐浴中成长，形成学校爱的支点，汇聚了无尽的爱的力量，储备了学校可持续发展的动力源。

在螺岭，孩子们都爱听故事、讲故事，因为故事贴进生活。在故事中，他们常常收获角色感，增加了积极的情感体验。多年来，螺岭以"故事会"的形式，传播爱的种子。这种爱的故事会有"校长故事会、年级故事会、班级故事会、家庭故事会"四种形式。在螺岭，"爱的故事"在一天天延续，人人都讲爱的故事，个个都有爱的行动。校园里，"爱的故事"在一天天的延续。每周一的升旗仪式，学生们讲述身边的榜样故事，在发现身边榜样的过程中，懂得欣赏别人、友爱同窗、关爱他人。爱的故事的主人公，慢慢地换成了身边的每一个人。

爱的故事就像纽带一样，把生活中爱的情感、爱的体验、爱的行动紧密联系在一起，把学校的老师、同学、家长和社区居民的心紧密地联系在一起。

四、“爱”是能量

学校与家长的共同目标都是让孩子健康成长。螺岭德育给学校和家庭之间搭建了一个互动的平台，既能让家长参与学校管理，从教师的角度体验学校教育，又能使学校有效开发与利用家长资源，达到双赢。

实践证明，家长与学校也需要“回归生活的爱的体验”。因此，在螺岭，家校合作成为德育工作的重要突破口，家长也因此成为促进学校可持续发展的课程资源与力量。

几年来，她带领德育队伍与来自省内教科所的教育专家一起举办“好父母与孩子一起成长”家长论坛，为家长奉献了一场教育盛宴。这种家长论坛让家长从听众走上了讲台，成为主体；挖掘和利用家长中的丰富教育资源，不仅拉近了家长与学校的距离，让家长参与到学校的发展、管理以及对孩子的教育中来，更实现了民主平等的沟通，使更多家长受益。

近年来，螺岭改革家校合作形式，建立了“1357家校合作机制”，这是螺岭德育近年来在家校合作方面的创新尝试。

所谓“1”，就是一个工作原则：到位不越位，参与不干预。同为螺岭人，齐心谋发展。“3”就是三个基本目标：参与学校管理，共商发展大计；参与班级管理，为班主任分忧解难；提供良好的义工服务。“5”是5个事务部门的设置：文书部、活动部、学术部、发展部、义工部。“7”就是“家教会”配合学校积极开发利用家长资源，形成7项独特的德育校本课程。目前，“1357”家校合作机制已经成为螺岭外校“回归生活的体验式德育”的特色项目，家长义工、四点半军校、亲子活动、“面对面”等活动已成为具有螺岭外校特色的品牌活动，而这些活动，都是学校与家教会共同开发的。

“亲子活动”增强了孩子认识自我、发掘潜力的能力，家长作为孩子的第一任老师和终身教师，其教育理念与能力也在亲子活动中得到潜移默化的提升。

“面对面”活动突显了德育活动的全员性、针对性，面向全体的同时兼顾个体差异，很好地发挥了家校教育合力，提升了家校教育的一致性，促进了孩子的健康成长，实现了家校携手、共享共进的目标。

“家长义工”成为教师的助手，一个个“红马甲”引领着稚气的孩子放学排队过马路，更成为螺岭校园的一道美丽的风景线。他们这种助人为乐的精神也对子女言传身教，使孩子渐渐形成了积极的助人意识与行为。

“四点半少年军校”成为了一种新型教育体验阵地，这一活动强壮了学生身体、磨炼了学生意志，同时也解决了部分家长四点半孩子放学不能按时接送孩子的困难。对此，新华社以“四点半少年军校解忧育人”为题进行了专题报道，中央电视台也进行了专题介绍。

“1357家校合作创新机制研究”是螺岭外校在课程改革工作中的一个特色和亮点，为学校的可持续发展注入了新鲜血液，提供了源源不断的动力，已经成为深圳建设和谐教育生态的先进典型。螺岭的德育工作者在不断努力与践行，也使学校获得了深圳市素质教育特色校创建德育特色学校资格，“1357”的四轮驱动德育特色项目还获得创建的专项资金。在深圳市德育示范校评选、省德育示范校初评的评估中，“1357家校合作创新机制研究”受到评估专家的高度赞扬，建议向全省推广。

“爱的教育”德育探索之路，就是螺岭德育的创新之路、发展之路。“做回归生活的体验式德育”，已经成为螺岭师生的德育生活方式。

后记：展望未来，荣誉和成绩都将属于过去，王燕副校长将继续脚踏实地地在德育工作这个平凡而又崇高的岗位上，用爱心和热情与螺岭人一起继续秉承“在创造中获得自我发展”的办学理念，以“回归生活的体验式德育”为目标，不断丰富具有螺岭特色的德育内容，有效促进螺岭的可持续发展，为祖国的教育事业贡献力量。

让活动成为课程，让德育展现魅力

——记深圳市育新学校常务副校长杨春良

题记：『对学生说教千遍，不及让学生体验一遍』，这是深圳市育新学校常务副校长杨春良同志常挂在嘴边的一句『德育名言』。他是这样说的，也是这样身体力行的。

杨春良毕业于陕西师范大学数学系，曾是陕西安康学院的一位讲师，数学系函数论教研室主任，学术带头人，1993年应聘调入深圳市育新学校，是经济特区工读教育的拓荒者。

从高等教育到基础教育，从北方城市到深圳郊区的光明华侨农场，从面对“天之骄子”到面对令家长和老师头疼的“问题学生”，巨大的反差最初的确令杨春良“若有所失”。他也曾怀疑过自己的选择，但他并没有因此而后悔，更没有抱怨现实的“意外”，而是“既来之，则安之”，调整目标，重新定位，充分发挥自己爱学习、勤研究、尚实践的“优势”，努力在新的工作岗位上建功立业。

21年来，他作为主创成员之一，参与筹备了特区第一所工读教育学校——深圳市育新学校；策划创办了全国第一个学生综合实践活动基地——深圳市中小学德育基地；他竭力倡导并精心打造了以人格教育为核心、以活动为特色的“活动德育”模式。他研究撰写的“活动德育”成果报告获广东省教育厅首届德育创新成果一等奖和国家教育部“优秀德育工作案例”奖。因德育特色和成效显著，深圳市育新学校先后获得中宣部、教育部等部委联合颁发的“全国青少年社会教育银杏奖”、全国青少年德育实验基地和广东省示范性中小学德育基地等近百项荣誉称号，而杨春良个人也因教育科研和德育实践成果突出先后荣获“南粤教坛新秀”“深圳市先进教育工作者”“广东省德育科研先进个人”等荣誉称号。他是全国工读教育系统和学生综合实践基地同行公认的研究性、专家型校长。

一、实施人格教育，帮“问题学生”挖掘潜能

深圳市育新学校初中部的教育对象是品行偏长、学习困难且家长和普通学校老师感到难管难教的“问题学生”，他们曾经在应试中败阵，或在其他方面遭受过挫折，走过弯路，使自身发展遇到了障碍。经过全面观察和深入研究后，杨春良认为，影响“问题学生”发展的根本原因一般不是智力问题，而是他们人格中的消极因素，主要表现为：缺乏自尊心，荣辱感较弱；缺乏自制力，成长的期望较低，成功的信心不足；缺乏自制力，情绪、情感方面的调节能力差等。教育转化“问题学生”的关键就是要增强他们的自尊心、自信心和自强品质。杨春良因此提出了帮助问题学生“挖掘潜能，超越自我”的教育口号，并通过加强以下五个方面的工作促进学生健全人格品

质的形成：

改革传统教学模式，培养学生的主体精神。学校参加教育部“友善用脑”课改实验，加强教师专业培训，以教育学、心理学、脑科学等先进理论指导平时的课堂教学，打造友善的、快乐的、和谐的课堂，让学生成为学习的主人，使他们既乐学，又会学。

注重点滴积累，狠抓养成教育。学校实行半军事化管理，按部队一日生活常规训练学生的行为习惯。原国家教委副主任、国家总督学柳斌同志到育新学校视察工作时对学校坚持的养成教育充分肯定，他欣然题词：“良好的习惯在于培养之上”。

加强心理健康和美育，培养学生的健康心理和高雅情趣。

重视开展多元文体活动，让学生在参与中挖掘潜能，体验成功，培养他们的自信心。

净化、美化学校环境，创设促进学生人格和谐发展的教育环境。人格教育帮助一个又一个学生走出困境、成人成才。育新学校成立21年来共教育转化“问题学生”2000多名，其中95%学生初中毕业时考上了高一级学校，部分学生通过本校职高教育考上了职业技术学院或通过射击等特长培训成为市、省级射击运动员等特殊人才。

二、构建活动德育模式，增强德育的亲和力与有效性

杨春良认为，传统的学校德育主要是以“听话”为标准、以“服从”为目的的强迫式德育，或“我说你听、死记硬背”的灌输式德育。这些德育方式均缺乏学生主体参与和情感体验，已远远不能适应当今青少年主体意识觉醒的要求和道德能力发展的需要，不利于道德价值的内化和道德能力的养成，德育的实效性自然不高。为此，他提出将“活动”引入学校道德教育，让学生在活动中体验、在体验中感悟、在感悟中成长。在“育新”的教育实践中，他逐渐找到实施活动德育的几条重要途径：

和历任校长一道创造性地将工读学校办成了全国第一个综合型的社会实践大基地，组织全市中小学生前往基地开展军训与国防教育、法制教育、生存教育、环境教育、科普教育和劳技教育等综合实践活动。学生在参与实践活动的过程中，思想感情得到熏陶，精神生活得到充实，道德境界得到升华，道德能力得到锻炼。基地创办20年来共培训中小学生近70万人次，极大地发挥了育新学校在深圳市、广东省乃至全国

的德育示范和辐射作用。

定期组织学生到贵州遵义、江西井冈山等革命老区或粤北农村地区开展“1+1”帮困助学活动、农村生活体验活动和农村社会调查活动等。让特区都市里的学生与农村学生同吃、同住、同劳动，增进他们之间的相互了解和相互学习。

将“活动”引入传统德育课，改变德育课教学模式。如初中思想品德课、礼仪课和职业高中的思想政治课、职业生涯规划课等变传统说教式、灌输式教学为活动式（合作学习、角色扮演等）教学，或结合教学内容，将学生带到社区或有关企业观摩学习；心理健康教育课与户外拓展运动等各种团队活动相结合，让学生在活动体验中挑战自我、超越自我，培养自己人际交往能力和团结协作精神；法制教育课采用案例分析、模拟法庭、现场参观、专题讨论或社会调查等形式教学。

在综合实践活动课渗透德育。综合实践活动课具有许多德育的元素和契机，学生在综合实践活动中能获得亲身感受和直接经验，在实践中形成热爱生活的态度，在实践中获得信息时代所需要的能力。

三、带头开展教育科研，注重德育的规范性和科学性

杨春良具有较强的德育理论功底和德育实践能力，他善于从实践中凝炼形成德育理念，并在实践中不断丰富和发展。他曾主持或作为主要成员参与过6项国家级或省级、市级教育课题实验研究，带头开展教育科研。他独立撰写的多个课题成果报告均获国家级或省级教育创新成果奖一等奖。其中，由他系统总结的“新时期中国工读教育育新模式”和“中小学活动德育模式”在全国同行中有较大影响并被广为借鉴。除此以外，他还有40多篇论文公开发表或在全国性学术会议上宣读交流。他结合自己两次赴美参加教育培训及文化考察所撰写的中美教育比较研究专著《回归教育原点——美国教育体验与反思》以及作为主要成员参与编写的多本教育专著公开出版。近几年，他强调实践基地活动课程化建设，亲自带领学校部分教师加大德育基地活动课程开发力度，完成了12个教育专题校本活动课教材的标准和教学指导的编写任务，规范并提升了德育基地的活动课教学，受到全国综合实践基地同行的热捧。由于在综合实践基地课程开发方面取得的丰富成果和经验，他多次被聘请为全国综合实践基地管理者培训班和骨干教师培训班作学术报告。在他的影响下，学校一批教师正在成长为科研骨干并已经取得诸多教科研成果。他先后担任广东省中小学德育基地工作协作会秘

书长和广东省中小学校外教育协会秘书长，研究起草了《广东省示范中小学德育基地建设标准和评估方案》（省教育厅通过）并组织了广东省第一批示范中小学德育基地评估验收，有效地促进全省中小学德育基地的建设与发展，也为全国多个兄弟省市的综合实践基地建设提供了指导。

后记：潮平两岸阔，风正一帆悬。今年已经是杨春良步入教坛的第30个年头。回顾这30年，他呕心沥血，无私奉献，让活动成为课程，让德育展现魅力，在职业路上取得了骄人的成绩，获得师生和全国教育同行的广泛认可。如今，他孜孜不倦的脚步并未停止，他正像一只向往苍穹的神鹰一样，用他的智慧和力量展现勇敢，用他的责任和生命书写辉煌！

做一个有能力的人

——记佛山市南海区大沥镇黄岐初级中学副校长许秀芳

题记：在『养炼一颗宁静心，构建现代研究型教师队伍，促进师生和谐可持续发展』办学理念的引领下，许秀芳老师以培养师生『做一个有能力的人』作为工作思路与主线，通过『名班主任梦工厂』做好班主任队伍的积淀与传承，班主任队伍茁壮成长，发展成为一个个有能力的智慧型班主任；通过开展学校缤纷社团，引导学生从自我发现亮点、巩固自信心和表现力到成为有自己特长的一个懂分享、会合作的有社会沟通能力的人。

许秀芳副校长，广东揭阳人，1972年8月出生，中共党员，英语中小学高级教师，1993年广东省外国语师范学校大专毕业，2004年广东教育学院英语本科毕业。她1993至今任教佛山市南海区大沥镇黄岐初级中学21年，曾担任班主任5年、英语科组长4年、团委书记4年、年级级长6年、德育处主任1年。2004年她赴英国参加教师培训，现任大沥镇黄岐初级中学德育副校长。

一、“名班主任梦工厂”——传承·积淀·发展

近年来，班主任队伍开始出现青黄不接的情况。一些优秀班主任在岗长达19年之长而未能轮休；青年班主任由于孩小，家务重，两头奔波而身心疲惫；个别班主任由于缺乏经验，工作开展没有预见性、对学生出现的问题处理不当而导致班级管理吃力等现象。面对这种情况，许秀芳副校长带领骨干班主任团队，摆现状、寻出路、设平台，以课题作为引领，打造“名班主任梦工厂”。她以学校、级部的集体培训为主，通过新老班主任结对，以班主任个人能力强，带班效果好的作为榜样引领，培养一支有能力的智慧型班主任队伍，取得了很好的效果。

成立“名班主任梦工厂”智囊团。学校自2009年以来，申报了国家级课题《优秀班主任个人成长》，培养了一大批优秀的班主任。他们在班级规划、班级自主管理、班级文化建设、主题班会等班级特色建设方面有了很好的积淀，连续10年参加佛山市、南海区班主任能力大赛获得综合特等奖、团队一等奖等。学校也因此拥有了一批佛山市名班主任、南海区名班主任、大沥镇骨干班主任，优势明显。

确定“名班主任梦工厂”主力军。许秀芳副校长每年都会在班主任队伍中选取10位年轻班主任作为培养对象，成立“名班主任梦之队”，以“我为自己代言”行动口号，达到“人人都有能力当好班主任”的目标。

完善的校内德育资源库。许秀芳副校长组织收集每一年班主任的优秀教育故事、德育论文、班级规划、主题班会课件和后进生帮教个案分析等，提供给“梦之队”班主任的学习、参考、讨论与改进的机会，从而提高资源运用的能力，解决年轻班主任无从下手的后顾之忧，培养学习型的“梦之队”。

发挥优秀班主任个人优势，抱团发展。利用的每周一次级部班主任工作会议，分内容、分项目，通过读书交流、经验交流等专项培训，发挥优秀班主任的辐射作用，带动整个团队的共同发展，特别是与薄弱老师的结对与帮扶。通过师徒结对，进行贴身指导，年轻班主任知道了：“事情原来是可以这样做的！”

通过校内培训，提升理论水平。假期分发国内外教育家、名班主任的有关书籍，如《家为何伤人》《好妈妈胜过好老师》、雷夫《第56号教室的奇迹》等，评选优秀

阅读心得并全校进行班主任读书分享会；定期安排班主任参加永博明举行的全国性教育论坛，听教育名家们讲教育；进行班主任论文撰写培训，根据学生存在的问题进行小课题研究，提高实效性，做到理论与实际相结合，接地气，能更好的运用到实际工作当中；在每年全国班主任论坛举办的“我的教育故事”评选中多人次获一等奖。

设立“一求百应”论坛。对班主任在日常教育教学过程中出现的一些疑难问题进行答疑，为年轻班主任的成长提供一个“加油站”。每当一位班主任自己、学生遇到问题时，就会得到一批“臭皮匠”的支招应答、分享学习。在这个平台上，新老班主任也在解答年轻班主任困惑中做到互助、温暖和共赢！

几年来，通过打造“名班主任梦工厂”，学校开始涌现出一批能独当一面，带班有活力、有特色，受学生欢迎的新一代班主任。她们在南海区班主任能力大赛中以三个单项第一、团队第一的成绩续写着黄岐初级中学班主任队伍的辉煌！

二、缤纷社团——学习·合作·分享

在学校整体办学理念的指引下，师生共同成长谋求空间。许秀芳副校长为学生大脑思维发展创造空间，促进学生“自我发展”，为学生的阅读能力、动手操作能力和互动探究能力的发展提供保障。她组织教师队伍结合学生实际开设差异性辅导课和60多个学生社团，为学生提供了可自由选择的多而广的校本课程，将“人文·空间·智慧”的理念推向新的台阶——培养有能力的学生。学校的社团活动渐趋成熟，各项管理工作走向规范化、系列化、课程化，逐步满足各层次学生的需要，营造出良好的师生、师师、生生、亲子、学校与家庭、学校与社区之间的关系，让每一个和谐的心灵自由飞翔，赢得了社会、家长的认同与支持。

广泛收集，自由选择。每一学期末，学校将派发社团活动开展咨询单，对以往的社团开展点赞活动；从师生收集到的社团开展意见进行研讨，保留学生喜爱社团项目；对开展不成熟的社团继续整改，采纳新社团项目建议。学期初所有项目罗列，印发到每一位学生手上，让他们充分酝酿，自己选择。开展两周后，还可以根据学生的喜好作微调，让学生们发现亮点，提高学习能力。

成果展示，收获喜悦。每学期末，学校举办了学生社团成果展示活动，邀请家长到校参观，让学生在父母、老师、同学面前展示，真正体验到成功与快乐。此外，学校每年举办科技节、体艺节、读书节、感恩节、班主任节与备课组长节、体艺2+1、创意市集、“黄中达人秀”等综合素质展示活动，成为学生能力展示的广阔舞台。另外，许秀芳副校长鼓励师生积极参与黄中教育共同体、大沥“艺术展演”、南海区“詹天佑杯”和全国、省、市、区的青少年科技创新大赛和学科技能大赛等活动。在这方面，书法、动漫、天文、茶艺、电脑绘画、美术、街舞、合唱、武术醒狮、烹调、小记者、手工制作、英语电影、文学欣赏等社团表现最为出色，学生们展示出非凡的本领和取得优异成绩。特别是烹饪组的学生在每周的社团活动后，都会将煮好的菜色、糕点、水果拼盘带回到课堂与同学、老师分享。学会一种生活本领，提高一种合作互助能力，收获一种与人分享的幸福。通过社团成果展示，增强了学生的自信心和表现力！

创精品、树品牌。学校不断深入挖掘与整合资源，在学科类、科技类、文化艺术类、体育技能类、社会实践类、综合类中开设学生社团，在原有的社团基础上，增设了陶艺、藤编、手工DIY、板球、好声音等五个社团，其中藤编社团引入了黄岐本土的非物质文化遗产——藤编艺术，聘请藤编专家授课，深受学生欢迎。在开拓社团项目的同时，学校更注重打造学校的精品社团：围绕“全面启动、示范引导”的管理思路，充分发挥品牌社团示范、引领作用，开展“创精品、树品牌”社团申报评比活动；打造书法、动漫、天文、茶艺、电脑绘画、美术、街舞、合唱、书法等精品社团；并通过组织参观、现场观摩、交流研讨等活动，促进社团之间的相互学习，借鉴、互补和提高，有效地推进了学校的社团建设。

学校社团活动有助于培养学生的主体意识，锻炼管理能力。在参与活动的过程中，学生一方面可以充分展示个体的才华，获得成功的体验；另一方面也在不断提高能力，形成优良品质。特别是丰富了学校文化阵地建设，促进了校园文化提升。学校在社团活动中倡导人人平等、人人探究、人人创造、人人追求美好的文化，使学生产生了使命感、自豪感和归属感，让学生享受成功的愉悦，促进学生身心和谐发展，真正做一个有能力的人。

后记：二十一年如一日，许秀芳副校长在佛山市南海区大沥镇黄岐初级中学这间坐落在广佛交界处普通镇属初级中学任教，她走过了每一个普通的岗位：英语科老师、班主任、英语科组长、团委书记、级部主管、德育主任、德育副校长。她每天与学生们、老师们一起，做着每一件平凡的事。作为一名老师，她相信：孩子最大，教育最真！她带领整个德育团队，通过队伍建设，培养有能力的班主任，督促学生良好行为习惯养成；通过社团活动开展，创设学校特色，给师生提供一个学习、合作、分享的平台，让每一个学生，无论成绩第一还是最后，都可以很自信地对自己说：“我是一个有能力的人！”

文化与特色相辉映，铸造附小德育品牌

——记南海师范附属小学德育主任刘东玲

题记：我们正视和尊重学生的个体差异，相信每一个孩子都是可塑之材，肯定每个人的潜能，相信每个孩子都能通过自己的努力获得成功。

南海师范附属小学是一所有着80年历史的广东省一级学校。“每一个孩子都是可爱的，每一个孩子都能成才”是附小多年来一直坚持的办学理念。基础教育的奠基阶段要为学生的终身发展奠定基础，要为学生幸福的人生奠定基础。学生的成长，全面发展才是根本。这种全面发展，并不是让每个学生，及其每个方面都要按统一规格平均发展。教育者要欣赏孩子的长处，并为平衡差异设计有利于其发展的平台，真诚地帮助孩子，由此形成的学校“以每一位学生为本”的育人思想和“赏识—成功”教育模式逐渐内化为附小教育的价值取向。

一、开展德育特色活动，为学生提供个性发展平台

注重“两个打造”，创建富有学校特色的校园文化，积极搭建学生成长和锻炼的舞台。

（一）传承传统，打造“美德少年”

学校结合每月的传统节日、纪念日开展主题教育活动，如：“让父母感动的一封信”活动等，使学生养成知恩、感恩、报恩的中华传统美德，打造“美德少年”。

（二）张扬个性，打造“阳光儿童”

1．特色活动一：“我的舞台，我精彩”

“我的舞台，我精彩”系列活动，是少先队的传统活动，至今已经成功举办了六届。每届活动，队员的参与面达到了100%，真正体现了少先队的全员参与性。活动内容包括：“我的英语舞台我精彩”，对象：一、二年级；“我的才艺舞台我精彩”，对象：三、四年级；“我的知识舞台我精彩”，对象：五、六年级。活动还采取亲子参与的形式，让家校融为一体。近年来，该活动已成为了牵动全体少先队员全情投入的明星项目，极受队员以及家长的喜爱。

2．特色活动二：“体育大课间”，培养体魄强健好少年

（1）以“一舞、两操”显缤纷

为了更好地贯彻落实《全民健身计划纲要》，让我们的孩子动起来、校园动起来。全体班主任全情投入到大课间的创作上来，编排了体现民族精神的“武术操”、各年级个性化的“快乐舞蹈”和动感活力十足的“韵律操”。三套操后的近半小时游戏活动，是班主任和学生沟通、学生之间交流的快乐时光。许多老师认为，活动的开展培养了队员对班级体的荣誉负责的责任感。

（2）融“三育”精粹显辐射

大课间活动的开展，把德育、智育和美育的精粹都融入其中，全面发展了队员的身心健康。区领导和兄弟学校经常组织观摩学校的大课间活动，真正起到辐射全区的

示范作用。学校还专门为这个校本课题进行立项开展进行更深层次的课题研究工作。现在，这个课题已顺利结题，并且获得了南海区校本课题评比“二等奖”。

3．特色活动三：“歌声遍校园”活动

为了丰富学生的课余生活，学校近三年来认真组织“歌声遍校园”活动，认真选取符合学生自身年龄特点的健康的校园歌曲，在各班中选拔教唱员，统一培训，然后在班内组织学唱，再通过红领巾广播站“歌声遍校园”栏目时间学唱。每两周学唱一首歌，期末以自选和必选歌曲各一首的形式进行歌咏比赛，并选取优秀节目，通过电视直播系统进行展示。这项活动深受学生欢迎，欢快的歌声经常在校园里回荡。

4．特色活动四：“城市小管家”活动

学校与桂城街道市政管理处联合开展以“做桂城市政吉祥物‘桂桂’的好帮手”为主题的“城市小管家”活动，鼓励队员积极参与社区实践。

活动的开展，带动了小队员及其家长乃至整个社区都关注市政的工作，培养了孩子良好的生活习惯和环保意识，养成遵纪守法的意识，增强其自身的社会责任感。

二、坚守德育常规，以科研带动教师素质的提升

每学期协助校长制订、实施学校德育工作计划；定期召开班主任例会，向各年级级长、班主任提出德育工作重点和有关建议，解决年级、班级工作中存在的实际问题；指导年级、班级结合学校实际和学生特点，合理安排活动日程；积极开展各种教育活动，组织好每两周一次班会，做到有计划、有内容、有检查、有总结；定期开展评优活动；做好重大偶发事件和严重违纪学生的教育处理工作；注意收集德育资料，科学分析、整理，合理归档，以备检查。这些都是学校德育的常规工作。

做好常规工作的同时，在校长领导下，领导班子不断加强德育科研工作，根据学校发展的不同阶段，带领教师完成相应的德育研究项目，提高教师理论水平。

学校在2003年参与了全国教育科学“十五”规划课题《少年儿童行为习惯与人格的关系研究》的课题研究；立项的子课题《少先队员责任心及良好行为习惯的培养与研究》已在2006年顺利结题，其研究报告荣获全国二等奖和广东省一等奖。学校也被评为全国教育科学“十五”规划课题先进学校。

德育科研极大地推进了学校德育工作向专业化方向的发展。2007年至今，学校没有放慢科研的脚步，而是继续参与全国教育科学“十一五”规划课题《少年儿童行为习惯与人格的关系研究》；子课题《培养少先队员责任意识及良好行为习惯的实践与研究》获得立项；另外，还参与了中央教育科学研究所的《班主任专业化与现代班集体建设研究》课题组，子课题《现代班集体班级文化与班主任专业化建设的关系研

究》于2010年8月顺利结题，被中央教科所评为“《班主任专业化与现代班集体建设研究》课题优秀科研学校”；2010年11月，还参加了网脉工程的课题研究；2013年，主持的德育课题《品德课程与学生文明习惯的形成研究》获佛山市立项。

各项课题研究在本地区形成了较大的影响，使学校被南海区教育局确定为南海区首届教育科研试验基地校，今后将会在南海区中小学教育科研领域发挥更大的辐射作用。

三、积极创建全国优秀家长学校，提高家长家庭教育水平

孩子的成才离不开家庭的教育。父母是孩子的第一任老师，父母成功，孩子才能成才。

2013年10月，我校被国家教育部关工委授予“创建全国优秀家长学校实验基地”，围绕“树立先进家庭教育理念、提升家长学校教学质量、创新家长学校办学模式”等内容，开展实验研究，为我省乃至全国提升家庭教育指导工作的质量和水平提供经验和典范。作为家长学校负责人，许副校长积极开展创建活动，主要做了以下工作：

（1）成立以学校领导、级组长、家委会领导为主的家长学校管理小组。

（2）成立新一届家长委员会。为了使学校教育和家庭教育密切配合，互为补充，形成合力，学校成立新一届家长委员会。领导机构设置：主任：吕啸天先生；副主任：孔爱群、何亚军先生；理事：艾芹、龙彦励、 陈婉霞、陈琦薇女士；还分别选出学校家长委员会和班级家长委员会成员，制定各自的职能和职责，定期召开座谈会。这不仅有助于学校知道家长的想法，还可以使家长了解并配合学校开展教育教学工作。家长委员会的成立，密切了学校、老师与家长的联系。

（3）组建家长义工队伍。由学校倡议，家委会大力发动，成立新一届家长义工队，目前有义工70多人。每天都有8名家长义工到校维持学生上学、放学的纪律，护送孩子过马路，为孩子的生命安全保驾护航。桂城社区报、桂城电视台对家长义工事迹进行了报道。

（4）加强教员队伍建设，发挥其核心作用。每学期坚持开好“四种会议”，即每周一次教员培训主题活动、每月一次教员集体备课、每学期1～2次班教员经验交流会、每学期最少1次在家长学校进行授课活动。

（5）健全学习制度，提高教员队伍综合水平。许副校长坚持利用每周教师例会，或者定期召开教员培训会议，组织教员认真学习教育法律法规等文件，学习先进家庭教育理念与方法，结合实际进行个案分析。通过互动交流活动等多种形式培训，让广大教员提高认识，系统地了解家长学校培训任务与内容，明确培训的目的和意

义，用专业引领家长。家长学校授课以《佛山市中小学家庭教育教案参考》为指导教材，以《父母课堂》为辅助教材。学校组织家庭教育课题组，积极开展教学研究。组织教员集体备课、上课，开展家教沙龙活动。成功辅导刘晓茹老师上了一节《来自叛逆期的你》案例教学课，获得家长们的喜爱和好评；同时，协助沈颖、范燕霞、何玉玲、钟云珍老师组织了精彩的家教沙龙活动；指导学员阅读《父母课堂》并开展家教征文评选活动。龙彦励等3名家长获得特等奖；艾芹等6名家长获得一等奖；张传贵等12名家长获得二等奖；另外还评出35名优秀奖。其中，获得特等奖、一等奖的文章被上报佛山市参加“好家风”征文评选活动。

通过开展创建全国优秀家长学校活动，学校在规范办学的基础上创出特色，家校教育目标一致，教师、家长的教育观念发生深刻转变。师生家长共同提高，家校形成合力，让孩子们有更好、更健康快乐成长的环境。优良学风校风、教育质量备受上级、社会好评。

今后，学校将进一步加强师德建设，突出全员育人观念，充分发挥全体教师的育人作用，真正做到服务育人、教书育人的全方位育人观；加强德育科研，探讨新形势下德育工作的针对性、时效性、实效性；继续抓好名班主任辐射工作，营造良好的教育氛围。学校德育工作领导小组将在原有工作经验的基础上从学校实际出发，不断更新观念，努力使德育工作迈上新的台阶，为培养好下一代而不懈努力！

后记：作为学校主抓德育工作的领导，她秉持着这一办学理念，着眼于学生的可持续发展、终身发展，并将这样的理念渗透于学校德育工作的方方面面；在学生的内心世界打下一个亮丽的底色，让学生感受到生活的美好、人性的美好；让学生学会过精神生活，使学校生活成为整个人生美好回忆的巨大源泉和宝库。

温暖师生心田的精神领袖

——记佛山市第三中学初中部校长谢先刚

题记：『学校应该是引领师生成长的精神高地！』这是一个校长的教育梦想，也正转化成一所学校的教育实践，改变着校园师生的精神状态，让他们的学校生活开始变得温暖和幸福。校园典雅、课程博雅、师生儒雅的教育境界逐步在这里呈现。

谢先刚校长是佛山市禅城区教育局2006年为佛山市第九小学面向全国引进的一位名校长。身为特级教师的他，在六年的时间里，以自己深刻的教育理解和富于创新的实践能力，按照“用六年影响一生”的办学理念，将佛山市第九小学培育成广东省德育示范学校、省校本培训示范学校。2012年8月，先进的德育理念、突出的德育创新成果和办学业绩，将谢校长推上了佛山市第三中学初中部校长的岗位。此时的谢校长，兼任佛山市中小学德育专业委员会常务理事、广东省中小学德育专业委员会理事、广东省中小学德育研究指导中心副主任委员等学术职务，先后在《中小学管理》《中国教育报》《广东教育》《班主任之友》发表教育论文60多篇。

他目前所在的佛山市第三中学初中部，是让人印象深刻的校园。走进校门，一片茂盛的树林，让你一下子与院外的闹市隔离，仿佛进入世外庭院；2000多人的校园，依然清新宁静，校道两旁礼宾般矗立的玉兰树，花香扑鼻（“玉兰花”为学校校花）；林中的“春晖园”里，高高屹立的图书楼和高大挺拔的百年红棉（校树），与树下的假山、连廊，相映成趣，共同彰显这所历史名校厚重的人文底蕴。最让人浮想联翩的是坐落在教学楼与运动场之间的“傅秀岩公祠”（民国政府驻俄罗斯外交大使傅炳常先生之父1916年为纪念其母亲在这里办学而建，现为市级文物），古朴典雅，书院遗风犹存。一百多年书院文化的传承，在这里留下了以追求“儒道”为核心的人文精神、以崇尚学问为旨趣的治学风气和以社会教化为己任的教育传统。

一、从顶层设计开始，让校园成为师生的精神家园

谢校长办学，十分注重以先进的办学思想引领学校发展，用正确的价值取向规范师生的言行，并善于通过引导师生参与学校顶层设计的方式，促进学校共同价值取向的形成。来到佛山市第三中学初中部，他以学校顶层设计为抓手，通过问卷调查、师生座谈会、学校核心价值大讨论、校风论坛等方式，引导师生参与学校办学愿景、办学理念、办学目标以及校训校风的构建与凝练。经过将近一年沟通过去、现在与未来的研究和讨论，老师们心目中理想的“三中初中部”逐步清晰，成为大家共同的愿景，而为实现这一愿景应该贯彻的思想、理念和价值取向，也在讨论中逐步明确。在此基础上，谢校长及时提出了“为每一位学生提供自主卓异、终身受益的优质初中教育，创办具有精神感召力的现代优质城市初中”的学校发展愿景，并以“雅”为学校文化核心价值，明确了“办典雅之校、行博雅之教、育儒雅之人”办学理念，将孕育并传承于学校发展过程中的“红棉精神”（红棉为校树）和“白兰品质”（白玉兰为校花）提升为“卓如红棉、雅如白兰”的校训，由此生发出“厚德博学、乐育善养”的儒雅教风和“敏行好学、正己达人”的卓雅学风。学校的“顶层设计”很快成为各

部门参与研制学校发展规划的思想灵魂，也成为促进师生主动发展的精神引擎。在这一过程中，谢校长“立德树人”的办学思想也得到了润物无声的宣传与贯彻。学校成为师生追求梦想的精神家园。

二、向班级建设给力，让课堂成为学生的精神牧场

谢校长认为，班级和课堂是师生相互作用时间最多、生命活动时间最长的重要时空，二者相辅相存。学生在这里的精神状态和活动质量，不仅决定着学校的教育质量，而且直接反映了学生的校园生命质量。为此，他在学校卓有成效地开展了基于积极健康班级生活的课堂教学改革，力求让学生在儒雅的班风中开始博雅的课程学习。

他以学校“麦艳贤广东省名班主任工作室”为引领，以“班级生活重建与初中学生成长”课题为抓手，引导班主任在加强自身建设的同时，开展基于小组合作的班级生活重建实践探索。学校班级建设课题组通过实验发现，班级岗位与小干部、班级小组、班级文化、序列主题班会、班级学生社团、班级家长联谊会六项基本建设是初中班级生活重建的重要内容；传统纪念节日、学校重大活动、学生成长需要是班级生活重建的有效途径；学校卓越小组、儒雅班级的日观察、周评分、月考核、期表彰的捆绑考核机制是促进班级生活质量改善的重要机制。经过学校班主任团队两年来富有智慧的专业引领，自主、向上、和谐、多彩的班级文化开始形成。

有了班级建设的扎实基础，课堂教学改革便有了重要的物质和精神依托。谢校长及时在全校推动了“基于小组合作和学习导纲的课堂教学改革”。他指导各学科组以“四入”（感官自然投入、思维积极进入、情感积极卷入、认识逐步深入）为标准，以构建“问题引领、前置学习、交流展示、生成拓展”的灵动课堂为目标，大胆推进课堂教学改革。特别是通过“单元整体结构教学”“教材育人价值的二次开发”和“课堂教学活动前移后续”三大教学策略的有效实施，课堂教学一扫过去沉闷、呆板的景象，出现了笑声、掌声与辩论声共存，师生与文本互动的生气与活力。课堂学习的过程成为师生升华精神文化、享受生命成长的重要生命历程。

三、为师德建设铸魂，让教师成为学生的精神偶像

在谢校长看来，教师高尚师德指引下的言传身教是最有力的德育，“教师优秀，学生差不了！”为此，他始终要求教师做德艺双馨的灵魂之师、智慧之师。无德，人不立；无艺，人无位。教师必须“以人格养育人格，以智慧启迪智慧”。

他抓师德建设，有这样三个习惯：

一是每年寒暑假，他总会为老师们送上1—2本书，作为假期作业布置老师阅读，

开学后通过阅读分享、主题论坛、心得评选等多种形式让教书人先爱书、会读书。他虔诚地相信“腹有诗书气自华”的道理，力求让老师在阅读中铸就自身的师德之魂。

二是每年教师节的这一天，他总会带领新教师在当天的升旗仪式上，面对国旗宣誓《学校誓词》，并为他们送上学校自编的《学校工作指导》和《教师发展指南》，意在树立教师的神圣感。这一天，他还会在校园最瞩目的位置搭建一个漂亮的大舞台，仿照电影金鸡奖的颁奖仪式，隆重揭晓上学年的优秀教师，他要让优秀教师在师生和家长的鲜花与掌声簇拥下，走过长长的红地毯，成为校园的明星、学生的偶像，意在弘扬教师的尊严。

三是每年元旦，他都会为上一年退休的老教师举办一个题为“教育人生”（仿中央电视台《艺术人生》）的座谈会，邀请他们的同事、同学、门生、徒弟欢聚一堂，伴随着再现他们校园生活的视频（由学校工会平时“偷拍”），共同回味他们的教育人生；此时，他也会为老教师送上一本精美的《个人学校生活相册》和“生涯赠言”，旨在树立教师的崇高。

后记：如今，已经年过半百的他，对教育依然那样虔诚，那样充满激情，那样富有创意。“因为，那是关系人一生的大事！”

映日荷花别样红

——记佛山市实验学校德育副校长李霞

题记：师以德为本，心以爱为源；以真理教书，用真情育人。26年来，她默默地坚守着这份执着、这份热爱，无私奉献，无怨无悔。她就像那一朵清雅的荷花，吐露着淡淡芬芳，温暖着孩子们的心灵；她更像那一丝丝细雨，轻轻地飘洒，滋润着孩子们的心田。

等闲识得东风面，万紫千红总是春

李霞，佛山市实验学校德育副校长，小学数学高级教师，曾获首届全国书香之家、全国千名巾帼环境友好使者、全国华罗庚金杯赛优秀教练员、广东省育苗杯数学竞赛优秀辅导教师、广东省十大书香家庭、佛山市十大书香家庭、佛山市先进教育工作者、佛山市创建全国优秀家长学校中心教研组成员、佛山市教育局家庭教育指导中心成员、佛山市优秀德育工作者、禅城区骨干教师、禅城区思想品德兼职教研员、禅城区先进教育工作者、禅城区先进德育工作者、禅城区石湾好市民、禅城区文化艺术之家、禅城区藏书用书之家、佛山市十大歌星、广东省百歌之星等荣誉称号。

她从事小学教育教学26年，获国家、省、市级奖励50多项，所撰写的20多篇德育和教学论文、教案、教学反思获国家、省市区一、二等奖，多篇文章在各级刊物发表，并在广东省中层干部培训班做经验介绍，校本研究成果获佛山市班主任队伍建设成果特等奖、佛山市德育创新成果二等奖。

一、腹有诗书气自华，书香藏韵品自高

她出生于书香门第，从小受到浓厚的文化熏陶，养成爱书、读书、藏书的良好习惯。她作为佛山市唯一代表赴北京参加了由国家新闻出版广电总局主办的“2014•书香中国”系列阅读活动暨启动仪式、广东省新闻出版广电系统全民阅读经验交流会，作为嘉宾应邀参加了佛山市“博学筑梦”全民阅读论坛活动。

营造书香校园，共沐翰墨成长。李霞副校长坚持开展朝阳读书、书香校园活动，组织了经典诵读、读书节、读书沙龙、读书论坛、好书推荐、开放书吧等活动，倡导师生和家长多读书、读好书、读经典，使读书成为一种习惯，成为一种乐趣，成为一种风气。学生受到书中美的熏陶，见贤思齐，言行越来越美好。家长们通过阅读提升了家教水平和自身素质，涌现出更多优秀的书香家庭。她还积极组织师生、家长捐款捐书，筹得书款14万元，购买了书籍、书架、书桌，为阳江白沙中心小学和清远连南瑶族自治区的七所小学建立了7个图书馆，帮助贫困地区的孩子，让书香飘逸，让爱心传递。

李霞副校长在佛山市实验学校这块充满浓郁书香的沃土中遨游浩瀚的书海，品味醇醇的书香，磨砺自我，积极进取，取得了令人瞩目的成绩。

二、书山有路勤为径，学海无涯苦作舟

她积极参加继续教育和专题培训：全国小学数学名师成长体验式高级研修、全国中小学名师培养与成长论坛研修、班主任专业化发展全国名师实战论坛、环境友好型学校交流暨国际生态学校项目培训、广东省中小学校长培训、广东省中小学心理A证培训、广东省中小学义务教育素质培训、广东省信息技术中级培训、佛山市德育干部管理培训、禅城区中层干部管理培训等。她还利用寒暑假带领学生参加美国夏令营、韩中青少年文化交流、香港科技大学科学太空冬令营等，开拓了视野，加强了专业素养，提高了理论和实践水平。

三、宝剑锋从磨砺出，梅花香自苦寒来

她围绕培育践行社会主义核心价值观，坚持育人为本、德育为先，秉承“为每个孩子拥有美好的童年服务，为每个孩子拥有幸福的人生奠基”的办学理念，推出了以“好习惯伴我成长，好品质成就人生”为核心的德育系列工程。她开发出德育校本课程，完善德育课程内容，制定学生体验课程体系，提炼德育精细化管理模式和制度，将品德与生活（社会）、礼仪教育、心理健康课程与德育内容整合，培养学生“儒雅的气质、优雅的品性、高雅的品味”，形成“活动育人，德育无痕”的育人模式。这不仅提高了德育的实效性，还打造了学校的德育特色品牌。

她积极培养学生爱学习、爱劳动、爱祖国的情感，同心共筑中国梦；开展青少年道德修养课堂、做一个有道德的人、学雷锋志愿服务、网上祭英烈、清明祭扫、文明旅游、文明餐桌等主题活动，将文明传播到每一个学生、每一个家庭。

她努力营造浓厚的校园文化氛围，打造文明学校的形象，精心设计“中华优秀传统文化”主题公益广告，让孩子们浸润在浓浓的书香氛围中，耳濡目染，文化熏陶，达到了一种润物细无声的教育效果。

她深入开展“争先创优”活动，学校涌现出一大批品学兼优的学生。其中，黄科斯同学被评为禅城区十佳美德少年、佛山市十佳美德少年，体现了我校学子良好的道德素养和至真至善的态度与品行。

她积极承办佛山市文明办“六支队伍”建设总结会，悉心指导吴红梅老师成功开展了《红领巾与共和国同行——弘扬社会主义核心价值观》主题班会。孩子们以独特的视角完美地诠释了社会主义核心价值观的内涵，孩子们大方的展示与精彩的表现也赢得了麦洁华副市长等领导的高度赞扬。

四、待到山花烂漫时，无边光景一时新

她有着较强的德育理论功底和德育实践能力，善于从实践中凝炼形成德育理念，并在实践中不断丰富发展。她围绕党中央提出的“中国梦”的丰富内涵和重大意义，以“立德树人，立教圆梦”为师德建设主题，精心策划道德模范进校园、感动学校十大教师颁奖典礼、班主任专业能力大赛、班主任沙龙等活动，建立了班主任奖励表彰机制，深化了师德教育，提高了班主任的师德修养和专业水平。

她搭建平台，促进教师专业成长。她策划、组织并承办了多次佛山市班主任大赛。她组建班主任智囊团，在她的辛勤指导和培养下，学校短短几年里涌现出一大批德育骨干教师、名班主任。她辅导青年班主任参加班主任专业能力大赛，获得优异成绩，其中李彬获禅城区特等奖、佛山市一等奖，广东省一等奖，被评为省名班主任；一人获禅城区特等奖，全国班主任技能大赛三等奖，被评为禅城区名班主任、佛山市名班主任、禅城区首席名班主任，成立佛山市名班主任工作室；两人获禅城区一等奖，被评为禅城区名班主任。

她潜心研究思想品德、心理健康、主题班队会、综合实践等德育课程，通过学科育德，拓宽德育阵地。学校多次承办全国、省市区级的德育活动，她积极指导青年教师上大型观摩课，受到一致好评。在禅城区小学品德与生活（社会）“知·行互助实践”研讨活动上，她指导陈敏坚、李蕴仪老师执教品德与生活课《穿衣服的学问》《舌尖上的佛山》《为我们服务的人》，课例录像和论文获佛山市一等奖，广东省二等奖，她们的体验式教学也受到省、市、区思想品德科专家领导的一致好评；在全国“积极心理学理念指导下中小学班级团体辅导课观摩与研讨会”上，她指导黄艳霞老师执教心理健康课《认识自己，_______自己》；在佛山市创建全国优秀家长学校实验基地教学工作会议上，她指导韦丽丽老师执教《如何培养孩子的抗挫折能力》，得到与会领导、家长的好评。

她高度重视家长学校的建设，以“创建全国优秀家长学校”为起点和契机，以佛山市编教材及《父母课堂》杂志为依托，以班级为授课单位，以班主任为主讲教员，在规范办学的基础上，精心设计授课课程和家教沙龙、家教论坛、送教上门、个案指导等特色活动，开发家庭教育校本课程，拓宽家校活动思路，充分发挥家长和社区的资源，形成教育合力，培育学生的美好品行，提高家长的家庭教育水平，架起家校及社会的桥梁。学校、家庭、社会实现了互利双赢，和谐发展，为深入推进学生素质教

育、学校优质品牌建设和可持续发展增添了强劲动力。

五、东风夜放花千树，玉兰芬芳满园春

26年来，她一直默默耕耘在教学第一线。她具有现代教育理念、系统的教学理论基础知识和扎实的专业技能，教学水平高，经验丰富，能胜任小学数学一至六年级的循环；她把德育和教学有机地融合，培养学生良好的习惯、兴趣和方法，学科育德，因材施教，不断创新，打造活力课堂，形成了自己的教学风格和特色，在学科领域中有较高知名度，是禅城区的骨干教师；她教学业绩突出，学生成绩名列前茅，品学兼优；她辅导学生竞赛效果好，多名学生参加全国华罗庚金杯赛获一等奖，世界数学测试荣获双优；在2014年广东省育苗杯数学竞赛中，她所执教的班级有6人获一等奖（其中5人满分），两人获二等奖。

她多次承担各级对外公开课、支教课等任务，执教课例多次荣获市级优质课一等奖，曾被评为市级优秀教师；参加广东省教育学会小学教育专业委员会举办的“赴广宁送教”活动，应邀上数学课《找规律》，被评为优秀课例；参加市优秀授课教师巡回观摩教学活动和佛山市小学数学骨干教师展示课《分割方块》，获一致好评。

她积极开展师徒结对活动，是青年教师的优秀导师。她指导多名教师参加市、区级说课、优质课评比获奖，指导青年老师上支教课、观摩课等，深受好评。

她带头参加教育教学改革和科研课题研究，主持了佛山市“十二五”规划中小学德育课题《小学班级文化建设》和禅城区小课题研究首批立项课题。作为课题组主要成员参加国家级、省、市级共14项课题研究，她撰写的实验研究报告、论文在《新课程》《课改的足迹》等书中发表并交流，20多篇论文、教案在国家、省市区级论文评比中获奖。她还汇编了佛山实验学校德育文集《润物细无声》、李霞个人文集《水墨兰香》、百佳之星风采集《玉兰飘香》《小学数学课堂有效使用教材习题的研究》案例集和论文集以及家庭教育自编校本教材15本。

六、接天莲叶无穷碧，映日荷花别样红

她有着先进的管理理念和管理水平，在工作中善于发现问题、分析问题和解决问题，做到有章可循，统筹安排；分级管理，层层落实；提炼总结，改革创新。她带领着德育团队，策划和开发学生社会体验、劳动实践、国旗下讲话等校本课程，丰富了德育内涵；精心组织德育系列活动，打造了升旗仪式、小主持人大赛、校园节日、爱

心义卖、公益活动、开学典礼、校园百佳、十佳之星颁奖典礼、全国优秀家长学校、国际生态校园等德育品牌。不仅陶冶了师生情操、塑造了学生良好品行，还让学生在活动中体验，在体验中感悟，在感悟中成长。

后记：立德树人，立教圆梦。作为一名德育副校长，她工作扎实有效，特色鲜明，秉承着实验学校“求精求美，超越自我，服务社会”的精神，在平凡的岗位上默默奉献、乐于进取、勇于创新；她有条不紊，精雕细琢，把一个个看似简单的德育活动做到了极致，把一件件普通的事情做成了精品；她使德育课堂注入了生命的活力和色彩，她向全体师生传递着正能量，她赢得了学生、家长、同事、同行、领导和社会的高度评价。她用敬业与奉献擦亮了实验学校这枚金字品牌，她用爱心与责任描绘着实验学校的灿烂与辉煌，她用智慧与激情铸就着自己的教育梦想，并享受着属于教育者的那份光荣和幸福！

开展生命教育，让每个生命绽放精彩

——记佛山市三水区实验小学副校长郑泳濠

题记：『欣赏与指导，促教师专业成长；理解与包容，助学生自我完善；聆听与沟通，为家长排忧解难。』这是郑泳濠副校长为践行德育工作理念——成就每一个生命的尊严与幸福而创设的德育工作三部曲。

佛山市三水区实验小学创办于1997年，是佛山市三水区教育局直属的全日制小学，现有36个教学班，教职工107人；省一级学校、省中小学校长实践培训基地、省中小学教师培训基地、市教育科研示范校、市德育示范校、市心理健康教育示范校……

郑泳濠，三水区实验小学德育副校长，数学中学高级教师，广东省名教师，广东省南粤教坛新秀，佛山市骨干教师，佛山市优秀教师。郑校长积极践行社会主义核心价值观，作风务实、正派，具有较强的德育实践能力，逐步形成“成就每一个生命的尊严与幸福”的德育工作理念，并针对学校德育工作问题，主持申报了广东省“十二五”教育科学规划立项课题《构建小学生“三维式”生命教育模式的实践研究》，带领全体教师们从生理、心理、行为三个维度，结合日常工作全面开展生命教育的实践研究。

郑校长在工作中善于总结和反思，围绕“成就每一个生命的尊严与幸福”的德育工作理念，逐渐从老师管理、学生管理、家长管理等方面总结出不少可行的措施。

一、自下而上——形成了德育工作的模式

在魏书生民主管理思想的指导下，在英特尔未来教育项目的“框架问题”设计的启发下，郑校长探索出“自下而上”的学校德育工作模式，为班主任减负，把成长空间交还给学生。

郑校长通过培训来推行这种方式。在培训中，郑校长引用了英特尔未来教育理论的“项目学习”来说明这种工作方式的操作方法；引用魏书生的几个“不做”，来说明这种工作方式的好处；分析现实中班主任的两种不同工作方式来对比说明：一种是班主任工作很细致，事事亲力亲为，班级各项工作有条不紊，但当班主任不在时学生就乱套了；另一种是班主任放手让学生自主管理，虽然管理的效果有时不尽如人意，但老师在与不在学生的表现是一样的。

接着在德育处的工作中郑校长带头用这种方式。如在安全演练中，把“如何在突然而来的危险面前逃生”这个问题抛给学生，让他们先自主查阅资料，获得初步认识，再在小组的讨论与合作中形成自己的逃生演练方案，教师再把这些演练方案汇总，进行评价和总结，制定一份正式的方案，然后根据这份方案带领学生进行安全演练。

逐渐地，班主任也自觉地采用了“自下而上”的工作方式。现在，大部分班级都采用竞选的方式选拔班干部；班级目标、班级公约都由师生共同讨论制定；各班组建了小管家队伍，做到每项工作有人负责，每条公约有人监督落实；班队活动由学生与老师共同设计；班级出板报多了学生参与的痕迹……这样一来，老师的负担减轻了，

学生的自主性得到体现，真正做到把成长空间交还给学生。

二、十六字方针——制定了意外伤害的处理流程

学校是学生活动的场所，由于学生年龄小，自我保护能力差，因此容易出现意外受伤等现象。随着家长的法律意识、维权意识增强，学生在学校发生意外伤害后造成学校与家长、家长与家长之间产生矛盾的现象时有发生。郑校长根据《学生伤害事故处理办法》，虚心请教学校的法制副校长，遵循依法、客观公正、合理适当的原则，做到有法、有理、有情，逐步制定完善了意外伤害处理的十六字方针“及时治疗，全面调查，真诚沟通，客观公正”理顺了学校与家长的责任关系，减轻了老师的压力。

及时治疗：当学生在学校发生意外伤害时，当事老师（或班主任）要及时救助受伤害学生，并在第一时间通知家长，送学生到正规医院检查、治疗。情节严重的，及时报学校，学校再报主管教育行政部门。

全面调查：学生情况稳定后，当事老师（或班主任）要全面了解事情发生的经过。了解的对象包括当事人和目击证人，了解过程要有证人证明，并做好记录。了解清楚后让当事人、目击证人写清楚事情经过，并由当事人、目击证人签名。

真诚沟通：一旦学生在学校发生意外伤害情况，每个环节都需要与家长作真诚的沟通，并做好沟通记录。意外伤害事件发生后，当事老师（或班主任）马上联系家长，此时只描述看到的症状，事情经过没了解清楚的先不谈，目的是让家长尽快把小孩带到医院就诊；事后尽快全面了解清楚事情的经过，把了解到的情况如实反馈给家长，表达学校、老师的歉意，此环节最好是当面沟通；学生治疗期间，当事老师（或班主任）要密切关注学生的情况，定期问候，表达关心。

客观公正：学校对学生伤害事故负有责任的，如果参加了学校责任保险，可以根据责任大小，由保险公司适当予以经济赔偿。如果受伤牵涉其他学生，并需要谈赔偿问题，老师应尊重事实，不偏帮任何一方，注意谈话的技巧，站在家长的角度，理解、体谅家长的心情，做好双方的协调工作。

三、六步一主体——确立了养成教育的措施

行为是一个人思想品质、道德情操的外在表现。习惯是由于无数次的重复或练习而逐步固定下来变成自动化或半自动化了的行为方式。帮助学生养成良好行为习惯的方式方法很多，但随着时代的变化，一些以前很有效果的方法，现在已行不通，如以前常用的说教对现在的学生已基本不生效；强制命令是可以起到一定的作用，但学生的行为只能是被动的；加分评比则使学生的良好行为附加了条件——在有人监督下才产生，离开监督则好习惯消失……

如果学生所形成的习惯是发自内心的，是不需要外人监督也会产生的自动行为，这将是一种理想状态，但是需要经过漫长的过程才能达到的状态。

经过不断实践、反思，郑校长带领她的团队确立了学生文明行为习惯养成的措施——六步一主体。六步：提高认识—明确规范—营造氛围—活动落实—榜样教育—评价提升。一主体：让学生成为养成教育的主体，鼓励他们通过观察、思考、体验、反思来纠正、规范自己的行为。

通过几年的努力，学生基本具备了知礼、诚信、守纪、阳光的良好品质，学生的良好行为逐渐从被动到主动再到自动。

四、理解与包容——总结出问题学生的引导技巧

郑校长很认同北京师范大学钱志亮教授的观点。钱教授认为，人来到世上是很不容易的，每个能够来到世上的人都是经过奋斗的，都是优秀的。当然也要承认人是有差异的，但这些差异都是有原因的，而且有些原因还是人自己无法改变、无法控制的。因此老师要善待每一个学生，要用正常的眼光、平和的心态对待学生的差异，理解学生的难处，包容学生的不足。

引导教育学校里的问题学生是郑校长的其中一项工作。通常，这些学生都已经过班主任、级长、德育主任的教育，但收效不大，才会来到郑校长面前的。如果郑校长还采用同样的教育方法，肯定是不会有效果的。通过不断的实践、反思、调整，郑校长总结了问题学生的引导技巧——理解与包容，顺利化解了难题，为班主任排忧解难，深得班主任的信赖。

要理解包容学生，一定要了解学生行为背后的原因，这个了解应该是多角度多渠道的。了解的对象包括老师、同学、家人等，了解的内容包括学生成长的经历、与同学交往的情况、家长的教育情况、在学校学习和生活情况等。只有这样，才能发现真正的原因，从而理解包容学生。

当我们理解了学生，在引导教育学生时才能确保心平气和。从“自我效能感”理论的角度来讲，老师说话的语气平和，会让学生感觉到生理上的舒适，从而对自己的能力感到自信，容易产生改变自己的决心和行动。相反，如果老师用责备的语气跟学生说话，会使学生的情绪变得紧张和焦虑，从而影响自我效能感，当然不会想到要改变自己。

郑校长对问题学生的理解与包容，逐渐影响了班主任。随着班主任观念的改变，换来的是老师每天的好心情，换来的是师生间的愉快相处，问题学生不再是问题。

五、聆听与沟通——探索出特殊家长的沟通方式

现在大部分家长都是重视孩子教育的，但重视并不等于懂得怎样教育孩子。家长不懂得教育，孩子就容易成为问题孩子，孩子问题多，班主任的“投诉”也多，家长与班主任的沟通也容易出现不愉快，发展下去就是家长对学校、对老师不满，对自己孩子的教育束手无策。虽然情况各异，但细细分析，他们的家庭教育都存在以下相同的问题：

在孩子小的时候没有把握好教育时机，孩子任性固执，父母拿孩子没办法；不会与孩子沟通，要么用物质代替关爱，要么用打骂代替惩罚；不会引导孩子学习，知道孩子成绩不好，但没有耐心、没有方法去辅导……

面对这样的家长，如果老师只是一味地反映孩子在校的不良表现，一味地投诉指责，只会给家长增烦添堵，而没有任何帮助。郑校长认为，在与这类家长沟通时，最重要的是做家长的倾听者，与家长一起分析家庭教育出现问题的原因，理解家长，换位思考，真诚沟通，提出建议。

这类家长一般不知道自己出现的教育问题的原因在哪，因此郑校长在与这类家长沟通时，首先会想方设法引导家长讲述他的教育故事，她会耐心地倾听，然后与家长一起分析家庭教育出现问题的原因，再共商对策。

郑校长用以上方式与一些班主任觉得棘手的家长沟通，为家长提出了实效性和针对性的建议，为家长解决问题。班主任也慢慢接受了这种方式，与家长沟通更顺畅了，“特殊”家长减少了，家校合作更有效了。

郑校长通过指导老师开展德育工作，通过引导学生养成良好行为习惯，通过帮助家长排忧解难，努力践行“成就每一个生命的尊严与幸福”的德育理念。学校也成为引导学生发展的乐园，展现老师教育智慧的舞台。

后记：我们期待着通过生命教育，使学校变得更有吸引力；通过生命教育，使个性变得丰富而舒展；通过生命教育，使人格变得正直而强健；通过生命教育，幸福从此熙熙攘攘，溢满心房。

潜心教育，躬耕不息

——记广东省河源市第二小学副校长罗桂花

题记：『只有潜心德育，才能引领发展』。平平常常的几个字，普普通通的一句话，却概括了罗桂花副校长的德育理念。德育不是一蹴而就的事，德育也不是一朝一夕的事，德育更不是近功急利的事。只有潜下心来做好德育工作，才能真正提升学生的德育素养，才能促进学生健康成长，引领德育的可持续性发展。罗副校长是这样说的，她也这样做了。

罗桂花，广东省河源市第二小学副校长，分管学校的德育工作，广东省德育研究中心理事，河源市第三届人民政府督学，河源市德育示范学校评估专家组成员；曾荣获“广东省中小学德育科研先进个人”“市直教育系统先进个人”“广东省优秀珠心算教师”广东省中小学德育创新成果主要贡献奖和项目负责人奖等；在主管河源市第二小学德育工作中，为学校取得了骄人的成绩，学校先后荣获全国示范家长学校、全国第四届和谐校园先进学校、全国教育系统先进集体、首批广东省德育示范学校、首批广东省安全文明校园、首批广东省红领巾示范学校、广东省中小学心理健康教育示范学校、广东省巾帼文明岗、广东省首届未成年人思想道德建设创新范例奖等荣誉称号。

一、科学管理，凸显特色

作为主管德育的副校长，她积极配合校长努力创建人民满意学校，注重科学管理学校，促进学生、教师、学校共同发展。

加强班子建设，提高管理效能。她带头做到“六讲”“五高”“三不”。“六讲”即讲政治、讲正气、讲学习、讲原则、讲奉献、讲团结；“五高”即风格高、学识高、境界高、水平高、热情高；“三不”即不信谣传、不消极工作、不做有损学习形象的事。学校坚持以人为本，建立班子每周学习制度、议事制度和学期评议制度，保证班子队伍的稳定与团结、工作的务实与高效，形成了优势互补、团结奋斗、廉洁奉公、公正民主的良好风气。她重视培养年轻干部，为他们搭梯子、压担子、指路子；近年来培养的殷新航、谢碧玫、谢丽琼、叶宇芬等年轻教师先后担任学校德育主任、德育副主任、少先队辅导员等中层干部，成为学校教育发展的生力军。学校班子成为凝聚力强、有较高威信的核心力量，进一步规范了学校管理，提高了校务运作效能。

重视教师培养，塑造专业团队。她积极树立和落实“教师是学校发展第一资源”的思想，高度重视教师队伍建设。一方面，积极提高教师师德水平，大力开展师德师风教育，实行师德问题通报和一票否决，坚持师德考评，建立健全师德建设长效机制。通过学生问卷、家长反馈、学校测评和教师投票，选出“师德标兵”“先进教师”“优秀班主任”。另一方面，为大力提高教师专业能力，她注重进一步加强教师校本培训，提高教师基本素质，学校每学期赠送教师2本教学经典书籍，同时鼓励教师自订、自购各类书籍。她要求教师每周至少写一篇教学随笔，总结教学得失，反思教学行为。学校还启动了“名教师、学科带头人、教学能手、模范班主任、青年骨干教师”五大教师培养工程，通过组织“五种教师”申请个人课题研究、上研讨课、汇报课和主持专题讲座等活动，为他们的专业发展搭建广阔的平台。近三年来，刘敏、刘巧燕、张丹、曾贞峰等教师分别在全省、市、区教学比赛中荣获一等奖，柯于莲老师被评为2013年度河源市先进教师，张小建老师被评为2013年度河源市最美教师。

坚持依法治校，规范办学行为。在她的主编下，学校修改、实施了《河源市第二小学制度汇编》，制定了一系列规章制度，还制定有20多项岗位职责，做到以制度管人、管事，避免了人为因素干扰。学校实行校务公开，接受群众监督，获得社会高度评价；严格执行招生制度，加强学籍管理，不举办任何形式的重点班、实验班、特长班、任课教师按年龄结构、教学水平均衡搭配，确保学生享受公平受教育的权利。

探索办学特色，打造学校品牌。在办学过程中，她积极提炼办学理念，探索办学特色，打造学校品牌。一是遵循“让每一位师生获得发展，让每一位家长感到满意”的办学理念，在学校管理中，一切以学生发展、教师发展、学校发展为出发点和落脚点，调动了各种积极因素，推动了学校可持续发展；二是形成“德育为先，质量至上，科研兴校，凸显特色”的办学思路，以内容丰富，形式多样的主题活动为载体，以评价为主导，以育人为目标，加强对学生的思想道德、行为习惯教育和训练，使学生学会做人，学会求和，学会生活，学会劳动，学会健体，学会审美，努力培养品德优良，举止文明，心理健康且富有创新精神的一代新人。以上两点已经形成了鲜明的特色，并树立了学校的品牌，受到社会的好评。

二、创新德育，提高实效

在她任德育副校长期间，一方面她继续打造养成教育；另一方面，她创新了德育形式，研究与实践了“算术德育”，全面提高德育实效。

养成教育实而无华。作为主管德育的副校长，她始终坚持把育人工作摆在首位，认真贯彻落实《小学德育纲要》《中小学德育管理规程》以及中共中央《关于进一步加强和改进未成年人思想道德建设的若干意见》等文件精神，加强德育队伍建设，充分发挥学校、家庭、社区三结合德育网络的育人功能；积极探索德育工作的新思路，勤于实践，勇于创新，不断提高德育工作水平，努力创设良好的育人环境，实现了德育制度规范化，德育内容系列化，德育形式科学化，德育网络社会化，取得了育人成效。她倡导并坚持“培养学生良好行为习惯，为学生的始终发展奠基”的育人理念；在德育工作中坚持以学生养成为教育主线，全面提高德育实效。多年来，她带领教师制定规章制度，在各年级设立不同的德育目标体系，并有针对性地开展一系列的教育活动，加大促进学生良好的行为习惯的养成，取得了显著成效，进一步形成了良好的校风、学风。

“算术德育”锦上添花。“算术德育”是采取数学计算时运用的加减乘除法运算规律，她将其归纳为28个字，即：处理问题用“除法”，经验推广用“乘法”，化解矛盾用“减法”，关爱教师用“加法”。在学校德育管理中，她有效地运用“算术德育”，取得事半功倍的效果。如当教师在班级管理与家长沟通等方面出现失误时，她采用“除法”策略进行处理，不直接批评教师，而是把该教师的做法拟写成书面案例，让全体班主任进行讨论、分析、点评，这样既婉转地点醒了该教师，又让全体班主任得到警示，达到双赢的效果。在工作中，她善于发现教师的闪光点，对教师取得的成绩或在教育教学中的先进事迹，通常利用教师会议、校园广播、校讯通等手段及时给予表扬、鼓励与推广，树立正确的舆论导向，达到“乘法”效应，这既是教师成长的需要，也是学校发展的需要。那么，当教师之间、师生之间、教师与家长之间出现了矛盾时，她就在化解矛盾上用“减法”，繁杂事情简单化，大事化小，小事化无，大家宽容共处，共同营造幸福和谐校园。她还十分关心有特殊困难的教师，发挥学校工会作用，积极为他们排忧解难，解决他们的后顾之忧，尽量用“加法”去关爱每一位教师，使教师享受学校大家庭的温暖。总之，“算术德育”的有效运行开创了德育工作的广阔前景，使德育工作走上了人文关怀可持续发展的道路。

三、以研促教，提升水平

任现职以来，她始终把德育科研放在重要的位置，把成为一个学者型的管理者作为自己的奋斗目标。2009年她主持申报的《叙事德育与班主任专业自主成长校本研究》被列为省级重点课题，在课题研究中主编了校本教材播种阳光之《故事启迪人生》与《叙事德育与班主任专业化自主成长校本研究》成果集，2011年11月课题结题荣获广东省科研成果一等奖。此外，广东省义务教育阶段德育试点改革唯一的一个研究项目《基于班级导师制的学校人文关怀全员育人德育模式的研究与实践》的研究工作也落户第二小学。在项目研究中，她主动承担研究组的组长，带领研究组成员积极研讨，不断探索，成功摸索出了新型的“班级导师制”德育模式；同时，还撰写了14万字研究成果专著《课室乌托邦》。2010年，在伍柳婷会长指引下，她又带领改革项目组实验班老师到佛山城南小学、广铁一小等进行德育交流活动，同时还多次带领教师到东莞、深圳等学校，学习先进的教育管理理念。2010年2月，她还参与了《转化“学困生”的策略与研究》的市级课题，此课题已结题，成果鉴定为优秀。2010年她又参与了省级课题《基于网络学习社区的学科教学资源优化与应用研究》的研究，2011年4月结题，成果鉴定为合格。

四、躬耕不息，喜结硕果

她始终信奉着一句话：“没有最好，只有更好”。她也时刻用这句话勉励自己做好工作。任现职以来，她能够勤于钻研教学、教研、科研工作并不断地总结经验，一分耕耘一分收获，她的工作受到同行的好评、领导的肯定，收获累累硕果。

后记：成绩只代表过去，是昨日的辉煌，而她内心更为充盈的是对未来的展望。“路漫漫其修远兮，吾将上下而求索”，在以后的教育教学以及管理工作中，她将一如既往，快马加鞭，以更加豪迈的精神风貌迎接挑战，为教育事业的美好明天奉献自己所有的光和热。

投身基础教育，服务幸福河源

——记河源市第三小学校长叶兴增

题记：倾情于基础教育，倾言于基础教育，倾行于基础教育，为学生的健康、快乐发展保驾护航。

叶兴增，河源市第三小学校长、党支部书记，小学高级教师，本科学历。他忠诚党的教育事业，遵循教育发展规律，努力把“三个代表”重要思想、科学发展观以及深入群众路线教育活动践行到学校管理的每个环节，辛勤耕耘在教育教学第一线，全身心地投入到自己所钟爱的教育教学工作中，勇于创新，带领全体师生同心协力，共同推进学校德育建设工作。叶校长先后荣获河源市爱国卫生先进工作者、河源市先进教育工作者、河源市十大杰出青年候选人、广东省德育科研先进个人、广东省少年儿童平安行动贡献奖、国家级绿色学校园丁奖等荣誉称号。作为核心成员，他参与了四项德育课题研究，主持一项省级重点德育科研课题，其中四项课题研究成果获优秀等次，三个课题成果在广东省中小学德育创新成果展示活动中分别荣获二、三等奖。

河源市第三小学是一所省一级学校，1998年秋开办，校园占地面积1.1万平方米，现有在校生3599人，教学班54个，教职工达163人。学校教学设施完善，育人环境优美。学校先后荣获国家级绿色学校、全国双合格示范家长学校、广东省德育示范校、广东省安全文明校园、广东省书香校园、广东省依法治校示范校、广东省五四红旗团支部（总支）、广东省语言文字规范化示范校、广东省体育特色学校、广东省中小学知识产权教育示范学校、广东省红旗大队等多项殊荣。

一、理念引领，提升德育引导力

苏霍姆林斯基说过，学校领导首先是教育思想的领导，其次才是行政领导。叶校长积极践行“以德立校，依法治教，科研兴校，环境育人”的办学理念、“以德立身，规范导行，自主管理，彰显个性，全面育人”的德育理念和以“正理念、实德育、重文化、硬教学、强科研、高执行”的治校方略，着力创新人才培养模式，切实提高学校的教育教学质量和人才培养水平，办好人民满意的教育。2007年，当学校安排其主管德育副校长时，他敏锐地发现学校部分教师观念陈旧，学生个性得不到张扬的现象。他便以“观念决定成败”为题，强调学校德育工作既要重视学生基础性道德素质的养成，更应着重发展学生的基础德性和品格，使学生在生活之基础德性和品格的生成过程中，逐渐成长为有独立个性、有创新精神的道德主体；要善于由外部约束、控制，走向从学生多样化的实际出发，激励、引导学生的需求，发展其道德主体性。他同时提出构建“生活德育”“智慧德育”的目标；倡导“人人都是德育工作者”的理念；推行“全员育人”活动，形成“全方位、全过程、全身心、全人员”的育人工作网络和格局。叶校长还力争市政府的支持，改造了十四个功能场室，开设了24个艺术兴趣特长班，每月每周分年级进行才艺展示，为学生的个性张扬提供平台。在他的先进理念引领下，学校于2010年被评为首批“广东省德育示范校”。

二、以身作则，倾注学校德育工作

叶兴增始终怀着强烈的事业心和责任感，践行自己“勤勉奉献”的座右铭，积极做好学校的各项工作。他深入德育第一线，把握最基层的德育教育工作动态，深入与老师交流、探讨教育教学方法，真正做到了“力为教育教学所使，情为师生员工所系，爱为师生员工所施”，用自己的一言一行代替发号施令，凝聚人，激发人！2010年，在创建省德育示范校期间，叶校长的妻子突发肾衰竭。他在北京一边照顾病重的妻子，一边不忘研读德育相关书籍并策划创建德育示范校方案，使得创建工作有条不紊地开展。而他的妻子在他的影响下，病情一得到控制就回学校要求担任语文教学，没有减少任何的工作量，默默地支持着叶校长的工作，令学校教师为之动容！他虽身为校长，事务繁多，但每逢有学生违反学校规章制度，班主任要他协助教育时，他总是采取“蹲下来和学生说话”的姿态对学生耐心教导，给予学生宽容，期待学生的进步。在2012年的一天深夜，一位班主任打电话向叶校长汇报说，该班一名学生因与父母闹矛盾，一气之下离家出走至今未归。叶校长考虑到该班主任要照顾年幼的孩子，记录下家长电话便只身一人与家长一同寻找孩子。寻找途中暴雨突袭，但并没有阻止叶校长寻找孩子的步伐。直到近天亮，终于在一处网吧找到了孩子。他与学生促膝长谈，直至学生意识到自身错误向家长认错后，叶校长才匆匆赶回家洗漱，后又投入到学校工作中。

三、多管齐下，全面建设德育工作

夯实研修，促进教师专业成长。教师队伍是学校发展的核心竞争力。叶校长从学校实际情况出发，以“三名工作室”为平台，激发教师专业发展愿景，构建学习型组织，引领教师自主发展，致力教师专业能力的培养，促进教师专业成长。一是强化专业态度，全面塑造教师形象。组织教师聆听专家做讲座与师德报告会。如胡新懿“人才培养与课堂改革”专题辅导报告会、张丽莉同志等先进事迹报告。二是提升专业技能，促进教师业务水平。叶校长亲自指导参与制定教师专业发展规划，巧用省“三名工作室”资源，开展了“总有一朵花为你而开——班级特色打造”“特殊学生的成因及处理方式”“经验就在我身边·养成教育训练”“如何上好一节班会课”“做一名智慧型班主任”等专题研讨活动；鼓励教师阅读专业名著，撰写教育教学论文或案例，开设了“班主任阳光乐园博客圈”，让老师们在记录中反思，在反思中成长，不断促进班主任的专业技能；激励教师参加各类教育教学竞赛活动。现学校吴剑锋、刘舒玉、张小燕老师先后代表河源市参加了广东省第一、三、四届的班主任能力大赛，分别荣获了综合一、二等奖的好成绩。

科研引领，打造自主系列品牌。学校先后承担了5个省级以上的课题，即自主参与型班级管理研究、小学生良好行为习惯实效性培养研究、阅读引领成长：小学生阅读习惯培养研究、小学生“自主—合作”探究学习指导等，形成了学生自主系列品牌，即自主管理、自主养成、自主学习、自主阅读。

自主管理：着力在班级文化建设、班级干部制度改革、班级岗位设置、多元化评价机制四大方面开展，保证班内人人有事做，事事有人管。

自主养成：探索了“自主·创造·体验”型活动模式，制定出具有学校特色的“小学生良好行为习惯培养目标分解训导达标要求”“市三小师生一日常规三字歌”、《市三小小学生行为规范教育读本》等；每周评选出“班级文明之星”，学期末评选出“校园文明之星”。

自主阅读：在学生中开展“七个一”活动。每年以“世界读书日”为契机，开展“小手拉大手活动——与父母共读一本好书”与“阅读小学士、阅读小硕士、阅读小博士” 评选活动。

自主学习：深入研究胡新懿教授进教学理念、策略，继续开展“小组合作学习”，形成全方位、多渠道的“自主学习、合作探究”教学模式和师生“自主学习、合作探究”一体化的特色，培养学生主动探究、乐于深究的良好学习习惯，形成良好的“自主学习、合作探究”素养。

以上四个课题中有三个分别荣获了广东省创新成果奖二、三等奖，一个荣获第八届广东省普通教育教学成果奖二等奖。学校的自主系列德育品牌引起了社会广泛关注。广东卫视、河源电视台、河源公共频道、河源日报、河源晚报等媒体多次进行了详细报道；不少同行也慕名前来参观、交流，特别是佛山南海等珠三角地区的不少学校。有的学校还派领导、老师蹲点学习。至今学校共接待市内外教师31批，3000多人次；德育工作多次在省市德育工作会议上交流，得到了领导、专家的肯定，在广东省内形成了一定的影响力。

四、窗口示范，带动山区教育均衡发展

叶校长作为市三小的校长，河源基础教育工作的一份子，他带领三小的教师引领着孩子们健康、快乐地发展的同时，也清醒地意识到我市身处粤北山区，城乡教育差距不容忽视，毅然挑起了“辐射山区，共同发展”的重担。学校是河源市首批“种子教师”培训基地，先后有广东省“三名工作室”落户，为我省、我市培养了一批批优秀教师、优秀班主任、优秀校长。于此同时，2002年至今，学校长期对紫金彭坊小

学、澄岭小学、叶潭中心小学、三角镇中心小学、九和中心小学等12所学校进行了122次送课支教，选派了学校优秀教师对五县一区的教师进行教育教学专项培训或开课。邓春苗老师在五县一区巡回讲授新课程理念；刘舒玉老师对河源市和平县一小、东源县一小、龙川培英学校等42所学校4000多名教师进行班主任专业知识培训，并参加“广东省边远贫困地区、民族地区和革命老区人才支持计划教师专项计划”，前往连平县三角镇中心小学进行了为期一年的支教活动，被聘为河源职业技术学院的客座讲师，协助培训贫困山区教师。叶校长还亲自与县区的校长交流办学理念。

后记：叶校长积极投身基础教育，为打造幸福河源不断努力，是粤北山区东江边一颗璀璨的明珠。

以德立校，开拓创新

——记南山学校校长王展森

题记：蓝天白云，红旗招展，他洪亮的声音在升旗仪式上回荡；教室餐厅，宿舍校车，他的身影在校园各处奔忙；长廊大厅、视频官网，处处闪烁着他的德育思想；灯火阑珊，办公桌旁，南山新的百年规划已在酝酿。

王展森，2003年毅然投身民办教育，2005年加盟东升教育集团任东升学校高中部德育主任，2009年开始担任南山学校校长。一切为了学生，一切为了学校的生存、发展。他，南山学校校长王展森，在南山教育的处女地上勤勉劳作，成效辉煌。

一、养浩然正气，树百代风流

陶行知先生曾说过，校长是一个学校的灵魂。要想评论一所学校，先要评论他的校长。著名教育家乌申斯基说过，在学校教育教学工作中，一切都以教育者的人格为依据，校长如果不给师生以崇高人格的直接影响，真正的教育是不可能实现的。由此可见，具有人格魅力的校长是师生人生道路上的导师和楷模，是教育成败的关键之所在。“受任于艰难之际，奉命于危难之间”，2009年他毅然担起南山学校校长这个重任。“初来乍到”并不容易，以校为家、废寝忘食、笔耕不辍、殚精竭虑，在最短的时间内了解、熟悉情况。是他，用高瞻远瞩的创新精神创造了南山新的发展蓝图；是他，用实事求是的工作态度翻开南山打造素质南山的新篇章；是他，用无私奉献的工作责任换来了南山翻天覆地的变化。他崇尚德与礼，坚持“德育为首、育人为本”的办学指导思想；他推行爱与美，以教育学生“做人”为核心，全面培养学生的日常行为规范和思想品德；他思考价值与责任，他真正落实素质教育，真正提高学生的思想道德素质，对每一名学生的终身发展负责；他书写现在与未来，为南山百年之梦发展奠基。

二、用人格激励人性，用灵魂激励生命

常说新官上任三把火，南山学校则是校长上任“三封信”。王校长在发给家长的一封信中这样写道：如果有一天，您的孩子受到老师的惩戒，或者照顾不周使孩子受了委屈，您会怎么做？不妨做一回“马皇后”，让孩子受一点挫折未必是坏事。当您的孩子与老师发生矛盾，解决问题的最好办法是与老师友好沟通。老师是人不是神，即使您认为老师在教育孩子时存在问题，或是对孩子的服务有欠缺，也不可当着孩子的面指责老师，否则，会对日后孩子的教育管理不利。倘若沟通不好再找校长，并非下策。只要我们围绕一个共同的目标——教育好孩子，就一定能达成共识。“成才必先成人”，我主张重视学生良好生活、学习习惯的养成，注重学生思想品德、心理健康、意志力的培养。我将带领全体教职工“重德育、强素质、抓教学、提质量，创建学习型学校”，实现“师生和谐、家校和谐，让家长放心、学生开心！”，达到“小

学有特色，中考上台阶”的总目标，让每个学生快乐、进步！

信中的话言辞恳切，切中教育时弊。一石激起千层浪，家长纷纷通过电话、邮件与学校取得联系，表示出对校长的信任与支持。所谓学校教育，就是校长和教师用自己的人格与言行去影响学生，其终极目标是为社会的发展培养人格健全的人。古人说，亲其师，信其道。校长和教师是学生在学校中接触最多、影响最大的人，学生固有的依附性和向师性，决定了校长在师生心目中的偶像地位，其性格、学识、气质、能力和情感等因素，即校长的人格，对师生心灵的烛照是深刻且久远的，甚至可能影响师生的一生。可以说，具有人格魅力的校长是学校发展的灵魂和旗帜，是师生人生道路上的典范和标杆。“用人格激励人性，用灵魂激励生命”，王校长经常用这句话与全体南山教职工共勉。

三、打造校园文化，推行阳光运动。

一所民办学校的的发展，一般要经过三个阶段：求生存的阶段，稳步发展的阶段，创特色品牌阶段。王校长从国家教育政策改革和发展规划中深刻地领悟到教育的真谛，敏锐地捕捉到教育的发展律动，预见性地开创学校特色建设，形成自己的品牌，而这个创品牌的途径，就是要打造南山独特的阳光健体运动文化。阳光健体运动着力培养具有阳光思想健全人格、具有创新精神的新一代风流人物。2011年王校长力排众议，把课间操15分钟与早操15分钟合并形成半小时“大课间”。大课间上，全体教职工参与阳光大课间，广播操、跳绳、绳操、太极拳、太极功夫扇等多种运动项目交替进行。

王校长认为，南山学子阳光个性源于运动。运动磨炼意志，激发斗志，培养吃苦耐劳精神，这些品质正是生长在优越环境下的下一代所缺乏的。运动增加了孩子们的合作意识，严密的组织性、纪律性、集体责任感和奋发向上的精神。运动使人产生平和、愉悦、乐观的情绪，从而渐渐形成开朗、热情、活泼的阳光心态。当人的生理、心理、道德、社会等要素完美地协调、平衡、统一时，人格才会健全。运动促进了南山学校“阳光思想，健全人格”德育目标的实现。

阳光健体运动的推广，开启了南山创建教育品牌之路，走出了南山建设校园文化之路，带来了南山校风、学风的巨大改变，向全惠州市展现了南山教育的活力与生机。

四、重视生态体验，德育开拓创新

育人为本，德育为先。学校对学生的德育工作不是硬性的灌输，应该弥散在学生的生活当中。在传授德育知识的同时，王校长更注重道德水平的培养，他倡导在情景中体验感悟和实践强化，通过生态式体验德育促进南山学子形成“阳光思想，健全人格”。

王校长的德育思想先进。王校认为一切道德教育只有以体验为基础才有意义。对学生各方面的的教育，要重在体验，重在实践，把一些大道理蕴含在日常生活中，蕴含在一些平凡的小事中，让学生在亲身体验中受到教育，在潜移默化中耳濡目染受到教育。

王校长的德育内容新颖。节粮爱粮、勤俭节约教育，他推行“光盘”与“光桌”，要求老师和学生一起就餐，督促教育学生做到“两光”。每年开展“吃一顿窝窝头”活动，让学生体会缺粮的生活。他把防溺水教育从课堂转移到校园水池边；防火疏散教育，把119消防车开到了学校；教师节学生给老师送鲜花，王校长想让学生知道如何感恩；把压岁钱捐给龙门孤残小朋友，王校长带学生前去探望；晚自习时组织学生观看航天员王亚平的太空授课，这不仅是一次科普知识的教育，更让学生感受到祖国科技的进步，祖国航空航天事业方面取得的成就，感受到了祖国的强大。

王校长的德育形式生动。南山学校生态体验式德育形式新鲜而又生动，学生喜闻乐见，教育效果良好。升旗仪式上表演小品、快板；生活节上学生练徒手爬楼；美食节上学生边吃边玩边猜谜语；跳绳节上各班展示绳技风采。《南山学子三大纪律八项注意》是歌曲，同学们爱唱；《南山学校五五四规定》《安全十注意和十拒绝》是诗歌，学生们学起来朗朗上口，易记易懂；编成德育校本教材图文并茂，既是进行班会、晚训、道德讲堂的教材，又是学生们课余的读物。

王校长的德育手段独特，成长银行记录学生成长进步轨迹，“南山币”激励学生“储存进步，养成习惯”。为了加强学生的心理健康教育与疏导，学校开展德育导师结对活动，王校长对这项活动又加入新创意，让每名学生写出自己的知心老师，然后让学生与老师交知心朋友，帮助学生疏导一些心理上的问题。少先队活动、安全教育活动、学雷锋系列活动、节约粮食活动、革命传统教育、社会实践活动等是学生德育素养的训练场，丰富多彩的德育活动让学生在南山“人人有进步，个个在成长”。

求实效“奇思妙想”，谋创新“新招迭出”。每一次面对教育难题，每一次面临艰难考验，王校长忽而双眉颦蹙陷入了深深沉思，继而笑颊粲然表现出豁然开朗的喜悦，他总是能想出新鲜而大胆的办法，找到更完美的解决方案。

后记：罗曼·罗兰曾说过，要播洒阳光在别人心中，总得自己心中有阳光。王校长以先进的教育理念、无暇的人格魅力赢得了师生的爱戴，获得了家长的认可。“随风潜入夜，润物细无声”。他恰似涓涓春雨，飘洒在美丽的校园；似潺潺清泉，荡漾在师生的心田，让学校成为师生成长的乐园，让鲜花绽放出沁人的芬芳。

扎根杏坛苦为乐，愿化春泥更护花

——记惠州市南坛小学实验学校副校长韩小红

题记：果实的事业是尊贵的，花的事业是甜美的，但是让我们做叶的事业吧，叶是谦逊地专心地垂着绿荫的。

韩小红，女，41岁，本科学历，1996年8月参加工作，现任惠州市南坛小学实验学校副校长。

惠州市南坛小学实验学校创办于2005年9月，现有34个教学班，学生1370人，教师87名。开办以来，学校以“倡导人文精神，创办幸福学校”为目标，坚持“让教师幸福地工作，让学生快乐地学习”的办学理念，依法治校，以德立校，在继承传统的基础上与时俱进，形成了独具特色的教学模式，为孩子个性化的发展提供了广阔空间。近年来，学校办学效益不断提高，赢得了较高的社会声誉。全校师生获得全国、省、市各级各类荣誉400多项。

韩小红同志忠诚党的教育事业，热爱学校德育工作，品德高尚，始终以火一样的热情、百倍的努力、百倍的干劲，勤勤恳恳地耕耘在德育工作第一线。她先后担任班主任、团委书记、德育主任、副校长等工作，在“教书育人”这个平凡而神圣的工作岗位上默默地挥洒汗水，教育学生，并以她的行动出色地履行了一个德育工作者的职责，以她的工作实绩赢得了学生和家长的信任，得到了学校和社会的肯定。

韩小红同志自担任学校副校长主管学校德育工作以来，在宏观上规划，微观上指导，紧紧依靠和团结带领全校师生勇于实践、积极探索、扎实工作，使我校德育工作取得了骄人的成绩。近年来，在上级主管部门和校长的领导、关怀和支持下，学校先后取得了“广东省书香校园”、广东省“红领巾共促和谐行动”先进集体、“惠州市德育示范校”“惠州市少先队红旗大队”“惠城区师德建设先进集体”“惠城区安全文明校园”等荣誉，其个人也先后获得“惠城区优秀教师”“惠城区师德师风建设先进个人”“惠州市优秀教师”等荣誉称号。

如今，当你走进惠州市南坛小学实验学校的校园，独具特色的展板文化、“南实八节”的举办、社会实践活动的开展等精彩纷呈的素质教育活动，无不让人深深感受到浓郁的育人环境，这一切都凝结着韩小红同志辛勤的耕耘与智慧的结晶。在面向全体教师和学生教育教学的行政岗位上，为了实现“让每一个孩子在校园里快乐地学习”的教育理想，韩小红同志始终坚持学校的办学理念，以人为本，狠抓队伍建设，强化育人意识。在多年的德育管理中，她一直坚持“全员德育”的管理思想，通过建章立制、规范管理在全校范围内创设“全员育人”的氛围，树立“人人都是德育工作者、处处都是德育课堂”的观念，通过构建机制完善的多元德育、打造个性化的校园文化、举办特色德育活动、开展德育课题研究等措施，保证德育工作顺利开展。

一、构建机制完善的多元德育

近年来，韩小红同志带领学校德育力量积极探索德育工作新途径：一是进一步完善校长负责、德育处主管、班主任为骨干、教职工全员参与的德育工作机制，形成人人都是德育工作者，个个都有德育岗位的良好局面，努力提高德育工作的实效性；二是进一步健全德育激励机制，全面实施各类检查、评比激励机制。为进一步促进班主任考核的民主化、规范化，学校还尝试推行了《班主任量化考核月评比方案》，此方案的实施，大大提高了班主任的工作热情，提高了育人成效；三是坚持学习与实践相结合。近三年里，我校分别派出10余名班主任赴北京、广州、深圳等地参加骨干班主任培训，这些班主任学习回校后，结合自己的工作实践，向全校班主任作二级培训，切实提高了德育队伍的理论水平和工作能力。学校现有广东省名班主任1人，有9人次获得惠州市、区优秀德育工作者或优秀班主任等荣誉，班主任队伍迅速成长。目前，我校“许红省名班主任工作室”已顺利通过期满考核，我们将充分发挥省级名班主任的示范带动作用，进一步打造学校名班主任品牌和特色。

此外，韩小红同志还致力于我校多元化德育渠道的创设。首先，我们立足课堂教育，将课堂作为实施德育工作的主渠道。我校各科教师深入钻研教材，挖掘德育因素，将品德与生活、品德与社会及综合实践活动等学科的教学与学生的生活紧密结合，提高思想道德水准；二是密切多方联系。充分发挥家庭教育、社会教育的作用，通过举办家长学校、组织召开学生家长会、校园网、校讯通、月信息反馈表等方式，切实做好家校联系工作；三是完善自我管理。在德育过程中，我校一贯倡导学生主体作用的发挥和班级管理特色的形成，充分发扬教育民主，创设宽松、和谐、开放的教育环境，使德育过程成为学生在老师指导下主动、积极参与的过程，成为师生间双向交流的过程。此外，我们发挥全校学生的主体作用，创新实施“班级值周制”，让学校所有班级轮流承担值周管理任务，值周班级负责检仪容、检行为、检卫生、检两操，协助维持学校教育、教学秩序，促进校园整洁美化，学生文明守纪；四是完善评价体系，制定并实施了《南坛小学实验学校先进集体评比方案》。学校设立“流动红旗”“文明班级”“文明宿舍”等集体奖项和“文明学生”“文明内宿生”等个人奖项，用于表彰每周、每月表现突出的班级和个人。此机制为学生提供了明确的奋斗目标，同时也培养了学生的上进心，增强了学生的集体荣誉感，促进了学校良好校风的建设。

二、打造具有个性魅力的展板文化

韩小红同志凭着多年班主任工作的实践经验，带动学校德育工作，使学生走上了“提倡自信、彰显个性、发展自我”的个性化发展之路。她负责实施的德育项目《文化展板，让异彩纷呈的个性之花绽放枝头》作为惠州市德育工作的重要成果，在全国第五届德育工作年会上展示，受到与会专家、领导的高度赞誉，并在第三届广东省中小学德育创新成果展示活动中荣获三等奖。

2006年初，为了及时地宣传校园内的各项活动，我们开始利用文化展板的形式进行展示。我们发现，在课前课后，文化长廊上的小小展板总是吸引着三五成群的孩子们，他们仔细地评看着每一块展板，好像在欣赏着一件件精美的艺术品，时而激动兴奋，时而高声评价、窃窃私语。

学生们对文化展板的强烈兴趣启发了韩老师：我们能不能将每个班级评选出的“班级之星”的事迹制作成展板？我们能不能把孩子们自己最满意的习作、手抄报、书画作品以个人展板形式展出？我们能不能把孩子们在学校学习、生活的感受，成长的经历也制成展板？带着这些想法，我们广泛动员，提议在学生中开展制作个性化展板的活动。这一活动得到了孩子们积极的响应。他们头脑灵活，动手能力强，涌现出了很多出乎老师意料的、独具匠心的作品：有的抒写离家住校的感受；有的记录一次难忘的经历；有的将自己的艺术作品拍成照片；有的勾画自己美好的理想；还有的是在家长的指导下完成，抒写亲子合作的感受……“个性化展板”成了孩子们展示自我的小小天地，很多平时在班级中默默无闻、普通胆小的孩子也终于有机会向大家敞开心扉，吐露心声。特别是三年级以上的学生，人人参与，积极性空前高涨，真可谓“万紫千红春满园”。孩子们努力创造表现自己才能的机会，真正做到让个性之花绽放枝头。

几年来，别具一格的展板文化活动，得到了孩子们积极的响应。在他们中间，涌现出了许多独具匠心的好作品。校园“个性化展板”，悄然成为孩子们展示自我的小小天地。

三、推行体现办学特色的“南实八节”

韩小红同志积极倡导全新的校园生活方式，以“南实八节”，即三月夏季体育节、四月美术节、五月歌咏节、六月儿童节、九月科技节、十月读书节、十一月秋季体育节、十二月艺术节系列活动为载体，积极开展丰富多彩的文化活动。

体育节活动，我们坚持“健康第一”的指导思想，以学生为本，根据学生身心发展的特点，为学生编设了多姿多彩的体育游戏竞赛，花样跳绳、袋鼠跳、滚轮胎、接力、拔河以及篮球比赛等项目，不仅促进了学生身体素质的提高，还让学生体验到体育活动和竞赛成功的乐趣。

美术节、歌咏节、艺术节活动为学生提供了一个放松大脑、放飞心情的空间，旨在培养孩子们的高雅志趣和艺术追求，不仅展现了我校坚持艺术教育教学的成果，而且为学生提供了艺术交流的平台，发挥了艺术教育益智审美、陶冶情操的教育功能。同时，活动也促进了我校青年教师迅速成长，逐步积累了组织和开展校园艺术活动的经验。

科技节活动是培养学生创新意识和实践能力的一项有益的活动。在活动中，我们营造了浓厚的学科学、爱科学、用科学的氛围，通过读科普读物、观看科普片、画电脑科幻画、开展社会调查、撰写科技小论文、设计操作机器人、“变废为宝”制作环保袋等活动，努力加强对学生的科技教育和能力培养，不断提高学生的科学素质。

几年来，我校以“四读”（教师研读、学生趣读、师生同读、亲子共读）为主要形式，开展“品味书香、提高自我”的读书活动，以陶冶情操、丰富知识、提高素养、促进发展。通过读书活动，我们还相继开展了演讲比赛、读后感比赛等，让读书真正成为一种兴趣，更进一步地养成一种读书习惯。

“南实八节”紧贴学生生活，着眼学生发展，营造有利于学生健康成长的良好氛围和环境。这些活动的开展，不仅丰富了学生的课余文化生活，锻炼了学生良好的意志品质，还培养了孩子们的荣辱观、集体观，让他们在校园里幸福地成长。

四、组织彰显德育内涵的社会实践

韩小红同志始终坚持，学校思想品德教育离不开社会实践活动，只有在实践中亲身体验高尚的思想、良好的品德，才会不断地内化为学生自身的素质。

我们利用自然景观对学生进行环保教育。游览青青世界、红树林、永记生态园、深圳海洋世界，让学生的身心在活动中得到放松，在与大自然的接触中感受人与自然和谐的重要性，在与动物的亲近中增强保护动物的意识。我们利用人文景观对学生进行爱国主义教育。参观锦绣中华，孩子们与中华名胜亲密接触，畅游大江南北锦绣河山；走进中华民俗村，感受中华文化的源远流长、博大精深；参观明斯克航母，在了解航母知识的同时，让孩子们懂得远离战争。

清明祭扫，让孩子们接受革命传统教育，铭记历史使命，自觉树立为祖国努力学习的崇高理想；“军事日”活动，让学生们接受国防教育，在培养和提高学生综合素质方面发挥着其他教育形式不可替代的作用。活动培养了同学们爱国主义、集体主义精神；磨练了意志品质，增强了战胜困难的信心和勇气。

中秋节，南实的校园里组织了一场别开生面的联谊会，十多个身着民族传统服饰的韩国小学生，与我校学生欢聚一堂，共度佳节。两国小学生吃着韩国的松饼，品尝中国的月饼，聊着传统节日的佳话，表演具有各自文化传统的歌舞……欢声笑语里洋溢着节日的气氛，两国小朋友增进了了解，加深了情感。

2009年六一儿童节，我们盛情承办了与汶川三江小学的联谊活动。在这次以“爱心献灾区”为主题的活动中，学生们与来自地震灾区的小朋友同吃、同住、同行、同乐，他们同台演出，展示才艺；趣味体育，体验合作；爱心晚餐，增进两地学生的交流和友谊，度过了一个难忘的节日。通过此次联谊活动，让孩子们奉献了爱心，学会关爱、懂得感恩。

在中国少年先锋队建队日之际，学校隆重举行“争当勤劳小蜜蜂”少先队大队主题会活动，旨在培养学生的自理能力和生存能力，增强尊重父母、热爱劳动以及爱学校、爱生活的意识，让学生在劳动中得到锻炼，在劳动中体验快乐，积极参与、大胆创意，动手动脑。在此次活动中，一年级学生有的学习洗自己的脏衣服，有的则捧着衣服和针线，认真学习缝补；二年级学生展示自己叠衣服、叠被子、整理衣柜等生活小技能；三年级学生学习插花艺术；四年级学生自己制作水果拼盘；五年级学生做起了大厨，自己炒菜、包饺子、煮糖水等；六年级学生举办“我型我SHOW”发型设计竞赛。

五、开展科学实效的德育科研

教育科研工作的蓬勃开展，有效地提升了学校的办学品位与社会影响力。近年来，学校德育工作为提高办学质量与办学品位，促进教师专业化成长，大力倡导并积极搭建平台，鼓励教师在实践中反思总结，以科研指导教育教学实践，取得了喜人的成果。目前，韩小红同志主持承担的广东省德育课题《德育实践基地资源的利用与开发研究》、许红同志主持承担的广东省德育课题《弘扬文化经典的丰富内涵，实施德育课程的校本开发》已顺利结题；市级课题《国学经典校本课程的探索与实践》已完成结题报告；国家级课题《整合校外德育资源，发展学生个性品质的研究》已完成中期研究任务；省级课题《名班主任工作室阶段性培训模式探究 》已立项开题。

德育科研的丰硕成果，是我们全体师生共同努力奋斗的结果。它饱含了每一位教师的心血与汗水，充分体现了奋战在学校一线的德育工作者在工作中敢于创新、勇于探索的可贵精神。

后记：一路艰辛一路歌。面对骄人的成绩，韩小红同志始终相信真诚的奉献能使未来的山花更加烂漫芬芳。她正以优秀教师的高标准不懈努力着，恪守着自己的誓言，让自己的生命绽放出最美丽的火花。

用爱国情点燃学生的强国梦

——记惠州市惠东县平山第一小学校长朱乙生

题记：『教会学生爱国是教育人的责任。每当我看到学生行队礼时，我便想到我的责任是教会学生懂得爱国。』

惠东县平山第一小学始建于1722年，前身为“西江书舍”，1965年更名为平山镇第一小学，现有教职工147人，在校生3621人，教学设备设施完善。

近年来，学校坚持“雅气质、广心胸、琢学问、砺德行”的办学理念，坚持“和谐共进，追求卓越”的校训，提出“实验性、示范性、国际化、信息化、现代化和社区化全省一流名校”的办学目标以及“培养具有中华民族灵魂和国际视野的现代人”的德育理念，倡导“活动体验式德育”，逐步形成了以爱国主义教育为核心，以“全面+特长”发展为特色的办学格局。师生同心，奋力拼搏，实现了学校办学规模与管理内涵的同步发展，使学校真正成为唤起师生生命价值，激活师生生命潜能的学园、家园、乐园。学校相继被授予全国少先队红旗大队、国家体育总局审批成立的青少年体育俱乐部、广东省体育传统项目学校、广东省体育特色学校、广东省群众体育先进单位、广东省信息技术实验学校、广东省绿色学校、广东省创美丽校园活动先进单位、广东省推普先进单位、广东省建设具有地方特色校本德育课程研究实验学校、广东省城乡联动先进单位、广东省德育示范学校、惠州市心理健康教育示范学校、惠州市书香校园、惠州市人民满意学校、惠州市未成年人思想道德建设先进单位、惠州市田径、足球传统项目学校等荣誉称号；同时，培养了无数杰出的社会栋梁之才，在惠东教育领域起到了窗口示范作用。

一、以先进校园文化引领思想

思想先导，理念引领，是促使学校上水平、谋发展的有力推手。短短几年，平山一小为什么会从问题不断出现，纪律涣散、质量下滑，到现在的师生同心，业绩辉煌呢？这跟朱校长对学校的品牌策划和坚持德育为首的办学思想是密不可分的。在一般的校长看来，管理学校从制度入手或从人本入手，不失为有效之举，然而朱校长却从学校文化入手。首先他从学校的精神文化入手，千方百计挖掘百年名校的文化精髓，全面了解现有教师的特点风格，提炼出学校的精神文化。

从办学中传承优秀文化，朱校长主张德育要基于文化，处处显文化、人人是文化，要充分利用德育中的文化资源，通过文化的引领，有目的地组织学习使学生对教育内容主动地、有效地体验和吸收，从而达到滋润学生心灵，培养良好品质的教育目的。

人人是文化。朱校长很注重挖掘师生中先进的行为文化，如：数学科的李老师十多年前不幸患鼻咽癌，家境并不富裕的她得到老师们的热心帮助，心怀感激。在近十多年来她节衣缩食，将省下来的钱资助外省失学儿童。当受助家长给学校寄来感谢信后，所有的人为之感动，学校欲将其事迹表扬宣传却遭到她的强烈反对。她不仅在助人上让人感动，工作上也是十分出色。她一丝不苟，认真负责，热爱学生，所任教班的学科成绩突出，深受师生高度赞扬。像这样得才兼备的老师很多，朱校长都会让这些正能量在教师中感染和传递。此外，朱校长重视校园的净化、绿化、美化，更注重人文环境的打造和人文气韵的培育。其间，校园里因地制宜地建起了雕塑景观“孔子像”，校道上设立了明星榜及文化长廊、文化橱窗、爱心书吧，完善了图书阅览室、校园广播、荣誉室、队部室、学生作品展示栏等文化载体建设，将“办学思想”“继承传统文化、弘扬民族精神”“爱国、爱党”和“普及科学知识，关注科技发展”等主题教育内容陈列于文化廊中，将装裱精美学生美术作品、书法作品悬挂于每幢教学楼的楼梯两侧和走廊上，整个校园成为了一本全方位育人的立体教科书，赢得了广大家长的充分信赖和社会的普遍认可，迎来许许多多的参访者学习、参观。

二、以浓郁书香气息净化心灵

朱校长非常注重书香校园的建设，亲自策划“书香校园”活动，指导编写校本阅读教材——《我阅读、我成长》。

开展“书香校园”创建系列活动。一是建立班级图书角，高年级创办了文学社团，开展各种读书活动；二是开展与父母共读一本书活动，促进亲子同阅读、共成长；三是开展“书香校园”征文活动，调动学生读书写作的积极性；四是开展“好书推荐”和读书心得交流活动，展示学生读书活动成果。

开展“网络时代小学生良好阅读习惯培养”的实践研究，促进学生文明阅读、文明上网，进而文明品行。

把阅读纳入所有学科教学的学习内容。任课教师负责向学生推荐相关书刊，培养学生学习兴趣。

开展经典诵读活动。学校有目的地开展经典诵读活动，做到有教材、有课时、有师资、有考评，让学生在经典诵读活动中修身立品，养成文雅气质。

让学生设计每年一次的读书节活动。

三、以强烈爱国志向规划人生

为了让学生努力学习，朱校长在农村小学时常用“知识改变命运”来激发学生的学习热情。然而到一小后，他发现许多家庭较为富裕，对饭来张口、衣来伸手的学生已不再适用了，因而他以爱国的情怀点燃学生强国梦，借以激发学生奋发向上的精神，收到良好的教育效果。

朱校长经常对同学们说：“‘少年强，则国强’，你们是国家的未来、民族的希望，你们的理想、你们的言行、你们的学业、你们的体魄、你们的文明都代表着中国的国力。”在朱校长看来，同学们爱护公物是爱国，搞好卫生是爱国，行礼问好也是爱国。

为激发学生从小立下爱国志向，学校在显眼处悬挂总理名言——“为中华之崛起而读书”；舞台上方挂上“祖国在我心中”；每周升旗后全体同学宣誓：“忠于祖国、为祖国而学习”；同时开展学月主题活动，如“学历史、讲爱国”和“拥爱国情怀，让祖国更富强”；让学生在国旗下演讲。朱校长还亲自编写了《国家兴亡，匹夫有责——平山一小样本德育教材》，同时，紧扣教材，结合时事组织学生读报，开展时事讲堂、全球问题探讨等活动，帮助学生认识世界，激发爱国热情，形成国际视野能力和全球意识。通过爱国主义教育，神奇般地出现了和谐的景象，同学们的团结互助，积极向上，爱读书、爱创新，促进了校风的形成和教学质量的提升。

四、以丰富尚品活动提升素质

一小品牌是什么？是素质教育。朱校长总是能找到素质教育的突破口——“活动体验式德育”，让素质教育落地。

（一）以学生自律“五个三”为内容的创“五星”班级活动

1. 精心设计养成教育月方案，凸现养成教育活动抓手

每学期初，学校均针对部分学生仪容不整、行为不端、纪律不严、礼貌不够等现象，制定切实可行的养成教育方案，确定好各周活动重点，有计划、分重点地解决学生养成教育中存在的突出问题和薄弱环节。

2. 细化养成教育内容，开展学生自律“五个三”教育和评星活动

为了规范学生行为，并促进学生自觉养成良好的文明习惯，朱校长设计了平山一小学生自律“五个三”：一是“进门三知道”：抬头、挺胸、微笑，谦让、行礼、问好，零钱、零食不进校；二是课前“三做到”：唱歌、坐好、课本学习用具摆放好；三是“课间三个不”：不做危险游戏，不乱扔垃圾，不损坏公物；四是集会“三个字”：快、静、齐；五是课后“三自觉”：自觉读书、完成作业，自觉锻炼保健，自觉参与社会实践。为了激发学生的参与热情，我校开展了“五星级”班级活动，即：文明之星、环卫之星、自律之星、团队之星、智慧之星。学生在持之以恒的训练中，懂得了文明礼仪，学会了学习、交往、健体和做事。

（二）开展兴趣活动，切磨学生德行

学校建设了青少年体育俱乐部，开设了足球、篮球、乒乓球、围棋、象棋、古筝、跆拳道、拉丁舞、童声合唱、书画等体艺项目，常态化开展各项活动，极大地丰富了学生的课余生活，磨炼了意志，锻炼了身体，发展了学生的个性特长，为学生的快乐成长成、才打下了坚实的基础。目前，我校“青少年体育俱乐部”已成为我省一大特色品牌，经常代表市、县组队参加各种比赛，培养和输送了一大批拔尖人才。

（三）丰富活动载体，搭建学生才艺展示平台

学校每年坚持举办艺术节、读书节、科技节、体育节“四大节”，开展丰富多彩的活动。其中，艺术节书画展以“爱党、爱国、爱校、环保”为主题，让师生用彩笔描绘家乡新貌，憧憬美好未来，激发师生爱国爱乡之情；庆“六·一”文艺汇演让学生用歌声和舞姿歌颂党、歌颂伟大的祖国。读书节以“诵读经典，修身立品雅趣”“读名人故事，激励远大志向”“读科普书刊，激发探索精神”为主题，丰富读书内容，还通过读书心得交流会、读书笔记展、朗诵会、故事会，交流展示学生读书成果，促使学生明理养志。科技节与科技局联合组织科技知识问答竞赛，组织学生参加“三小”作品创作；举办科技作品展，激发师生学科学、爱科学、用科学的热情。体育节举行学生田径、乒乓球、象棋、围棋、花毽等比赛，鼓励学生团结协作，磨练意志，塑造学生阳光自信的健康人格。

（四）广泛开发教育资源，拓宽实践活动渠道

学校积极整合我县各种优质特色教育资源，先后组织了平山南湖公园、“港口海龟自然保护区”“永记生态园”“平海古城”“西枝江”等德育和综合实践活动，让学生参与校外环保考察、社会调查、公益劳动、志愿服务、扫墓、敬老等活动，丰富学生的道德体验，提高学生的道德实践能力，收到了良好的教育成效。朱校长乐于探索，善于总结，发表了各类论文30多篇。省教育学会会长刘达中还给朱校长寄来了亲笔信，表达了对朱校长对于广东省校长办学思想建设的感谢。

多年来，学校扎实推进素质教育，创造性地提出了“以先进校园文化引领思想，以浓郁书香气息净化心灵，以强烈爱国志向规划人生，以丰富尚品活动提升素质”的德育模式，并在实践中形成了以爱国主义教育为核心，以“活动体验”为德育特色的良好局面。

后记：在读书中修身，在活动中磨炼，没有空洞的说教却能让学生文明爱国，没有题海考山却能让学生聪慧和富有创造力。学校有效德育，让学生收获的不仅是品德的提升、知识的丰富，收获更多的是健康和幸福，人生品位的提升和现代人精神的富足。我们相信在朱校长的带领下，一小将更加努力地为学生终生幸福美满奠基，为社会铸就新型人才。

践行核心价值观的施爱者

——记大亚湾第三中学校长何汝玉

题记：『师爱，成就孩子的未来；施爱，造就自己的成功。』师者，心中应有爱，更要善于爱。唯有师之爱，能引领孩子在成长过程中善爱成才；唯有施之爱，能不断锤炼师者心智，施爱经历中实现教育事业之梦想。

在惠州市大亚湾第三中学的校长办公室里，白墙红字非常显眼地悬挂着“师爱，成就孩子的未来；施爱，造就自己的成功”的字幅，这句话这也是惠州市唯一的中学“广东省中小学名班主任工作室”、惠州市大亚湾区中小学德育研究与指导中心挂牌设点并与校长办公室合署办公的最靓丽的一道风景。工作室主持人、德育中心主任、大亚湾三中校长——何校长，是全国优秀教师、全国优秀班主任、广东省特级教师、广东省名班主任、惠州市人民教育家培养对象、惠州市明星校长，“国培计划”讲师团成员、“细节德育”的全国引领者，《班主任》杂志和《中小学德育》杂志的封面人物，她常以这句话鞭策自己，勉励老师们。

何校长所在的大亚湾第三中学，是一所仅有20年办学历史的年轻的初级中学，其前身是于1994年创办的“大亚湾西区第一中学”，2010年迁到现校区，更名为“大亚湾第三中学”。学校占地面积仅5.2万平方米，27个教学班，1293名学生，108名教职工。其中特级教师1人、高级教师25人，硕士研究生学历6人。

学校曾经是大亚湾区初级中学教育的龙头，但因种种历史原因，从2007年开始，学校的发展停滞不前，甚至跌入谷底，成为大亚湾区教育的垫底后进学校。于是，2012年12月，被誉为“德育名家”的何校长在学期中途“临危受命”，被“空降”到该校任校长，开始了她再创教育奇迹的历程。

一、践行核心价值观，“六爱”凝聚正能量

何校长从事德育工作36年，作为“细节德育”的领军人，受邀到全国十几个省市讲授了几百场次的德育讲座课，对德育的积极作用体会深刻，深知任何学校办学都应以德为先的现实意义。她初到三中后，目睹这所建成使用不到三年的学校，校舍门窗、消防栓、卫生间等破损不堪，内宿的孩子常常被洞门大开的寒风吹得难于入睡……她痛心疾首，彻夜难眠，综合所见所闻和深入一线的把脉切诊调研，认为学校发展窘况的根本原因是师生缺少“大爱”。于是，何校长根据对刚刚召开的党的十八大提出的社会主义核心价值观24个字的理解，为大亚湾三中量身创设了一种德育模式——“师生之六爱”。“六爱”分为教师层面和学生层面，同样各为24个字。分别是“师之六爱”：爱我事业、爱我岗位、爱我学生、爱我同事、爱我三中、爱我自己；“生之六爱”：爱我祖国、爱我父母、爱我老师、爱我同学、爱我三中、爱我自己。

“师生之六爱”的提出，就像一把火，迅速把师生内心深处的、渴望进步但囿于学校不良氛围而积郁已久的激情燃烧起来，何校长顿时成为三中“爱的使者”。“六爱”得到师生的认可后，以“爱”为主线，以“细节德育”“四个良好习惯（学习、生活、行为、健身习惯）”“一问好（见面师生互相问好）、二弯腰（捡起校园垃圾

保持洁净）、三课前静悄悄（静候老师上课）”和班级、宿舍文化建设为主要载体，强化家校合作教育机制的建立，充分发挥省工作室和区德育中心的平台作用，坚持不懈地培育学生的爱，把社会主义核心价值观渗透到教学和日常工作中去。

学生的德育工作对于何校长来说是驾轻就熟，但对于只做过一年多副校长就突然“转正”的她来说，教师的思想道德引领就是一道坎了。何校长坚信爱如涓流，润物无声。于是她以身作则，率先垂范，坚持“一级做给一级看、一级带着一级干”的信念，每天最早到校，最后离校；许多事务亲力亲为，经常为工作加班加点废寝忘食；放下架子、俯下身子，主动到每位老师家中“家访”，传递爱的正能量；对待学校财务和评优评先等事务，公平公正公开，深得教师敬服；关心孩子们的健康成长，引导了许多“问题生”“后进生”改正缺点，积极求进……在校长的榜样引领下，老师们纷纷被何校长的人格魅力所折服和感动，沉寂冰冷已久的灵魂被温暖，自觉以“六爱”为准则，规范自己的一言一行，一举一动，改过去那种相互猜疑、相互妒忌、互相拆台的陋习，团结和谐的工作氛围逐渐形成，学校正能量迅速凝聚，出现了爱学校、爱工作、爱同事、爱同学、爱学习的良好局面。

二、确立德育为核心，“工程”实现新发展

半年多后，学校的各项工作回归正轨，何校长开始谋划学校未来几年的发展。2013年7月从广州高校调任大亚湾三中副校长的林源章，曾从事高校思想政治教育研究与实践近十年，同样是倡导德育为先者。于是俩人一拍即合，共同提出了“质量立校、科研促校、人才强校、机制活校、德育名校、特色兴校”为内容的六项工程作为学校战略发展思路，确立创建“教育教学质量一流的德育名校”为奋斗目标，把德育作为学校发展的核心，进行了一系列教育与管理的改革，为德育工作营造前所未有的良好氛围。

强化“一问好、二弯腰、三课前静悄悄”活动和“四个良好习惯”养成教育。学生精神面貌焕然一新，文明礼貌蔚然成风，校园变得整洁舒适，学习氛围更为浓厚。“六爱”在培训孩子们的社会责任感、创新精神和实践能力、促进学生健康成长、夯实终身学习、终身锻炼的基础上发挥了积极作用。孩子们在学校的这些转变，通过家长和来校参观视察的领导或嘉宾，广泛传为佳话，深得社会各界赞誉。

设立校级学术委员会，开设校管科研课题，建立科研资助体系。德育科研氛围浓厚，课题申报成果丰硕：2013年，班主任吴秋霞主持的课题《“00”后初中优秀“团队”干部的选用》获惠州市立项；何校长主持的《建设美丽校园与学校德育的实证研究》获广东省德育重点课题立项；2014年，林源章主持的《惠州市中小学培育和践行

社会主义核心价值观的现状及对策研究》获广东省德育重点课题立项；林源章主持的《自媒体背景下初级中学家校教育合作创新模式的实践研究》获教育部关工委综合课题子课题立项。

惠州市关工委遴选大亚湾三中唯一代表惠州市参加九月底全省关工委践行社会主义核心价值观表彰暨经验交流会。

《中小学德育》杂志慕名前来建议启动“何校长教育思想”研讨，并专访何校长，以封面人物配7000多字大篇幅的人物专访报道何校长的教育先进事迹。

2014年初，推进教育现代化建设的评估组组长、广东省教育纪工委书记赵康在评估意见反馈会上说：“大亚湾第三中学的‘师生之六爱’使学校发生巨变，让专家组感动！”

三、创造教育新奇迹，“名校”雏形誉鹅城

何校长用个人的小爱唤醒了三中人的大爱。她的施爱对象，除了学校的老师和学生，还有学生家长。她善于从细节中发现问题，找到教育最理想的切合点。也正因有此特质，何校长在学校管理和德育工作中，也善于捕捉教育细节和管理细节。她发现要“5+2＞7”，使孩子们在校五天加上周末在家两天，综合教育效果大于七天，就必须施爱于家长。于是，在何校长的亲自策划下，新的家校合作教育机制建立了，并得到学生家长的高度肯定和大力支持。开学伊始，有的家长已经主动参加两次家长学校的培训，所有参加培训的家长都或长或短地写了自己的学习体会或教育感悟，形成了良好的学校、家庭、社会三位一体的教育模式。

正因如此，在“师生之六爱”实施的短短一年半里，学校各方面取得喜人成绩，创造了用最短的时间扭转后进局面，用最朴实的教育改变师生面貌，用惊人的成绩实现了跨越式发展：

2013年7月，中考成绩结束了连续7年全区垫底的屈辱史，挤进全区第二名。

2014年6月，中国新闻社、南方日报、广东电台、广州日报、羊城晚报、惠州电视台、惠州日报、东江时报各大媒体来校采访、报道大亚湾第三中学办学先进事迹。

2014年7月，大亚湾区中考成绩揭晓，大亚湾第三中学以总平均分488. 8分稳摘全区第一名，比第二名高出25分之多；语文、数学、英语等7个单科异军突起，独占榜首——大亚湾第三中学成为今年中考的一个耀眼明星，一举拿下全区“八个第一”！

教学成绩优异，德育成效显著。短短一年半，一群自卑自弃人心涣散的教师，因践行社会主义核心价值观的“师生之六爱”获得重生；一群原本前途渺茫无心向学的孩子们，因何校长德育为先的辐射引领，实现了中考成绩重振雄风的辉煌；一所颓靡

不振七年有余的学校，因何校长的人格魅力和德育思想，神奇般地“起死回生”，成为惠州市德育标杆，实现德育促管理、德育促教学、德育促教育的大德育效益。大亚湾第三中学，因为充满师爱的何校长不断地施爱，现在已经誉满鹅城。何校长，一个在全国各省教育同行广为传颂的名字，继“细节德育”后，再以“六爱德育”创造了教育奇迹，印证了“一个好校长成就一所好学校”的真理。

后记：初次接触何校长，像慈母般柔情似水；接触大亚湾三中，像奋进的航母，乘风破浪。惠州大亚湾的经济是发达的，但大亚湾的教育发展相对滞后，何校长让三中崛起，归根到底是心怀大爱，无私奉献爱，智慧施爱。何校长的德育历程和治校经历告诉我们：教育成就人，爱却成就了教育。

育人的智慧，名师的风范

——记汕尾市实验初级中学副校长陈珠宏

题记：『世界因生命而精彩，生命因智慧而灵动，智慧因教育而增值，教育因和谐而互动』。这是陈珠宏在他的教育专著《生命的智慧》中的一句话，体现出他对生命智慧与教育深情的心灵之语。他在教育人生的旅途中是一位资深的导游，引领教育者的『爱心』与『智慧』的融合。正如他说：『我写下《生命的智慧》这个话题，是希望身边的更多的教师能走进孩子。只有走进孩子，耐心地倾听孩子的心声，才会欣赏到孩子的乐趣并提供合适的帮助。』这样的肺腑之言，展示出他是一位用心教育教学的教师、踏实研究德育的学者、引领教师专业发展的领导。

汕尾市实验初级中学是在2013年6月由原汕尾职业技术学院附属中学转制的市直公办学校。近两年来，学校借助原有的汕尾职业技术学院附属中学十多年的办学经验和教训，在市委市政府高度重视下、市教育局直接领导下，以改制为契机，先后获得“汕尾市语言文字规范学校”称号、“汕尾市五·四红旗团委”称号、“第八届全国中小学外语教师园丁奖”“广东省校长论坛一等奖”。学生参加“弘扬汉字文化 书写美丽人生”汕尾市首届汉字听写大赛优秀奖等多项奖项。2014年5月22日上午，学校得到了来校指导工作的省教育厅王斌伟副厅长的充分肯定。校园平安，师生和谐，家校互动，学校管理，初见端倪，学校管理得到社会与家长的认同与赞誉。

陈珠宏，男，51岁，政治学副教授，从教已31年，现任汕尾市实验初级中学副校长，曾任汕尾职业学院附属中学副校长、广东省中学高级职称评委、广东省高级中学教学质量评估专家。

他从20岁起一直坚守在教学第一线，从中学到中师、从中师到高职院，再到中学，他特殊的经历铸就了他特殊的能力。他长期主讲《思想政治课》《人民教师修养》《思想道德修养》等中学、中师、高职院的公共理论课程，担任（兼任）班主任（政治辅导员）17年。他先后获得“汕尾市职业道德建设先进个人”“广东省南粤优秀教师”、第十届广东省教育教学科学成果吴汉良奖“二等奖”等多项荣誉。2005年12月他以考核第一名的成绩获得“教育专家培养合格证书”；2006年8月被评为广东省首批普教系统“名教师”（全省56位），目前是我市获得这一殊荣唯一的获得者；在中央文献出版社、光明日报出版社出版教育专著《生命的舒展》《生命的奔放》《生命的飞越》《生命的智慧》4部；发表文章100多篇；先后承担市内外的中小学教师的岗位培训班和《“和谐互动“德育》等专题讲座40多场；获得市、省级以上论文评比“一等奖”20多篇；获得广东省中小学校长论坛论文“一等奖”4篇、“二等奖”4篇、“三等奖”1篇。2011年，他主持的省级课题《和谐互动德育研究与实践》获得全国“十一五”教育科研优秀成果一等奖。他也曾获得全国“十一五”教育科研“先进工作者”，主要事迹入选《21世纪人才库》。

一、修德敬业，做爱教安教的德育者

陈珠宏老师1983年从海丰师范毕业。面对“下海大潮”的时代，他从踏上教坛的第一天起，用行动践行自己的决心，守住教育的乐土，修德敬业，做爱教安教的教育者。爱教，到艰苦的地方去，开拓教育的荒地；安教，从不耽误学生一节课。

1983年8月，陈珠宏老师从师范校门走向中学教育，第一站就被分配到一所落后的农村初级中学——陆丰县湖东初级中学任教。由于学校规模小，三个年级6个班，教师只有8位，因此，他担任初一（1）的班主任和初一年级的语文、音乐、体育课（共20节课）的教学。最让他棘手的是学生综合素质不高，初一（1）班70个学生都是来自8个自然村的农家孩子，有许多不规范的言行。他通过自己的教学行为去影响学生，“爱在心头、严字当头”，严于律己，言传身教，深入学生家访，与家长多打交道。一年后，班里的学生身心健康发展了，班集体的团队精神形成了，该班的学风、班风得到了师生、家长的好评，最后被评为“先进班级”。1984年8月，陈珠宏老师被镇教办调到陆丰县湖东中学任教。

值得一提的是，1986年至1990年，陈珠宏老师调到创办初期的东海二中工作，除了担任政治课的教学外，还连续担任4年的班主任工作。校园没有围墙，学生来源于周边的农村，有些是外来民工的子女，在管理上和教学上都会存在一些问题。天道酬勤，他所带的班（初一跟到初三）在年级9个班中，连续三年获得的“文明班风流动红旗”次数最多，中考成绩名列年级前茅。

1990年8月，他被教育局调到陆丰师范（即陆丰教师进修学校）任教。在陆丰师范工作的11年期间，陈珠宏老师除了担任中师专业课程外，还兼任了7年的班主任工作。1997年初，94级（6）班的原班主任林老师退休，该班又是即将毕业的计划外生班，表现较差、思想涣散、纪律松弛。学校行政会议决定由他来兼这个班的班主任。通过他一学期的努力，该班在每周的文明班评比中，丢掉了倒数第一的尾巴，多次获得前三名。

“到新创办学校任教和担任班主任工作”都与陈珠宏老师有不解之缘。2002年8月，上级委派他参与创办汕尾职院附属中学，“一切从零开始”。角色转变了，既是管理者，又是教学者，他在工作过程中，做出爱教安教的表率，为学校的发展潜心研究、草拟、制定了一套完整的学校管理制度，同时还主动承担起高一年级两个班的政治课，坚持高中《思想政治》的循环教学。至今，他还担任高中最后一届的《思想政治》课，想方设法提高学校的办学质量。随着汕尾教育形势的发展需要，2013年，汕尾职业技术学院附属中学转制为汕尾市实验初级中学，他听从组织，服从安排，安心工作，继续耕耘在他喜爱的“乐园”上。

二、厚积薄发，做乐教善教的研究者

陈珠宏老师常说：学习过程既是研究的过程，也是创新的过程。教师要使所教的课深受学生欢迎，除了要有高尚的师德、美的形象和高超的教技外，还要有“博”和“专”的知识。他自参加工作以来，一直都在不断追求新知，练好扎实的基本功。

他无论是给中师生、大专生、中学生上课，还是给小学教师、校长上课、学校升旗礼讲话，都能赢得高度的好评。这一切离不开他的继续教育和潜心研究：1997年8月至1999年6月参加北师大“教育管理专业”研究生课程学习，获得《研究生结业证书》；2002年至2005年参加广东省基础教育“百千万人才工程”的专家班学习，获得《教育专家培养对象合格证书》。近年来，他积极参加各类各级的继续教育，获得《新时期广东生态文明建设》《信息化建设与信息安全》等多科公需科目考试合格证书。

陈珠宏老师认准“做一名业务精干的教改科研开拓者”的目标，深入教学第一线，多次承担教学公开课，探索出“善疑而教，有疑而入，无疑而出”的课堂特色，突出“新”“实”“活”三个字。一节《无须举手可以发言》的公开课案例，于2005年被录入《未来之桥》一书，由汕头大学出版社出版；2012年3月18日，论文《高中思想政治“和谐互动”课堂教学与实效研究》发表在《汕尾日报 教育周刊》；他还提出了课堂教学“和谐互动”的新理念：“和谐”是指在课堂学习的竞争和合作中，人人有话讲，生生有参与，师生之间，兴趣共生、平等交流，促进师生身心健康发展；“互动”是指师生之间、生生之间相互帮助、相互探究、相互解决、相互促进，提升师生教与学的智慧。“和谐互动”课堂，实质上就是“和而共谐，动而互进”的生命课堂。论文发表推广，在教育界引起了积极的效应。

陈珠宏老师把每一节课、每一次教学活动都当作一次教育科研活动，精心策划组织、分析找出规律、总结升华为理论，并与教师们共享成果。他撰写的《中师生学习政治的心态调查及启示》参加广东省中师政治教师论文比赛获得“二等奖”，并发表于《广东教育学院学报》；《一堂历史公开教学课的体会》发表于广东《函授教育通讯》；《立足课堂教学落实素质教育》发表于《教育管理与科研》一书，此论文参加全国科研论文评比获得“一等奖”；《创新教育应处理好几个关系》发表于《师道》杂志；论文《学生德育与思想政治课的教学创新》发表于《中国教育教学研究》杂志，获得全国政治教师优秀论文“二等奖”；《和谐互动在思想政治课教学的运用》《让德育走向“和谐互动”》《和谐互动班级管理与研究》等40篇论文发表于《汕尾教育》《汕尾日报教育周刊》等报刊杂志……这些年来，他公开发表论文100多篇，其中，论文《高中思想政治从“形变”走向“生本”的教学探究》（2010年5月8日发表在《汕尾日报教育周刊》。在长期的教学实践中，他探索总结，提出从“形变”走向“生本”的教学理念。所谓“形变”，就是指课堂组织教学过程从过去的“单一注重预设”向“预设与生成兼顾、更注重生成”的转变。“生本”，就是指在教学过程中，要尊重学生、承认学生的个性差异和能力差异，遵循学生的成长规律和认知规律，用发展的眼光和包容的心态去对待每一学生，用多元的激励的方法方式去评价学生。他的理念与探索，打破了教师是课堂的“讲师”、学生是“听众”单一传授的课堂教学常规，形成了尊重学生，以学生主动探究、发现和解决问题为立足点，自主学习、合作探究的生活化的思想政治课的课堂教学特色。

陈珠宏老师深知：“一花独秀不是春”。尤其是他走上副校长的岗位后，更加把自己的教育教学成果和指导、培养青年教师紧密地结合起来，取得良好效果。通过深入课堂听课、查作业教案、与教师交谈等，帮助他们提高业务能力、当好班主任。在他的帮助下，一批青年教师健康成长起来，有的还成为初中、高中的骨干教师。积极投入教改教研的教师多了，成为教育教学的行家也多了，学校呈现出生机勃勃的“满园春色”。2010年，陈珠宏老师的论文《打造制度文化 彰显办学特色》发表在《广东省中小学德育》杂志，引起积极的反响，并获得广东省第八届校长论坛“一等奖”。

三、潜心研究，做德育成果的传播者

陈珠宏老师认为：学校要办好，科研要先导。早在1990年他就把先进的教育理念引入课堂教学，开始“和谐互动”教育教学研究。他提出：科研先导、师生共进，实现师生和谐互动。

2002年汕尾职院附中创办以来，以“和谐互动”德育研究课题为动力，推动了学校的教改科研，使教育教学质量稳步提高。如2004年秋季入学的初一级学生，由于生源的复杂和办学条件的限制等原因，一些学生出现了出勤差、无心向学等不良现象。针对这些情况，他提出要实行“德育导师制”，要求年级长、班主任、学校行政领导每人负责二三名学生，帮助学生健康成长。德育导师的“导”体现在“思想上的引导、学业上的辅导、心理上的疏导、生活上的指导。给一些在生活、学习和心理上缺陷的学生关爱，做他们的朋友。几年来，孩子有了自己的朋友，也能和老师互相交流，表现好了，成绩也有了明显的提高。2004年，他撰写的《真诚民主平等和谐的教育教学管理》获得了第十届广东省教育教学管理科学成果（吴汉良奖）二等奖。

在班级管理中，陈珠宏老师倡导开展“和谐互动”专题研究，每一个学期都设计好学校德育管理计划，帮助班主任设计好主题班会．引导学生开展“文明班级”“主题专刊”等评比活动，培养了学生的团队精神和健康的竞争意识，锻炼了学生的学习生活能力。

在德育制度建设中，陈珠宏老师注入了人性化的理论观点，体现了“以人为本”

的教育思想，做到管教管导、教书育人，注重对学生的全程管理。陈珠宏创造性地设制了《个人学习目标表》《学生在家行为评价表》《学生在校品德评价表》，创设了“和谐互动”的德育途径，推进了学校、家庭和社会“三育”的配合，注重终结性与过程性相结合的评价，全面评价学生，取得显著成效。他大胆倡导了“一切为了学生、高度尊重学生、全面依靠学生”教育理念，结合新的课程改革，开展“和谐互动”德育研究、定期主持召开班主任会议、汇报交流工作经验，组织学生参加社区活动，取得明显成果。2014年，他还被市妇联聘为“汕尾市家庭教育讲师团成员”，传播正能量，自觉培育和践行社会主义核心价值观。

他主持的《“和谐互动”德育研究课题》在专家鉴定后，得到及时的推广。他的德育研究成果不仅在校内推广学习运用，还在广东省内外推广、学习交流，先后在广州、韶关、中山、惠州、云浮、普宁和汕尾等市县中小学校交流汇报、传授学习，举办了《让教师的人格魅力走进新课程》《和谐互动的班级管理与研究》《用人格和智慧践行教育梦想》等德育专题讲座40多场。其教育专著《生命的舒展——“和谐互动”研究与实践》《生命的奔放——“和谐互动”研究与实践》《生命的飞越——“和谐互动”研究与实践》《生命的智慧——“和谐互动”研究与实践》（4部书，80多万字）先后由中央文献、光明日报出版社公开出版发行。

下图为陈珠宏老师出版过的专著

面对学校的转制，他爱岗敬业不动摇。他倍加努力与用心，践行教育的智慧，提升生命教育理念。2013年，在广东省第十一届校长论坛上，他的论文《用人格和智慧践行教育梦想》获得“一等奖”，并推荐发表在《广东教学》（CN44—0702F，第2141期，2013年10月16日）；2014年，他撰写的5000多字的论文《激活校园文化基因丰润师生幸福心灵》发表在《汕尾教育》（2014年3期，总第105期），他向教育领域传播新理念、共享新成果。

后记：教书育人，是教育者一生的大事。陈珠宏老师用一生的时间在岗位上努力实践，为学生创造更精彩的明天。

让学生扣好人生的每一颗扣子

——记东莞市望牛墩实验小学校长伦锦添

题记：伦锦添校长常说：『学校德育是一个复杂的系统工程，需要科学的顶层设计。』『顶层设计』是系统工程的专有名词，又是中央文件新近出现的名词。其内涵是以系统论为指导，设计和建立科学有效的宏观管理架构和管理制度，从最高层次上着手解决各部门和基层存在的问题。建校以来，学校重视学校德育工作的科学性、整体性、全局性，重视科学的全面规划，使德育符合学生道德生命成长的规律，走上科学发展轨道。

望牛墩实验小学于2008年1月由7所规模较小的小学联合而成，伦锦添任校长。联办之初，来自原先7所小学的学生共1500人，素质参差不齐，学校设施、设备常常被破坏，门窗常被打烂，校园内到处有垃圾，村与村之间的同学常打架，无心上学等现象常发生。面对困境，有人主张要以“严厉”当头，严加管制，给上级一个好印象。但伦校长摒弃靠惩罚、向家长投诉等措施使学生顺从，求得表面规范的“管制型德育”，也摒弃仅仅追求给上级一个“好印象”的“附庸型德育”，以及完全为考试分数服务的“工具型德育”，还有脱离校情，盲目搬用别人的模式、套路的“跟风型德育”。他说：“学校决不能以学生精神生命发展主动权被剥夺为代价追求表面成绩，必须以学生身心健康成长的需要进行德育的顶层设计，科学设计，全面布局，精心安排，引导学生走好人生的每一步。”

一、用学习型文化引导教师：铸就高尚的师魂

德育是由教师实施的，学校在师德建设方面，首先抓好教师对学生的热爱和对教育的忠诚。要求老师要有敬业精神和责任意识，关心学生，爱护学生；倡导爱岗敬业的教师职业道德，增强责任意识、服务意识，用实际行动守卫师魂中的理想信念高地。为了树立典型、传递正能量，2010年开始，学校开展道德大讲堂活动。道德讲堂有固定场所，内容有：①推介全国师德模范；②推介市十杰道德模范；③推介本校师德模范。每学期开展两次教师道德讲堂，并将上讲堂的模范材料编成书，供大家学习。第二是把教师的专业成长放在学校发展战略的重要地位，使教师在强烈的爱国主义精神凝聚和吸引下，把中华民族的伟大复兴作为义不容辞的责任，从而激发出强大的学习动力。规定：①教师每周读两篇与教学相关的论文，并撰写阅读笔记，摘录好词好句；②每周写一篇教育随笔；③开展各科组和全校教师读书心得交流活动；④寒、暑假要求每位教师阅读一本教育理论书籍，并写读书心得。伦校长用“我写，故我思”这句话劝勉全体老师：只有动笔才能够促进深层思考，培养出一批乐意辛勤笔耕的教师。第三是培养教师的教育科研能力。引导教师采取这样的发展策略：以教育科研提高教育教学能力和效率，实现既提高教育教学质量又节省出时间；以争取到的时间再投入学习和研究，实现科研能力和教育质量的双提高；将学到的先进的德育理念与本校实际相结合，使我校培养出像李群仙、麦群弟、邹凤嫦、赵桂嫦等师德榜样。老师们精心教学，辛勤劳动，为学生树立终生的榜样。一位学生在日记中写道：“老师啊，你们呕心沥血，为我们的一生发展奠基，你们的汗水是浇灌春天幼苗的雨露，你们的理想是托举起明天的太阳！老师啊，我必须刻苦学习，养成良好品德，争取长大后成为国家的栋梁！”

二、用生态型德育引导学生：走好人生每一步

生态型教育把教育看作一个有机的自然生态，遵循教育自然生态规律，遵循学生的身心发展规律，尊重学生个体差异，使学生得到全面发展。伦校长认为学校应该以人为本，怀着敬畏的态度服务学生的需要，实施生态型德育，为学生道德生命的成长提供多方面的“营养”。

坚持每天开展习惯养成教育，按年龄段，分年级制定养成方案，长抓不懈，养成学生良好习惯，使师生日用而不觉。

改进《品德与生活》课，每周一第一节课由学校组织行政人员听《品德与生活》课，要求老师根据现实情况，结合课程内容，上好每节《品德与生活》课，使学生巩固习惯养成的成果。

设立人生成长展室，让学生走好人生每一步，通过让学生参观，悟出人生成长历程，扣好人生第一粒扣子。

榜样教育，教育学生思考为什么历史上的英雄榜样长留在人民心中，近年来不断出现的“最美人物”如最美司机吴斌、最美教师张丽莉、最美战士高铁成、最美警察李博亚、最美妈妈吴菊萍等，为什么被赞为最美，从而明确评判行为美与丑的标准是什么。要求学生能做到“四能”：能清晰流畅地讲英雄榜样人物的故事；能唱赞扬英雄人物的歌曲；能说出英雄榜样人物做好事的原因；能根据自身情况制订出学习英雄榜样的计划。

行为规范教育，采取“学、行、恒、带、联”五法。学，就是学好行为规范制度条文，理解、能背诵；行，就是严格按照规章制度去做，有奖有惩，维护规章制度严肃性；恒，就是常抓不懈，有布置、有检查、有总结。不搞“一阵风”；带，就是领导以模范行为带动教师，教师以模范行动带动学生；联，就是与家庭、社会加强联系，紧密配合。

环境友好教育，坚持开展一年一度的“植树节”“世界水日”“世界地球日”“世界环境日”等传统环境教育。

学校还通过调查了解到学生成长的需求，开展了一些其他学校很少开展的教育：理财教育，教育学生怎样合理开支，掌握消费的原则、方法和技巧，培养学生正确的消费观。色彩教育，从建校开始就有计划地建设校园色彩文化隐性课程的白、黄、红、绿、蓝五个基本系列。形成了“白色淡雅纯洁外墙、红色文明礼仪长廊、绿色环保长廊、黄色安全长廊、蓝色科技长廊”的校园色彩文化特色。生态型德育使学生成长的每一个环节都得到关爱，健康成长。

三、用新颖的形式吸引学生：成为德育的主体

德育的最高境界就是学生主动、快乐地接受教育，成为教育自己的主体。学校的做法有：

接地气。例如，在环境友好教育中，引导学生认识和收集资料：由于污染严重，流经东莞的东江、东莞运河和我镇望溪河已成了污水河。学生联想起各地酸雨频临，多个城市雾霾成灾，主动提出成立“望溪河水质监测小组”，调查附近的污染源。他们定期利用课外活动时间到镇区的街道打扫卫生、清除垃圾，访问清洁工人，用实际行动带动居民爱护环境，讲究卫生。

加入时尚元素。如在行为习惯养成教育中加入动漫、偶像、时装等元素：评选社会上意志坚强、积极参与慈善事业的明星；亲自设计环保时装；交流阅读魔幻小说感受，促进课外阅读；评选心中最佳的动漫角色等。又如，组织学生看七集系列片《画说雷锋》，加深学生对雷锋精神的认识和理解。

让学生亲自做管理者。例如，在行为规范养成教育方面，由学生发起并组建“侦察队”进行调查，找出普遍存在、最需克服的生活陋习促其改正；建设开放式“书吧”，书籍由师生共同捐赠，各班选出两名志愿者管理书籍进行了登记、分类、编码、上架等管理工作，开放时间灵活。学生在阅览中潜移默化地形成了自主、自律的学习理念，养成诚信态度和自主学习习惯。

后记：习近平同志于今年5月4日说：“人生的扣子从一开始就要扣好。”伦锦添校长将之理解成任何一颗扣子扣错了都会影响后面剩下的扣子，为此实施生态型德育，培养学生扣好每一颗扣子的能力和行为习惯。德育渗透到学生在学校学习、生活的全过程，具有全员性、长期性、渐进性，学生如习主席说的“日用而不觉”。这是一种优质、成功的德育。

爱岗敬业勤耕耘，德育智育显成效

——记凤岗镇油甘埔小学副校长刘少怀

题记：一个人能在自己热爱的事业中度过美好的时光，是一种难得的幸福。这是刘少怀副校长常说的一句话。是呀，只有在热爱的事业中奉献着，我们的生命才会绽放光彩，才是有意义的。而她，也用自己的行动诠释着这句话。

1996年7月，东莞市油甘埔小学走进了一位清秀的女生，她用坚定的眼神环顾四周，昂然阔步走进这美丽的校园。她就是现在的油甘埔小学副校长刘校长。每每说起刘校长，油小的“老”人常会说：“少怀是个很认真的人，每件事情到她手上，再难也会解决的。”凭着出色的教学表现以及尽心尽责的工作作风，刘校长先后任油甘埔小学的数学科长、副教导主任、教导主任以及副校长。在工作的十几个年头里，她曾多次被评为镇教书育人优秀教师、镇优秀党员和东莞市优秀教师、东莞市家庭教育工作先进个人。说起刘校长，整个油甘埔村甚至凤岗镇可谓是“无人不知晓，无人不钦佩”。

而最为人称颂的要数她那勤勉奉献的态度和勇于创新的精神，这些都体现在她的德育工作中。

一、勇挑担子，迷雾探索

七年前，当油甘埔小学领导班子把学校德育教育这个重担交给刘校长时，她便深感肩上担子的沉重。那时，油甘埔小学的德育工作尚不规范。班会课，每个班主任都停留在总结上一周情况上，内容千篇一律或散乱，学生并未从中获得高效率的德育熏陶。还有每天学校值日这一块，一天五六个教师值岗，个人相对应的责任并不明确……种种，都让刚刚上任的刘校长感觉茫然。

但是她告诉自己，作为一名党员，服从上级命令是天职，接了任务，就要尽力将其做好。于是，她迎难而上，尝试去其他学校汲取经验。可是事实证明，当时凤岗的其他学校在德育这一块也是尚未规范化的。为了学校的长远发展，她痛定思痛，决定实行大刀阔斧的德育工作改革。她开始没日没夜地阅读关于德育工作的书籍，开始参加各种各样的德育学习与培训……最终，她根据学校的整体工作布署，以“小学生自主管理策略的实践与研究”的课题为指引，以少先队大队部工作为抓手，夯实级组与班级管理基础，大力开展家校合作实践，实现德育工作再上新台阶的工作思路。

说起这些，刘校长总是十分淡然，然而在旁人的眼里，这些改革都是需要不懈的努力和超然的勇气。

二、辛勤耕耘，创新工作

有人说，觊觎成功的人是有勇气的，但是懂得在前往成功的路上不断辛勤耕耘的人更是可敬可佩的。在所有人惊叹的目光中，刘校长开始沿着新的德育思路，开创着油甘埔小学德育的新天地。如今，油甘埔小学的德育工作已经焕然一新，这些主要表现为：

（一）亮点打造策略，提高师生自主管理能力

1．级组文化打造，提高教师管理能力

为丰富我校教职工的精神文化生活，加强同事之间的友谊和交流，营造和谐健康的集体氛围，建设团结合作的团队，刘校长和中层干部屡次探讨，共同努力，进行了级组文化的建设。

本着“以人为本”的精神，在刘校长的带领下，油甘埔小学确立了以“我运动、我健康、我快乐”为主题的级组活动，让体育月活动与级组文化结合起来。现在的油甘埔小学，全体老师都能坚持“跑起来、跳起来、动起来”，掀起校体育锻炼的热潮，体育运动呈蓬勃发展的态势。例如，2013—2014第一学期油甘埔小学级组文化与体育月相结合共进行了5次的羽毛球专项活动：有羽毛球比赛规则讲解及练习、男女单打、男女混打。级组活动的成功举行，给每位老师增添了活力，给学校的管理工作注入了新的内容，它使老师们深深体会到“拥有健康才能拥有明天，热爱锻炼就是热爱生命”的真谛。更重要的是级组文化的打造，潜移默化地促进了级组长和教师的组织与管理能力。

2．班级文化打造，提高学生自主管理能力

她是个不愿夸夸其谈的人，做得都是实实在在的事情。在刘校长的德育工作中，班级文化的打造是其中的一个亮点。班级文化的打造，以课题《小学生班级自主管理策略和实施》为中心，主要通过“墙报”“班级文化墙”“爱心天使”“星级评比”等活动来实现，紧紧围绕学校德育中心工作来开展。

值得一提的是“爱心天使”小社团。这一个小小的校内学生组织队伍凝结着刘校长德育工作的心血。

“爱心天使”大队部主要负责组织检查与评比，抓常规教育，重点落实每个细节，从而培养学生的良好习惯：

（1）坚持值日监督岗的检查。每天由值日老师和值日学生对全校队员的卫生、两操、礼仪等方面进行检查，每天检查每天公布。为了更好地促使队员习惯养成，突显值日监督岗的作用，值日生还利用“红领巾广播室”平台在午休时间向全校师生公布值日情况，由此作为每月星级班集体评选的依据。在大家共同努力下，队员们自主管理的能力提高了，特别是午休纪律、两操和礼貌方面。

（2）坚持“班级之星”的评比活动。每月各中队评选出在德、智、体、美、劳方面表现突出的队员，让这些优秀的队员能成为同学们心中的好榜样。在每月最后一周的班会课上，各班主任组织学生分组讨论自主评出“文明星、学习星、体育星、艺术星、劳动星、进步星”。并在“爱心天使评星表”中贴星鼓励，如今队员都以被评上星为荣。到了期末，学校将评出各班总星数前五名的为“班级之星”。因此，此评星活动已成为常规并给队员力争上进给予了精神鼓励。

围绕“爱心教育”开展活动，全面提高爱心小天使的综合素质，这是刘校长打造爱心天使小社团的初衷。在班级文化的打造中，学生提升了自主管理的能力。刘校长凭借着“爱心教育，促进发展”的理念，创新方法抓德育，让油甘埔小学的德育工作更上一层楼。

（二）培训策略，促进学生自主管理

1. 层层培训，促进学生自主管理

要做好学生的德育工作，促进其自主管理，教师是关键。刘校长也深深明白到这一点，于是她坚持以培训为抓手，层层深入，将工作落到实处。首先是校长对行政进行培训，其次是行政对中层进行培训，第三是中层对班主任进行培训，第四是班主任对班干部进行培训，最后是班干部自主交流培训。而班干部自主交流培训是一个较为突出的亮点，是放手让学生实践自主管理的好办法。

2. 引进社会力量，促进学生自主管理

在师生培训中，刘校长大胆引进了“感动中国”企业教练学院教练，开展体验式团队拓展训练。通过对师生进行团队训练，增强了师生的团队意识和自主管理的能力。活动以心品课的形式进行，通过体验活动激励和教育师生，提高师生综合素质，教师则从中提高组织能力、引导能力、管理能力。

（三）家长义工参与德育管理策略，形成家校合力

人们常说：“父母是孩子的第一位老师，家庭是孩子受教育的第一课堂。”由此可见，家庭教育对学生思想品德的形成有着至关重要的作用，刘校长也对这一方面倍加重视。

油甘埔小学是以家庭教育著称的，学校重视和发展家庭教育，建立了健全家长委员会。借着这样的契机，刘校长心想如果能把家庭教育与德育管理结合起来，也许会事半功倍。说做就做，她尝试引进家长义工加入班级自主管理中。这样打破常规的想法一开始没有多少人会接受，可是慢慢地，大家发现了，有了家长义工的参与，校园更安全了，孩子有了更多的欢笑了。

想起刚开始实行家长义工参与学校德育管理这一计划时，刘校长说：“当时也没有多少人参与到这之中来，但是我们一伙只有一个信念，就是要把这件事做好。于是，那些热心的家长一个个在我这里登记了他们有哪些特长，就开始工作了……”现如今，这些来自几百个家庭的家长义工被分成若干小组后，这个看似庞大的“家庭”在校园内自动运转起来：参加安全管理组的家长义工，平时在校门口引导、提醒孩子礼仪，维护秩序，对有特别需要的孩子进行护送；每到学校开展第二课堂活动时，客家山歌、书法、摄影、象棋等助教组的家长义工，便成了教师的帮手，参与主题教学活动的组织；帮扶问题孩子组的家长义工，则以一对一的方式通过家访、参加社会实践活动等形式，陪伴问题孩子走出困境……

创新的想法变成了现实，刘校长的家长义工参与德育管理的新策略取得让人欣喜的成效。

三、坚持不懈，情深满满

刘校长一心一意为学校、教师、家长、学生办实事的工作理念，加上她一丝不苟的工作态度，让她在德育工作上硕果累累：2008年的11月30日，在学校举行了东莞市“良好行为习惯养成教育的现场会”；2008年，学校被评为东莞市校园文化建设先进单位；2008年，学校被评为东莞市关工委工作先进单位；2008年，学校被评为东莞市家庭教育先进单位；油甘埔小学“爱心天使”小社团，被广东省教育厅、广东省关工委团省委会评为“广东省优秀红领巾小社团”；2012年2月，学校被东莞市教育局授予“东莞市德育示范学校”；2012年3月，学校被东莞市妇联授予“巾帼文明岗”等。俗话说，“其身正不令而行”。勤恳奉献、锐意创新的刘校长在每一位老师心目中树立起学校领导干部的好形象，提高了老师们、家长们、学生们对学校领导的信任度。

说起这些荣誉，这位好干部也只是淡淡一笑，她轻轻地说：“这么多年，其实最让我骄傲的是我的家人。”说起女儿和丈夫，她的脸上绽开了花。“他们对我的工作都是十分支持的，有时候我晚上在办公室加班，他们也会过来陪我。印象最深的是有一次，我去幼儿园接女儿，我和女儿走到会议室的时候，一个热心的义工让我到会议室讲讲义工参与德育管理的一些情况。我居然把女儿忘了！幸好女儿很独立，自己回办公室了。当我回到办公室时，我女儿说：‘妈妈，你都把我忘了呢！’可是，她还是一如既往地支持着我。所以，未来我也会坚持把这份工作做得更好，让更多的孩子成长得更快乐！”

后记：人们常说：“花的事业是芳香的，果实的事业是甜美的。”而刘校长做的是叶的事业，因为叶的事业是无私的，是充盈着生命之精灵的。她无怨无悔地奉献着，快乐着。相信，在刘校长和油甘埔小学各位老师的不懈努力下，未来油甘埔小学德育建设定会打造出新的高地。

用心经营教育的使者

——记中山市体育路学校校长罗坚红

题记：爱事业如生命，爱校胜家，爱生胜子。

她，是中山教育界的奇女子，是中山教育的一块宝。早在2000年初就有人以50万元年薪聘请她当校长。她，到底是个怎样的人？认识她的人都会说：她是用心经营教育的使者。

一、“用心经营才能化腐朽为神奇”

1989年罗校长调到石岐杨仙逸小学当校长的时候，迎接她的是简陋的的校舍、蛮横的家长、素质低下的学生。罗校长没有畏惧困难。为了美化校园，她带领学校仅有的几位男教师骑着破旧的三轮车去捡其他学校丢弃的花盘；为了转变后进生，她组织了“航模训练转化后进生”的活动，让后进的学生在航模训练中体验成功，从而提高学习的积极性；为了提高学生的综合素质，罗校长组织了“千人学琵琶”活动，既传承了我国的民族文化，又提高了学生的素质与修养，受家长和社会的高度评价……罗校长一步一步通过各种活动，引领学生不断进步、学校不断发展，硬是把名不见经传的杨仙逸小学打造成中山市小学三所名校之一。

2005年上级领导安排罗校长创办体育路学校。体育路学校的创办遇到的巨大困难就是生源问题。如何解决这一问题，罗校长常说，以办杨仙逸小学的这一套方法是不适合民办学校的。于是，她潜心研究，以“教育服务”为抓手，努力打造“学生喜欢、教师幸福、家长满意”的学校，并摸索出“魅力教育”的办学模式，使体育路学校成为了中山市冉冉升起的民办教育的新星。体育路学校的生源一年比一年多，今年还出现了1700多人争250个学位的火爆场面。

一个弱女子，却在短短的二十多年时间，在石岐这个小城市里成功创建了两所名校。这，真是一个奇迹！

二、“有爱才有教育”

罗校长总能用自己的实际行动，用自己的爱来感动身边的每一个人。老师的家人去世，罗校长立即带领全体行政人员去吊唁；老师住院了，罗校长以最快的速度到医院送上慰问；老师生小孩了，罗校长为小孩买好新衣服……罗校长不仅爱老师，更爱学生。她带领全体教师向家长们许下“您的孩子也是我们的孩子，您亲我们更爱”的社会承诺。多少次，罗校长和老师们撑着雨伞在学校的大门接孩子进校门；多少次，罗校长和老师们一起到孩子家家访慰问；多少次，校长在耐心询问孩子的学校生活和学业情况……罗校长以自己的一言一行，在学校里诠释着爱、播种着爱……

三、“教育应该立足于人的生命成长”

罗校长认为：“教育是一项为孩子的终身发展奠基的工程，应该立足于人的生命成长。”

在体育路学校创建之初罗校长就明确提出：成功的人生从好习惯养成开始。她要求全体教师把“好习惯”的养成作为教育的落脚点，并提出让体育路学校的学生通过在校6年的学习，养成“主动学习”等10个好习惯，为学生的终身发展奠基。如，在文明有礼好习惯教育方面，罗校长提出了“三礼教育”（讲礼貌、懂礼仪、知礼节）教育。创设各种活动让学生进行体验，内化情感，外化行为，从而养成文明有礼的好习惯。罗校长还提出了十条规范，让师生敬廉养德，懂得什么能做，什么不能做，人人遵纪守法。人人说好话、做好事、存好心、做好人。罗校长为了让学生快乐学习，推出了十种游戏让学生在玩中学、在学中玩，促进学生健康快乐地成长。

罗校长以中山市委薛晓峰书记提出的全民修身活动为契机，在全校组织“日行一孝”活动，每天为学生布置孝顺作业，让学生每天在家为父母长辈捶背、为父母洗脚、为爷爷奶奶梳头等活动，利用心理学小步子技术原理，坚持养成，让行孝成为每一位师生的日常习惯。罗校长还创新家庭教育，要求全校每一个家庭都建立家规，形成良好家风。由此开展了“好家风伴我成长”主题实践活动，通过小手拉大手，一个家庭影响一个社区，促进家庭和谐，带动整个社会。这些做法都得到了社会各界的好评。广东省委常委、广东省宣传部部长庹震，中山市市委薛晓峰书记，原中央党校副校长郑必坚；北京大学、清华大学、中山大学的教授，新加波驻广州总领事罗德伟等领导到体育路学校视察并给予了高度评价。广东电视台、中山电视台、《中小学德育》《中国德育》《南方日报》《中山日报》《中山商报》等多家媒体对罗校长的办学理念进行了报道。

四、“教育应该充满魅力”

罗校长指出：魅力教育是一种很能吸引人的教育模式。它的成功在于以独特的视角，从情感入手，以求“心心相印”的教学境界。

体育路学校通过打造“魅力校园”，用文化浸润孩子的心灵；打造“魅力校长”，以人格魅力感动教师；打造“魅力教师”，以生命影响生命；打造“魅力课堂”，以课堂成为孩子头脑的源头活水；打造“魅力德育”，让学校成为学生的精神家园……最终让教育的魅力促进师生和学校全面、和谐发展。《魅力德育：让学校成为学生的精神家园》这一创新成果获广东省教育厅举办的广东省第二届中小学德育创新成果一等奖（中山市小学唯一1名）。此外，为了使校园生活充满魅力，学校举办了系列充满魅力的活动。如，每月第一周的周五为全校生日的师生举办“和谐校园，生日Party”活动；每周周五4：30—4：45全校各班举行“开心一刻”活动；学校每月举行喜闻乐道的“校本节日”，四月科技节、七月表扬节、九月爱生节、十月艺术节等，让师生真正感受校园生活的魅力，从而喜欢学校。

五、“实现理念靠抓好细节”

“细节决定成败，实现理念关键做好每一个细节！”罗校长在管理学校的时候，每推出一项新的举措，她都必须亲力亲为，亲身去抓落实，从不放过每一个细节、每一件小事。如，学校要求各班设立环保角，要求教师开展教育、提高环保意识，罗校长就带领行政人员天天到各班去检查垃圾桶里有没有可回收的垃圾和装进环保角的纸箱；每天午饭时间到各班检查师生有没有浪费食物的现象……就是这样，学校的每一项创新举措，在罗校长的管理下定能落实到位，并具创新性和实效性。

体育路学校虽然办学仅9年，但到体育路学校参观的单位已经超过500多个，到校参观的同行近万人次。他们参观后都发出相同的感叹：罗校长的管理理念和管理能力真让人佩服！难怪体育路学校办得那么好！

六、“有创新才能促发展”

“只有不断创新才能促进学校的快速发展”。罗校长是一个勤于思考、勇于创新、从不固步自封的教育人。学校的许多教育活动都是在她的指导下，在不断创新中得到完善的。如，学校早在2005年创办初期就提出“每期一梦”活动，引导学生树立理性而有大气的梦想。于是，有的学生树立“节约用水梦”，要通过一个学期的调查研究制定自己家庭和学校节约用水的方案；有的学生树立“习惯修身梦”，希望通过半年养成自己的良好习惯，以好习惯修身……实施多年后，我们发现罗校长对学生的“梦想教育”完全符合习近平总书记提出的“中国梦”的教育要求，令全校师生振奋。又如，罗校长打破了传统的“7分成绩3分缺点”的评价模式，提出了“9+1：激励成长”的创新评价机制，大大激发了师生的积极性。罗校长就是这样，在学校管理中不断创新，促进学校的不断发展。学校办学短短9年，就有10个教育创新成果获得“广东省教育创新成果奖”，其中“四个100%：让学生享受全纳教育”“日行一孝：让行孝成为每一个人的生活习惯”等课题获得省级二等奖，并在全国、全省会议上进行了经验交流。此外，学校的课题《传统美德与现代公民素质的整合教育研究》《小学德育常规管理精致化的实践与研究》获得广东省教育厅颁发的优秀课题成果奖，罗校长也被评为广东省教育厅颁发的教育科研先进个人奖。

七、“表扬我们的老师吧！”

每当有报社的记者到访，每次得到上级领导的表扬。罗校长总是说：“表扬我们的老师吧。”她总认为，用心、用情、用爱把学校办好是一位校长义不容辞的责任。因此，她总是把荣誉留给同事，把责任留给自己。数不清多少个大年三十的晚上，罗校长坚守在学校值班；数不清多少个夜晚，罗校长独自一人在各楼层巡视，检查洗手间的水箱是否漏水；数不清多少个早上，她向同事们说出她晚上失眠时想到的学校管理等方面的美妙构思……

后记：罗校长就是这样一位用心经营教育的使者，带给学生的是快乐，带给老师的是幸福，带给中山百姓的是一片令人向往的教育乐土！

让爱与责任常驻心间

——记中山市东区雍景园小学校长郑凤姚

题记：美国著名诗人惠特曼曾经写过题为《有个孩子向前走去》的诗。诗里说：有个孩子每天向前走去，他看见最初的东西，他就变成那东西，那东西就变成了他的一部分……

郑凤姚，中山东区雍景园校长，全国教育工作会议广东省基础教育校长代表、广东省南粤优秀教育工作者、广东省教育科学规划课题研究先进个人（德育课题）、中山市第二届名校长。从教22年，她一直坚守着“水文化”为载体的“上善若水，顺势而为”的育人理念和“让希望与快乐同行”的教育愿景，坚守着素质教育，坚守着德育的净土。她所带领的雍景园小学先后被评为“全国优秀家长学校”“未成年人思想道德建设工作创新案例奖”“广东省首批德育示范校”“广东省首批红领巾示范校”等荣誉。国家教育部陈小娅副部长来到这所学校考察后给予了高度的评价：“什么是素质教育，这就是素质教育！”

一、遇见，是一种幸福

我很庆幸，在我行政工作的最初，遇见了我们美丽的郑凤姚校长，是她引领我一直向着前方走去。

在行政工作的初期，很多工作我都无法梳理，是她一步一步领着我走向了正规，手把手教我怎么规划和分配工作；她亲自带领我请教科研部的冯部长、教研室的陈主任、梁老师怎么在常规科研工作中寻找突破口，怎么和教学更好地结合，使学校的教研训成为一体；她还充分利用她的人脉资源，给我搭建学习和成长的平台，使我快速成长。

后来，我的工作渐渐步入轨道，很多事务性的东西，比如：请什么专家、策划什么活动、人员怎么调配等，我再向她汇报的时候，她总是笑着说：“在这方面，你说了算，你的地盘你做主。我绝对相信你，并尽最大努力支持你！如果要什么帮助，你尽管出声，放心大胆地去做吧，我知道你行的！”有了她的鼓励，我做起事情来大胆了，也逐渐地开始有了自己的思路，并尽自己最大能力去做好。

记得有一次，在策划学校的一个活动时，由于我自己的一个疏忽，没有提前告知家长有可能会延迟放学，结果延迟放学十几分钟，家长不明原因，迟迟不见孩子出来，又没有人在校门口解释，所以有部分家长就开始焦躁起来，在校门口冲保安发脾气。这时候我才醒悟，赶紧冲到校门口给家长道歉并解释，所幸家长在听完我的解释后就平静了下来……事后，我以为我会被郑校长批评，没想到她主动找到我向我道歉，她说：“对不起，让你受委屈了，如果事先我能提醒你一下就不会出现这样的事情了。”接着她就又针对这种情况给我进行了具体分析，讲述了关于学校举办大型活动时应该关注的几个问题；同时她还就学校的突发事情怎么应急处理以及如何同家长进行沟通对我进行了提醒，使我在考虑工作的时候更为周全。

很多时候，我很庆幸在我从事行政工作的最初遇见了她。她用她的睿智引领着我，使我一步一步地朝着明亮前行；她用她如海一样的胸怀包容着我，使我不断地矫正着前进路上的小错误。

我也很庆幸，因为遇见了她。所以我也在逐渐地向她学习，去引领我的同事，并包容他们无心的错误！（科研行政：余建勇主任）

二、遇见开阔的视野

梅子涵说，一所好的学校一定是充满书香的。而我以为，一所充满书香的学校，一定有一位充满书卷味的校长。语文老师出身的她痴迷阅读，始终坚信阅读润泽生命，阅读为生命奠基。因此她致力于推动学校的阅读，倾情打造闲适致远的“书香廊”、简朴宁静的“三味书屋”、藏书丰富的“新图书馆”……日常与大家交流，她谈论最多的就是自己最近读了本什么书，有什么思考，进而推荐大家也读读……每天读书，似乎成为了她的一种生活方式，像呼吸一样自然而强烈。有人说，阅读可以为女人的美丽镶边。我想，她的从容优雅，除了天生丽质，也应来于此。

依然记得四年前，我刚接手科组工作时她对我的勉励：一个优秀的语文科组，它首先是一个阅读氛围浓郁的科组，里面的每一位老师都是读书人。她每个学期开学初和放假前都会给老师送书，生日也送书，校际比赛的奖品也还是书。受到她的感召与支持，我们的阅读氛围悄然发生变化，教师读书会不断发展壮大，书香项目组的推动工作也是越来越顺利。时至今日，雍小语文科组最引以为傲的不是获得了多少省市、国家级荣誉，而是有这么一群爱阅读、懂阅读的老师，正在不断地引领着一届又一届的孩子走进阅读之门，让他们在阅读中修养心性，逐渐成为一个个气质高雅的孩子。

除了推广阅读，她不断鼓励大家敢于打破常规，敢于对语文教材进行理性的批判，大胆地对现行课本教材进行增删处理，让更多优秀的活页教材和优秀的经典作品进课堂。她希望我们每一位语文老师都能适应教育的新形势，让自己的思想跟上时代的脚步，甚至大胆地走在时代的前面。她尽管很忙，但经常端着“小凳子”深入我们的语文常态课堂，参与科组的常态教研活动。她说：“我们的语文课堂只有真正面向孩子，真正面向生命，所选的教学内容和教学方式最贴近孩子的学习兴趣和需要，我们的语文课堂才有生命力。”她的大语文观，她对学科整合的开阔视野成就不只是语文，而是每个遇见她的生命！（科组长：郭杨德老师）

三、遇见虔诚的信仰

初识郑校长，还是3年前。那时，刚从大学校园走出来的我略显稚嫩。第一次的邂逅，我在她的眼中读出了一种难以名状的好奇、吸引与敬畏。我第一次听到“希望你能够把教育当事业，而非职业”。直到现在，我也一直以此为目标。我第一次知道原来在这个并不安全的社会中还有这样一片教育净土，有一位高瞻远瞩的教育人陪伴着我们“做最纯粹的教育”；我第一次感受到在这所家园般的学校里，我可以“像享受生活一样享受教育”。渐渐地，我仿佛拥有了一股不可抗拒的力量，安心地、坚定地跟着她做教育。

初出茅庐的自己浸透着浮躁，面对繁忙的工作和灵动的学生，我习惯了用教师的威严来镇压他们。又是每一次的刻意安排或是不经意间的分享、开导，我开始尝试着学习郑校长身上散发的“有容乃大”的精神魅力，我也开始聆听“静守花开”的声音。渐渐地，我发现自己竟然可以静下心来享受与学生在一起的时光。

当然，作为年轻的教育小生，我们也会面对诸多无助和彷徨，甚至会不受控制地出错、犯错。每一次，校长都能以最优雅的姿态和最豁达的心态包容我们的错误，给予无知的年轻人犯错和失败的机会。尔后，便是为我们指点迷津，带来正能量，让我们带着勇气冲破内心的胆怯，带着思考和自信再次前行，使我们在每一次磨炼和挑战中破茧成蝶。

教育生命降临雍景园小学，我们身感幸运，备感力量，心怀感激。我们享受着最前沿的教育理念，我们满足于最幸福的教育事业，我们自豪于最坚定的教育信仰。

（年轻教师：杨欢欢）

四、遇见梦想的力量

我从一年级第一次踏入雍小大门的那天起，就深深地记住了那张可亲可敬的面容——郑凤姚校长。

在我的印象中，校长是威严的，是“深不可测”的，而郑校长脸上总是挂着甜甜的笑容，却让我感觉如此的亲切！每天早上，她陪着朝阳迎接我们到校；每天晚上，她和夕阳一起目送我们离校。一声问好，一个挥手，都让我觉得那么的幸福！郑校长如同和煦的春风抚摸着我们；如同一股巨大的风，为我们卷去走向未来道路中的尘埃；她还如同一缕阳光，在黑暗时为我们带来温暖和光明……

郑校长常常鼓励我们“做最好的自己”，而正因为这句话，让我在任何困难面前都会怀着一颗勇敢、积极的心去突破自我，激发自己的最大潜能。我每天踏进学校大堂时，八个醒目的大字会呈现在我眼前——“让希望与快乐同行”。再走上楼梯，“上善若水，顺势而为”这几个字眼也随处可见，这些都是我们学校的愿景和教育理念。我想，郑校长是希望我们快乐健康成长的同时，也能抱有远大的希望和理想；同时，她也希望雍小的同学、老师、所有的一切都能拥有如水的品格，并且在做事时顺应潮流，不逆势而行。

现在，我已经六年级了，还有不到半年的时间我就要离开雍小了。我对母校有着无限的不舍。无论走到哪里，我都不会忘记郑校长对我们的教育和期望。她在我们心中种下的“上善若水”和“做最好的自己”的种子一定会在我们的生命中生根发芽的！（学生代表：钟欣童）

后记：遇见是一种幸福。感谢生命中的遇见，感谢郑校长用她如海的胸襟包容着成长中的一切，用她如水的情怀润泽着所有的生命，用她坚定的教育梦想影响着每个靠近她的人，并让每个遇见她的人都朝着明亮的方向飞翔！

鹤旋南天，和谐发展

——记广东省中山市沙溪初级中学校长华峻

题记：『常规管理不放松，德育就在课程中。』这是华峻校长多年以来坚持的德育理念，也是其自主提炼的德育思想。

广东省中山市沙溪初级中学是珠三角地区的一所农村初级中学，创办于1982年。目前沙溪中学占地166亩，办学规模44个教学班，2200余师生，是广东省一级学校和中山市德育示范学校。

华峻校长于1993年湖北大学生物教育专业本科毕业，1994年调入沙溪中学工作至今；2002年通过竞争上岗成为学校主管德育工作的副校长至2010年。2010年2月，作为副校长的他全面主持学校工作，2011年11月成为沙溪中学校长至今。

教师家庭出身的华峻校长是一位“天生”的学者型教师，长期在一线从事德育管理工作的经历使得华峻校长具有独特德育工作情怀。他曾先后荣获广东省优秀班主任、中山市优秀教师、先进德育工作者、先进教育工作者等多项荣誉称号。

一、优质工程，知德合一

提起“常规管理不放松，德育就在课程中”的思想，就不得不提到沙溪中学参与的中山市初中优质化工程建设。2006年，中山市初中优质化工程如火如荼开展，沙溪中学有幸作为项目学校之一，接受了由陈玉琨教授领衔的上海教育专家团一行的亲临指导。而上海专家团对学校优质化工程的直接辅导项目均以课堂教学为重点。时任学校德育副校长的华峻和德育同行们最为关心的德育问题，特别是当时深感困扰的“后进生”教育转化问题都没有直接涉及。带着这样的疑问，华峻校长与德育同事们主动与上海专家进行了交流，上海专家给出了这样的答案——邀请三位上海教师来学校现场示范课堂教学（语文、数学、英语），效果叹为观止，其生活化、趣味化的教学设计与艺术化的课堂驾驭使大家亲眼目睹那些平时的“后进生”是如何被吸引而在课堂上展现出令人刮目相看的一面。

通过反思，华峻校长和德育同行们共同得出这样的结论：其一是作为中国实施新课程改革的先进发达地区，上海并非不重视行为规范训练，但他们更加重视课堂教学中的德育实施，即“德育就在课程中”，这是对新课程标准的深刻理解；其二，反思自身的德育和课堂教学的割裂，简单而言就是“知德分离”。脱离了课堂主渠道的德育犹如“无源之水”，实效可想而知。于是，在多年来坚持的德育“常规管理不放松”的基础上，华峻校长补充提出了“德育就在课程中”的德育理念，核心就是追求“知德合一”。德育课程建设成为华峻校长此后坚持不懈的德育管理主导思想，其有四层含义：一是坚持课堂教学主渠道的德育功能；二是开发和应用学科德育功能；三是建设专业的德育校本课程；四是扩展德育对象包括教师和家长。

二、影视德育，大放异彩

在确立了“德育就在课程中”核心理念后，华峻校长以身作则，亲自带领德育同行投身校本德育课程的开发与应用研究，并追求现代化信息技术支持，2009年，华峻校长作为课题研究主持人，正式拉开沙溪中学影视德育研究的大幕。

华峻校长主持开展的影视德育研究借鉴了20世纪90年代以来全国各地开展“电影课教学”的成果经验，并在教育对象上实现了突破与创新，创造性地开展了“教师电影课”和“家长学校电影课”的研究，同时带动“学生电影课”的发展，逐步形成了沙溪中学影视素材型校本德育课程体系。

（一）基本思路

教育对象：教师、家长和学生。

目标定位：“找准一个问题，选好配套素材，上好一节课，影响一批人”。

素材选取：为教学目标服务，符合“观众”（教师、家长、学生）“口味”（好看），或幽默捧腹，或催人泪下，或效果震撼，或兼而有之，小故事蕴含大道理。

应用模式：或单一影视作品赏析，或多部影视作品综合，或展示素材加点评，或创设情景组织答辩与讨论。

研发模式：组织精英团队研发和举办大赛海选。

（二）主要成果

1．形成丰富资源，创新德育形式

2009年至今，在华峻校长的带领下，沙溪中学影视德育成果裴然。其中教师、家长与学生电影课例，先后获得全国一等奖六项、二等奖十一项、三等奖十五项。华峻校长亲自设计和授课的教师电影课例《好大一棵树》获得2010年全国电影课公开课一等奖，并在全国第六届电影课研究大会现场（深圳南山）做唯一展示。学校以国家级获奖的精品课例汇集而成了教师、家长和学生德育校本课程体系，并广泛应用，成为全体教师的专业习惯，受到广大学生、家长的欢迎。“知德合一”落到实处，“以德促智”得以实现。

2．获评“全国首创”，取得省级奖项

全国电影课教育协会秘书长雷帧孝教授评价华峻校长主持的“教师电影课”和“家长学校电影课”研究为全国首创。2012年以来，华峻校长撰写的成果文章《“影视教育”让教师培训大放异彩》刊登于《中国德育》2012年第6期；《家长学校可以如此精彩》在《广东教育》2012年综合第11期彩页版报道；《家长学校素材型教学初探》在教育期刊《神州》2013年7月期发表。2012年，华峻校长主持的“教师电影课的开发与应用研究”课题成果获得广东省德育创新成果三等奖和广东省教育创新成果二等奖。

2009年至今，华峻校长受邀先后赴云南（迪庆）、深圳（南山）、东莞（南城）、茂名、江西（定南）等地进行讲学交流，并展示影视德育成果，同时还接待了来自江西（宁都）、香港、东莞（教师进修学校）、佛山（南海里水）、广州（增城、番禺）及本市各兄弟学校的参观交流。他所开发的影视德育课专题成为中山市教师继续教育公共课程项目，产生了积极而广泛的影响。2014年，沙溪中学被评为全国电影课研究示范学校，华峻校长被评为全国电影课研究优秀校长。

三、鹤旋南天，百花齐放

华峻校长的办学思路深受陈玉琨教授教育思想影响，以“文化引领”作为学校办学发展的高级追求。

沙溪自古有鹤。古时沙溪文武科举上榜者众，而本地常有鹤翔集，鹤由此成为百年隆都文化的精神象征。2008年，沙溪中学确定选取“鹤”作为学校形象大使，取意“和谐”发展（国语中“鹤”与“和”谐音），开展“鹤文化”建设，就是要践行“秉毅勤诚，求真善美”的校训，建设师生和谐幸福家园。

2010年，华峻校长调整了学校办学思路：明确办学目标为 “德智体美全面发展，教学质量一流”，并以德体艺大德育观统领学校德育管理，努力追求“立足精彩课堂，品味幸福校园”，努力让课堂教学成为师生幸福的纽带；坚持“规范办学，减负增效”，广设舞台，以促进教师专业成长，学生在不同领域各占所长、各领风骚，追求“用同样的时间，我们的效率和品质更好，取得同样的成绩，我们所消耗的时间、精力等成本更低”，提升师生校园生活的幸福指数。依托“鹤文化”开展的德育特色系列活动开始百花齐放。

鹤影：沙溪中学“鹤舞”队是中山市非物质文化（鹤舞）传承基地。2010年至今，学校鹤舞师生先后受邀“鹤舞上海世博”“鹤舞广州亚运”“鹤舞港澳”，入选中山电视台岐江夜游文化节目和中山市首届少儿春晚节目，成为学校的一张名片。

鹤韵：沙溪中学合唱队是学校传统优势项目，中山市的传统冠军团队。2011年沙溪中学合唱队夺得广东省中学生合唱赛二等奖；2013年开发了沙溪本土艺术“鹤歌”获中山市首届民歌创作大赛三等奖，随后多次受邀“鹤歌港澳”。

鹤彩：沙溪中学的“和平海报创作”先后夺得国际佳作奖（全国35万作品前24名），三项全国二等奖，五项广东省一等奖等，使得漫画创作成为学校新兴的特色项目。

鹤梦：沙溪中学“鹤梦”科技社机器人项目先后夺得广东省一等奖1项，二等奖两项，三等奖3项，中山市一等奖20余项，学校也由此成为中山市科技教育示范学校。

鹤翔：沙溪中学是中山市篮球和田径传统项目学校，形成了男女篮、田径和摔跤四大全市团体冠军级别的拳头项目。

鹤鸣：沙溪中学鹤鸣文学社是中山市先进文学社，鹤鸣期刊是中山市优秀文学社期刊，学生文学作品创作先后获得全国特等奖一项、三等奖一项，广东省一、二、三等奖七项，成为学生文学爱好者一展风采的重要平台。

鹤泉："身在幸福中，不忘感恩新"。2009年至今，每年三月学校都会组织全校性"爱心大义卖"，建设爱心农场、开设爱心超市，先后为贵州山区学校（凤岗中学）捐建了爱心书屋、爱心鹤泉；同时开展"身边希望工程"，累计金额近20余万元，培养了广大师生的社会责任心。

鹤站：沙溪中学依托丰富的校友资源，建立校本"鹤"系列奖励体系和校友林、师生林和校友社会实践基地，形成了传统的颁奖典礼系列，让这些纽带成为学校爱校教育的历史见证。

后记：2014年伊始，华峻校长又开始带领着学校开展信息背景下的教学改革。我们期待沙溪中学新一轮的德育教学思想与技术改革探索，追求德育再上新台阶。

集聚能量为学校发展助力

——记中山市杨仙逸小学校长黄丽仪

题记：我会以『办人民群众需要的优质教育』『办让石岐人满意的教育』为工作的内驱力和检验标准，力求在原来文化传统的基础上，创新、发展、突破、超越，创建不断超越自我的『飞』的教育品牌。

秀丽的岐江河轻舒臂腕，环抱着被誉为伟人故里、文明新城的中山市。位于岐关西路繁华路段的石岐区杨仙逸小学，就像一串明亮的音符，以向上飞跃的律动，汇入城市和谐的交响。它，是为了纪念我国“航空之父”——杨仙逸将军而命名的特色学校。1925年杨仙逸将军的夫人程度纯奉孙中山嘱咐倾全力创办杨仙逸学校，纪念将军丰功伟绩。由于历史原因，学校期间一度停办，1989年复办。学校复办后，仙小人把当时名不见经传的学校办成了享誉中山市、名扬广东省的知名品牌学校。千人琵琶名扬全国，荣获广东省民乐示范学校称号（是中山市唯一一所学校），并率先通过广东省一级学校评估……九年前，老校长退休，接力棒传到一位年轻而又魄力的校长手中，她就是黄丽仪校长。来到校门口，看到墙上悬挂着的孙中山先生的题词“志在冲天”四个大字，独特的办学背景，让她陷入了深深的沉思，同时也看到了学校发展的方向。

她说：“精神是一种力量，更是一种指引，使所有成员为之奋发向上，努力拼搏。‘志在冲天’就是仙小师生拼搏进取的力量之源，这是一笔巨大的精神财富，学校需要不断深挖‘志在冲天’的文化内涵，使将军精神在传承中得到发展和创新。”这个独特的设想和规划将杨仙逸小学的发展推向了一个新的高潮，学校打造的“飞”的校园文化得到陈玉琨、李季、王蕙等教育名家首肯。2013年5月8日，中国教育报刊登了陈玉琨撰写的《学校的理想与理想的学校》的专家点评，对黄丽仪校长的办学成果给予了高度评价。逐步形成的“飞”的校园文化成为学校亮丽的风景，集聚能量为学校发展助力。为了更进一步挖掘将军精神内涵，黄丽仪校长带领团队老师申报省级德育课题《“三气”育人模式实践与研究》，以课题集聚能量为学校发展助力。最近一年，江苏六名校长、顺德伦教街道办的四位德育干部、市内多所学校纷纷前来向黄丽仪校长拜师学艺，跟岗学习；怀集、花都区、顺德伦教街道办、中山市四镇区八校的班主任先后汇聚学校参观、考察；市教育局把新学年的开门大戏《培育和践行社会主义核心价值观》研讨会放在杨仙逸小学，树立杨仙逸小学的标杆作用……

一、以人为本，筑学校美好愿景

上任伊始，黄丽仪校长就与全体行政、教师一起，分析学校处境、优势、短板，确立了要超越“围墙”和传统思想的局限，形成内外开放、多元互动的教育教学格局的发展愿景。根据孙中山先生为杨仙逸将军的题词——“志在冲天”，我们积极打造学校“飞”的校园文化，塑造飞翔的灵魂、打造飞翔的翅膀、建设飞翔的团队，彰显艺术教育特色，让学校的特色教育发展战略得以实施，并做到了以创新求发展，在发展中显特色。为此，全体老师共同凝炼了学校发展的方向。

二、集聚能量，让学生梦想发芽

每个孩子都有飞翔的梦，而杨仙逸小学就是学生们梦想开始的地方，黄丽仪校长就是搭建梦想舞台助孩子们起飞的引航者。如由将军勋章获得者自行组织的“入学典礼”、大队干组织的“校园好声音”“入队仪式”“舞动校园，放飞梦想”校园舞蹈大赛、“仙小智力大赛”等，为每一个仙小的孩子送上丰富的精神大餐。

为了使更多的孩子能有机会亮相展示风采，黄丽仪校长还把艺术节演出、展示作为学校工作的重要一环。学校先后在文化艺术中心、美术馆、书画院举行美术展，开创了中山美术教育的先河；在中山纪念堂连续两场的文艺演出、在文化艺术中心举行古筝专场音乐会。市教育局的领导称赞道：“杨仙逸小学器乐教育不愧是中山的领航者。”

黄丽仪校长为学生搭建的舞台不单单是文艺演出，更重要的是学生的自我管理、提升感悟力。每年开展5项慈善献爱心系列活动，开展丰富多彩的慈善教育主题活动，进一步彰显了学校的慈善教育品牌；亲自规划、利用学校长廊文化。敬业墙上，“感动仙小十大人物”分别以“感动”“幸福”“活力”为主题，记录了仙小教师团队敬业爱岗场景；乐学墙有“将军勋章”争章行动，激励每一个仙小学子都向往这一荣誉；还有卫生部、礼仪队站岗、检查，督促每一个仙小学子向上，这又成为了仙小一道崭新的风景线。督促别人，成长自己，让梦想的种子开始在学生心中发芽。

三、集聚资源，助学校展翅高飞

构建家庭、学校、社会三位一体教育体系也是黄丽仪校长常抓不懈的一门“功课”，她提出以“让我们一起飞”的目标凝聚更多正能量，增强家校合力。黄丽仪校长为家委组作了整体规划，成立协调领导小组、亲子小组、形象小组、后勤小组、摄影小组，由此也拉开了家校合作序幕。学校饭堂管理一直是令人头痛的事情，她邀请后勤组家委参与进来，为管理搭起一条桥梁，家长放心了，学校安心了；学校有一系列的文艺表演，形象组的家委们总在背后默默支持，有序组织学生的化妆、后台管理等；亲子组的家委自觉承担起千人绘画、清明节活动、慰问特殊学生等活动；在每一项活动中都会看到几个拿着“长枪短炮”的家委，他们是学校摄影组的一员。

胸藏百汇凭吞吐，笔有千钧任合羽。黄丽仪校长善于聚集各方资源，推进素质教育，为学生的“特长发展”搭建了更高更大的舞台。另外，她亲自主持课题研究，2007年《学习型学校建设中构建教师学习共同体研究》获中山市第六届教育科研成果二等奖；2010年主持的科研课题《小学科学主题探究式学习的实践研究》获得广东省中小学教育创新成果二等奖和中山市第八届教育科研成果二等奖；2013年主持的科研课题《“三气”人才培养模式实践与研究》成功申报省级立项课题；论文《构筑共同愿景，推进教师专业化发展》在《中山教育研究》发表；论文《底气 灵气 大气》在《中小学德育》发表并获广东省德育科研成果个人论文一等奖；论文《集聚能量为学校发展助力》在《中国教育报》上发表；《打造飞翔文化 助力学校腾飞》在《中小学校长》发表。

为了助学校再次腾飞，黄丽仪校长还确立她理想中“飞”一般的学校、管理者、教师、学生和家长。

理想中“飞”的管理者：他们有独特的人格魅力，有非凡的个性思想，文化底蕴深厚，执行力果断；有出色的组织沟通表达能力；有领先的专业水平，为师生提供优质服务是他们心中的目标。

理想中“飞”的教师：他们拥有爱心，能和学生做朋友；他们有人格魅力，用自己的言行熏陶学生；他们充满智慧，善于创新，让学生热爱学习；他们不断充实自我，和学生一起不断超越自我。

理想中“飞”的学生：他们从小立大志，有将军式的大气和底气，又不失现代的正气和灵气；他们身心愉悦，内心充实；他们有理想，并愿意为之付出不懈的努力；他们学科素养高，又有自己的特长，注重自我超越、自我展示。

理想中“飞”的家长：他们家庭美满，健康幸福；他们工作繁忙但从不忽视子女的教育；他们会用自己的经历拓宽孩子的视野；他们知识丰富，品格高尚，会选择合适的方式与学校、教师沟通。

理想中“飞”的学校：理念先进、文化浓厚，是师生浸润思想的场所；思想平等、个性灵动，是师生和谐发展的舞台；环境优美、设施一流，是师生共同成长的花园；是师生起飞的航行道，从这里起飞，他们会飞得更高，飞得更远。

后记：飞翔是每个孩子的梦想。黄丽仪校长用她的智慧和努力，搭建起通往蓝天白云的桥梁，也教会孩子们在学习和生活中学会逆风飞翔。

情注教育谱华章，一片丹心写春秋

——记湛江一中培才学校常务副校长郑建忠

题记：德育工作是一项行走于春天的事业。它应如春风拂面，鼓舞和唤醒学生心灵的种子，带给他们成长中所需的“正能量”；它应如润物春雨，时时拂拭幼苗上的尘埃，驱赶冬日的阴暗与冷漠。

郑建忠校长，广东省湛江一中培才学校常务副校长，党总支书记；在职研究生学历，中学语文高级教师，岭南师范学院人文学院兼职副教授，岭南师范学院卓越教师实验班导师；在省、市级以上期刊发表教研、教育论文数十篇，他撰写的教育专著《春天里忙春天的事》已由华南理工大学出版社出版。

郑建忠校长所在的湛江一中培才学校是一所民办学校。2007年4月，经湛江市教育局批准，湛江一中与寸金教育集团合作创办湛江一中培才学校。学校的办学规模以其令人惊讶的速度发展，目前初高中共有教学班156个，在校学生8700多人，在校教职员工520人。学校中考成绩在湛江一枝独秀，高考成绩名列前茅。不仅如此，该校学生在文艺、体育、科技发明、学科竞赛中屡屡摘得全国、省、市大奖，成为湛江基础教育的一面旗帜。培才学子的积极求学、全面发展得到了社会的高度认可，培才学校成为湛江地区乃至周边城市家长和学生的首选学校。

一、坚守“以德立校”的教育理想

“先成人，后成才”是他在教育工作中始终不渝的理念。在这一理念的引领下，他用教育的智慧和艺术启迪一批又一批的学生健康成长；他用自己的热情和心血一年又一年地浇灌着校园这片育人的净土；他用温情的目光、敏锐的思想、厚重的情怀鼓舞和唤醒学生灵魂深处的“真、善、美”；他用耕耘的身姿、刚毅的坚守、不懈的求索，收获了令人叹为观止的丰硕成果。

郑建忠校长重视德育工作，把德育放在学校各项工作的首位，把培育学生的社会责任感、创新精神和实践能力、促进学生的健康成长作为学校一切工作的出发点和落脚点。全校师生努力弘扬湛江一中“以人为本，和谐发展，力求冒尖”的办学理念，并以此为基点积极实践、大胆创新、科学提炼“尊重人，关心人，理解人，发展人”的德育理念。通过全校师生的共同努力，学校在教育教学两方面取得了有目共睹的成绩，得到各级领导的充分肯定，受到社会各届的高度赞誉，并初步形成了具有湛江一中培才学校办学特色的“育人为本，全面发展，彰显个性”的德育工作思路。

“德育工作说起来重要，做起来次要，忙起来不要”已经成为诸多学校德育工作的真实写照，培才学校作为一个民办学校，有极大的生存压力，郑建忠校长能执着于“以德立校”的教育理念，是他高瞻远瞩的视野，为学生长远发展负责的态度决定的，是他敢为人先的气魄决定的。他是培才学校发展的卓越引领者。

二、营造“以文化人”的育人环境

郑建忠校长十分重视校园环境建设，强调优化育人环境，营造良好的德育环境，使学生受到潜移默化的教育影响。他认为校园文化是一个学校的名片，校园文化对净化学生的心灵，陶冶学生的情操，提高学生的思维和审美品位等人文素质，促进学生健康向上成长，有着重要的意义。学校对校园文化建设进行系统地规划，培养学生团结向上的精神面貌、强烈的爱校意识、文明的行为举止和健康的审美情趣。

我校校园文化建设反映在楼道、办公室、宿舍、展板的诸多细微之处，力求为教职工和学生营造一个良好的工作和学习的文化氛围。校园整洁有序，校园中一花一草都挂上精美的“铭牌”，班级课室前精致的班级名片、学校校门前精心设计的宣传栏、学校图书馆寸金文化展览馆等设施都在彰显环境育人的无穷魅力。

郑建忠校长在强调物质“硬环境”建设的同时，狠抓校园“软环境”建设。他坚持正面宣传，牢牢把握正确舆论导向，弘扬主旋律，传播正能量，不断巩固壮大积极健康向上的主流思想舆论。他利用每周一国旗下讲话的平台，结合时政热点，引经据典，理性思考，纵论天下，回归校园，让全体师生一次次接受精神和心灵的沐浴，从而在师生间形成正确的舆论氛围，产生强大的“正能量”。

郑建忠校长十分注重校园法治环境建设。“依法办学，依法执教”是我校办学的根本原则，学校利用每周教师政治学习时间组织全体教职员工系统学习国家有关法律法规，要求每一位员工务必明确自己在教育教学活动中的责任和义务，依法施教。在他的倡议、联络和组织下，湛江市赤坎区人民法院和检察院为我校送来一年一度的“法律进课堂”和“模拟法庭表演”活动，使学生不仅仅在思想品德课上学习法律知识，更能直观地感受现实社会中法律知识的运用，从而增强了学生的法治意识。

三、探索“有效德育”的科学举措

长期以来，德育工作低效甚至无效困扰着广大教育工作者。培才学校自建立以来，始终把提高德育实效性作为开展工作的出发点与着眼点。七年来，学校始终狠抓关系学校生存和发展的三条“生命线”——“教育质量，服务质量，安全质量”，努力贯彻“先成人，后成才”的教育宗旨，逐步构建起以“年级为重心，班级为中心、班主任为核心”的德育工作管理体系。

为了实现科学管理，郑建忠校长倡导成立由学校所有处室主要负责人组成的学校“德育工作领导小组”，整合各部门资源，从人员、经费和设施予以充分保障，努力构建学校“全员德育”的工作体系，确保了学校德育工作全面、及时、有效的贯彻和落实。小组成员分工明确，责任到人，学校德育处、团委、少先队、学生会、级委会、班教师组分工协作，确保学校德育工作顺利推进。

他带领学校管理部门大胆尝试 “扁平化管理”新模式，即管理重心下降、管理指挥前移的管理策略。几年的实践效果明显，充分调动了年级主任工作的积极性，年级工作更有活力、及时有效，使许多问题消除在萌芽状态，极大地提升了德育工作的效益。

他非常重视学校心理健康教育工作，在场地、设施上给予心理健康教育有力的支持，为全校师生身心健康成长提供了有力的保障。学校心理健康教育中心开展了个体心理咨询、团队辅导、心理危机干预、心理社团活动、心理课题研究等一些列的工作，并取得了良好的教育效果。

他带领学校德育管理者顺应时代的发展，对学校德育工作进行整体规划，开展一次安全教育、法制教育、青春期教育、禁毒教育，利用每周国旗下讲话、主题班会等常规活动，真正实现德育工作的常规化、系列化、多样化、规范化。

作为学校的引路人，他深知德育工作要适应社会发展，不断求新、求变。为此，在他的组织和带动下，学校积极开展了德育校本研究。2013年培才学校编撰了系列德育工作校本教材：《班主任经验交流论文集》《暑假班主任培训专辑》《班主任德育论文集》《班会教案集》《学生国旗下讲话集》《社会实践·军训总结》《给孩子点亮一盏灯》等成果公开出版。此外，他还将学校发展中存在的问题作为德育课题进行研究，他参与教育部重点课题《地方历史文化资源转化为学校德育资源的研究》；他申报的《利用乡土文化资源对中学生进行爱国主义教育实践研究》被广东省德育课题组立项；2013年广东省德育课题申报中，我校2项课题获准立项；2014年又有2项德育课题立项。此外，2013年我校有5项德育课题被市教育局立项，德育校本研究、德育微课题研究已经在学校蔚然成风。

郑建忠校长不仅创立了一整套科学、高效的德育管理、教学管理模式，更始终保持着善于学习、勤于思考、潜心研究的习惯。自2001年以来，他共撰写发表于省市级以上教研、教育论文数十篇；编撰教育专著《发扬一中精神·迎接新的挑战》作为学校学生德育教育的校本教材供师生学习；2013年正式出版个人教育专著《春天里忙春天的事》。

四、积淀“爱国、实践”的德育特色

学校始终把德育主题活动作为学生全面发展和个性彰显的重要途径。系列化、多样化、明方向、重参与、寓教于乐，是学校、年级、班级开展活动的基本原则。几年来，学校一直坚持定期举行下列活动：一月的元旦晚会、学生书法、绘画、摄影作品展；三月的社会实践和学雷锋；四月的法制教育、安全教育；五月“红五月校园科技文化艺术节”；七月航海航空比赛和夏令营；八月的新生军训；九月养成教育；十月歌颂祖国；十一月的初中生青春期教育；十二月体育节。这些活动精彩纷呈，高潮迭起。除此而外，德育处要求各个年级每学期至少开展一次文体活动，以增强班级的凝聚力，给学生搭建一个展示个性、发挥特长的平台。

郑建忠校长根据我校实际，结合湛江地方特色，将“爱国、实践”作为我校的德育特色。为此他积极筹划，设计了新生入学的“培才学校”校史教育和寸金历史教育。在中学三年逐步开展湛江乡土历史教育、每周升国旗的时事教育、中国传统佳节的节庆文化教育、海洋历史教育、湛江历史名人教育，并且与南海舰队合作，进行国防教育等一系列、多层次、本土化等爱校、爱家乡、爱国家教育。

让学生走出校门已经成为很多学校的“奢望”，然而郑建忠校长再次展现他的魄力，不仅让学生走出校门，还让学生走进社区，走进自然，走出国门。在他的倡导下，“读万卷书，行万里路”成为很多孩子、家长、老师的共识。为此学校设计了春季社会实践、暑期军训、夏令营、冬季校外拉练等一系列活动，让学生在实践中感悟，在活动中成长，在锻炼中成熟。

后记：情注教育谱华章，一片丹心写春秋。在郑建忠校长心里，有三个“大”的追求：追求大视野、追求大思路、追求大完美。大视野是作为一个教育家对教育本质的高瞻远瞩，大思路是作为一个改革者对教育未来的大胆把握，大完美是作为一个实干家对教育实践的精益求精。这是一个党员干部、教育工作者的人生追求，也是对党的教育事业的无限忠诚。“全心全意地为教育事业奉献一切”已注入郑建忠校长的生命。他在书写自己的人生篇章的同时，也为湛江的教育事业增添了绚丽的光彩。

创新模式，科学发展

——记茂名卫生学校书记、校长杨云

题记：『德育是职业教育的灵魂』，这是杨云同志常常挂在嘴边的一句话。的确，德育工作是中等职业教育管理的一个关键。可以说，抓好了德育，就抓住了学生管理的核心，抓住了职业教育的灵魂。

杨校长自2008年担任学校书记、校长以来，结合卫校的特色，从树品牌、重质量、促就业三方面着手，以科学发展观为指导，创新模式，紧紧围绕“以人为本、德育为先”的工作思路，秉承“立德求精，惟民安康”的宗旨，围绕“以服务为宗旨，以就业为向导”的办学方针，加强教师队伍的思想政治建设和业务素质提升，构建了以评价为中心的“四为”德育模式和“十好”育人目标；通过校园文化建设和各种活动为载体，营造浓厚的育人氛围，增强了德育工作的科学性和实效性，学校的德育工作上了一个新台阶；学校实现跨越式的发展，招生情况在当前中职教育遇冷的形势下逆流而上，招生人数年年攀升。2013年，学校录取新生2358人，学校中专学历学生总人数达6500多人，在茂名地区中职教育中一马当先，独占鳌头。最近，学校被省教委、省公安厅、省教育厅联合授予“广东省安全文明校园”，学生会被评为“广东省先进学生会”。

一、培育特色文化，构建和谐校园，夯实德育工作基础

杨校长认为，校园文化是一所学校的精神和灵魂，是学校秩序、学校环境、学校精神和学校形象的集中体现，是社会主义和谐文化的重要组成部分，更是学校德育工作的重要基础。于是，在他的管理下，茂名卫校的德育校园文化璀璨夺目。

（一）加强宣传阵地建设，培育学生职业精神

杨校长重视德育宣传阵地的建设。在校园显眼位置设立了大型宣传橱窗，定期刊出宣传专栏；设立了电子显示屏，及时发报校园最新信息；设立了整齐划一的宣传黑板报，定期开展板报比赛，为各班提供文化宣传阵地。在充分发挥板报、橱窗、图书馆、陈列室、广播、校内电视宣传作用的同时，大力加强网络文化建设，建成了融思想性、职业性、知识性、服务性于一体的校园网络平台。通过张贴、悬挂名言警句、孔子和华佗、白求恩、南丁格尔、钟南山等古今中外名人名医画像等形式，校园每一面墙都能说话，每一处空气都浸透着育人的气息，突出宣扬崇高职业精神，大力培育具有卫生职业特色的校园文化。

（二）传承传统医药文化，构建校园文化核心

在创建校园文化过程中，杨校长十分注重传承与创新，始终坚持以卫生职业文化为特色，以传承中华优秀传统文化和创立具有时代精神的校本精神文化为出发点，全力构建校园文化核心。

传承中华传统医药文化。我国有上下五千年的历史文化，从“神农氏尝百草始有医药”至今，积累了数千年的中医文化，并形成了优良的医学道德传统。“上医医国，其次疾人”，“不为良相，则为良医”。我国古代将医生治病救人与宰相治理国家视为同样神圣的大事，“大医精诚”更体现了医生必备的医德修养和行为准则。古今医学文化一脉相传，学校通过讲名医故事，挂名医画像，建名医画廊，对传统博大精深的医学和优良的医德加以传承和宏扬。

引入现代企业文化。以校企文化对接为切入点，进一步凸显校园文化的职业特色。学校与广东省大森林药业公司合作，在校园内建有120多平方米的“大参林”模拟标准药房超市；在药剂专业设“大参林”班；邀请“大参林”主管来校演讲，宣扬企业的优秀文化；借鉴企业的管理制度，加强学生的日常管理；同时与“大参林”共同开发职业能力、职业素养培训课程；充分利用工学结合、半工半读、顶岗实习的机会，引导学生了解企业文化，感悟职业精神，培养职业素养。

创立校本精神文化理念。具有时代特征的校本精神理念，是一种无形的精神力量，是促进学校发展的动力源，是校园文化建设的核心内容。学校十分注重通过有奖征集“校训”“校徽”等形式在师生中加强校本精神文化的宣传和教育，进一步强化校本精神文化建设意识，“立德求精，惟民安康”的校训充分体现了学校的办学理念和专业特色，体现“德技双高”的行为规范和“一切为了人民健康”价值追求。同时，学校特别强化“卫校生”特质，以“四会”“十好”为素质教育的评价标准，要求学生时刻牢记“我们是卫校生”“卫校生更加懂得卫生、健康、安全的重要意义”“卫校生更加珍惜和热爱生命”“卫校生要铸就铁的纪律，钢的本领，金的人格”。并通过校徽、校歌、校服等个性标识，结合良好的校风和学风，彰显校本精神文化特色，形成了具有明显特色的校园文化核心。

二、与时俱进，敢于创新，开创德育工作新局面

杨校长认为，创新是推动民族进步和社会发展的不竭动力，没有创新就没有社会的进步和发展；同样，我们的教育工作也要紧跟时代，做到与时俱进，不断创新工作的理念、思路和方法，使我们的育人工作充满活力。

（一）创新德育模式，提升德育科学性

德育模式是学校开展德育工作的思想观念和工作指引。构建合适的德育模式，能使学校的德育工作更具有科学性、针对性和实效性。为此，杨校长加强了对德育模式的探索、研究，成立了课题小组，进一步学习领会党的教育方针、有关政策文件精神和德育教育理论。他总结了学校的德育工作经验，整合学校的德育资源，以教育部印发的《中等职业学校德育大纲》、广东省《关于加强和改进中等职业学校学生思想道德教育的实施意见》为依据，构建起了适合中职卫校学生特点的以评价为中心的“四为”德育模式，其内涵包括以学生为主体、以评价为中心、以职业素质为重点、以丰

富的德育活动为载体。“四为”德育模式实施一年多来，取得了理想的效果，有力地促进了学校德育工作的开展，开创了学校德育工作新局面。

（二）以“十好”为目标，育德技双馨人才

目标是学校前进的方向，是工作和学习的动力。如何让学校的育人目标和学生的成长目标深入师生脑海，铭记于心，发挥目标的激励作用。杨校长经过认真的思考并借鉴外校的经验，创新提炼出了学校素质教育的“十好”目标，即：理想明确思想好、勤奋好学学业好、遵章守法纪律好、讲究卫生仪表好、爱好运动身体好、尊孝友爱人缘好、自信自强心理好、说到做到诚信好、珍爱生命安全好、德技双高就业好。“十好”涵盖了思想、行为、学习、做人、职业等方面，是全方位的要求，为师生指明了努力的方向。在贯彻落实方面，他还将“十好”用红色醒目的字体写镶嵌在学生宿舍楼的外墙上，将“十好”作为学生德育评价和学校育人成效评定的依据。每学期组织评选“十好优秀学生”，发挥了“十好”目标的准则作用、激励作用，促进了学校德技双馨卫技人才的培养。

（三）创新德育评价体系，将德育工作落实到实处

德育评价是学校德育工作的重要组成部分，对落实德育目标、巩固德育效果，起着很好的作用，具有重要意义。杨校长坚持以人为本、以学生为主体的原则，以学生的成长和职业发展为目的，调整充实学生思想品德评价的内涵，细化评价内容；做到学生个人评价与集体评价相结合、客观评价与主观评价相结合、量化评价与定性评价相结合、平时评价与学期评价相结合；创新构建了全新的德育评价体系，制定了茂名卫生学校德育评价方案、月评价表、学期评价表，从思想表现、职业理想、学习态度、遵纪守法、卫生仪表、尊孝友爱、文体和社团活动等方面对学生进行全面的考评；及时做好分析反馈，使学生及时了解自己的进步和不足，明确努力的方向；使学校和班主任及时掌握学生的思想行为表现，做到有的放矢，使育人工作更具有针对性和实效性。新的德育评价体系的实施，将德育目标落实到了实处，全面提高了学生的素质，促进了学生的健康成长，为培养思想品德好、职业素质高的卫技人才起到了保障作用。

（四）构建系列主题班会，提升德育工作实效

主题班会在中职学校德育工作中发挥着重要的作用。通过主题鲜明、内容丰富、形式多样的主题活动，班级学生之间、师生之间可以进行更广泛而深入的思想交流，让学生在活动中得到体验、感悟、增进思想认识，达到启迪的作用。学校根据德育工作目标，结合中职学生的素质特点，遵循学生心身成长的认知规律，构建了系列主题班会方案。按年级设置，每月一个主题，有“目标理想、文明守纪、班级建设、爱国主义教育、自信自强、感恩、珍爱生命、青春期教育、职业梦想、成人礼、诚实守信、学法守纪、快乐面对人生、爱岗敬业、求职、展望未来”十六个主题可供选择，使学校的德育工作更加具有预见性、计划性、整体性和针对性。

为确保系列主题班会的取得良好的效果，学校建立完善了主题班会的制度和要求，使各班级的主题班会开展做到“三统一”，即统一按照学校制定的系列主题、活动目的和活动时间开好主题班会。它要求班级活动前向学校提交活动方案，主题班会做到充分的准备，精心策划；同时，完善了检查评比制度，将主题班会开展情况纳入班主任的绩效考核。通过对主题班会活动方案、活动开展情况的检查，系列主题班会的落实到位；通过检查评比及时反馈存在问题，有针对性地加强和改进，对活动开展得好的班级进行表彰，做好经验推广、树立品牌，营造了积极的校园氛围。其育人成效已深入师生心中，受到师生的赞誉，提升了学校德育工作的实效。

三、打造优质队伍，塑师德校风之魂

在学校的德育工作中，班主任是其中重要的一环。班主任是一个班的领导者和管理者，是正确贯彻执行党的教育方针的实施者，是学校德育工作实施的执行者。班主任个人素质的高低和人格魅力，将直接影响每一位学生的成长和德育工作的效果。

（一）积极推行主题班会

为全面提高我校班主任教书育人的水平，不断改进召开班会的技巧，近年来，我校在德育工作中积极探索新模式，结合中职学生的素质特点，遵循学生心身成长的认知规律，推行主题班会公开课。公开班会的主题内容囊括“人生、感恩、职业、未来”等主题，紧扣现实，做到每月一个主题。

主题班会活动不但使学生的思想得到净化，情感得到深化，能力得到发展，道德得到增强，个性得到展示，同时也是对班主任的锻炼。在主题班会活动中，班主任既是指导者，又是参与者，主题班会公开课既是对学生思想的一次洗礼，更是对班主任的挑战。通过主题班会制度的形成，我校班主任队伍的整体素质得到了很大的提升。

（二）举办班主任能力竞赛

为了提高班主任的专业能力和工作技巧，培养班主任的表达能力、应变能力及处理突发事件的能力，近年来我校每年都举办“班主任专业能力大赛”。比赛内容包括书面答卷、教育故事演讲、主题班会设计、情景答辩、德育案例论坛等，要求每一名班主任都要参加，大赛成绩好的给予奖励。通过大赛的举办，我校班主任的工作积极性大大增强，育人能力得到进一步提升，大大促进了学校的教师队伍建设。

（三）加强班主任的培训学习

学校非常重视班主任队伍的建设，每年我们在精心挑选好班主任后，都对新的、年轻的班主任进行岗位培训，然后才能正式上岗，每学期还不定期举行班主任座谈会。在班主任工作期间，我校又通过组织各种活动，把班主任“送出去”。一是参加省内外举行的班主任培训班，学习别人的先进管理经验；二是经常组织班主任到野外或风景名胜区去参观学习，既交流了经验，又亲近了大自然，减轻工作压力，理清工作思路，创新工作方法。通过这种“内外结合”的培训学习，我校班主任的整体水平越来越高。

四、拓宽活动渠道，营造浓厚德育氛围

各种各样的集体活动是校园文化的有效载体。近几年来，学校主要是从以下几方面积极开展丰富多彩的有益活动，促进师生健康发展，构建和谐校园。

一是有针对性地开展各种主题教育系列活动。每学年，我们都积极开展丰富多彩的文体活动，除了常规的重大节日举办文艺晚会、田径运动会等文体活动外，我们还根据各阶段形势教育的需要，开展如“明理、立志、勤学、成才”“红歌伴我成长”“讲文明、除陋习，正学风、守医德”等系列主题教育活动。在“创先争优”活动中，团委在全校开展题为“创先争优团支部第二课堂”的系列活动，每星期都安排一到两个班（团支部）举行专场活动时间。同学们欢歌载舞，校园成了欢乐的海洋。活动将贯穿于“创先争优”活动过程，下一步还将变成团委的常规工作之一。学校还不定期举办校园“十大歌手”大赛、个人才艺大赛、“知博”辩论赛、“文明礼仪伴我行”教育活动；每年三月，学校都举办声势浩大的“践行雷锋精神志愿活动”，数百名志愿者们化身“雷锋”纷纷走出校门走上街头，或义诊或清洁，或敬老或献血，大力弘扬雷锋精神。这些活动主题鲜明、针对性强，对学生理想品德的树立和文明行为习惯的养成，具有较为深远的教育意义。

二是“请进来，走出去”，拉近学生与社会的距离。除了学校自办节目外，每年都引入专业歌舞团和电影队到校演出和播放。2011年，我们请来专家举办“传递感恩、构建和谐、给力幸福”的青少年感恩励志报告会，专家动情的演讲让同学们留下了热泪，大受教育；邀请了北京“心灵之声”残疾人艺术团到我校举办了“拼搏启迪人生、爱心点亮世界”的文艺演出，晚会节目精彩纷呈，同学们被残疾人的拼搏精神所震撼，完成了一次精神洗礼。每年，我们以学生社团为主要组织，充分发挥学生社团自我管理、自我服务、自我教育的作用，积极“走出去”，开展社会实践活动。通过慰问福利院、敬老院、“缅怀先烈、做革命事业接班人”的清明扫墓、社会专题问

卷调查、学雷锋、暑期社会实践、顶岗实习等活动，学生在方方面面得到学习、锻炼、提高。

三是开展总结评比表彰活动。学校认真组织开展各项评比表彰活动，人人参与，形成“比、学、赶、帮、超”的浓厚氛围。每学期组织“文明班”“文明宿舍”黑板报、优秀团支部等集体评比表彰；同时针对目前中职生普遍是“应试”、失败者很少被关注的情况，采用多鼓励的办法，除设立“三好学生”奖外，还专门设立如学习成绩进步奖、诚信守纪、学雷锋各种单项奖；完善了操行量化评分制度，通过自评、班评和学生会考核，对每个学生操行进行评定及奖励，特别是引入学生自我评价，使学生明确哪些能做，哪些不能做。做到学有榜样，赶有目标。

近几年来，杨校长在办学实践中深深感到，德育是学校教育的重中之重。几年的努力，德育工作结出了累累果实：学校被评为“广东省安全文明校园”；学生会被评为“广东省优秀学生会”；近两年，团委向学校党总支推优40多人，有15人光荣入党。目前，有师生200多人向学校递交入党申请书，校园呈现出一派欣欣向荣的景象。2009年以来，我校学生在各类各级竞赛中共获奖58项，其中省级22项、市级36项。

后记：杨校长始终清醒地认识到，教育好、培养好新一代劳动者是我们义不容辞的责任和使命。“春风化雨勤润物，芬芳吐蕊香满园。”学校将在上级各部门的领导下，在科学发展观的指导下，创先争优，积极探索新形势下开展中职学校德育工作的新途径、新方法、新路子，努力使学校德育工作再上一个新台阶，为构建和谐社会而做出更大的贡献。

选择教师，就是选择奉献

——记四会市东城街道周开泉小学副校长罗庆振

题记：『选择教师，就是选择奉献。』罗庆振，一位普通的党员教师，正在用自己的实际行动诠释着『忠诚党的教育事业，办人民满意教育』的人生理念。

投身教育工作25年来，罗庆振同志曾任班主任、教导主任、副校长。虽然教育岗位几经变换，但他德艺双馨，一身正气。无论是担任教师、教导主任还是担任副校长，他始终用自己高尚的品质影响人，用先进的德育理念培养人，用形式多样、生动活泼的德育活动教化人，用自己的模范行为突出的工作业绩带动人；始终以一名共产党员的标准严格要求自己，坚持学习科学实践发展观，致力于学校德育管理的创新，在德育工作方面做出了一定的贡献，给全校师生做榜样、立标杆，为我校的教育教学辉煌成就做出了卓越贡献。

一、以身作则，率先垂范做榜样

为人师表，率先垂范。作为一名教育工作者，他深知榜样的力量是无穷的。因此，在工作中，他用科学实践发展观的理论武装自己、指导自己。他以身作则，要求老师做到的自己先做到，要求老师不做的自己先不做。他身体力行，持之以恒地高举社会主义高尚道德教育大旗，在每个岗位上唱响文明正气之歌。每次行政值日，他都早到晚走，详细做好信息记录；他对分管的工作，总是认真负责，一丝不苟，始终领先；学校分配的工作，他任劳任怨，从不挑肥拣瘦，每次都会出色完成；他任教的班级，教学成绩在全年级名列前茅。对于学生的德育工作，他总是千方百计创新工作思路和方法，培养学生良好道德品质和行为习惯。为了说服转化一个问题生，他可以一次次不厌其烦地谈心交流，一遍遍与家长联系沟通，直到学生心悦诚服为止。桃李不言，下自成蹊，在他的榜样示范作用下，全校师生形成了求真务实、踏实进取的工作和学习作风，为学校的发展奠定了坚实的基础。

二、锐意创新，养成教育做基础

罗庆振同志认真学习新课标，领会新理念，在教育教学中不断实践创新。在多年的教育教学实践中，特别是在创新教育教学的实践中，他不断探索，形成一定的教育教学风格。

（一）德育管理，创新思路

1．落实一个中心

以落实常规工作为中心，他带头指导制定了《周开泉小学学生学习生活常规要求》，通过“学常规”“建班规”“赛常规”来规范学生的言行。每天由值周领导、值日老师、值日队干巡视检查两遍，检查成绩及时上墙公布；每天早操时进行情况小结汇报，每周进行一次优胜班级评比；同时每班都设立卫生、文明监督岗，做到有问题及时记录、提醒；并将每学期的第一个月定为常规落实月，以后的每两星期进行一项常规专项检查评比。如此一来，学校环境卫生整洁，学生形成了良好的行为习惯，营造了文明、和谐的校园氛围。

（二）打造两支队伍

创建一支德才兼备、高效的班主任队伍。班主任是学生精神成长的引路人，因此在选拔、培训时，坚持以“敬业奉献、热爱学生，善于做学生的思想工作，具有较强的教育教学组织能力，班主任学科专业和教育专业基础扎实，具有团结协作精神和较强的人际沟通能力”为方向。每学期开学，罗庆振同志以业务讲座的形式，为教师进行校本培训，作了《班主任管理例谈》《班主任与德育培训材料（一）、（二）》《做一个幸福快乐的班主任》等专题讲座；组织全体教师学习有关班级管理的先进经验和案例；每月班主任例会上，将理论学习、经验交流、工作布置作为会议的主要内容；每年指导德育处召开正、副班主任的经验交流会，让班主任在交流中分享经验，获得启示，促进班主任工作效率的整体提高和规范化运行。

指导培养一批品学兼优、工作得力的少先队干部。在少先队员这个群体中，干部既和其他队员一样，是接受辅导员教育、指导的对象，又是辅导员的助手，是其他队员的榜样。他积极配合少先队大队，有意识地引导队员们在竞争中树立民主意识，在工作中注重培养服务意识、自律意识、创新意识，强化自主意识，一批批品学兼优、工作得力的队干部脱颖而出。

注重三大活动：常规活动制度化。日常规有学生一日常规检查制度等；周常规有周三中队活动、每周之星、文明班的评比、升国旗及国旗下讲话等；月常规有一个活动主题、一次板报、班主任例会、班主任工作考评等；学期常规有评选一星一生、教室布置等。工作制度化不仅规范了工作程序，而且提高了工作效率。主题活动多样化。我校坚持走“素质立校、特色强校”之路，有目的、按步骤开展以贴近学生生活为主题的系列活动，全面培养学生综合素质。如文明进社区活动，母亲节、父亲节、教师节的系列感恩活动；与好书交朋友、唱读感悟、征文比赛、表演比赛、手工制作；设立校园内外“礼仪岗”、家庭“孝敬岗”“家务劳动岗”等岗位；每学期开展“漂亮领巾飘，规范行队礼”、以“文明礼仪”为主题的“国旗下演讲”“星级”评选、“三个轻轻”“安全记心间”等活动，以绿色理念培养好习惯的绿色学校创建活动等。一系列活动都围绕一个主题：大力开展素质教育，对小学生进行养成教育，让学生在活动中感悟、在活动中成长。特色活动具体化。罗庆振同志带领教师们开展德育科研课题研究，有《在传统文化中培养学生良好的道德情操》《小学生良好礼仪习惯的培养与研究》《家校合育开展小学生感恩教育的实践研究》《诵读经典诗文，传承传统美德，养成良好行为习惯的研究》等。具体做法如下：

首先营造良好校园环境。在校园的围墙上砌了一条国学经典长廊，利用诗画长廊开展诵读活动；在一楼平台设有一个“国学诵读”平台，学校广播室每天定时播放诵读国学和古韵新唱，安排各班学生下午第二节课后轮流去诵读经典。

其次开发校本教材。在诵读《中华传统文化经典汇编》基础上，根据学校实际，增加了《弟子规》和编写了《古诗文诵读》校本教材。利用早读前、班会课、品德课传统文化教育课等时间进行教育；定期举行“诵读擂台赛”和“活用经典”征文比赛。学校设立“诵读之星”评选榜和“优秀诵读家庭”评选榜，使中华经典诵读活动成为学校的重点工作，使之常态化。我校把《中华传统文化经典汇编》分为上、下两个学期内容，以这些内容为主，以熟读为基础，提倡背诵喜欢的段落。

再次设立“诵读之星”评选榜，在家与父母亲共读，让家长也参与进来，每学期评选一次，评出“优秀诵读班级”“优秀诵读之星”“优秀诵读家庭”。在2013年12月11日，我校举行“诵华夏经典，扬传统文化”展示活动，来自全市各学校近200名教师和荣获优秀诵读家庭的108位家长代表以及全校2500多名师生参加了这次活动。学校对在本学期“诵华夏经典，扬传统文化”系列活动中荣获的“优秀诵读班级”“优秀诵读之星”“优秀诵读家庭”进行了颁奖。四会电视台、肇庆电视台作了相关报道。

最后坚持诵读活动课内、课外结合起来。2013年11月25、26日，学校邀请社会德育团体5位校外辅导老师为全校老师、家长带来了精彩的讲座，呼吁家长积极营造良好的家庭读书氛围；向全体学生家长发出了指导、督促孩子读书的倡议及提供适合各年龄段阅读的课外书目指南，现在越来越多的家庭溢满书香。2014年5月29日，我校邀请社会德育团体5位校外辅导老师走进各班教室，就传统文化的传承与发扬举行专题教育活动。

围绕诵读活动的开展，按照“学生主体、全员参与、以校为主、辐射家长”的工作思路，丰富了学校的德育内涵，推动了学校未成年人思想道德交涉和德育工作的发展。良好的校风、学风、班风已经形成，有效地促进了我校学生养成教育的全面实施，有380位学生被评为“校园之星”、760名学生被评为“诵读之星”、380个家庭被评为“优秀诵读家庭”、20个班级被评为“优秀诵读班级”。在“读经典，颂中华”2014年四会市中小学生朗读比赛决赛中，我校三年级（3）班的李慧琳组合荣获小学组三等奖。

在班级中打造班级德育，实施三化工程（班级布置个性化、班级目标明确化、班级活动特色化）。开学初班主任提出具体目标，制定实施方案，在随后的学期中进行各项评比，最后在学期结束综合评定，为达标的班级颁发奖牌。

（二）加强校园文化建设，优化育人环境

罗庆振同志2004年调任我校以来，他与班子成员共同讨论学校的文化建设，并亲自设计和制作，现在学校每一楼层都有他根据不同年级学生设计制作的宣传条幅。学校根据班子讨论的结果，组织人员每学年开学为各班设计班牌，设计横额标语悬挂在教室后墙；要求板报、橱窗定期更换，校园内文化气息浓郁。近年来，学校绿化逐渐成型，春、夏、秋三季绿树成荫，花草掩映，学生在良好的文化氛围中形成了良好的学风和文明习惯。

（三）学科中渗透德育教育

我校教育教学制度明确规定：各科教学是向学生进行思想品德教育最经常的途径，科任教师应结合学科实际在教学中渗透德育教育。

三、春华秋实，才显品高创辉煌

辛勤的汗水浇出璀璨之花，办学十多年来，经过全体教师的共同努力，我校打造了一支思想素质好、业务能力强、敬业爱生的教师队伍，有两人被授予广东省“小学特级教师”称号，35人被评为区级以上骨干教师，30多人次在省、市各类教学大赛中获奖，50多人次荣获国家、省、市的荣誉称号，300多篇论文获奖或发表。学生在各类竞赛中有近千人次获各项奖励。学校也连续被评为四会市、肇庆市的教书育人先进单位、文明单位、体育传统项目学校、广东省少先队红旗大队、广东省巾帼文明岗、广东省“十五”规划课题优秀实验学校、广东省首批书香校园、广东省“朝阳读书”活动先进集体、全国“十一五”规划课题优秀实验学校、全国中小学心理健康教育理事会常务理事单位、 中国青少年素质教育研究优秀实践基地、全国教育科研先进单位。

罗庆振同志个人也评为2003学年度四会市少先队工作热心支持者；2009年获评中央教育科学研究所“十一·五”重点科研课题《传统文化与语文教学》全国优秀学术指导、教育部中国教师发展基金会“教育科研优秀教师”；2011年被评为团中央“十一五”重点课题“少年儿童行为习惯培养的研究与实践”科研先进个人和肇庆市“创建绿色学校先进个人”；2013年被评为中央教育科学研究所重点课题《传统文化与语文教学》全国优秀实验教师。

后记： 春风化雨，润物无声，罗庆振校长用他的奉献为学生们浇灌出最美之花。他身体力行，用点滴的奉献和努力在教育行业默默前行着，他是无私的奉献者。

守望花园，静待花开

——记广东省肇庆市第十六小学副校长黎彩萍

题记：关注生命成长，静待孩子成人。因为教育的根本目标是教会孩子做人，培养『人』比培养『才』更加重要。而德育在于唤醒、体验、激励，在于培养学生的积极人格。

黎彩萍老师任教的学校——广东省肇庆市第十六小学是广东省一级学校，现有31个教学班，1914名学生，97名教职工。学校始建于1928年，积淀了深厚的学校文化，以教育理念先进、师资力量雄厚、教育教学质量领先、办学特色鲜明得到了社会的广泛认可。学校形成了以实施素质教育和实行现代学校管理为核心的优质教育品牌，彰显了“全面发展，学有所长”的育人特色，在广东省内外有良好的知名度和美誉度，近几年先后被评为“中国少年儿童平安行动”示范学校、爱国（基础）教育全国示范小学、广东省心理健康教育示范学校、广东省红旗大队、广东省巾帼文明示范岗、广东省现代教育技术实验学校、广东省安全文明示范学校、广东省书香校园、广东省红领巾示范学校，肇庆市德育示范学校、肇庆市廉政文化示范学校、肇庆市教书育人先进单位等。

黎彩萍老师自2004年任德育主任，2008年任学校副校长至今，一直分管学校的德育工作。她以“知行合一”为德育原则，以“养积极人格，育阳光少年”为德育理念，以“创特色班级文化，培育现代小公民”等主题体验活动为载体，以实施“美德银行评价”为手段，不断创新德育工作方法，丰富德育的内容，构建德育模式，坚持落实养成教育，注重学生的德育实践和体验，深入开展课题研究和积极人格教育，与学生共同成长，与学校发展同步。

一、细化常规，形成序列

“教之道，德为先”。在日常教育教学中，她无论在任何岗位，都坚持以育人为己任，按照十六小的学风和教风要求，着力培养学生良好的道德品质和文明习惯，在日常的教育教学中做到细化常规，形成序列。按照“从大处着眼，小处着手”的原则，她结合多年的实践经验，主编了校本教材《德育手册》《安全教育手册》《班主任工作手册》；根据小学生的年龄特点、认知水平和成长规律，按照“三贴近”（贴近实际、贴近生活、贴近学生）的要求，把日常的常规教育和常规管理科学化、细致化、序列化，形成了每月一主题的德育序列，供学生学习和班主任参考，有效地指导老师进行各种品德教育和育人活动。

二、春风化雨，活动育人

活动是学生最喜爱的教育载体，实践和体验是提高德育成效的有效途径。在丰富多彩的活动中，学生能自主感悟，体验创新，锻炼能力，升华情感。她根据学校的计划，精心组织各项育人活动，深化了德育的内涵，促进了学生的全面发展。

开展“创特色班级文化，培育现代小公民”的德育主题教育活动。活动通过指导教师创新班级管理，创设特色育人环境，形成班级文化，提高师生的公民道德水平。

开展安全教育主题教育活动。为了增强同学们的安全意识，掌握自护自救的方法，她组织同学们通过讲故事、演讲的形式，各班推选几个表达能力强、普通话标准的同学组成安全教育讲学团到各班进行安全知识巡回大演讲。讲学团成员用直观的图像和生动的事例向同学们宣讲安全的重要性，使同学们掌握安全自救的技能和常识，受到深刻的教育，成为学校安全教育的一大亮点。

开展中华优秀传统文化教育活动。从2009年开始，结合广东省书香校园的创建，她每年都组织学生开展“诵读国学经典，传承华夏文明”的主题系列教育活动，使中华优秀传统课程进入课堂，进入校园，进入家庭。为了传承和发扬校园文化的精髓，历经了36届的百灵鸟歌会和六一文艺汇演，近几年都以中华优秀传统文化的诵读为主题，通过琴、棋、书、画、读、唱、舞、演等多种形式，展示学生的个性特长和学校的文化特质，使师生的道德情操得到熏陶、行为认知得到内化、积极人格得到升华，学校的文化多元呈现和发展。她还根据传统节日，组织丰富多彩的活动。如：中秋节前夕，配合市文明办在七星岩牌坊广场演出节目“中华经典童声诵唱《静夜思》”；九月九日重阳节，组织三（4）班的20多位同学和家长们一起到福利院为老人们祝寿、表演节目，将“老吾老以及人之老，幼吾幼以及人之幼”的传统文化中尊老敬老的优良传统代代相传，使中华民族源远流长的民族文化和自强不息、团结奋进的民族精神铭刻在学生心中。

开展感恩体验主题教育活动。为了让学生亲身体验到灾区孩子的坚强与艰苦、诚实与善良、顽强与自强，从而增强学生的感恩意识——感恩父母，感恩生活，努力做知恩图报、心存博爱的人。从2010年开始，她组织教师、学生、家长到四川克枯小学、德庆县的石头小学开展系列体验活动，让孩子们切身感悟到“给予比接受更快乐”“赠人玫瑰，手有余香”的中华民族传统美德。

开展“美德银行”德育评价。为了创新德育的内容和形式，她勇于创新，组织全校师生开展实施了“美德银行”系列教育活动，教育学生“储存美德就是积累一笔无形的财富”。她设计了“美德银行”存折，制定了“美德银行”系列评比和奖励措施，让学生在日常学习和生活中养成良好的卫生、守纪和礼貌习惯，培养学生的责任心和小主人精神。

三、课题研究，知行合一

德育科研是用科学的态度和方法来研究德育现象，总结德育的经验教训，探索具有普遍指导意义的德育规律。黎老师深谙理论出真知、实践是检验理论的唯一标尺的道理，因此她积极参加德育课题研究，《小学生积极人格教育》和《美德银行德育评价》两个研究项目获得端州区中小学德育特色项目评比一等奖；2011年参与严子良校长申报的省级重点德育课题《小学生积极人格培养小本研究》的研究。作为课题组常务副组长和子课题主持人，她组织学校骨干教师分低、中、高年段，编写了三本《小学生积极人格教育》的校本教材，2013年10月顺利结题，并被评为优秀课题；在“2013广东省中小学优秀德育科研成果评选活动”中荣获最高荣誉一等奖。《小学生积极人格培养校本研究》的课题研究，已经渗透到学校的各项教育教学工作中，形成了一个科学的教育和管理体系，具有鲜明的校本特色，成为了我校的德育品牌。

2014年3月，她又带领杜东梅、黄映娟老师就中华优秀传统文化教育专题，分别申报了2013年度端州区中小学中华优秀传统文化教育研究专项课题：《在中华优秀传统文化教育中，培养学生积极人格教育研究》，子课题《弘扬传统文化精髓　培养学生感恩的积极人格》《推行中华优秀传统文化对小学生日常行为的影响研究》。她们希望从传承中华优秀传统文化和促进学生积极人格形成的实际出发，通过研究促进学生积极人格特质的形成和发展，形成学校的办学特色，探索出小学生积极人格培养策略等。

四、人格教育，彰显特色

身为学校分管德育的副校长，她紧跟时代发展的步伐，围绕学校的办学目标“办卓越学校，育阳光少年”和德育理念“养积极人格，育阳光少年”，带领老师研究学生的特质，根据3000多份家长、教师、毕业校友和中学老师的问卷反馈，选取符合学生特质和发展的感恩、自信、责任、坚韧、乐观五种积极人格特质进行研究和培养，后期加上爱和希望两种特质。

为了有效推进积极人格教育，她组织骨干教师按低、中、高年级编写了三册校本教材《积极人格教育读本》，实践课程育人；在校园文化的整理布局上营造积极人格教育氛围，实践环境育人；在学科课堂教学上全方位渗透积极人格教育，实践全员育人；在班级管理上为学生搭建养成积极人格的平台，实践特色育人；在主题活动中凸显积极人格教育的内涵，实践活动育人；以教师的积极人格影响学生的积极人格的形成，实践情感育人；充分发挥家庭教育的作用，培养学生的积极人格，实践家校合力育人……使积极人格教育形成一个科学的教育和管理体系，具有鲜明的校本特色。本项目参加“2013广东省中小学优秀德育科研成果评选活动”，荣获最高荣誉一等奖。

后记：德育是一项润物无声、细水长流的系统工程，黎老师和她的团队将且行且探，默默耕耘，守望花园，静待花开。

扎根基层，奉献德育

——记佛山市顺德区杏坛中学德育副校长赵平正

题记：赵平正副校长的桌面上有一个工作牌，上面有一句他自己的格言『用真理和行动说话』，这句话阐释了这个做了20多年德育工作的教育者的干劲和作风。20多年来扎根基层学校，坚持德育为先，主张『精彩活动，魅力德育』，他时常挂在嘴上的话是『生命在于运动，德育在于活动』。

佛山市顺德区杏坛中学是顺德区镇属高级中学，创办于1958年，历经沧桑，学校的教育教学工作业绩在当地同类中学居于前列。全校现有教师183人，学生2300多人，48个教学班，整个校园布局合理，各区域相互独立而又有机联系，浑然一体，相得益彰。学校有着丰厚的文化积淀，在吸取杏坛水乡文化之精华的基础上，不断传承传统文化，融汇杏坛地方特色文化，逐步形成了自己独特的具有传统文化特色的校园文化系统，从而使学校走上了一条文化引领、包容发展、凸显地方特色的内涵式发展之路。人文校园、安全校园、绿色校园和数字校园名副其实。

赵平正，1965年8月出生，1989年大学毕业，至今一直坚持做好德育工作。1997年他从外省调入杏坛中学，从一名班主任做起，先后做过班主任、科组长、年级组长、德育处副主任、德育处主任，到2011年被提拔为学校主管德育工作的副校长。多年的德育工作实践，他热爱学习，善于总结，在学校德育工作中不断积累经验，提高育人水平，使学校的德育工作一直处于学校工作之首，一直发挥着德育在育人、高考备考、社区文明等方面的重要作用。

一、让厚重的理念浸润育人全过程

杏坛中学结合地方特色文化“杏坛文化”，紧扣“杏坛”的文化内涵与现实意义，构建了文化理念系统，确立了“以人为本，德育为先；文化引领，内涵发展”的办学理念；以培养“品正学博、砺志笃行、兼济天下的杏坛学子”为办学目标，锤炼了“人本亲和，和谐发展；科学管理，执行有力”的管理理念。赵平正副校长结合学习德育实践特色和学校文化理念系统，提出了“博文约礼，厚德致远”的德育理念，使学校的德育工作与学校文化建设融为一体，不断实践“内涵发展”的育人之路。

杏坛文化，是集儒家文化、孔子教育思想、岭南水乡文明三者于一身，大气有涵的特色文化；是注重道德修养、刚健入世、行健有为的儒家思想的集中体现。它享状元之乡之誉，发古镇之文脉。唱龙舟、赛龙舟，传文健身，迸发杏坛古镇活力，彰显水乡古镇之灵性。杏坛中学注重人文氛围的营造，致力于师生的幸福成长；注重学生道德、人格的培养；建立德育量化标准，以儒家思想培育具有传统文化品格的杏中学子。

“博文约礼”一方面要求师生广泛获取知识、拓宽视野、不断创新，体现出“海纳百川、有容乃大”为学气度，以学识塑造人格，知识滋养品德；另一方面，全校师生注重提升个人的道德品性与文明涵养，崇尚以礼为先，“不学礼，无以立”讲文明、懂礼貌、谦恭让、知廉耻、勤学习、修自我。博文约礼，彰显杏坛中学师生的文明之精神、和谐之美德。

“厚德致远”。厚德即“厚德载物”，以深厚的德泽育人利物，用来指以崇高的道德、博大精深的学识培育学子成才。一方面指学校以德治校，广大教师以德育人，为学生的发展率先垂范，承载育人之大任。另一方面，要求学生今日在校注重品德修养的提升，以高尚人格为榜样，培养习惯，积淀人文素养，将来以德服人，服务社会，贡献青春，创造美好人生。致远，即要求学校师生具有志达千里、胸怀广宇、“达则兼济天下 ，穷则独善其身”的精神风貌。

多年来，在赵平正副校长等领导团队的带领下，杏坛中学在生源素质整体不高的情况下，师生之间以礼相约、相悦，全面推进素质教育，不断塑造健全人格，培养知书达理、心胸宽广、兼济天下为己任的较高素质学生。学校为学生终身发展奠定坚实的身体、能力与品德之基础。在教育过程中，学校尊重学生的个体差异，发挥个体潜能，促使学生认知、情感、态度与技能等方面和谐发展，突出培养学生的文明礼仪观念、公民道德素养、自主发展意识、团结合作意识、遵纪守法意识和安全文明意识，努力输送更多的高素质学生进入高校继续深造，实现“厚德致远”的德育目标。

在学校办学理念与德育理念的浸润中，学校形成了传承美德、文明有礼、积极上进、温馨和谐的校园人文环境。在这样的环境里，学校广大师生沐浴传统经典，塑造健康人格，成就师生人生发展，从而使学校教风好、学风浓，教育教学质量屡创新高。

二、铸学习型队伍，提升育人之智慧

育人之本在于师，学校德育水平的高低取决于教师队伍的专业化水平。为此，赵平正副校长积极加强德育队伍建设，特别注重班主任队伍专业素养的培养与提升。他积极主动申报并组织研究工作，保证了省级德育课题《中学班主任专业素养的发展与培养研究》获省德育研究与指导中心批准立项研究，2011年9月以优秀等级结题，总结实施了一系列提高班主任专业素养的活动和方法。他想了很多办法，做了大量工作，形成了一些基本的理论成果，最重要的是提高了班主任育人的专业技能和智慧，在德育实践活动中取得了很好的效果，为学生的健康发展保驾护航和指引方向。比如，加强交流和学习，举办办校连续四年四届的班主任能力大赛；编辑班主任工作随笔，汇集育人智慧，打造精品主题班会课，提高主题班会课育人实效；开创并连续举办学校自己的班主任节日——“杏坛中学仁爱之师”教育活动节，使班主任队伍更具有幸福感和成就感等。

在理论上，他探索找到了一条符合自己学校特色的班主任培养路子，提出了班主任专业素养的理论内涵和构成要素，即班主任专业能力发展与培养所形成的内在发展机制：学习力、研究力、内需力互动机制，激发班主任的内需力是关键；建立了班主任专业素养培养与发展指标体系；制订了我校班主任常规工作规范要求，使班主任工作有章可循；初步形成了班主任专业素养的培养与发展“1234”模式体系，即抓住一个核心，构建两个途径。初步建立了班主任专业素养培养与发展的保障机制与评价体系。

三、锻精品课程，升华班会课之实效

2011年课题结题后，赵平正副校长并没有停留在自己课题成果本身，而是进一步为提升班主任专业素养寻找更实际的突破口。基于第一个课题的研究成果，他提出了《中学主题班会课程资源开发和教学方式创新研究》课题，继续申报并获批准。经过两年的研究，2013年7月此课题不仅以优秀等级顺利结题，而且在实践上提高了班主任专业素养和班会课水平，积累了丰富的课程资源，在理论上又有了新的体会。主要有：

确立了主题班会课资源开发和教学方式创新的五条基本原则。即：主体性原则。班会活动必须坚持以学生为主体，在教师的指导下，让全体学生参与活动的全过程，真正充分地调动学生的积极性、主动性、自觉性，参与到活动的每一个环节中来，发动学生想办法、出主题、做决定、办事情，自主策划设计、自主主持实施、自主总结评价，使他们真正成为活动的主人。人文性原则。面对个性鲜明的学生和价值多样化的社会环境，学校要更多地关注学生的生命价值、终身发展和人生幸福，帮助他们解决成长过程中遇到的疑惑和烦恼，指导他们形成积极健康的情感、个性品质和人生信念。在活动中应充分运用学校、社区、社会的自然资源和人文资源，体现学生的个性特色以及班级特色、学校特色、社区特色，让学生在活动中进行实践体验和人生感悟，更好地从时空上缩短学生心灵与自然、社会、生活和时代的距离。实践性原则。克服理论脱离实际的说教倾向，既注重形式创新，又不搞形式主义，避免过多地、重复地排练与表演，努力促成活动的真实性、有效性和生活化。积极引导学生的体验、实践和经历，通过学生自主的学习和体验，获得有益的生命经验，形成关于生活与生命的积极态度和情感，习得生存的良好习惯和技能，促进生命的健康发展。多样性原则。学生活动的过程就是受教育的过程，把教育贯穿于全过程之中，既要体现过程的完整性，又要不失其多样性，这样的教育才更有功效。各班根据自身的特点选取不同的形式和内容，突出各班的优势和长处，力求活动的丰富多彩和鲜明特色，促进主题班会的创新与发展。创新性原则。开展班会活动要更新德育观念，以新的德育思想和理念作指导，使班会活动突破某些陈旧的传统和规则，力争从活动内容到活动形式，从活动方面到活动过程推陈出新，在活动中培养学生的创新精神，发展学生的创新思维，增长学生的创新才干。

确立了主题班会课“一个根本”“双主体”“三中心”“四贴近”和“五环节”的基本理念。班会活动不能仅仅停留在活动的表面，还应根据学生的知识情趣和情感变化，因势利导，促其思想升华。

“一个根本”，即以生为本。一切课程和活动都以学生的发展为本。

“双主体”，即教师是教育主体，学生是受教育主体。教师和学生应当互相尊重对方的主体地位，在德育途径和方法的运用上，不仅要发挥教师的主导作用，更要强调学生的主体参与。

“三中心”就是“以学生为中心，以活动为中心，以体验为中心”的“新三中心论”取代“以教师为中心，以教材为中心，以课堂为中心”的“旧三中心论”。

“四贴近”就是“贴近社会、贴近实际、贴近生活、贴近学生”。

“五环节”就是德育过程，是知、情、意、信、行的过程。

初步构建了高中三年主题班会课程体系架构，建立符合高中生身心发展规律和特点的主题班会课程总目标和分层递进分级课程目标体系。

纵向衔接，横向贯通，分层递进，螺旋上升总体思路，确定学校主题班会课程总目标，即“成人成才，博文约礼，兼济天下，追求幸福”。

遵循学生发展规律，依据学生不同年龄阶段的生理特点和心理特点、知识水平和品德形成发展规律，依据学校的总体目标，构建从高一年级到高三年级的主题班会课分层目标和德育内容。如，高一级强化集体与合作，“成人”“约礼”，推崇“仁”“礼”“信”“孝”“义”等，引导学生迈好人生的脚步，选择正确的人生道路，在思想、道德、情操等方面有所提高，为做一个合格的高中生打好基础；高二年级重在强化“成人成才”“博文致远”，推崇“和”“美”“智”等，教育学生初步学会用科学的世界观和方法论观察问题、分析问题和认识问题，正确处理个人与社会的关系，把个人理想与社会需要结合起来，努力奋斗，为实现理想而创建条件；高三年级强化“成人成才”“兼济天下”“追求幸福”，推崇“勤”“静”“淡”“赢”等，以“兼济天下”为核心进行思想教育，激励学生为国家富强、民族振兴和自己的幸福而努力学习，不断追求新知，养成实事求是、独立思考、勇于创新的科学精神，为走向社会、迎接新生活作好准备。

针对班级学生实际，细化班级班会课目标。班级基于年级的目标，结合班级的具体实际，选取最主要的问题作为阶段班会课程的目标。班主任们结合自己年级的德育目标和学生的具体情况，各班设计实施不同主题班会课。

初步形成了以学校地方特色文化为背景，以传统经典文化思想为内容，结合时代特征的主题多样、形式丰富的主题班会课程资源库，并录制了部分可供研究和讨论，进而不断优化的实践课例。两年来，学校不断丰富主题班会课程内容体系，构建了由浅入深、由低到高、由近及远、由具体到抽象、由感性到理性，分层递进、螺旋上升的主题班会课程内容体系，积累了大量的主题班会课的课例（包括课件、设计、音像素材等）和课程资源，形成科学化、系统化、序列化课程资源。班会课从设计到实施都能贴近学生实际，紧密围绕“近、小、实、亲”原则，注重体现班会课的“体验—感悟—实践”教育主线，较好地遵循德育工作“知、情、意、信、行”的和谐与统一，无论是教学设计还是教育实效都达到了相当高的水准。

推进了主题班会课教学方式的创新，促进学校主题班会课课程化和优质化发展。

“年级内交互式”班会课。有些教育内容是适合全年级展开的，考虑到各班主任的知识体系以及个人特长各不相同，因此，在其本人的精心设计和同级班主任的共同参与下，尝试在整个年级上同一节开展主题班会活动。全年级班主任各显神通，尽展自己的风采。实践效果出乎意料，深受学生欢迎。

“学生团体合作式”班会课。在高一、二年级推进小组合作学习模式，结合班级具体情况，选用适当的活动主题，将班级分成小组来开展主题班会活动。通过团体合作督促个人进步；通过小组活动的过程和活动所获取的结论，展示、规范学生行为习惯。

“家校协同式”班会课活动。整合学校与家庭教育资源，发挥家长的积极作用。教育内容实施过程中，邀请家长参与班会。在充分开发家庭教育资源的同时，达到教育效果的最优化。

“学生体验式”班会课活动。两年来，班级走出教室上主题班会，师生一起，共同亲身体验。如针对学生学习缺乏毅力、缺乏自信的情况，教师组织在操场上搞一次“挑战极限，励志长跑”的特色主题班会活动，让学生在活动中挑战自己的潜能。

四、强健康教育，提升心理之品质

赵平正副校长非常重视学生的心理健康教育，主张要不断强化学生内心品质，提升学生的信心，强大学生的心理品质。为此，他不断加强学校的心理健康教育，结合学校心理健康的实际，提出心理健康教育的理念为“启迪智慧，服务健康，幸福成长”。以此为支点，把它演绎成一系列发展性教育活动：第一，对学生进行学习方法和思维方式的训练，提高学生的学习能力和水平；第二，帮助学生正确认识自我，善待他人，提高人际交往的能力和水平；第三，帮助学生学会调节情绪和情感，培养良好的意志品质，增强自觉性、果断性和自制力；第四，帮助学生正确面对学习、生活中的压力和挫折，学会快乐追求幸福人生。同时，关注学生的特殊情况，关注学生的心理感受，为学生提供及时的心理服务，帮助学生健康成长。

多年来，在赵平正副校长的带领下，学校心理辅导室和全体德育工作者，不断总结经验，严格执行省心育“四个”指导性文件，不断探索符合学校实际的心理健康教育的教育与活动模式，为进一步规范化打下了基础，确保心理健康教育工作环环相扣、万无一失。具体操作模式是：“二三五”心育模式即“二导”“三课”“五辅”心理健康教育模式。具体是：“二导”即就是全校总体来讲，做好活动引导和舆论引导工作；“三课”即每班上好心理教育活动课、主题班会课和学科心理渗透课；“五辅”即落实好五个方面的辅导工作：心理老师的个别辅导和团体辅导、班主任的日常辅导、学生的同伴互助辅导、家长的亲情辅导、专家（包括校内的专长老师）讲座辅导。形成自己比较有特色的、清晰的心理健康教育模式。经过多年的实践，逐步走向成熟，也被全体师生所认同。

智慧的育人队伍，树立了新观念，改进了教育方法，改善了教育环境，增进了师生情谊，提高了育人实效。高考成绩连年攀升就是很好的证明。学校的备考理念是“快乐、自主、拼搏、和谐、成功”。学生学得快乐，学得愉悦，学得自信，学得顽强，成绩自然就上去了。比如2010年毕业的高三（2）班梁同学，高三初期有早恋倾向，情感困扰，加上家庭困难，学业成绩不是很好。但在班主任严亮老师的帮助下，不断鼓励，积极帮助，该生不仅摆脱了自卑与情感的困扰，由轻生转而奋斗，最终以优异的成绩考上重点学校——华南农业大学。可见，有效的心理辅导和帮助，对学生的影响之大。

五、办优质之活动，践行育人新理念

多年来，赵平正副校长主张“生命在于运动，德育在于活动”“博文约礼，厚德致远”“小活动，大德育”等理念不断促使学校积极开展有效的教育教学活动，认真做好“两个课堂”的基本功，努力实现学校的德育目标。

课堂教学活动自主化。随着课程改革的深入，学校狠抓有效课堂建设。通过提高课堂的趣味性、新颖性和自主性，调动学生的积极性和自主性，提高课堂实效。学校通过示范课、优质课、青年老师汇报课、交流课以及与外校开展同课异构评课活动，促进学校课堂教学的发展，特别是在广泛交流的过程中，学校优化了自己的课堂。教师通过创设情景和问题，基本上实现了以学生为主体，发挥学生自主学习的作用。各学科都探讨和实践自己的有效教学模式，比如化学课组和生物科组推进优质课堂构建活动已经结题；政治课组开展小组合作学习探究等成功申报为市级科研课题。

主题教育活动系列化。多年来，学校每年以元旦、一二·九、五四青年节、国际主题日、教师节、国庆节等重大节日和纪念日为契机，积极开展各种主题教育活动，培养学生热爱中国共产党、热爱祖国、热爱社会主义的情感，营造尊师重教的良好氛围。

社会实践活动经常化。多年来，学校不断加强学生的自主管理能力的培养，开辟新的育人领域。学校每年利用寒暑假组织学生开展社会实践活动，人人参与，个个计分，以此加强对学生的公民意识教育和服务意识教育；组织青年教师走进社区，从2008年到现在已组织了近50人次（如北水、古朗、昌教、东村、吉佑等村）社区家庭教育、环保教育和创建文明城市等活动。

学生社团活动制度化。近年来，学校社团活动越来越活跃。学校一方面组织最基本的社团组织，比如文学社、记者团、广播站等，鼓励学生按时参加社会实践活动或交流学习、训练，实行专人负责，有计划，有总结。有的社团已经成为学校的品牌社团组织，杏蕾文学社获全国优秀文学社，胡平贵老师获全国优秀指导老师称号。另一方面，学校加强对学生自发组织的社团的引导，派专业教师进行指导，提供场地和器材。

后记：赵平正副校长和他的团队始终保持清醒的头脑，将继续努力学习，认真总结经验，积极探索，创新思路，使学校的德育工作适应新形势的发展，为学生的一生发展而服务。

乐于奉献，谱写杏坛新诗篇

——记顺德区第一中学副校长彭安生

题记：『如果让我用两个字来形容彭安生同志，我会选择用他本人的名字「安」「生」：他安于逆境，生于忧患，越是艰难的环境，他越能像彭大将军一样，横刀立马，做出一系列开创性的工作。』

彭安生，本科，在职教育管理硕士，1991年大学毕业后就职于湖南资兴矿务局一中，1995年调入顺德工作至今，先后担任班主任、年级级长、政教处主任，现任顺德一中德育副校长。参加工作23年来，他一直奋斗在学校教育教学的第一线。

彭安生同志热爱、忠诚党和人民的教育事业，全面贯彻党的教育方针，立德树人，为人师表，师德高尚。他时时以一名优秀中共党员要求自己：为人正直清廉，友好同仁，关爱学生，严于律己、宽以待人；工作勤恳认真，不计较个人得失，雷厉风行，身先士卒，成效显著，深受学校师生好评。

彭安生同志以其优异的教育教学业绩，获得了一系列的荣誉：1998年被评为广东省南粤教坛新秀、佛山市优秀教师；2005年被评为佛山市优秀德育工作者；2007年被评为佛山市心理健康教育先进工作者；2009年被评为顺德区教书育人优秀教师；2010年被评为佛山市教育系统先进工作者；2013年被评为佛山市顺德区十大杰出青年（提名奖），历年都被评为教育系统优秀党员。

一、敬业爱岗，做一名真正的“传道、授业、解惑”者

彭安生同志热爱本职工作，事业心和责任心强；工作态度端正，作风正派，有较高的教育、教学水平和较强的组织管理能力。尽管多年来负责学校的德育管理工作，但他坚持留在教育教学第一线，在高中化学教学的讲台上辛勤耕耘，努力履行“传道、授业、解惑”的职责。为了保证学校管理与自己班级教学两不误，他经常牺牲休息时间加班加点，利用晚上回学校来辅导和督促学生学习。他乐业、勤业、精业，自己进修学习，攻读了教育管理硕士学位，不懈地钻研教育教学，所教学科成绩优秀，学生十分喜爱他的教学。他学习《教师职业道德规范》，不断提高自己的职业道德修养。作为一名教师和德育工作者，他具有超乎寻常的责任心和崇高热情、年轻的心态、有较高的管理素质、较强的教学功底和积极的奉献精神。

二、大胆创新实践，不断开拓德育工作新局面

彭安生同志在学校主管德育工作，坚持立德树人，传承和发扬中华民族优良传统，既重视学校德育工作的规范化、制度化建设，更勤于思考，用现代教育思想开展德育工作，针对不同的教育对象，大胆实践，在不同学校开拓出德育工作新局面，德育工作成绩斐然。

2008年彭安生任顺德一中德育副校长。学生素质较好，但学校德育层次不高，学生理想追求不够远大，他提出了用“高雅文化教育，立志成才”的激励型德育模式，激发学生努力追求和实现远大理想，为学生科学规划人生、立志成才提供源源不断的

动力，实现了学生科学选择、主动发展，实现了德育管理成为学校优质发展新的增长点的目标。

“高雅引领、成长自主”的德育思路和方法在全省引起强烈的反响，多次在省、区做专题报告，工作经验收录到《广东德育创新与发展》一书中。创新的德育管理让顺德一中的德育工作焕然一新，励志成才德育管理为学生们成为顺德乃至整个社会的领军人物打下坚实的基础，为顺德今后的发展培养了一大批人才。

他在班主任工作中制定实施《顺德一中班主任专业发展培训规划》和《班主任绩效评估方案》，创造性地举办“班主任节”和“我最喜爱的老师评选和颁奖典礼”，卓有成效地引领班主任实现由“事务型到经验型到智慧型”“优秀到卓越”的转变。卓越的德育工作团队和业绩使顺德一中成为全省第一个德育示范性学校。

三、勤于思考，勇于实践，科研成果丰硕

彭安生同志一直以苏霍姆林斯基的“学校领导首先是教育思想的领导，其次才是行政上的领导”为行动指南，在不同层次的学校主管德育工作，他尝试用先进的教育思想来改革创新，勇于实践，形成自己的德育思想体系。他还积极参与教学科研，有多篇教学文章获奖或在国内刊物发表。

2001年主持省重点课题《中学化学分层教学的实践与研究》获广东省第三届基础教学成果二等奖；2006年主持全国教育发展“十五”重点德育课题《学校、家庭、社区三位一体育人方法探究》获全国创新教育一等奖；2009年主持省德育重点课题《高雅教育校本德育模式的探究》获省优秀奖；2012年获省德育创新一等奖；编写《高雅引领　成长自主》丛书；现在开展的省心理健康教育十二五重点课题《重点高中班主任工作压力的研究》和省德育课题《高雅文化取向的自为班级生命共同体建设》研究，作为核心成员参与全国教育科学“十二五”规划重点课题《国家级示范性普通高中青年教师快速成长规律与模式探究》。

四、感恩顺德，回馈社会，成果共享

彭安生同志在顺德学校德育管理工作中，辛勤耕耘二十三载，取得了卓著的成绩。他常怀抱一颗感恩的心，正因这一方热土，让他在德育管理工作中大胆尝试，大展拳脚。一直以来，他都以创新学校德育管理作为己任，与同行们一起探索，开拓学校的德育管理工作，希望通过自己的努力，做出有益的探索和尝试，回馈社会。

彭安生同志热心推广自己的德育工作经验，与同行分享，在广东不少学校及各种会议介绍自己的经验，用自己大胆实践的经验为学校管理工作做出重要的贡献。彭安

生先后担任了广东省职业技术教育学会学生工作指导委员会常务委员、顺德区中小学德育绩效评估专家、第二届广东省中小学德育指导委员会委员、广东省中小学德育绩效评估专家、广东省校园安全教育与管理协会第一届理事会理事。2013年他牵头发起成立顺德区中小学德育研究会，并担任研究会的副会长，身体力行为德育工作队伍培训，帮助各类学校的德育管理者提高水平，共同提高。

后记：彭安生同志心系教育，心系学生，本着“为学生一生发展奠基”的教育情怀，努力为青少年成长做出贡献。

勇当实施文化管理的探索者

——记广东顺德德胜学校副校长朱江林

题记：2013学年，我们探索实施了以目标激励促进参与体验，以参与体验促进学生发展的『活动·体验·内生』德育教育模式。

朱江林副校长，从1989年大学毕业到中学参加工作起，就一直担任班主任、级长、德育处主任和德育副校长工作，从事学校德育工作至今已有25个年头，现任广东顺德德胜学校主管德育工作的副校长。他热爱教育事业，个人的综合素质特别是组织能力较强，加之工作勤奋，工作中爱动脑筋，善于创新，从参加工作开始几乎年年被评为学校优秀班主任和年级主任，多次被顺德区、佛山市评为教书育人先进教师、转化后进生先进教师、佛山市优秀班主任、佛山市优秀德育工作者……这些荣誉记录了他作为一名德育工作战线老兵的付出和成绩。

广东顺德德胜学校（原顺德一中德胜学校）位于佛山市顺德区大良街道新城区，学校创办于2001年，原来只设立了初中部，后来分别于2011、2012年开设国际部和高中部，现已形成初中、高中、国际“三位一体”的多元化办学格局，现有教师200多名，学生3000多人。德胜学校坚持“为学生一生的发展奠基”的办学理念，以“培养学者、领袖、优秀公民”为办学目标，始终把德育工作作为学校的首要教育任务，注重培养提高学生的人文素质和道德素养，近年来先后被评为广东省一级学校、广东省德育示范学校、广东省首批安全文明校园、全国民办教育示范学校、全国民办教育改革与创新示范学校等数十项省级以上荣誉称号。

一、抓好常规工作，夯实德育根基

在朱江林副校长办公桌的案头上，长期摆放着最为显眼的是两本日志。一本是“班主任培训日志”，另一本是“班主任、级主任会议记录”。德胜学校一直注重把德育队伍建设放在学校发展重要的战略位置，做好班主任的培训工作。朱江林副校长认为，班主任是教师队伍中的骨干力量，学生要成人成才，德育工作要收到高成效，要养成良好的校风和学风，班主任起着关键作用，担负着重大责任。“目前，我校教育教学进入快速发展，国际教育品牌正逐步形成的关键时期。我校青年教师较多，班主任队伍的整体素质需要不断提升，因此，加强班主任培训工作，规范级主任、班主任工作和提升工作水平，培养一支敬业、勤业、精业的级主任和班主任队伍，是在我校发展过程中时时刻刻都要面对的重大课题。”在最近学校举行的一个级主任、班主任培训班上，朱江林副校长向担任2014学年德胜学校级主任、班主任的老师强调了上述观点。

在日常工作中，朱江林副校长严格制定和落实班、级主任常规会议制度，深入研究教育过程，认真分析学校常规管理通报的各项数据，找出存在问题，与老师们交流解决方法。同时，把班主任例会实现项目化，分设了上周评点、下周重点、经验交流、专题培训等小板块。

在朱江林副校长的主导下，德胜学校各年级制定了班级主任例会学习规划，利用班主任例会由年级实施德育学习活动。从学生教育、班级管理、主题活动等作发言，以发挥老师之间的交流作用，增强班主任的工作能力，提升管理理念，提高管理效率。例如，该校初一年级利用副班主任资源和老班主任资源，以老带新来开展班主任培训，先后举行了“家校沟通方法”“学生自主学习能力培养”“如何转化后进生”“如何培养尖子生”等主题交流。资历较老的班主任结合学校和级组的工作计划，较早地让新班主任对学期工作有个整体把握，使他们工作起来更具前瞻性。

在朱江林副校长看来，培养学生良好的道德品质和文明行为是学校德育工作的基础。他坚持在德胜学校推行行为规范养成教育，通过对学生进行日常行为规范的养成教育，抓好学生的细节教育，要求每一位德胜学生做到 “穿有样、坐有相、行有规、言有范”，培养他们形成平和包容、积极向上的群体特质；要求校园整洁干净，杜绝随地乱丢垃圾现象；学生的形象清新端庄，校服穿着规范，不留与学生身份不符的发型。

以朱江林副校长挂帅的德胜学校德育小组对各班实施常规管理情况随机检查，通过把日常行为规范教育与学生新评价制度结合起来，建立起学生自我教育、自我管理、自我评估的机制。

此外，朱江林副校长注重在“精细”二字上提要求，把精细管理思想渗透到学校德育管理的各个环节，细化到学生穿着、服饰、发型、扫地、保洁、作业书写、诚信考试等行为习惯和学习习惯的各项要求。通过学生的讨论、学习、学校宣传等活动，增强学生对良好习惯细化要求的认同感。例如，德胜学校初二年级对卫生工作常抓不懈，每周一开展立体清洁和每月开展一次卫生联检，总结每周的卫生情况，表扬优秀班级，提醒落后班级，有问题及时解决。朱江林副校长认为，宿舍是滋长问题的场所，宿舍管理不好，会直接影响到班风、学风，所以他要求各级组要对宿舍管理常抓不懈，设立宿舍卫生扣分制度，对扣分最多的宿舍的学生进行批评教育，情节严重的与班主任联系，要求班主任采取相应纠正措施。

二、丰富德育活动，实现寓教于乐

德胜学校追求的核心办学理念是“为学生的未来发展与幸福人生奠基”，朱江林副校长对此的解释是要把学生的幸福放在第一位，主张把学生当下的幸福和未来的幸福作为教育教学的出发点，完整而全面地培养学生的成长，最大限度地创设生动、活泼、健康、快乐的学校生活，让学生拥有幸福的中学时光，全力将校园打造成能够为学生带来幸福，并教会他们体验幸福、创造幸福的乐园。

在德胜学校，各学科系、各年级、各部门都会开展形式多样的校园文化活动，均呈现“精品化、小型化、多样化”的特点，让每个学生都有参与的机会，都能在其中的一个舞台上展现自己的风采，体会到作为一名德胜学子的幸福感和对学校产生光荣的归属感。

2013学年，德胜学校探索实施了以目标激励促进参与体验，以参与体验促进学生发展的“活动·体验·内生”德育教育模式。“我们要做到学校举办的每一项活动都是教育活动，从而精心设计每一个教育环境，精心策划每一项教育活动，用心为学生做好每一项教育服务，在潜移默化中提升学生的道德品质，使学生真正感受到学校生活的快乐。”朱江林副校长表示，他的德育教育观是要在学校的各项活动中深化学生对道德的认知，陶冶学生情操，修炼学生德行，磨砺学生意志，教会学生创新，促进学生的综合素质全面提升，尤其是提升学生的文明素养，使他们逐步形成具有平和、包容、积极、向上特点的德胜学子群体特质。

以刚刚结束的2013学年第二学期为例，德胜学校先后举办了奥运冠军徐莉佳励志报告会、复旦大学陈钰教授科普讲座、原天安门国旗班护卫队战士进校园开展爱国主义教育等大型德育教育活动，均深受学生欢迎，收到很好的教育成效。此外，本学期德胜学校启动了“德胜好人”评选活动，以弘扬中华传统美德，培育文明道德新风尚，倡导建设高品位的“德文化”，发动全校师生积极行动起来，发掘身边的好人好事，让人人都争当“德胜好人”。

三、创新德育模式，提升德育品位

目前，德胜学校的教育教学正步入改革发展、国际品牌正逐步形成的关键时期，学校改革后新的德育管理体系也正渐显雏形。

朱江林副校长介绍说，德胜学校德育工作的内容目前正向“大德育观”转变，建立了以学生日常行为管理和班级建设为主，以体育、美育、游学、社会实践、社会服务为辅的“大德育观”，为德育工作的深化开展奠定了基础。

“突破事务德育的局限，构建具有德胜学校自身特色的德育课程体系。”朱江林副校长认为，伴随着我国新一轮基础教育课程改革的深化，原有的课程观——课程即学科的概念已经被突破，当今提倡的是大课程观，即“课程是一切教育内容的总和”，一切对学生产生或应该产生教育作用的内容都是课程，课程是知识、是经验，也是活动。朱江林副校长以科学发展观和新课改核心价值观引领学校德育工作，在已经形成的德育经验和特色的基础上，立足学校实际和发展需要，寻求学校德育工作创新的生长点和突破口，确立“显性与隐性交叉，必修与选修并行”的德育课程构建与实施思路。在转变教育发展方式的大背景下，德胜学校正进行一次增强德育实效性的全新尝试，各年级开展了公民道德体系建设的尝试和实施。尤其是初一年级成绩突出，初步形成了以德育课为主，学科渗透教育、德育活动、校园文化为辅的德育课程体系，德育工作逐步走向文化育人的新模式。

朱江林副校长表示，学校的德育教育方法要突破简单说教的束缚。2013学年，德胜学校加大了德育创新的力度，重点提高德育工作的品质，完善“活动·体验·内生”的德育特色，注重德育工作的形式丰富多样，特别是叙事德育、案例德育及活动德育，追求小故事、大德育的教育形式，避免德育空洞说教和形式化。以开展课程辅导活动、社会实践和社区服务为综合素质的培养平台，充分整合家长资源，利用家长的社会人脉关系为学生提供社会实践机会，为学生构建体验教育平台。

游学社会实践活动是德胜学校开展德育活动的重要形式，朱江林副校长均参与了每次活动的主要策划、组织和亲自带队。如今年5月，德胜学校初二年级学生开展了为期4天的游学社会实践活动，足迹遍及广西、湖南、江西等地。学生在游学过程中一边欣赏祖国的大好河山和风景名胜，一边在老师的指引下学习、感受当地的历史人文知识与风土人情习俗，用笔杆与镜头记录下精彩感人的瞬间；还参与农耕劳作体验，与当地贫困学校的小朋友开展手拉手爱心帮扶及联欢活动。高中部则开展了“追寻梦想——三峡行”和“追寻梦想——传奇之旅”，把学生带到长江三峡、延安、南泥湾、西柏坡这些精神品质创造传奇的地方，去汲取精神营养，感悟在艰苦和困难中如何开拓创新的大智慧。

后记：从活动中体验人生，感悟生命，最终内化为奋力向上的精神力量。朱江林副校长始终坚持学习与创新，用“大德育观”创造德胜学校的新未来。

广东学校德育“百系列”丛书——教书育人系列

GUANGDONG BAIMING YOUXIU DEYU JIAOSHI JISHI

广东百名优秀德育教师纪实

中小学校领导卷（下）

广东省教育厅◎编著

南方日报出版社
NANFANG DAILY PRESS
中国·广州

图书在版编目（CIP）数据

广东百名优秀德育教师纪实. 中小学校领导卷 ： 全2册 / 广东省教育厅编著. — 广州 ： 南方日报出版社, 2018.1
（广东学校德育“百系列”丛书. 教书育人系列）
ISBN 978-7-5491-1113-8

Ⅰ. ①广… Ⅱ. ①广… Ⅲ. ①中小学－教师－德育工作－先进事迹－中国 Ⅳ. ①K825.46

中国版本图书馆 CIP 数据核字(2016)第 010246 号

GUANGDONG BAIMING YOUXIU DEYU JIAOSHI JISHI
广东百名优秀德育教师纪实·中小学校领导卷（下）
广东省教育厅　编著

出版发行：南方日报出版社
地　　址：广州市广州大道中 289 号
出 版 人：周洪威
出版统筹：周山丹
责任编辑：方　明　曹　星
特约编辑：梁小冬
封面设计：劳华义
内文设计：胡馨怡
责任校对：王　燕
责任技编：王　兰
经　　销：全国新华书店
印　　刷：虎彩印艺股份有限公司
开　　本：787mm×1094mm　1/16
总 印 张：33.75
总 字 数：648 千字
版　　次：2018 年 1 月第 1 版
印　　次：2018 年 1 月第 1 次印刷
总 定 价：90.00 元（全 2 册）

投稿热线：（020）83000503　**读者热线**：（020）83000502
网址：http://www.nfdailypress.com/

编 委 会

序

p r e f a c e

◎景李虎

党的十八大明确指出，要全面贯彻党的教育方针，把立德树人作为教育的根本任务，培养德、智、体、美全面发展的社会主义建设者和接班人。这一重要论断深刻揭示了学生思想道德素质培养在学生教育中的基础性地位及德育工作对于学校教育的重要意义，为我们进一步做好学校德育工作增添了动力、指明了方向，我们必须全面学习领会、深入贯彻落实。

在贯彻党的十八大精神、落实立德树人要求的过程中，广东紧紧围绕培育和践行社会主义核心价值观，着眼课堂教学、校园文化、社会实践、学校管理“四育人”平台建设，着力推进课堂育人，创新高校思想政治理论课和中小学德育课教学，探索建立高校党委书记、校长上第一堂思想政治理论课制度，把学科育人纳入学科教师日常培养培训及教育教学考核；着力推进文化育人，举办学校校训、校徽、校歌展示活动，引导师生对学校文化蕴含的传统文化和时代精神进行挖掘、阐发，持之以恒分类开展高校、中小学、中职学校主题教育活动，促使活动教育化、系列化、品牌化；着力推进实践育人，加强大学生社会实践活动的正确引导，让大学生通过实践增强对中国特色社会主义的政治认同、情感认同和实践认同，加强中小学生综合实践基地建设，破解中小学生社会实践安全难题；着力推进管理育人，全面深化德育管理队伍培养，精心打造“三项赛事”（高校思想政治理论课青年教师教学基本功比赛、辅导员职业能力比赛、中小学班主任专业能力比赛）、“三种培养”（高校思想政治理论课名教师骨干教师培养、名辅导员培养、中小学名班主任培养）、“三类工作室”（高校思想政治理论课名师工作室、名辅导员工作室、中小学名班主任工作室），形成优秀德育教师从发掘选拔到培养成长到辐射带动的完整链条。凡此种种，不胜枚举。

总结广东近几年学校德育工作的成功实践，有一条基本经验——重视学校德育工作的“四性”建设，即科学性、创新性、实践性、实效性建设，其中，科学是基础，创新是动力，实践是关键，实效是根本。可以说，新形势下广东学校德育工作取得的每一点进步、每一分收获，都得益于对“四性”的深刻理解和自觉运用，得益于在对“四性”一贯坚持中的丰富发展。

一是突出科学性。德育工作的对象是活泼的学生个体，其工作成效如何不仅影响学生当前成长，更关乎学生长远发展，来不得半点任性和马虎，必须认真遵循学生身心成长规律和德育自身工作规律。把握科学性，广东依托高校成立了中小学德育研究与指导中心、中职学校德育研究与指导中心、中小学心理健康教育指导中心等专业机构，建立起行政推动与专家指导相结合的工作推进机制，使得省级德育工作宏观管理具备了坚实的学术支持、学理支撑和科学奠基。

二是突出创新性。当今时代，经济社会深刻转型，思想文化多元多样多变，互联网、手机等新兴媒体迅猛发展，“新”和“变”已然成为学生所处环境的重要特征。做好德育工作，我们比以往任何时候都更加需要创新，“老办法”可以不灵，但绝不能够不会“新办法”。把握创新性，广东设立了省级学校德育创新项目和高校思想政治教育工作创新项目，积极鼓励和支持各地各学校进行德育理念创新、手段创新和基层工作创新，促使德育创新蔚然成风、德育创新成果竞相迸发。

三是突出实践性。常言道，实践出真知，没有经过实践的道德认知难免苍白无力，难以支撑起学生终身认同和践行的道德法则和价值准则。德育的入耳、入脑可以通过课堂教学实现，但要入心、要真正刻入学生心灵，唯有通过实践、通过学生亲身经历、亲身体验和自我感悟、自我理解才能达成。把握实践性，广东在推进“创强争先建高地”教育中心工作的过程中，明确将实践育人、青少年校外活动场所建设等写入创建教育强市、强县（市、区）、强镇及推进教育现代化先进市、先进县（市、区）指标体系，并对推进教育现代化先进市的中小学生综合实践基地建设指标、推进教育现代化先进县（市、区）的青少年宫建设指标实行“一票否决”。

四是突出实效性。加强德育工作的科学性、创新性、实践性建设，根本目的就在于增强德育工作的实效性，让德育在学生中更好地落地、生根、开花、结果，让德育真正润进学生心田。也就是说，德育要见实效，工作的科学性、创新性、实践性必须落地，落实到德育工作的各个实施层面。把握实效性，广东对学校德育科研工作进行大胆改革，树立实践导向，把重心下移到德育实践操作层面，通过整合零散的理论研究力量，集中优势团队进行少数重大理论问题研究，大力释放实践研究空间，大幅度提升了德育实践研究项目的立项比例，引导各地各学校多出德育方法载体、渠道途径等实施层面的成果，减少那些缺少新意、反复注解、难以推广运用的理论“研究”成果。

一分部署，九分落实。广东各地各学校在推进“四育人”、加强德育“四性”建设的过程中，坚持务实进取、主动作为、积极探索，创造了一大批优秀德育理论和实践成果。为加强各地各学校间的学习交流，发挥先进典型的示范引领作用，广东省教育厅于2014年在全省范围内组织开展了“百系列”学校德育优秀成果展示活动。活动面向各级教育行政部门和各级各类学校，分为“教书育人”“践行社会主义核心价值观”“以德立校”“科研引领”“聚焦课堂”“实践育人”六个系列，经层层推荐、严格遴选，集中展示了“百名优秀德育教师”“百名优秀学子”“百个优秀德育案例”“百篇优秀德育论文”“百个优质中小学德育课、高校思想政治理论课课例”以及“百项优秀校外教育成果”。这套“百系列”丛书所呈现的就是展示活动中的部分优秀成果。通过这些成果，我们对基层一线的德育工作也有了更深的认识。

第一，基层一线德育经验之丰富多样，令人欣喜。这些优秀成果从实施途径来看，涵盖了课堂教学、校园文化、社会实践、学校管理等各种育人渠道；从实施内容来看，包括了理想信念教育、中国精神教育、道德品行教育、法治知识教育、职业生涯教育、心理健康教育等各类教育内容；从实施主体来看，大到一个区域、一所高校，小至一所中（小）学、一个院系、一个班级。难能可贵的是，这些成果来自基层一线，符合基层实际并经基层实践检验，操作性、实用性、可学性都很强，普遍具有较高的推广应用价值。

第二，基层一线德育方法之不断改进，令人振奋。从这次展示活动来看，基层一线对德育方法的科学性越来越重视，再也不是囫囵一堆、不管先后、不分轻重地一拥而上、使劲灌输，而是注重针对学生身心特点和思想实际，采用适合的德育方法。例如，更加关注学生的个性化需要，更加重视与实践的结合，更加突出学生的主体性，更加发挥手机、网络等新媒体作用等等，呈现出多样化、精细化、特色化的良好态势。

第三，基层一线德育教师之奉献精神，令人感动。随着时代发展和社会进步，无论是教育部门和学校，抑或是家长和社会，都对教师的期盼越来越多、要求越来越高。即使这样，基层仍然有大批德育干部和教师承受住重重压力，刻苦钻研、辛勤耕耘，全身心投入到德育工作中，并取得骄人的业绩。尤为可贵的是，这些优秀德育干部和教师不仅有爱心，更有智慧、有思想；不仅敬业爱岗、辛勤付出，更能将科学的思想和理念贯彻到工作实践中。他们可以说是治教、教书和育人“全面发展”的优秀教师，希望大家把他们立为标杆、树为榜样，见贤思齐、不断进步。

大学生思想政治教育和未成年人思想道德建设任重道远，必须持续用力、久久为功。殷切期望德育战线全体同人抖擞精神，在巩固好“百系列”展示活动成果的基础上，继续保持改革创新的锐气、昂扬向上的朝气和争创一流的勇气，继续开阔视野、开动脑筋、开拓思路，争创广东学校德育工作新优势，为我省教育“创强争先建高地”不断做出新贡献！

是为序。

（本序作者系中共广东省委教育工委书记、广东省教育厅厅长）

目录

contents

为孩子的幸福人生奠基

——记华南师范大学附属小学副校长徐志辉

题记： 进入21世纪，我们学校的德育工作，要根据新时代的要求，不断改变教育活动方式，创新教育活动形式，从观念到方法，都必须进行革新与改造；我们要走出校园，拓展空间，回归生活，追上时代的步伐。只有这样，才能培养出真正有道德的一代新人，为学生的幸福人生奠基。

徐志辉，华南师大附小副校长，中学高级教师，负责学校的德育和教学管理工作，有着二十多年的教育、教学和行政管理经验，主要从事家庭教育和学校德育的研究工作，近年来有十多篇论文在报刊发表。

华南师大附属小学是广东省教育厅直属小学，成立于1937年。学校自成立以来，就和中国同命运、共呼吸，几经挫折而不改其报效祖国之志，为中华民族的复兴而努力奋斗，培养了千千万万祖国栋梁之才和大批合格的劳动者，在国内享有较高的声誉。如今，华南师大附小有学生1379人，30个教学班；全校教职工有86人，其中特级教师4人，中学高级教师10人，广东省名师工作室主持人5人，广东省“百千万人才工程”培养对象（省教育家、名教师）7人，广东省省级骨干教师22人，广东省南粤优秀教师12人，广东省“十佳”少先队辅导员1人，广州市优秀中小学班主任8人。华师附小的师资队伍通过近10年的建设，已经成为全国小学中最优秀的教师团队之一。

一、发现崭新的校园生活

叶圣陶先生说过，教育就是培养习惯。学龄儿童处在良好行为习惯养成的关键时期，徐志辉副校长因此制定了12个“学会”目标——学会守纪、学会宽容、学会学习、学会自主、学会锻炼、学会自护、学会诚信、学会合作、学会助人、学会感恩、学会环保、学会创新。围绕目标，挖掘校园生活的育人功能，通过创新班级文化和校园文化建设活动，引导孩子养成良好习惯，开启幸福人生之路。

（一）课室环境建设：以多元的标准

课室是学生生活与学习的主要场所。好的课室环境不仅要富于文化内涵和教育资源，更应呈现出生成性和开放性，激发师生的创造力和个性潜能。而课室环境的建设过程本身便具有无限的教育功能。徐志辉尊重学生的主体地位，以个性化奖项代替传统的等级评比，推进多元班级文化建设，让学生在自主创建班级环境的过程中，学会自主和创新，养成良好的行为习惯。

例如，在2012年度温馨课室评比活动中，将标准定位为“资源性课室”“绿色性课室”和“生成性课室”，并据此设置了多元化奖项，如绿色课室、生态课室、博雅课室、趣味课室、知海课室等。“资源性课室”注重课室环境的文化内涵和学习资源建设，要求课室环境能激发学生的学习兴趣和探究欲望。“绿色性课室”注重生态环保，要求课室设计美观、布局合理，能带给学生安全感与舒适感，提升学生的审美能力。“生成性课室”凸显开放性和可持续发展理念，要求课室能展现学生的多元个性，激发学生的创造力。课室的建设过程要体现师生、家校共建的诉求。

评比活动中，各个班级各展其能，或用古诗书画装点课室，营造传统文化气息；或建设学科园地，丰富学习资源；或展示学生作品，印证成长足迹。师生、家长群策群力，发挥各自的智慧与才能。学生在自主创建班级环境的过程中，思想得到启迪，知识得以拓展，更提升了自主创新能力，养成了良好的行为习惯。

（二）书香校园创建：以儿童的视角

教育家朱永新说："一个人的精神发育史就是他的阅读史，一个民族的精神境界取决于它的阅读水平。学校教育最关键的一点，就是让学生养成阅读的习惯、兴趣和能力。"要用阅读引发思考，丰富学生的精神世界，如此，才能培养学生不断超越自我的意识，养成优秀的个性品质。

基于此，徐志辉副校长发挥学生的主体作用，从儿童的视角开展"书香校园"建设活动，培养专于阅读、勤于思考的学生。例如，丰富和优化校图书馆资源建设，师生一起精选书籍，及时更新藏书；征集学生意见，灵活使用建筑空间，在架空层与走廊设置开放书架和长凳，供学生在课余时间随时阅读；每个班级则由学生自行设计建设"愉阅"图书角等。以儿童视角营建的校园阅读氛围激发了学生的阅读热情，校园阅读蔚然成风。课余时间，许多孩子安静地读书，并在阅读后自觉地把书放回原位。学校鼓励学生积极捐赠书籍，和同伴分享好书。在"老生"的带动下，许多新生入学不久便养成了阅读习惯。他还通过班级读书会、读后感写作比赛、读书演讲比赛、"书香班级""书香少年""书香家庭"评比等活动，鼓励孩子积极阅读，学会表达。孩子的读后感有思想有深度，展示了精神世界的丰盈。校园书香四溢，孩子们浸润其中，受益匪浅。

（三）十佳学生评选：以发展的眼光

拥有积极自我期望的人，会在行动上不断超越自我，实现自身的可持续发展，收获幸福人生。为此，徐志辉副校长注重引导学生树立积极的自我期望，在不断超越自我的过程中实现成长。

2008年开始，他指导学校少先队大队开展优秀学生评选活动，"十佳学生"是活动最终获奖者的头衔。评选活动打破"优秀学生"的传统评价标准——成绩突出，确立了一套有利于孩子综合素质养成的评估体系。"十佳学生"的评选须经过三个环节：演讲、时事问答、才艺展示。学生们精心准备，在角逐中各展才能，展现出附小学生视野广阔、关心社会的特点。胜出者自然是实至名归的优秀生——志存高远、视野开阔、表达力强、多才多艺。"十佳学生"的评选过程，是帮助学生不断拓展视野、确立远大志向、不断发现和超越自我、增强自信的过程。

二、走入鲜活的社会生活

学校学生的家庭环境比较优越，许多孩子从小独享长辈的关爱，甚至溺爱，导致一些孩子只知道接受爱，从未意识到应该给予爱，不知珍惜和感恩，这些都会影响孩子人格与心智的健康成长。为此，徐志辉副校长深入挖掘家庭和社会资源，注重增强活动的互动性，让学生深刻感悟父母的恩情和社会的关爱，播下感恩的种子，培养孩子自立自强的品格和回馈社会的意识与能力。

（一）家校互动：播撒感恩的种子

家庭是孩子心智成长的有力支持系统。徐志辉副校长注重家庭教育与学校教育的互动和配合，引导家长培养孩子的独立能力、责任意识、感恩意识，发挥教育合力。

每年妇女节、母亲节、重阳节，学校都会举行系列活动，如“我为你颁奖”，号召每个家庭开展“倾听母亲的故事”活动，并由孩子为母亲颁奖，表达感恩之情。班级则利用各种契机，邀请家长进课堂讲述成长故事，引导孩子感谢长辈的养育之恩。班主任还通过各种途径与家长探讨家教经验，建议家长严格要求孩子，如从小事做起、自己的事情自己做、适当分担家务等，让孩子体会父母的辛苦，激发感恩情怀。

学生家长分布在各行各业，具有不同的职业背景和家教方法，是学校宝贵的教育资源。学校定期邀请不同职业背景的家长义工为孩子讲课，充分发挥家长的资源优势，为学校德育注入强大的活力。

（二）社区共建：体会付出的幸福

徐志辉副校长指导少先队大队部与社区服务中心联合定期举行“走进社区，服务社群”系列活动，如清洁街道、拜访百岁老人等。活动中，孩子们分工合作，将街道打扫得非常干净，赢得了居民的赞叹和认可。学生还到社区探望老人，为老人打扫卫生、整理床铺、洗刷衣服，并为老人表演节目。孩子们在活动感言中写道：“虽然辛苦，但看到自己能为老人带来快乐，真的很开心。付出并不难，快乐也很容易。只要用心去关注身边的人与事，为他们做力所能及的事情，给别人的生活带来方便或欢乐，就能感受到付出的幸福！”学生们逐渐懂得，心存感恩，以实际行动回馈社会，是一件幸福的事情。

学校还与社会志愿服务机构合作开展了多种活动。如：学期初，邀请关工委人员到校进行励志教育；期末，邀请法制副校长进行安全教育；定期邀请华南师大心理学院的研究生志愿者到校为学生进行心理疏导等。每次活动结束时，学校都会以特别的形式对志愿服务人员表示感谢，借此让学生感受社会各界的关爱，表达对志愿人员的感激之情。

（三）亲历稼穑：恒念物力维艰

城市孩子大都未曾亲历生产过程，勤俭节约与艰苦朴素的观念比较淡薄，珍惜资源往往只停留在口号上。为此，徐志辉副校长每年定期组织学生开展学农活动，带领学生走进农村，体验农业生产过程，增强劳动观念与动手意识，培养吃苦耐劳、自立自强的品格，继承节俭朴素的民族传统。

每年秋季，学校组织高年级学生走进周边农村，参观田地，动手种植或采摘农作物，让孩子亲历稼穑，了解粮食的生产过程，体会农事的辛苦，感受衣食得来之艰难。有学生在参与河粉的制作后非常感慨："平时在家里经常吃河粉，但真不知道是这样做出来的，工序这么复杂与精细！"学生通过亲手种植蔬菜、收割水稻等，体验到劳动的艰辛与收获的快乐，真正懂得了"粒粒皆辛苦"，自觉养成了勤俭节约、珍惜资源的美德。同时，学农活动还唤起了学生尊重农民、关注农业、关心农村的意识与行动。

为了增强孩子的体验和感受，学校与村委会合作，让学生定期与农村家庭和学校"亲密接触"，感受真实的农村生活。随着活动的深入，孩子从一开始的好奇新鲜，到逐渐感受到务农的艰苦，深切体会到自己的生活是多么幸福，要珍惜生活，珍惜劳动成果。

三、体验自律的军营生活

学校德育的主要任务是引导孩子顺利实现社会化，懂得遵纪守法，形成对社会规范的尊重意识。军营以严苛的纪律练就个体对规范的尊重与遵守，对学生产生深远的影响。徐志辉副校长继承军民共建的优良传统，与军营基地进行了更为深入的合作，让孩子走进军营，体验军旅生活，磨炼坚强意志，理解纪律与规则的重要作用，培养规则意识。

（一）走进军营：感悟责任与使命

徐志辉副校长带领学校少先队大队部与某陆军航空旅确立了长期合作关系，定期组织学生到军营参观学习，并与军人交流互动，了解真实的军队生活与国防知识，帮助学生树立民族自尊心与自信心，从小立志报效祖国。

学生踏入庄严神圣的军营，参观战士的宿舍内务、部队营院的建设与荣誉馆等，观看军犬表演，了解枪支的分解与组合等知识；学生还有机会乘坐军用直升飞机，俯瞰美丽的广州。通过与军人的交流，孩子感受到不畏艰难、不怕吃苦的精神，懂得了国防的重要性，保家卫国的使命感与责任感油然而生。

（二）进驻军营：学会自理与自律

学校每年组织高年级学生开展学军实践活动，培养学生严格遵守纪律的意识与习惯。2013年5月，学校组织学生走进东莞市国防教育训练基地，进行了为期7天的学军实践。学生每天与军人一起严格遵守作息时间，6点15分起床，15分钟内完成穿戴、洗漱与整理内务工作，之后出操、早餐、操练。严苛的时间限制与高质量的效率要求，对学生而言是一大挑战。学生从一开始的抱怨到后来的适应，身心素质发生了质的变化。学生的集体观念增强了，懂得了为自己的学习和生活负责。家长普遍表示，7天的军旅生活让孩子长大了：孩子养成了良好的作息习惯和吃苦耐劳的精神，体质增强了，更学会了自己管理时间。

四、开启多彩的科技生活

学校位于华南师范大学校内，周边高校林立，拥有优越的教育资源。借助这一资源优势，徐志辉副校长策划了丰富多彩的科技活动，用浓厚的学术氛围与前沿的高新科技气息浸润学生，培养志存高远、视野开阔的未来公民。

（一）“请进来”：感受科学魅力

徐志辉副校长采用“请进来”的方式，让孩子与科学家零距离接触，聆听科研人员的声音，分享大师对科学的理解和对人生的体验，感受科学探索活动的魅力。学校聘请知名专家学者、科学家和研究生志愿者作为校外科技辅导员，定期邀请他们到校讲座，深入浅出地介绍前沿的技术发展情况，与孩子们交流从事科学探索的点滴体会。辅导员亲切的话语、通俗的讲解、热情洋溢的鼓励，激发了学生对科学探索的浓厚兴趣。

（二）“走出去”：开启追梦之旅

每年，徐志辉副校长指导少先队大队部定期组织学生走出去，到周边的高校参观学习，如参观华南师范大学、华南理工大学、中山大学的实验室或校办企业等。

近年来，学生先后参观了生物电子国家重点实验室、3D实验室、机器人实验室、中国无线谷国家重点实验室等，了解了科学发现与科技发明的产生和创造过程。高年级学生与大学生一起聆听了导师的实验课，了解了各种仪器的功能与用途，并亲自动手操作参与实验，体验到科学探索的快乐。此外，他还经常组织学生观摩各高校本科生的课外科技作品展，与大学生交流沟通，了解研究与创造过程。活动中，学生如同走进了科学知识的海洋，眼界大开，萌发了学科学的愿望，继而转化为努力学习的动力，开启追逐人生梦想的旅程。

苏霍姆林斯基曾说：“教育的理想在于使所有的儿童都成为幸福的人。”幸福人生奠基于良好的行为习惯和个性品质。深厚的文化传统与丰富的教育资源的整合，为学校德育打开了新的思路，更开启了学生的幸福人生。学校德育工作在全体师生的共同努力下，取得了辉煌的成绩。2008年12月，学校被中国教育学会德育研究会定为“全国德育实验学校”。学校的少先队大队在2010年、2011年、2012年被评为广东省少先队红旗大队，2013年荣获“全国优秀少先队集体”称号。此外，还有许多学生获得“广州市优秀学生”“广州市优秀学生干部”“广东省优秀少先队员”“全国优秀少先队员”等光荣称号。

后记：进入21世纪，我们的德育教育，从观念到方法，都必须进行革新与改造，要不断丰富少年儿童品德教育的形式和内容，走出校园，拓展空间，回归生活，追上时代的步伐。只有这样，才能培养出真正有道德的一代新人。在今后的德育工作实践中，华南师大附小将以十八大的重要精神为指导，用科学的理念指导实践，不断总结，不断升华，使之更加符合人的成长规律，为办好人民满意的学校而努力！

扎根大学肥沃土壤，扎实开展德育工作

——记暨南大学附属小学副校长陈米娜

题记：『本来事业并无大小，大事小做，大事变成小事；小事大做，则小事变成大事。』她把陶行知先生说过的话铭记于心，告诫自己：德育工作任重道远，平时的工作要细、实、活，唯有坚守、恒定和创新，才能不断改进工作方法，培养前瞻意识，增强工作实效性。

暨大附小是暨南大学附设的一所完全小学，秉承“全面素质育人，促进个性发展”的办学理念，以“艺体教育”为发展特色，努力构建与暨南大学“侨校加名校”战略目标相匹配的附属小学。

暨大附小德育副校长陈米娜，小学高级教师，从事基础教育23年。她虚心好学，扎根大学的肥沃土壤，努力探索事业办学性质附属学校的德育管理模式。在忙碌的工作之余，她积极参加各类培训，曾到武汉、郑州和香港等地考察，汲取他山之石，带领管理团队努力践行附小“五个一”的育人目标。

一、以创建品牌为愿景，扎实开展德育工作

暨大附小自2007年始，借助暨南大学的名牌效应，在大学的呵护下擦亮附小品牌，走好创建附小品牌三步曲。主要载体是学校的理想信念和价值追求，校训、校歌、校徽、校风，以及校园环境、浮雕壁画、校园文化宣传册等所承载的文化内涵。基于创建品牌的愿景，陈米娜副校长立足育人为本、德育为先，除了平时开展的常规工作之外，她还花费大力气主抓以下三项工作。

（一）狠抓安全管理，打造平安校园

学校利用广播、黑板报、宣传橱窗、国旗下演讲、观看光盘等多种形式对广大师生进行安全常识的宣传；结合天河区思政科的文件精神，有针对性地开展“除火患保平安”“暑假专项活动”“中小学生和家长安全知识问卷测试”“消防安全疏散演习”等以“五防”内容为重点的专题安全教育活动。

教育学生对家庭状况保密，自觉维护大学校园和周边地区的治安秩序。重新规划人行横道线、设立禁止车辆停放标志。任何时候、任何课堂，学生都不允许带剪刀、裁纸刀和小刀来学校。学生如因生病或其他缘由须请假，持班主任填写好的“暨大附小学生课间离校外出放行条”，保安才允许学生离开学校。自昆明火车站暴力恐怖事件发生后，外来人员一律免进校园。

根据校医关于卫生工作的提议，学校及时对学生进行防控传染病知识的宣讲，开展班级卫生评比活动，做好春秋两季卫生保健和学校传染病的防控工作。学校高度重视并坚持晨检制度和学生出勤报告制度，下发《关于预防流感事宜告家长书》。

教师时刻关注学生的思想动态，一旦发现“异动”，及时到相关班级了解情况，并第一时间向家长反馈真实信息。如遇家长之间发生矛盾（纠纷），积极配合班主任召开家长、老师和学生的联合会议，大家面对面沟通、协调，妥善处理事情，及时把负面影响消除在萌芽状态。

（二）加强文化建设，促成养成教育

依托经典文化教育。每周一利用思品课学习、诵读《少儿国学读本》，每周三早读20分钟诵读经典，童心·阳光广播站在周四下午播放国学经典句段。为了考查学生的理解程度，学校还组织了期末国学考试。近年来，学生上学放学时自觉遵守纪律了，上下楼梯主动靠右行走，一旦在学校捡到食堂饭卡也不贪小便宜，能第一时间上交大队部……很多家长反映，孩子在家里主动为父母背诵讲解《少儿国学读本》的内容，懂得孝敬父母，知道干家务活了。

依托丰富多彩活动。心理学研究表明，在生动有趣、丰富多彩的活动中，小学生最容易接受潜移默化的道德教育，形成良好道德品质和学习习惯。近年来，学校通过丰富多彩的活动营造全方位的育人文化氛围：开展“大手拉小手，共享成长乐”的亲子入队仪式，老师和家长一起见证孩子们的成长；开展“垃圾分一分，环境美十分”系列主题教育活动，如邀请暨大团委大学生来校授课、联合石牌街志愿者开展必胜客绿色小超人活动等，树立学生的环保意识，营造卫生的学习和生活环境；继续开展行为规范达标班评比活动，通过全方位的班级常规管理措施，促使学校班风正、学风浓，养成教育和班级管理良性互动，相得益彰；大力推进“书香浓浓，润泽人生”读书活动，加强读书指导，努力建设“以读书长知识，以读书增智慧，以读书促养成，以读书树理想，以读书塑人格”的书香校园；举办暨大附小体育节和科技艺术节，丰富多彩的校园艺术体育活动，全面推进了学校素质教育，营造了附小健康活泼、灿烂浓郁的校园文化氛围。

依托校园宣传阵地。让每一面墙壁说话，让每一个角落说话。《阳光·童心》浮雕围绕附小校训“学以立德、学以增智、学以致用、学以创新”进行创作构思，凸显附小的个性风貌，传达健康的童心、童趣、童年的梦想与追求。建立了“校园之星”多元化学生评价体系，结合各个年级养成教育的落实目标，每班评选10名“校园之星”并张榜表彰，以“校园明星从这里升起”的榜样力量弘扬校园正气。把握舆论导向，发挥班级每月一期黑板报的宣传教育功能。在楼梯、走廊张贴“上下楼梯不奔跑，安全第一真是好”“请勿大声喧哗”“请勿乱写乱画”“安全出口”等提示语，让学生在校园的任何一个地方活动时，都能得到温馨的提示和教育。

（三）心理健康教育，稳步常抓不懈

抓好“三结合”教育网络。家庭、社会和学校教育密切配合，进一步形成德育教育的合力；举办家长学校讲座，定期召开形式多样的家长会；做好一年级新生的衔接讲座和毕业班心理卫生讲座、毕业班学生思想动员大会。通过家校紧密联系，落实附小“快乐学习每一天，健康生活一辈子”的办学理念。

关注特殊儿童教育。积极与天河区特殊教育学校联系，带领本校特殊儿童和家长上门取经，寻求专家的帮助与指导，家校共同为孩子的心智健康发展谋划一片蓝天；积极推进广州市教育局试行开展的“融爱行”特殊儿童随班就读工作；充分利用暨南大学心理中心老师、华侨医院心理医生团队的资源，启动开心屋；设立“悄悄话信箱”，为一些不愿意透露姓名和暴露自己的孩子搭建沟通的平台，辅导老师及时为他们解答心中的疑惑。通过个别辅导，学生当中出现的升学压力、自卑心理、人际交往障碍等心理问题得到了缓释与治疗。

为了提高附小教师自身的心理健康水平，促进教师的专业化成长，增强其独立开展学校心理健康教育工作的能力，陈副校长主动联系具有广东省中小学心理健康教育教师B证培训资质的华南师范大学心理学院老师来校授课。附小全体教职员工经过考试都取得了心理健康教育B证证书，为学校开展学生心理健康教育提供了最有力的人员保障。

二、展望未来，努力前行

陈米娜副校长时刻在思考，如何依靠大学的强大后盾，利用大学的有利资源，再结合本校实际情况，努力实现暨大附小的中长期发展目标、创建品牌。

她带领管理团队构思未来的德育新天地：继续构建主题校园文化墙，使无处不在的文化素养潜移默化地影响每一位孩子，促使大家文明守礼、掌握课外知识，培养阳光开朗、知识渊博的附小好少年形象。完善多元化评价体系，在适当时机将评选优秀家长，张榜公示，孩子们也给家长佩戴大红花。鼓励家校大胆携手、共同促进孩子的全面发展，让更多的家长参与到班级管理中来，使丰富的家长资源为学校的发展添砖增瓦。附小将以“争创科技体育创意室”为目标，引用优秀教材，开设创意兴趣班，培养学生的物理空间想象和动手实践能力。附小地少人多，课间操可以分年级进行，室外做广播操，室内做手指操、上肢操、健美操，等等。课余时间学生可在“力量协同发展网”上攀爬，提升学生的协调能力，又不容易受伤，从而高效地保证了学生每天一小时的活动时间。

后记：十年树木，百年树人，路漫漫其修远兮，吾将上下而求索。

山，在那里

——记华南师范大学附属中学副校长肖朝云

题记：『山，在那里』是肖老师最喜欢的一句话。在学生自主组织评选的华南师范大学附属中学『第二届最受学生欢迎的老师』评比活动中，通过全校学生投票，分管学校德育工作的肖朝云副校长以第七名的成绩获得『金奖』。学生问肖老师为什么喜欢这句话，肖老师以平静的语气告诉学生，这句话出自英国著名的珠穆朗玛峰探险家乔治马洛里之口，他在回答『为什么攀登这座山？』时，只用了淡淡的一句话：『因为它在那里！』作为一名在基础教育一线工作了22年的教师，肖老师喜欢这句话中充满着的爱、执着与信念！

曾记得，《广东教育》2008年12月高中版的刊首语中曾这样写道："她是一所遐迩闻名的品牌学校，江泽民视察过，温家宝视察过，李岚清视察过，李长春视察过；她是人才的摇篮，诞生了中国革命先驱熊锐、林基路、陈少白、廖承志、谭天度，著名音乐家冼星海，岭南画派开创人高剑父，新中国第一个破世界纪录的运动员陈镜开，中国科学院院士邓锡铭、姜伯驹、蔡睿贤、范海福，中国工程院院士钟南山、岑可法、黄耀祥等一批风云人物，以及各行各业的领军人物。自1977年恢复高考后，这里走出了几十名高考总分和单科'状元'，数以千计的学生在省市、国家及国际的学科竞赛中获奖。她就是华南师范大学附属中学（以下简称"华附"），她始终傲立岭南教育的潮头……"

是的，华附始终傲立在岭南教育的潮头！华附退休教师张百栋老先生曾写下这样一幅对联——

百年才一瞬　问树上红花　世易时移　立人有多少

一瞬已百年　看园里绿叶　春来秋往　入目见辉煌

华附一直在创新高素质人才培养模式、创办高水平现代高中方面进行着不懈的探索，以其高规格、高质量的办学成果，成为一所学生热爱、家长放心、高校欣赏、社会赞誉的示范性学校。"以人为本，敢为人先"是华附独特的精神，是华附的根，也是华附的本。聚清园里的人，是聚清园里最独特的风景，肖朝云老师就是其中的一位。

肖老师自1992年7月从华南师范大学生物系毕业后，一直在华附任教，是中学生物高级教师，1998年获广东省"南粤教坛新秀"称号。她曾担任过八年班主任，十三年团委书记，2010年获得"广东省优秀团干部"称号，2011年带领学校团委获得"广东省五四红旗团委"称号。她自2003年开始从事行政管理工作，任学生处副主任，连续担任两届的学校党委委员，分管学生党校建设，并担任高三党支部书记。自2013年7月起，肖老师成为学校分管德育工作的副校长。在华附德育相同的舞台、不同的位置上，肖老师一直以爱用心耕耘，尽心付出，一直快乐地寻找着教人求真、求变、求恒之路……

一、责任的承诺

华附的办学宗旨是"以完整的现代教育塑造高素质的现代人"，"高素质"既有能力的要求，更有对国家民族、对学校和对自己责任的承诺。肖老师坚信，对于附中的大多数学生而言，重要的是责任的承诺，而不仅仅是能力的培养！华附德育一直在努力，希望广大青年学生努力成长为"理想远大、信念坚定的新一代，品德高尚、意志顽强的新一代，视野开阔、知识丰富的新一代，开拓进取、艰苦创业的新一代”（胡锦涛语）。

如何实现附中学子对责任的承诺？肖老师不断地在德育第一线努力实践并总结形成了“在活动中锻炼人，在活动中培养人”的德育工作方式，根据学生年龄特点，以学生喜闻乐见的活动吸引学生，在活动中渗透德育的内容，让有意义的事变成有意思的事，达成德育的目的。比如，在新的时代背景下如何进行学雷锋活动，才能紧密结合社会主义核心价值体系教育，扎实推进学雷锋活动在广大青少年中深入开展？肖老师认为，要与引导学生坚定理想信念、形成健康积极向上的生活态度和奋斗精神、培养良好道德品质结合起来；要适应当代青少年的特点与需求，与新媒体手段结合起来；要与学生的成才建功、助人为乐、社会志愿服务等活动结合起来。从2004年开始，肖老师在每年三月的“学雷锋行动月”各项常规活动中，创造性地开展了“雷”厉“锋”行扶贫助学义卖活动，此项活动至今已成功组织了11年，成为附中团委的品牌活动，更将学校的志愿者服务推向高潮。“卖什么，怎么卖，如何捐”是此项活动的最大亮点。义买活动是由每一届高二团总支承办，部分学生社团参加。每个参加单位经过几个星期的策划、申报、审批，各出奇招，或采购，或自己设计，把校园活动场地变成了一个熙熙攘攘的“集市”。许多同学和老师都快乐地参与到买卖过程当中。大家经历几周的“市场预测”和“营销总结”，体验“经商”过程中的买卖乐趣，也借此机会表达自己对社会的关爱，将雷锋精神落到实处，奉献自己的爱心。活动中学生的创意无处不在，他们设计的产品常常带给大家惊喜。扣除成本，11年来共筹集343 456．2元善款。用自己的劳动赚钱，并把利润拿来捐献，这样做更加有意义，也更加能体现附中学生的价值。而如何使用这笔善款，也有特别的方法。在每年的6月7—8日都会组织少先队员举行“初中奥校清远扶贫夏令营活动”，带领初中学生到飞来峡镇的山区完成“五个一工程”并设立“华附奖学金”，举行隆重的颁发仪式。虽然善款是由高中的同学通过义卖筹得，却是由初中少先队员和建团小组代表学校捐出，这也体现了以团带队的思想。整个“雷”厉“锋”行扶贫助学义卖活动的设计，让华附学生学会把扶持艰苦环境下的同龄人视为一种责任，视为对他们的一种承诺。

二、文化的传承

党的十六大报告指出：“必须把弘扬和培育民族精神作为文化建设极为重要的任务，纳入国民教育全过程，纳入精神文明建设全过程，使全体人民始终保持昂扬向上的精神状态。”营造浓厚的优秀传统文化氛围，展示中华文化强大的生命力，激发传承中华传统文化的热情，培育生生不息的民族精神，是华附一直在努力的方向。肖老师认为，文化的传承不是一朝一夕可以完成的。文化原本是一种生活方式，需要我们在日常生活中不断地加强培养。所以，肖老师在德育工作中，一直努力做好文化传承的工作，凸显人文素养教育，于各种各样的活动中传承中华文化，建设校园文化。肖老师觉得，对于每一个渴望成功、追求成功的学生而言，拥有超人的胆识、凌云的壮志、非凡的智慧、天才的设想是远远不够的，还必须有深厚的文化底蕴，有宽、厚、实的人文知识，因为“人文修养培育人文精神，人文精神造就高尚灵魂”，这样才能使学生今后的路越走越远、越走越宽。

比如，在“知恩、感恩、报恩”教育中，她不断努力创设活动，将教育渗透到各项精品活动中，让学生明白：什么是感恩？为什么要感恩？对谁感恩？怎样感恩？肖老师不断丰富“感恩教育”的内涵，借各种节日和高（初）中毕业典礼，开展感恩系列教育，让学生在感恩社会、感恩母校、感恩父母、感恩先辈等活动中常怀感激之情、常修处世之道、常葆进取之心，培养高尚的道德情操，修身、齐家、治国、平天下。再比如，肖老师在分管学校体育时，坚持在学生中推广武术教育，坚持每周课间操全校一起打太极拳，以太极拳中所包含的深刻丰富的中国传统文化和传统哲学思想影响华附学生。开展“文化校园——中华传统名言名句征集活动”，设立了礼、善、诚、信、勤、俭、美、爱八个主题，收集了全校学生喜欢的名言名句，分类评选并准备在校园中张贴。广播站每天中午都有“历史重现”栏目，让更多的同学关注和了解到历史上的这一发生的大事。在学生特别喜欢的青春旋律艺术节系列活动中，听古筝轻灵的乐音，看彩扇飞舞，绘丹青画卷，浓浓的传统文化渗透在每一个节目中，让学生在艺术的熏陶中，得到最好的传统文化教育。还有，学校多年来参与组织了国学夏令营活动……

三、习惯的养成

联合国教科文组织指出，21世纪教育的使命是帮助学生学会做人、学会做事、学会学习、学会共处。我国现阶段的教育方针指出，教育的目标是培养德智体等方面全面发展的社会主义事业的建设者和接班人。2004年国务院明确提出：未成年人思想道德建设的四项主要任务之一是从规范行为习惯做起，培养良好道德品质和文明行为。华附德育这些年来一直坚持不懈地抓学生的五大习惯养成：学习习惯、思维习惯、生活习惯、锻炼习惯、言行习惯。在习惯养成教育中，肖老师谨记老子说过的话：“天下难事，必作于易；天下大事，必作于细。”困难的事情要把它变得比较容易来做，大的事情要从细致和细小的方面来做，这样才能做成功。高素质人才的培养，需要我们对良好习惯的用心积累：让好习惯使学生变得更有教养、更有知识、更有能力、更有效率、更具条理。

因此，学生“两会”上提出了“培养良好习惯，成就美好人生”的主题；在许多的常规工作中，制定了相应规则并强调规则的遵守；在社团管理中，制作了社团手册，有经验总结，也有教训反思，让良好的做事习惯在手册文字中得以强化；在“追寻附中人足迹”活动中（自2002年开始），凭借优秀校友的采访与讲述，传承华附精神，也传递着良好习惯培养的重要性……

四、队伍的锻造

从事行政管理工作的这十几年中，肖老师始终坚信：队伍建设是德育建设的核心。德育骨干团队（级长、班主任、团委老师、心理老师、各类导师等）的建设抓好了，人心齐了，有干劲了，学校德育的发展才能充满阳光。肖老师认为，一个团队的引领者，最大的功德和全部的努力应该在于激发每个教师固有的内在潜能，发现他们这些潜在的能量并让其充分发挥。每一个教师都得到尊重，每个人都能发挥自己的特长为师生服务。肖老师成长于华附，对生机勃发的华附有着深厚的感情，对“附中人”的称呼有着特别的感恩。她希望通过自己和团队的努力，能尽力做到让老师们可以在自己比较满意和合适的岗位上，快乐地、高效地工作——当教师想奔跑的时候，早有人为其壮行；当老师们展开翅膀的时候，头顶已有飞行的天空。

学校教育是一个每天都充满挑战，每天都充满未知的专业领域，每一位老师面对着千差万别、富有个性的学生和教育情境，每一个学科都有着自己特有的认知规律和教学规律，每一次教育教学活动又十分独特而不可重复。肖老师常常会敬佩附中老师身上可贵的品质、高尚的情操、高超的教育艺术。正因为如此，她在工作中，不仅自己用心学习，不断在专业上追求进步，使自己成为附中教师队伍中同样出色的一员，而且更愿意让更多的事情在协商、协调和协作中解决，从而锻造更加融洽而富有战斗力的团队。

后记：教书育人是一项甘为“人梯”的事业，虽偶有鲜花，但更多的是探索的崎岖。肖老师一直喜欢华附这个团队、喜欢教师这份工作，对工作充满爱与执着，一直用心去学习、去倾听、去思考、去实践。她希望自己是聚清园中的一滴清水：不论是雪还是冰，不论是滴水之微还是汪洋之浩，都不失其水的本性——清澈宽容，洗涤污垢，沉淀浊物，永远是一路欢歌地奔向大海。

谁说校长不爱『队』

——记广州市越秀区署前路小学校长游家水

题记：『孩子是祖国的花朵，也是一个家庭的希望所在，我们决不让一个学生掉队！』这是游家水校长常说的一句话。

游家水是署前路小学党支部书记、校长，同时也是一位资深的少先队辅导员，有着很深的红领巾情结，为学校少先队工作的发展和少年儿童的健康成长倾注了大量心血，曾被评为“2013年度广州市支持少先队工作好校长”。

一、谁说校长不爱“队”

游校长定期听取少先队工作汇报，并把少先队工作与学校工作相结合，制订出详细的计划和活动方案。在游校长的支持下，学校少先队队部室已达到省级队部室的规格，建立了完整的八个单元鼓号队，成立了红领巾电视台、广播站及小记者站，建立了少先队网页，各中队也建立了队角、图书角，制定了详细的辅导员培训制度和规划。学校德育课题“家校合育培养学生良好礼仪习惯的研究”参与了中国青少年研究学会“十二五”课题的研究，并得到中国少先队工作学会名誉副会长张先翱教授的亲自点评和指导。张教授对学校扎实有效的少先队工作给予了高度的肯定，他认为如此完善的少先队基础建设是与校长的大力支持分不开的。

二、魅力四射的领头人

游家水校长认为：真诚只能用真诚来唤起，激情只能靠激情来点燃。在工作中，他讲究团队合作，注重“换位思考”，重交流，重沟通，重理解，追求做人低调、办事有效的务实风格。自游校长担任署前路小学校长以来，他以独特的人格魅力吸引了全体教师，他耿直、真诚的作风也成为老师们的表率。

游校长倾注了大量心血在少先队工作上，在学校辅导员队伍建设和少先队各项机制的建立上，给予了物质、精神与政策等方面的大力支持。他认为只有切实加强辅导员队伍的培训工作，提高辅导员职业素质和专业技能，才能建设一支思想政治素质好、业务素质高、心理素质强的辅导员队伍。这是服务少年儿童健康成长的需求，也是推动少先队事业发展的迫切需要，更是辅导员职业化、专业化发展的必然方向。为此，他邀请了省少工委副主任、少先队总辅导员李群英多次到校结合少先队活动课、辅导员日常工作等内容，以讲座、个别辅导等形式指导辅导员们开展工作。在游校长的支持下，学校定期组织辅导员外出学习、参观、培训，每学期开展“班主任（中队辅导员）基本功比赛”“少先队活动展示”等活动，每月召开一次辅导员例会，学习、讨论、研究少先队工作的理论与实践方法。学校还把班级平时的常规评比、少先队工作评比与中队辅导员的考核和奖励挂钩，有效地推进了学校少先队工作。

为帮助年轻辅导员迅速成长，游家水校长结合自己多年来担任辅导员的经验，手把手带领辅导员进行活动设计和中队工作管理。当辅导员在工作中遇到困惑，他会到各中队与队员们直接沟通，帮助辅导员找寻解决问题的更好方法，并向辅导员提出“用头脑走路，用双脚思考”的要求，即每走一步都要用头脑来思考，行走的过程就是思考的过程。他注重少先队工作以及少年儿童教育理论的研究，经常组织辅导员撰写少先队工作论文及案例，鼓励辅导员将研究成果运用到实践中去。在他的指导下，大批辅导员的论文、案例在全国、省市的各类比赛中获得优秀成绩，《中小学德育》《中国教师》《教育导刊》等杂志上都有学校辅导员发表的少先队工作论文、案例。在游校长的引导下，大队辅导员邓韵老师被评为“广州市十佳少先队辅导员”和“广东省优秀少先队辅导员”，中队辅导员李静被评为“广州市名班主任”，侯湘玲、黄晖、源智慧老师被评为“广州市优秀班主任”，一批中队辅导员被评为“越秀区优秀辅导员”，一支积极向上、团结协作的辅导员队伍日渐形成。

三、孩子们的好校长

署前路小学现有二十六个中队，一千多名少先队员，游校长为全体队员的成长倾注了无尽的爱。孩子家里有困难，他总会热心帮助；孩子有不良表现，他总会耐心教育。每次少先队活动时，他和孩子们一起佩戴红领巾参加。为了让全体队员从小养成良好的环保习惯，游校长策划开展了以“我是文明署前人，减少垃圾出校门”为主题的垃圾分类系列实践活动，组建“1+6”绿色小天使环保宣传社团，落实学校“一个学生带动一个家庭，一个家庭带动一个社区，一个社区带动一座城市”的环保教育目标。由于开展校园垃圾分类工作出色，游校长作为小学代表参加了广州市“小手拉大手，千校进千街，百万师生齐行动”垃圾分类启动仪式，并向大会参与人员介绍工作经验。为了培养队员们从小关爱他人的品德，使他们树立良好的社会责任感，游校长积极支持少先队开展志愿服务活动。越秀区图书馆、社区工疗站、校园内外都是署前志愿者们的活动场所。学校还先后为广东省红领巾基金、越秀慈善会、越秀学子爱心基金等单位捐款捐物，为身边有需要的同龄人送去关爱。为了让人人都参与慈善，让队员们在体验中得到锻炼，游校长策划了爱心义卖活动。整个活动的组织充分体现了署前少先队员自主、开放、合作、仁爱的特点，从商品价格制定到商铺布置、商品销售都由队员自己完成，活动取得了很好的教育效果。由于志愿服务活动出色，学校多次被评为“越秀区图书馆志愿活动先进单位”，2013年还成为广州市首批“志愿服务进校园单位”。游校长还十分重视“书香校园”建设，在他的提议下，“亲子阅读”“红领巾易书部落”“流动图书车”等活动自开展以来就深受孩子喜爱。在他的带动下，一批家庭成为学校书香家庭，各个中队书香氛围浓厚，其中三（4）“墨香”中队被评为广州市特色中队。

为了让更多孩子感受到少先队活动的魅力，游家水校长围绕学校“立雅求美，艺体双馨，和谐发展”的办学特色，开办了多个红领巾小社团，并聘请了有特长、有热情的家长、专业人士成为社团的校外辅导员。在社团里，孩子们通过民主选举“小领袖”、制定规章制度等形式自主开展活动。这些红领巾小社团，活跃了校园气氛，丰富了校园文化，快乐了队员的校园生活。多年来，学校社团在各级各类比赛中都取得了优异成绩：小百灵合唱社团已连续三年获得市学校合唱节一等奖；精灵舞社也连续两年获得市舞蹈比赛一等奖，曾代表广东省参加全国“小荷风采”舞蹈比赛并获金奖；广府诗社创作的经典美文诵读《水润花城》在广州市第四届经典诵读比赛中获得一等奖；1+6环保宣传社团的小演员排练的小品《拯救地球，桶桶有别》在区语言艺术比赛中获一等奖。此外，有管乐、竖笛、科技、体育等特长的一批队员都在各级比赛中取得了优异成绩。

现在，署前路小学在游家水校长的带领下，正逐步成为一所教学环境优美、教学质量优秀、孩子喜欢、家长满意、社会公认的好学校。少先队工作也在游校长的支持和带动下，发挥着前所未有的力量。近年来，学校少先队先后被评为“2012年度越秀区少先队红旗大队”“2012年度广州市少先队红旗大队”“2013年度广东省少先队红旗大队”。

后记：游家水校长用他最朴实、最真诚的行动深切地表达着对少先队的热爱，他不愧是一位支持少先队工作的好校长。

爱心育人，潜心谋事

——记广州市荔湾区乐贤坊小学副校长陈珂

题记：陈珂副校长曾说：『要么不干，要干就要干好！』

陈珂，女，42岁，中共党员，大学本科学历，小学高级教师。1991年7月参加工作，从教23年，先后担任过教师、少先队总辅导员、教导主任、副校长等职务，2010年8月起任荔湾区乐贤坊小学副校长，主抓学校德育工作。作为一名党员，她坚持党的基本路线，努力实践“三个代表”的重要思想，有正确的世界观、人生观和价值观，在实际工作中，她积极发挥党员的先锋模范作用，吃苦在前，享受在后，尽职尽责，严谨、细致、努力地做好本职工作；作为一名教师，她忠诚党的教育事业，师德高尚，业务精湛，勇挑教改重担，并通过各种方式努力提高自身综合素质和业务水平，教育教学成绩显著；作为一名领导干部，她秉承的工作理念就是服务于全体教师，荣辱于自己的学校，努力把“全心全意为人民服务”的宗旨体现在每一项工作中；作为一名校级干部，她准确定位，踏实工作，努力做好校长的助手，履行工作职责。

一、以德为首，用心完善管理机制

作为主抓德育工作的学校领导，陈珂副校长坚持把“以德育人”放在工作的首位，牢固树立为学生服务、为家长服务、为教师服务、为学校服务的思想。她认为，要做好学校的德育管理工作，必须建立健全的德育机构，形成德育工作网络，使各方面的德育力量形成合力。在德育工作中，陈校长结合本校实际，不断完善德育工作领导机构，建立以少先队为主体，由党政、工会、班主任、德育骨干、科任教师组成的德育队伍，形成齐抓共管的局面。学校的班主任队伍建设、主题班队会的组织与实施、学科渗透的具体要求、学生行为习惯的养成、教师的师德建设等都在她的德育工作实践中加以实施落实。每学期，大到学校德育目标的确定，小到各年级、各班德育目标的制定，她都提出了明确的要求，人员落实，职责分明。她还定期组织召开班主任、辅导员工作例会，通过有计划地组织学习、参加培训、参加各种专业比赛和业绩考评等方式，不断强化教师“以生为本，教书育人，身先示范，讲求奉献”的师德观念，建设一支强有力的德育队伍，推动学校的德育工作不断发展。

二、真情付出，用爱书写育人篇

用爱去领悟工作的神圣，去启迪一颗颗稚嫩的心灵，这是她热爱教育事业、热爱学生的真实写照。辅导员出身的陈校长认为：要爱那些品学兼优的学生，充满热情地培养他们；更要爱那些基础较差的学生，认真地寻找他们身上的每一个闪光点。在她的眼里，每一个孩子都是栋梁之材，每一块“顽石”都能被雕琢成一块玲珑剔透的美玉。所以，在她看来，每个孩子身上都有闪光点，都值得去欣赏。每当学生在学习或生活中遇到困难时，她总是伸出援助之手，用自己的真诚去打动他们，带领学生们走出人生的一片片荒漠，让他们重新得到快乐，在阳光下健康地成长。学校有好几个患有多动症、自闭症的特殊学生，经常困扰班主任和家长。为了帮助老师和家长解决棘手问题，陈校长经常向任教老师了解特殊学生的课上、课后以及作业完成情况，与班主任一起约见家长，及时沟通学生的在校、在家表现，帮助家长树立正确的教育观念，教给家长正确的教育方法，使家庭与学校形成教育合力。她带领全体教职工采取多种措施，关爱这些特殊群体学生，针对实际情况，制订研究方案、建档、跟踪，在学业上帮助学生、生活上救助学生、心理上辅助学生，突出榜样教育、感恩教育、自主管理教育，使学生感受到同样的阳光。为了使孩子们找到快乐、责任、真诚，陈校长号召全校辅导员大胆创新队活动形式，确立了以“实践性体验——锻炼能力、培养素质”为主的活动形式，组织少先队员开展了丰富多彩的系列主题教育活动，并充分利用校园网、红领巾电视台、黑板报及各班“队角”“荣誉角”等活动阵地，让孩子们在自我超越、自我管理中发展能力。

三、关注细节，用情建筑乐土园

每学期开学前，陈校长都精心制订了周密的德育工作计划，做到“月月有主题，周周有反馈，处处见细节，事事有落实，天天显成效”。在她的带领下，德育队伍朝着经常化、规范化、制度化的方向发展。她定期召开班主任例会，组织班主任参加各级各类培训，交流学习心得，有计划、有目标地对班主任进行思想、业务等方面的培训。比如，她组织班主任就“班主任和中队辅导员的区别”“班会课与中队活动的同和异”这一类话题进行了专题研讨，提高了老师们的思想认识和专业水平。为了提高主题班队会的质量，增强实效性，她打破了以往各班同一个主题的形式，让班主任根据本班的实际情况，自定班队会的主题和内容，督促班主任认真备好每节课，保证每周40分钟的班队会课质量，杜绝利用班队会时间上文化课的现象。为了防止班队会流于形式，她逢周一对班队会课进行巡堂，发现问题及时提醒，并组织班队会的观摩、交流。这两年，各班主任的班队会课教学质量有了明显的提高。与此同时，她也非常重视班级文化建设工作。她认为，学校要有特色，首先班级要有特色。她引导班主任结合学生的年龄特征和本班特色，大胆探索、不断创新，完善班级制度文化，构建特色班级，如通过班级口号、班训、班风、班级墙报等，逐步形成各班的特色。

德育不是“作秀”，而是切切实实地从日常行为规范的点滴抓起。工作中，她狠抓学生的养成教育，认真落实常规的“五项评比”制度，坚持“每日一评，每周一小结”，规范学生的养成习惯。结合“‘贤德教育’特色校本文化研究”课题的研究与实施，她带领德育工作骨干教师编写出了一套（低中高年级）德育特色校本教材《品贤启思》。该教材从学校实际出发，借鉴儒家“五常”思想的精髓，以“仁、义、礼、智、信”为主题，规范学生的行为。同时，为了加强学生日常学习生活的养成教育，她和班主任一起制定了乐贤“JING”（净、静、敬、劲、竞）文化养成教育目标，指导学生进行“贤生”标准的细化学习，并通过大队部期中、期末两个时段开展的“校园之星”评选活动，起到了宣传、榜样、激励的作用。

四、锐意创新，用智拓宽德育路

作为分管德育工作的副校长，她不断学习、探索新时期未成年人思想品德教育的途径和方法，用真诚与创新开拓了学校德育工作的新局面。近年来，在打造“一校一品牌”的过程中，学校结合实际，确立了“文化立德，贤德育人”的德育理念。如何走“继承—创新—发展”的道路，擦亮品牌，彰显学校的德育特色，是陈校长在工作中反复思考的问题。为了使学校的德育工作向纵深发展，2011年，学校申报了广东省中小学德育实验研究课题“‘贤德教育’特色校本文化研究”。作为课题的重要研究者，在课题探索和研究过程中，她以人为本，从一个新的角度、新的起点开拓德育新思路，有效地增强了学校德育工作的针对性和实效性。她组织大队部开展了各种主题教育实践活动、校园“读书节”系列活动、“跳蚤书市”义卖活动、亲子家庭扶贫活动等；同时，她结合“创文”工作，狠抓未成年人思想道德建设，开展了系列少先队活动，如“我们的节日中秋”“文明礼仪出行月”“9·30卫生日”“友爱互助月”、“评选我身边的好人”网上投票活动、“小道德模范”“美德少年”“文明小公民”评选活动等， 起到了以活动促教育，以活动育贤人的教育作用。

学校因1983年创办了全国首所家长学校而闻名全国。继往开来，如何打破传统的家长学校模式，用科学的理念构建具有现代意义、富含实效的家长学校新模式来创新家庭教育，是陈校长在工作中不断思考的重点课题。结合学校的办学特色，她使“亲融眷爱，共育贤才”的理念通过家长学校的桥梁作用得以体现，一方面密切家校的合作联系，另一方面推动家长参与到学校文化建设的过程中来。她有计划地定期举办“家长学校大讲堂”教育培训活动，聘请家庭教育专家，根据不同年级学生家长的实际情况，针对新时期的家庭教育及科学育儿等专题进行讲座、访谈，并给家长下发调查问卷，及时了解家长们的学习状况和反馈意见，有效促进家校共建，和谐发展。学校每月一期的《乐贤家校快线》已经成为全校师生及家长们喜爱的读物，是家校信息沟通的重要桥梁和纽带。陈校长非常重视校刊的质量，从确定主题、版面设计到组稿、审稿、校对等她都亲力亲为，一丝不苟。她还广泛发动师生、家长积极投稿，让校刊成为老师们互相学习的平台、学生快乐成长的沃土、家长分享共赢的美餐。

学校充分利用家长资源，连续八年坚持开展“家长进学校”的系列活动：聘请家长做客座教师，让各行各业的家长走进课堂，给学生上一堂别开生面的“综合实践课”，该项活动的报道在《广州日报》上刊登，引起社会广泛关注。坚持每学期聘请家长在国旗下讲话，邀请家长代表参加升国旗仪式。为了进一步让家长了解、协助学校工作，陈校长号召各班成立了家谊会，并发动热心家长成立了“家长义工团”，同时制定了章程，建立了QQ群。她还定期召开家谊会主席工作会议，及时反馈学校工作情况和学生情况，倾听家长对学校工作的意见和要求，让家长成为学校的好帮手，家校联谊，共谋学校发展。为了表彰先进，树立典型，她设计了《“贤家长”教育活动评价手册》，以学年为单位，对家长继续教育和参与学校各项活动的态度等方面进行考核与评估，通过家长自评、学校（班主任）评的形式，评选出年度“贤家长”代表，在学期末进行表彰颁奖，有效地提高了家长队伍的整体素质。

近年来，陈珂副校长为学校德育工作做出了突出贡献，取得了累累硕果：学校先后被评为“广东省小公民道德示范基地”“全国青少年素质教育基地”“广东省示范家长学校”“广州市优秀家长学校”“广州市德育示范校”“广州市优秀红旗大队”“广州市首批特色学校”等，并获得“广州市第三届德育创新奖”。2012年陈校长被评为荔湾区支持少先队工作的“好校长”。

后记：虽然陈校长在工作中取得了一定的成绩，但在成绩面前她并没有感到满足。她决心衣带渐宽终不悔，一片痴情献教育。她要用自己的坚韧与执着，不断诠释新世纪教育工作者的精神，书写教育事业的壮丽篇章。

漫漫办学路，痴痴教育情

——记深圳市坪山中学校长林俊红

题记：林俊红老师曾表示：『在教育上追求「幸福」，会让我们心态从容自如，会让我们充满「慢教育」的智慧，享受到教育的优雅与情趣……』

坪山中学有一张响亮的“名片”——“德育”。这所学校培养的学生在进入高中之后，深受高中老师的好评。坪山高级中学的校长曾说：“我们的学生来自深圳各区，有许多学生就是来自于坪山中学，但是在违反校规校纪的学生当中，从来就没有来自坪山中学的。”这张德育“名片”的设计者就是坪山中学的校长、广东省首批名校长工作室培养对象、深圳市十佳优秀校长林俊红。

作为一名21世纪成长起来的青年校长，林俊红聪慧好学，勤思善谋，秉承“求真求实、同心同乐”的学校精神，团结带领坪中人锐意进取，勇于开拓，使一所有着六十多年光辉历史的老校重新焕发出勃勃生机和活力，教育质量逐年提高，学校声誉不断提升，已经形成了“德育领先，艺体见长”的办学特色。学校曾先后荣获全国优秀家长学校实验基地、全国中学百强文学社、全国青少年“五好小公民”主题教育活动示范学校、广东省一级学校、广东省德育示范学校、广东省中小学教师培训实践基地、广东省绿色学校、广东省现代教育技术优秀实验学校、深圳市篮球传统学校、深圳市办学效益先进单位、深圳市教育系统先进单位、深圳市书香校园、深圳市依法治校示范学校、深圳市规范汉字书写教育特色学校、深圳市优秀家长学校、深圳市安全文明标兵小区等市级以上荣誉。

一、研究德育，铸就特色

著名节目主持人白岩松曾对一位中学生说了两句话，第一句是：“在人生这条浩荡的河流，命运的不幸把你的同窗羁留在生命的渡口。年少的你以生命为渡，背负起另一个沉甸甸的向往，越过那些从此岸到彼岸的逆流，从风雨走向晴朗，从冬春走到夏秋。这是爱的城市托举起的少年中国，这是爱的城市又一颗爱的种子静静地破土。”这句话很美。第二句话是：“在今年的最具爱心人物中，与往年最大的不同，就是多了两个孩子的身影。同是中学生，小小年纪，就已经把助人、帮困当成了习惯和爱好。这正是我们最乐意看到的爱心接力与传承。”这句话很动情。

这两句话是白岩松在“2011感动深圳”的颁奖晚会现场送给一个中学生的颁奖词，他就是来自坪山中学初三（5）班的罗新雄同学，一位感动深圳的爱心人物。而他帮助的同学曾翠茹，天生肢体一级残疾，无法正常直立和行走，生活不能自理，却勇敢面对困难，从不自暴自弃，用坚强的意志和灿烂的微笑勇敢地与多舛的命运抗争，也获得了“广东省自强好少年”的称号。

这仅仅是坪山中学学子的两个优秀代表。其实，坪山中学学生的爱心接力早已闻名于周边社区。进入校园，随处可感受到文明礼貌的新风气，互帮互助、扶贫助弱已经成为学生的一种自觉行动，成为校园里一道道美丽的风景线。然而这一切良好风气的形成，只有林俊红校长心里才知道是多么的来之不易。

坪山中学，地处深圳与惠州交界的城乡结合部。2000年之前，许多家长不重视教育，学生打架、逃学、离家出走、异性交往成人化等现象严重。那时还是副校长的林俊红就曾看见学生在操场追着老师打，许多老师都不太敢管理学生，校园的不良风气严重影响正常的教育教学工作。面对这种乱象，林俊红心里明白，如果不改变这种风气，其他教学工作就很难开展。在老校长谈宜福的带领下，她决心研究德育工作，彻底改变学校的德育风气。

她开始带领班主任了解并研究每一位行为偏差的学生及学生背后的家庭教育，走遍坪山的每一条村落，与几百位家长深入地交流，发现这些学生大部分来自于不完整家庭。那时，随着社会经济的发展和人们婚姻观念的变化，离婚现象不断增加，单亲家庭越来越多；再加上深圳所处的特殊地理位置，许多居民长期在外地（主要是香港）工作，无暇亲自照顾子女，只能交由亲人代管，造成了托管家庭的增加。这些不完整家庭的小孩，特别容易在学习上和思想行为上出现偏差。发现了问题，就要解决问题。林俊红查阅了大量的资料，发现当时社会和学校缺乏对不完整家庭子女成长的关注与研究，也没有建立相应的辅导体系，更没能提出相应的教育措施。没有现成的方法，就自己研究解决的方法。在老校长的带领下，林俊红与许多班主任把不完整家庭学生的教育当成德育课题进行研究，在实践中总结，在总结中反思，在反思中改善。

林俊红已数不清有多少次为了处理学生问题而错过了吃饭的时间，不记得有多少次为了寻找德育对策而彻夜难眠，也不记得有多少个周末忘记了休息。那年，她到镇计生所做了放环手术。术后，医生开了允许请假的证明，但是她考虑到学校的工作多，因此上午做完手术，下午便如常上班了。

在林俊红和老师们的努力下，校园风气日益好转，课题组论文《不完整家庭学生心理健康教育研究》也荣获2001年度区德育论文特等奖和广东省二等奖。2002年，原龙岗区委书记余晖鸿同志到学校调研，充分肯定了学校教育与心理教育相结合的做法，并在学校的心理研究报告上做了重要批示。同年，龙岗区教育局把余书记的批示连同研究报告一起印发给区内各中小学。2005年2月，广东省文明办专门发布简报，向全省推广学校的具体做法，形成相当大的影响。

2006年，林俊红带领政教处成立了德育研究会，以组合班为单位每两周组织一次活动，主要围绕班级教育教学中的小问题进行研究、分析，并提出解决的办法。开展小问题小课题小研究的活动，取得了明显成效，解决了“中学生带书包回家”“如何调动学生参与出版黑板报的积极性”“如何杜绝学生抄袭作业”等问题。

坪山地域范围广，外来人员多，63%的非深户生中大多数是外来务工子弟，60%

的家长教育水平较低。为此，学校在1998年就建立了家长学校，并率先将家长学校办到行政村，定期出版《家长学校》校本教材和《家校之桥》刊物，坚持为家长举办教育讲座，受益家长已超过八万人次。林俊红带领班主任对外来务工子女的德育问题进行了研究，并申报了“十二五”教育科研规划全国重点课题子课题“坪山中学外来务工子女心理问题及其预防的实践研究”。

2009年，老校长谈宜福调任坪山新区公共事业局副局长，林俊红被委以校长的重任。她重新梳理了学校的德育体系，形成了“崇德尚本、和谐发展”的德育理念。在该理念的指导下，确立了学校德育工作的方向和目标：培养尚德明礼、志博行雅、阳光自信的少年。具体到每个年级的德育目标就是：初一年级以规范教育和感恩教育为主题，培养学生“做合格的坪中人”；初二年级以自主、责任为主题，培养学生“做负责、团结的坪中人”；初三年级以“理想、拼搏”为主题，培养学生“做优秀的坪中人”。

在这套严谨的德育体系下，学校的德育工作开展得井然有序、卓有成效，至今已形成了家长学校、特殊群体心理教育、关爱与感恩三大德育特色。坪山新区和深圳市的德育现场会多次在坪山中学召开，宣传和推广这所学校在德育方面的优秀经验。2012年，在严格的审查与评比后，坪山中学高分通过深圳市德育特色学校的创建资格评审，同年成为深圳市首批“广东省德育示范学校”。

二、人格魅力，开创风气

作为一名共产党员、一校之长，林俊红校长首先以身作则，认真负责，不摆校长的官架子，不利用职权乱发号施令，严格要求自己，无论什么事，自己必须走在教师的前面，身先士卒，为人师表。她深刻理解教育的本质，高度关注并深入研究学校科学发展和可持续发展问题，用先进教育思想和现代办学理念引领学校发展的具体实践，对学校发展提出了明确的办学思想、办学理念、办学策略和办学目标。

“做事先做人，做人先做心，做事必做实，做人必做诚”是林俊红校长的人生信条。正是基于对做事做人这样朴素而又深刻的认识，造就了她扎实的工作作风、坚毅的性格品质、敏锐的科研创新意识、凝聚众心的人格魅力。林俊红校长亲近老师和学生，把学校当作一个“家”来经营的事例被《深圳特区报》《深圳商报》、深圳新闻网等媒体广泛报道。

“开会＋不落实＝0，布置工作＋不检查＝0，检查＋不反馈＝0”是挂在学校会议室墙上的一句话，也是林俊红校长在工作会议上时常强调的一句话。她这种务实的工作态度，深深影响着学校的行政班子成员，也影响着全校老师。学校在精细化管理上，尤其需要这种落实意识。当这种落实意识成为群体意识之后，自然就形成了学校的座右铭：细节决定成败，行动点亮梦想。

对学生行为习惯的养成教育是常规工作，天天在讲，天天在做，如何提高实效是一个必须不断与时俱进的长期课题。林俊红校长深知“播种行为，收获习惯；播种习惯，收获性格；播种性格，收获命运”的道理。她不仅强调“言传”，更加看重“身教”。德育实效就是决胜于这些身教的细节中，成就于润物细无声的心灵触动中。

像这样的榜样传递，使“全员育人”“人人都是德育工作者”的理念在学校的德育工作中得到很好的体现。

三、享受教育，幸福班级

在学校的教育工作中，德育是首位的。德育工作形成一种文化，就能真正焕发出它的生命力。为了学校德育的创新，深化德育效果，林俊红校长提出建设特色班级文化的设想，希望每个班主任都能打造出一个幸福班级。

她在坪山新区创建“幸福班级”暨坪山中学“特色班级文化”现场交流会上说：“许多时候，我们总喜欢用‘优秀’这个词来评价我们学生的成绩、老师的业务。但是我认为有一个词比‘优秀’更重要，那就是‘幸福’。老师通过自己的努力获得许多荣誉，如‘优秀’呀，‘先进’呀，‘学科带头人’呀，‘特级教师’呀，自然会让我们感到自豪，因为这是我们实现自身价值的标志之一。但是，由于种种原因，这些‘优秀’你都没有，也不要紧；我不‘优秀’，但我很幸福啊！这也就够了。在教育上追求‘幸福’会让我们心态从容自如，会让我们充满‘慢教育’的智慧，享受到教育的优雅与情趣……”

老师创建幸福班级的过程就是享受教育的过程。他们给自己的班级取了一个个极富个性的班名，如：初二（13）班的“Sweet Home”初一（12）班的“圆梦12班”，初一（6）班的“追梦6班”，初二（2）班的“阳光2班”，等等。设计了富有特色的班训、班徽、班歌、班服，跟学生融合在一起，以班为家。这种创新的举措，有效提升了学生的小组合作学习效率与班级的自主管理能力，提升了班级的凝聚力，促进了学生的个性发展，提高了学生的自主管理水平，对良好班级形象的树立有着积极意义。

后记：林校长秉承“求真求实，同心同乐”的学校精神，用“崇德尚本，和谐发展”的理念，成功塑造了坪山中学教育的一个品牌、一面旗帜。站在教育这块精神高地上，她守望着自己的理想，守望着那个甜美的梦，谱写着平凡而让人感动的乐章。

德育路上的先行者

——记深圳市锦华实验学校德育副校长郝卫华

题记：以人为本，立意创新，用实际行动谱写教育事业的新篇章。

锦华实验学校位于深圳市龙华新区，创办于2002年，是一所九年一贯制民办学校，2008年被评为“广东省一级学校”。建校十三年来，学校先后获得“深圳市办学效益奖”“深圳市规范优质办学奖”“深圳市无吸烟学校”“深圳市绿色学校”“深圳市健康促进学校铜奖”等殊荣，现有学生5 812人，教职工315人。

一、以身作则舍小家，以人为本爱师生

郝卫华副校长始终以“身正为范”作为自己的行事准则，不管是学校大事，还是日常小事，他都以身作则。多年来，学校从刚刚成立到日渐壮大，为了寻找德育管理的最佳模式，郝卫华副校长在工作上常常是披星戴月，不辞辛劳。可以说，郝卫华副校长为学校的付出远远超过了对自己家庭的付出。

以人为本是当今的教育理念，学生的利益高于一切是教育的宗旨，一切为了学生是教育的出发点。在多年的德育管理生涯中，郝卫华副校长从未以老师的身份在学生面前自居，从未以领导的身份在老师面前要威，总是站在学生和老师的角度思考问题，融入其中，共创和谐教育。课堂内外他与学生一起探索、交流，工作之余他与老师们一起交心、谈心，生活中无微不至地关心教师和学生。

二、教养文化为核心，持之以恒抓校风

“问渠哪得清如许，为有源头活水来。”学生良好文明习惯的养成，并非一日之功，而是来自于学校提出的“教养文化为核心”的德育理念，得益于郝卫华这位分管学生德育工作的副校长持之以恒地抓养成教育，抓文明校风建设。他认为，对学生的教育，穷养、富养都不如有教养。

（一）制度健全，要求明确

2011年9月，郝卫华副校长带头提出了“教育与养成结合，求知与做人并重”的德育理念，同时发起了“中小学生良好行为习惯的养成研究”的课题研究，并亲自执笔带领德育处人员编撰了《锦华实验学校六好要求》，明确提出了学生文明行为“十要十不准”，还制定了《锦华实验学校安全六举措》《锦华实验学校五星班级评选细则》《锦华实验学校我最喜爱的班主任评选方法》等一系列激励和规范师生行为的制度要求。

（二）定义清晰，内容细致

对于“教养文化”，郝卫华副校长带领的德育团队对其有着明确清晰的定义，那就是“教育＋养成＋文化”，并将教养文化的内容进行了细致的划分：

安全文化：包括点名安全、交通安全、消防安全、用电安全、游泳安全、煤气安

全、食品安全、网络安全、毒品安全、拥挤踩踏安全、预防台风暴雨等。每学期开学第二周对学生进行为期一周的安全文化教育；每周星期一的班会课对学生进行各种安全知识的教育；每周的升旗仪式后对学生进行安全教育。让安全意识彻底深入学生的脑海中，让安全的行为变成学生的习惯，让学生热爱生活、珍惜生命。

爱国文化：每周的升旗仪式要求严肃认真，让学生唱响国歌；每天午休后进行“午唱”，让学生唱革命歌曲、励志歌曲来进行爱国主义教育。

教室文化：包括课桌摆放要求、教室环境布置要求、学生的书包要求、教室的卫生要求、每班的图书角要求。让学生在窗明几净的环境里，在浓厚的文化氛围里，安心、舒心、开心地学习。

行为文化：着力打造学生的排队意识，要求上学、放学有排队，上室外课有排队，课间操集会有排队，午餐有排队，校内行走有排队。

仪表文化：仪容仪表是学生精神面貌的重要体现，学生仪容仪表应符合学生的身份和特点，切勿赶时髦、图虚荣、盲目模仿，要养成良好的生活习惯。为了规范全校学生的仪容仪表，学校明确规定了学生的发型要求、穿戴要求。

礼仪文化：明确规定了学生的问好要求、语言要求、行礼要求和尊重他人的要求。

感恩文化：培养学生学会感恩社会、感恩父母、感恩老师，要求学生除了懂得感恩，还要学会回报。从对父母、对老师、对同学的感激中，升华出对祖国的热爱和对社会的责任。

诚信文化：要求学生必须诚实说话、诚信做人，从每个人做起，让每个学生都拥有一张“诚信”名片。

（三）责任到人，及时检查反馈

为了将有关制度落到实处，郝卫华副校长动员全体行政和蹲级领导、处室工作人员加强监督检查，并及时通报，有效地促进了各项规章制度的落实。他本人亲自动手编写每周德育工作要点，发给每位行政领导和班主任，做到德育工作有计划，每项工作有目标要求、有布置落实、有检查反馈。每次活动他都亲自参与布置，落实检查。比如学生乱扔垃圾、留长发、留怪发型等，郝卫华副校长都会亲自查实处理并给予全校通报，大大地提高了学校养成教育的效率。

三、丰富德育新内容，创新形式多样化

（一）以“感恩孝顺”为主线，不断丰富德育工作新内容

郝卫华副校长除了抓好常态的学生思想品德教育，如前途理想教育、安全教育、

遵纪守法教育、考风考纪教育和文明行为习惯教育之外，还不断地丰富充实德育内容。他以“感恩孝顺”教育为主线，将“明确学习目标，提高学习效率”“遵守校纪校规，热爱校园环境”“争做环保卫士，创建省级绿色校园”“女生青春期安全卫生教育”“安全绿色上网，自觉抵制‘网诱’”等专项内容与感恩教育有机串联起来，极大地丰富了学校的德育内容。

（二）创新德育内容，变他律为自律

学生优良品德的形成过程是一个“感受—认知—认同—内化—自律”的过程，德育工作的最高境界是由他律变为自律，这也是郝卫华副校长不懈追求的目标。为此，他想了很多办法创新活动形式，让学生们喜闻乐见，自觉参与接受，并内化为自觉行为，从而实现由他律到自律的转化。

一是长年聘请校外法制副校长，用生动典型的青少年违法犯罪事件来教育学生；二是让各年级品学兼优的学生轮流担任升旗手、护旗手，以及进行国旗下讲话，树立正面典型；三是多年来坚持各班学生的“成长记录考评”，在学生中进行自我教育和自我反思，激励学生争当先进。

四、辛勤耕耘有收获，任重道远争辉煌

“一分耕耘，一分收获”，这是郝卫华副校长的追求。由于学校一直将德育工作放在首位，不断更新教育观念，建立了一支爱岗敬业的德育工作队伍，学校已经形成了全员德育、全方位德育、全程德育的工作氛围，总结出了一整套科学的德育途径和方法。

郝卫华副校长时常说：“德育工作是一项长期而艰巨的任务，要保证其科学性、可行性、针对性、实效性，还有许多课题需要我们去研究，我们要做的工作还有很多很多。我们德育工作者必须继续以科学的态度、务实的作风、吃苦的精神，不断与时俱进，开创学校德育工作的新局面。我们肩上的担子还很重很重，我们要走的路还很远很远。”

后记：作为德育先行者的郝卫华副校长已经开辟出了一条德育创新的新路子，只要坚持不懈，锐意创新，在德育教育的美好未来，郝卫华副校长一定能成为其中的中流砥柱。

春风化雨育桃李，五静三雅筑品牌

——记深圳市大冲松坪学校副校长高鹏

题记：『教书带给我快乐，育人带给孩子们幸福！』课堂上的老师是最快乐、最美丽的，健康成长的孩子就是最幸福的孩子。大冲松坪学校副校长高鹏是这样说的，也是这样做的。

大冲松坪学校是一所特殊的学校，因广东省最大的旧改项目（大冲旧改）需要而由原有的大冲小学和松坪二小两校合并而成。2009年9月，深圳市人民政府特聘督学、深圳市十佳青年教师——高鹏，来到新合并的学校担任副校长。她在大冲松坪学校的五年里，立足于校园实际，充分发挥校本德育的作用，提出了“构建静雅校园，快乐融合成长”的校本德育课程理念，并结合校本德育课程的主题内容，规范学校的各项规章制度，设计了各种教育教学活动。同时建立起有效的评价机制，把校本德育课程的理念融入到学校的所有活动中，提高学生的道德素养，推动学校的特色办学进程，把“五静三雅”的静雅工程打造为南山区响当当的德育品牌。

一、呕心沥血为静雅，校园绽放和谐花

大冲小学整体搬迁至松坪二小后，全校班级突增至33个，学生人数近2000人，人均校园面积就减少了许多。学生就餐、早操、放学路队都比较拥挤，安全隐患增加，两校的家长都有很多的担忧。大冲的孩子远离了原来熟悉的校园，必须天天早起（6：30分左右）乘校车到学校，中午不能回家，早餐、午餐、午休都在校内解决。孩子上学、放学乘车的安全，早餐、午餐、午休的管理，是家长们十分关注的问题。而原松坪二小的家长则认为，大冲小学搬来后，原来宽敞的校园顿时变得拥挤，孩子的活动空间大大减少，担忧孩子今后的学习、活动会不会受到影响，两校的孩子怎么友好相处？种种现实的问题，对学校德育教育提出了更高的要求，也正是高鹏调入这所学校后所面临的重大考验。面对复杂的情况，高校长没有退缩，经过实地调研，她召开班主任会议，和校领导班子商谈后，提出了一个新颖而大胆的管理理念——“构建静雅校园，快乐融合成长”的校本德育课程理念。

在全校的教师大会上，高鹏为大家诠释了她心中的“校园梦”。“构建静雅校园”中的静雅主要是指“五静三雅”，其中五静分为集会安静、午休安静、课前准备安静、就餐文明安静、放学路队整齐安静，三雅分为仪表素雅、谈吐文雅、举止典雅。“快乐融合成长”主要是指学生与学校的快乐融合、学生与学生之间的快乐融合、师生之间的快乐融合等，意在通过创设丰富多彩的活动，让学生在参与活动的过程中体验快乐，收获友谊，幸福成长。

明确了方向，各项活动很快就展开了。“静雅”两个字说起来简单，实践起来却很难。高鹏以身作则，投入到忘我的工作中。从活动方案的制订、实施，到检查、评比，每一份文稿她都亲自审阅、修改，每一次活动都亲临参加、指导。不到一个月，她就消瘦了许多。很多老师对这项活动也有抵触情绪，她用嘶哑的声音说：“其实，我和大家的感受一样，也很累很辛苦，但只要我们的静雅工程实施好了，学生的行为

习惯养成好了，不仅学生会得到优良的发展，我们将来的工作更是会轻松许多呀！”她的一片苦心终于得到了老师们的理解，她的努力也没有白费。到了2010年的第二学期，走进大冲松坪的校园，你就能感受到浓郁的静雅文化。清晨，孩子们从校车上有序地走下来，排队过马路进校园，彬彬有礼的动作，亲切的问好声，让你仿佛如沐春风；午间休息，1000多名学生在教室，但整个校园寂静无声；下午放学回家，近2000名学生走出教室，没有拥挤，没有吵闹，每个孩子准确地找到自己的乘车点，等候上车，23辆大巴车在15分钟之内就能载好学生，驶出校园。这一切，如果你不是亲眼所见，真的很难想象。2010年10月，《蛇口消息报》用一整个版面报道了学校的“静雅工程”，高校长也被评为“先进管理者”，在南山区、宝安区的各所学校中进行经验介绍；同时，“静雅工程”也被省教育厅作为重点研究课题批复下来。

在优秀领导的率领下，在老师们的齐心努力下，在静雅工程的熏陶感染下，大冲松坪学校德育的各项工作也是百尺竿头，蒸蒸日上。2013年，奚倩同学获得“深圳市优秀少先队员”称号，学校两个中队被评为“深圳市先进中队”，少先队大队被评为“深圳市红旗大队”。2014年春，学生吴斯曼、沈芸芸分别获得市级关工委组织的“复兴中华，从我做起”征文比赛一、二等奖，同时还获得教育部关工委“全国青少年五好小公民“复兴中华，从我做起”征文比赛一、二等奖，学校获得优秀组织奖。2014年5月，学校被评为“全国关工委示范学校”，是南山区小学中唯一的一个。

面对种种荣誉，高鹏只是淡淡地一笑。她在全校教师大会上说：“其实最应该感谢的是老师和孩子们，没有老师的教诲，就没有今天的成果；没有孩子们的努力，也不会有今天的成长！”在荣誉面前，她永远都只是一位谦虚的师长。

二、深入课堂研教改，苦心求索学无涯

作为一名教育工作者，高鹏始终注重自己业务的成长。虽然担任副校长工作繁忙，但她依然承担了三个班级的“思品与社会”课程。她常说：“教书带给我快乐，育人带给孩子们幸福！”在课堂上的她，不是领导，不是校长，而是孩子们可爱的阿姨！亲切温婉的语言，和蔼可亲的笑容，生动活泼的事例，循循善诱的巧心，让她的课堂变成了一片欢乐的海洋。每年她的公开课，孩子们愿意上，老师们也愿意听，没有故作深沉的沉重，有的只是轻松和惬意。她用自己的实际行动阐释了什么是育人的春风细雨。

正因为在课堂上的卓越表现，她多次在南山区小学品德与生活（社会）教研活动中为全区教师做专题培训，多次受邀担任南山区学科教学研讨、说课比赛等活动的评委，数次为深圳市各区中小学做专题讲座。在教学之余，她深入研究，笔耕不辍，用

理论结合实际来探索当今思品教学的新走势，先后发表了教学及管理论文二十余篇。她还当选为广东教育学会小学品德课教学专业委员会理事，受广东省教研室邀请，参加广东省品德与生活（社会）教材（国标版）的编写工作。她主持的广东省德育课题“小学生QQ文化现状研究”获广东省“基础教育课程改革加强思想道德教育实验研究”优秀课题，其本人也被评为广东省“基础教育课程改革加强思想道德教育实验研究”先进个人。在众多的荣誉面前，高鹏从没有自得，也没有骄傲。她以自己的一言一行影响着学校的老师，并把自己的经验毫无保留地传授给那些和她一样为工作孜孜不倦、努力上进的年轻教师。

2012年，年轻教师朱海萍接受了区里的任务，参加由中国教育学会中小学德育研究会和小学德育课程学术委员会举办的“全国小学品德与生活（社会）优质课评选和展示活动”。接受任务后，朱老师积极准备，并在区教研员听课的情况下先试讲了一节课。课堂效果不尽人意，朱老师也有些灰心丧气，想要打退堂鼓。高鹏得知情况后，安慰了朱老师，并结合她上课中存在的实际问题，和她一道对教学设计进行了反复的修改。那真是一段难熬的日子，放学后，寂静的校园已空无一人，只有她的办公室里有两个身影在忙碌着。功夫不负有心人，在随后的比赛中，朱老师的优质课《我们一起走过》从南山区、深圳市一路脱颖而出，最终获得了全国一等奖，并应邀前往江西进行展示和领奖，高鹏也获得了“指导一等奖”。每每谈及这场经历，朱老师都不胜感激：“没有这样无私的领路人，我也不会有这样的成绩！”

三、大爱无言润无声，清廉作风人人夸

高鹏为人正直，不媚上，不压下，“对事不对人”，这也是她工作的信条。在工作中她对老师严格要求，但在生活中她又是无比关爱。数学教师张老师是个老党员，四十多岁了，在大冲小学已经工作了近十年，教学方法别具一格，深受师生好评，但就是通不过每次的招调考试。高校长特意找到他，坦诚相见，还把自己曾经的一些经验教给他，缓解了张老师的压力，鼓励他事在人为。她在行政会议上说：“临聘教师是学校的重要组成部分，我们应该在生活中多关心他们，解决他们的一些实际困难，让他们真正感受到党的温暖。”结果张老师真的考上了，大家都说高校长是个福星。

高校长不仅关心身边的同事，而且还资助了来自贫困山区的孩子。2009年寒假，高校长随朋友远赴位于崇山峻岭间的贵州省三都水族自治县支教，亲眼目睹了三都水族自治县贫困儿童的生存现状。零下几摄氏度的天气，居然还有一些穿短袖的学生，喝冰冷的泉水，吃没有菜的冷饭，衣服破旧不堪，光着脚翻山越岭几个小时来上学。这些素不相识的可怜孩子深深地揪着她的心。回到深圳后，她就一直资助着其中一位

孩子。在她的热心资助下，这位小女孩扬起了希望的风帆，变得坚强自信起来。如今这个可怜而又幸运的小李娟已经是三都县一名初一学生了，学习成绩优秀，积极上进，这让高校长感到特别的欣慰。而这所有的一切，她都从不在人前提起，她只是觉得，教育还有很多事情值得她去做。

后记：真爱无言，花开有声。因为热爱，她更加执着；因为敬畏，她更加坚定，高鹏副校长始终于平凡的工作中践行着忠诚教育的誓言。

爱岗敬业育桃李，立德树人谱新篇

——记珠海市香洲区第十七小学校长周红领

题记：没有爱，就没有教育。周红领校长在学校管理中进行爱的教育，教育学生学会倾听，学会感恩，学会尊重，学会宽恕包容，让爱变得实在而丰富。

珠海市香洲区第十七小学成立于2005年，学校现有教学班36个，学生1994人，专职教师87人，教师的平均年龄仅32岁。学校校龄短，师资队伍年轻。

如何办好人民满意的教育？周红领校长把德育放在学校各项工作的首位。德育管理凸显人文关怀，以人为本，以人的价值实现为终极目标，以“爱与尊重”作为管理的首要原则。在学校德育工作实践中，周校长秉承“用爱、自信、责任谱写明天”的办学理念，以“把关注教师自身发展与关注学生整体发展统一起来”为办学目标，用满腔的爱心教书育人。爱心点灯，德育如一盏明灯，照亮了每一位师生的心灵。

一、德育科研，“三心”教育花枝俏

当前小学生的思想状况总体是好的，但在“爱心、信心、责任心”等方面不容乐观。由于大部分学生都是独生子女，从小在父母、祖辈们爱的呵护下长大，习惯于被人爱，缺少感恩和爱别人的思想与行动，缺少责任和担当意识，一些学生不能主动关心他人、理解他人、服务他人。同时，由于他们从小到大受到“功利”教育的影响，一些学生只看利益，上学是为了有好的工作、做事就要报酬等不良思想使学生水晶般的心灵蒙上了一层灰尘。

周红领校长曾主持和参与过全国、省市多项课题的实践研究工作，理论基础扎实、实践经验丰富，具有很强的课题指导能力。他曾被中央教育科学研究所课程教学研究部授予教育部规划课题的“先进个人”称号，还被教育部教师发展基金会评为“全国特色教育先进工作者”。面对学生爱心、信心、责任心的缺失，周校长与学校老师深入实际进行调查研究，确定了学校校本德育的核心思想，即“用爱、自信、责任谱写明天”。经过实践，“三心教育”取得了一定的成效。为了向德育科研要质量，学校成立了以周红领校长为组长的课题组，并将其作为一个重要课题进行了较为系统的实践和研究。周校长围绕核心办学理念申报了德育教研课题——“‘三心教育’校本课程的开发与实施研究”，被批准立项为广东省重点课题。

周校长身体力行，从教材的编写、课程的安排、活动的设计等层面进行实践与探索，创设适合学生的教育。低年级以“爱的教育”为起点，中年级以“自信的教育”为主旋律，高年级以“责任的教育”为轴心。在落实主题教育的同时，融合“爱”“自信”和“责任”的教育，让学生学会爱身边人、爱学校、爱社区、爱民族……让爱的种子在学生的心中萌芽，让孩子的人生充满阳光。

周校长率先示范，亲自给老师们上研讨课“我的座右铭”。上课了，周校长面带微笑，他带领学生钉图钉、玩泥沙，在游戏中引导学生去探究、讨论和交流，激发学生的学习兴趣，指引学生走向道德修养的殿堂。不知不觉，一节课过去了，学生似乎意犹未尽。听完周校长的课，教师们受益匪浅：要构建师生和谐的“品德与社会”课堂，教师就要重视学生的能动作用，“以人为本、自主发展”才不会成为一句空话。师生情与情的相融、心与心的相通，教学相长、师生互动，学生的主体意识和主体精神才会有形成的“土壤”和生长的“养分”。只有这样的课堂，才会受学生的欢迎。

在课题的实施过程中，学校开发出了一系列的“爱”“自信”“责任”主题活动和主题班队会的课例。在实践过程中，教师自身的教育理念有了较大的转变，科研能力也相应提升。2013年，《中小学德育》刊登了香洲区第十七小学“三心教育”的成功经验。“爱”“自信”“责任”的教育让学生更加自信，一个个学生文明有礼。“三心教育”成为香洲区第十七小学一张靓丽的名片，该校李晋涵同学于2013年先后被评为广东省十佳少先队员和全国优秀少先队员。

二、校园文化，芳香四溢满园春

周红领校长把校园文化建设作为学校德育工作的突破口，致力于打造书香校园，增强校园文化的育人功能，强化学校德育的针对性和实效性，让校园文化底蕴深厚，促进学生健康成长。

春风细雨润心灵：周校长注重校园内一砖一墙的布置和一草一木的种植，力求对学生有潜移默化的教育功能。学校门口种植着一排细叶榕，棵棵枝繁叶茂，透出勃勃生机。走进学校，学校教学楼上“用爱、自信、责任谱写明天”的金色大字光彩夺目，那一个个美丽的音符都在跳跃着。向前走，“爱心石”惹人注目。在一块块大石头上写着“自信长廊”“责任长廊”等，演绎了石头文化。学校的“爱心长廊”，古香古色，又以花草点缀，显得朝气蓬勃；在“自信长廊”，展示着学生的一幅幅作品，正是“七彩阳光道”；在“责任长廊”，有校长寄语、教师心语。而“爱心园”则是周校长用绿色、用文化的魅力打造的“大手笔”。在“爱心园”里，绿树成荫，花繁草茂，生机勃勃，绿意盎然。小石铺就的小径，曲径通幽；用花草小树拼造而成的爱心字形，令人遐思。一径一桌、一花一草，再加上一个个别致的小拱门，富含文化意蕴，别有一番情趣。学校广栽花草树木，一年四季郁郁葱葱，校园环境精致优雅。周校长还在学校操场划出绿色空间，开辟绿化墙，让学生参与，让他们自己种植，自己管理，动手实践。如今，校园处处可见绿茵书香的雅致。

万紫千红春满园：“弟子规，圣人训，首孝悌，次谨信……”一阵阵童稚的朗读古诗文的声音随着悠扬的音乐响起，香洲区第十七小学的大课间拉开了序幕。学生手拿体操棍，排着整齐的队伍来到操场。恭敬行礼，气沉丹田，学生手中的体操棍犹如魔术棒，上举、下压、跳跃、踢腿，一招一式，虎虎生威。大课间还安排了学生自主练习，锤、包、剪，跳跳跳，换棒—转转转，学生或仰卧起坐，或肩肘倒立，彰显了阳光、健康、积极、向上的精神风貌。经典诵读、国学韵律是那么整齐、悦耳。经典飞扬，童心飞翔，香洲区第十七小学的国学韵律操在2014年的珠海市大课间比赛中荣获一等奖，前来参观的各校领导啧啧称赞。

周红领校长认为，《弟子规》作为古代少年儿童的启蒙读物，传播广泛，影响深远，时至今日，它依然是少年儿童了解中华文化传统、接受优秀文化熏陶的重要宝典，是培养学生良好品质的好教材。在诵读经典活动中，周校长扎实做好每日一读、每周一查、每学期一评的“三个一”活动。

百花齐放书香浓：走进周校长的办公室，最惹人注目的是一排书柜，书柜里摆放着一本本书。在周校长的办公桌上，摆放着一本书、一本杂志，里面圈圈点点，厚厚的读书笔记整整齐齐地记录着他的读书收获。在读书活动中，周校长一直倡导“三读”——读人，读事，读书。通过“读人”，努力向身边优秀的学习；通过“读事”，促使自己每做一件事都进步一点；通过“读书”，与大师进行心灵对话，改进自己的思维模式。通过“三读”，每个人不断地扩展自己的心胸，学习别人的优点，增长自己的才干，实现更高层次的“宽恕包容”。

周校长首先在学校行政队伍中落实了“读书分享”活动。他要求行政会上要进行读书分享——每位行政人员都要认真读书，轮流进行读书分享；教师会议上，也要进行读书分享——每个年级推荐读书分享人，在全体教师会议上轮流汇报。每一次假期前，学校都会布置老师写读书心得、教学反思。学校通过读书分享和表彰先进，积极引领行政人员、教师多读书，从而引导学生积极阅读。周校长发现书架里的图书摆得满满的，分门别类的图书让人眼花缭乱，而图书馆容纳不了那么多的学生，许多学生只能望书兴叹。于是，周校长把学校图书馆的书籍分发到各个班级，建立“流动图书馆”，所有图书每个月流动一次。在学校中庭，周校长设置了图书柜，学生把自己认为最好看的书拿出来，贴上阅读卡，让书漂流，满足了学生阅读的愿望。学生或津津有味地看书，或举办读书会，或举办读书成果展览……读书活动开展得如火如荼。

香洲区第十七小学开展的读书活动，促进了学校内涵式、人文化发展，提高了学校的办学品位，打造出亮丽的校园文化及人文氛围。

三、德育管理，人文关怀创和谐

在学校，周校长无论是对教师，还是对学生，都是面带微笑。微笑，成为了他最丰富的表情；微笑，拉近了师生心灵的距离。周校长认为：人人都是管理者，事事处处皆德育。

周校长在教师之间开展“天使行动”，让教师之间充满关心，充满爱。“天使行动”中，每个人既是别人的“天使”，也是别人的“主人”。作为“天使”，要默默地关爱自己的“主人”；作为“主人”，也要美美地享受“天使”的关爱。这种充满爱的活动，将全校老师联系成亲密的一家人，有力地促使老师之间以“爱”相连，工作学习与“快乐”相伴。

在香洲区第十七小学，学校汇集大家对每一位教师优点的评价，校长再把对每一位老师的“夸赞”浓缩在一张精美的卡片上。在老师生日当月的教师会议上，周校长郑重宣读同事们对该老师的“夸赞”，并送上美好的祝愿。每一位老师的优点都得到了同事的夸赞和欣赏，每一位老师都特别珍视自己的优点，继续发扬自己的优点，这项活动毫无疑问就是在“推崇高尚，见贤思齐”。

在班级管理改革方面，周校长开展了“规定动作做到位，自选动作做精彩”的班级特色管理展示活动。各年级制定了各具特色的班级管理自选主题。一年级：巧用口令，培养好习惯；二年级：我是班级小主人；三年级：栽培“善行树”；四年级：今天我是班长；五年级：班主任我来当；六年级：班级自主化管理。德育创新，激发了老师研究德育的积极性，促使老师不断思考，在不断创新的过程中得到成长。

年年桃李花枝俏，岁岁芬芳春满园。周校长带领教师们用辛勤的汗水书写华美乐章，学校的教育教学成绩硕果累累。仅仅是2013—2014学年度，学校师生就一共获奖项92项：其中学校获团体奖3项；教师获奖共63项，其中省级奖7项，市级奖19项，区级奖37项；学生获奖共26项，其中国家级奖1项，省级奖1项，市级奖22项，区级奖2项。

后记：当漫步于校园的林荫道，当驻足于幽静的功能室，当行走在整洁的走廊，我们听到飘来的优美歌声。歌声嘹亮，悠扬动听，香洲区第十七小学奏响了素质教育的和谐篇章。

为学生的生命成长奠基

——记珠海市金海岸海华小学校长彭珊梅

题记：有了教育的塑造，生命将变得更加美好。至善至美，是教育者一生的追求。

珠海市金海岸海华小学创建于1992年，学校占地面积17 890平方米，建筑面积12 277平方米，现有28个教学班，学生1 283人，教师69人，是一所环境优美、治校严谨、开拓创新、教学质量优良、办学特色鲜明的省一级学校。

彭珊梅于2008年9月调入海华小学，担任党支部书记和校长职务。她以“德善文化”为引领，坚持“为学生的生命成长奠基”的教育理念和“让每一个孩子品格更完美，生命更精彩”的办学宗旨，坚持“以美育人”的办学特色。学校以德善教育、国学教育、生命教育、非物质文化遗产教育、课堂教学改革为抓手，大力开展素质教育，其中校园文化、大课间、游泳队、鹤舞、家校合作、“一三六”课堂模式等已成为海华小学素质教育的一张张靓丽名片。

一、以德为先，以善至美

彭珊梅校长以“跳出小学管小学”为管理思路，以学生的终身发展为目标，坚持以德立校，立德树人。她以“让每一个孩子品格更完美，生命更精彩”为办学宗旨，以“德善文化”引领全校师生树立“以德为先，以善至美”的人生价值观。

（一）提炼德善核心文化理念

“德”，指品行、品质、道德。“善”，指心地仁爱，品质淳厚。学校围绕“德”和“善”的内容提炼出“让每一个孩子品格更完美，生命更精彩”的办学宗旨、“明德、向善、勤奋、博学”的学校校训和“以德为先，以善至美”的校风，引领全校师生传承中华传统美德，弘扬社会主义核心价值观，在做人上明德、向善，在成才中勤奋、博学。

（二）构建德善教育体系

学校探索将传统美德和社会主义核心价值观相结合，将常规德育内容和特色教育内容相结合，构建了每月一德的德善教育体系，使学校德育月月有主题，周周有活动。根据学生每学期在校四个多月的时间，德善教育体系共分为八个单元，每个单元包含四个主题，每个主题都融入了传统十德、未成年人思想道德建设及社会主义核心价值观等内容。如：三月的“善”教育，引导学生拥有善心、树立善念、实践善行，从而积善成德，养成高尚的思想品质和良好的道德情操，形成人人崇善、人人向善、人人行善的社会道德新风尚；四月的“义”教育，教育学生做一个有正义、有道义、有情义、有责任的人；五月的“孝”教育，教育学生做一个有孝心、守孝道、自觉孝敬父母和长辈的人；六月的“智勇”教育，引导学生做一个有智慧、勇敢、坚强的人；九月的“礼节”教育，教育学生做一个讲文明、懂礼节、有崇高民族气节的人；十月的“仁忠教育”，教育学生做一个有仁爱之心、忠于祖国、忠于人民的人；十一月的“信”教育，教育学生做一个诚实守信的人；十二月的“和”教育，教育学生理解“和”在当今社会的重要意义，为建设和谐校园、和睦家庭、和谐社会及和平世界出一份力。

（三）打造德善主题校园文化

1. 精神文化

为了更好地使学校的核心文化深入到每一位师生及家长心中，学校采取了以下措施：一是建设学校理念墙，展示学校理念并对校训进行诠释；二是针对全校师生及家长进行德善主题讲座，让师生、家长充分了解德善的内涵及人生价值观；三是将核心文化全面渗透到校园环境建设和活动当中。

2. 制度文化

一是不断完善管理制度，将精神文化渗透在学校的各项管理当中；二是开展“德善教育体系构建研究”的课题研究，以课题指导现代学校制度建设；三是制定“最美海华人”系列评价体系，引导师生做阳光的海华人、最美的海华人。

3. 物质文化

在环境建设中，学校的每一处都充分体现了学校的办学理念和办学特色。如：学校以中华传统文化和现代公民道德为内容打造了德善主题文化墙，以“德园”“善园”“美园”打造了德善主题园林，以最美海华人、国学经典、书法教育为主题打造了长廊文化，以校风命名的“明德楼”“向善楼”“勤奋楼”“博学楼”打造了楼名文化，以与楼名相对应的内容打造了楼道文化，以中华传统“十德”和学校理念打造了空厅文化，以突出班级或级组个性特色为主题打造了班级文化和办公室文化，以绿色环保为内容打造了厕所文化等。

二、生命为本，健康成长

意大利教育家蒙台梭利说过，教育的目的在于帮助生命力的正常发展，教育就是帮助生命力发展的一切作为。近年来，在彭珊梅校长主持的广东省德育课题“小学生生命教育研究”的指引下，海华小学积极开展生命教育，使教育的本质回归生命自然，既关注学生生命成长，让学生认识生命、守护生命、珍爱生命、尊重生命，又充分挖掘学生的潜能，激扬学生的生命，为学生的生命成长奠基。

一是根据小学生的年龄特征和小学生对生命意识状态的分析，从认识生命、守护生命、珍爱生命、尊重生命、激扬生命五大部分开发校本教材《绽放生命之花——小学生生命教育读本》，将“生命教育”纳入到学校课程当中。每周开设一节生命教育课，通过课程学习，学生懂得了生命是来之不易的，它不仅属于自己，还属于家人和社会；生命只有一次，要守护和珍爱自己的生命，要勇敢地面对困难和挫折，尊重所有的生命，同时要懂得生命有限，价值无限。

二是开展生命教育理念下的课堂教学研究。学校构建了“一三六”课堂教学模式，即：每一节课设计一份预习案，每一个教学设计有预习、交流、反馈三大模块，每一节课有预习交流、质疑答疑、合作探究、展示归纳、达标测评、拓展提升六个环节。让学生自主学习、探究学习、合作学习、快乐学习，充分调动了学生学习的积极性，激扬了学生的生命活力。

三、素质教育，全面发展

近年来，彭珊梅校长以全面提高全体学生的基本素质为根本目的，在学校全面推行素质教育。学校积极开展丰富多彩的主题教育及社会实践活动，提升师生的道德素养、知识素养、身体素养和人文素养。如：开展德善讲堂、德善故事比赛和德善主题绘画等，引导师生树立“以德为先，以善至美”的价值观；通过经典诵读、传统节日与特殊节日的社会体验活动，让学生传承中华传统美德和遵守现代公民道德；通过文艺演出、绘画、仪表美大赛等，让师生感受美、欣赏美、创造美；通过开展书法教育、国学教育和非物质文化遗产教育，对学生进行传统文化教育和革命传统教育；开展学科节日、大课间和达人秀展示活动，培养学生的学科素养与综合素养；通过“最美海华人”（品格美、智慧美、心灵美、进取美、心灵美、特长美）系列评选活动，树立学生身边的榜样，引导学生做阳光的海华人、最美的海华人。其中，苏晓莹同学就是“最美海华人”的一个典型，她先后被评为“珠海市十佳美德少年”“珠海市孝老爱亲道德模范”“广东孝老爱亲好人”“全国百佳美德少年”。

近年来，在彭珊梅校长先进的德育理念指引下，全校师生及家长的道德水平和文明行为全面提升，校园文化高雅大气，家校合作成效显著，素质教育硕果累累，办学特色和办学品质日益凸显。海华小学的德育工作在省内外具有一定的影响力，现已成为一些德育专家在各地讲座的成功案例。2014年，金湾区校园文化建设和德育管理现场会均在海华小学召开，学校相继迎来了市内外二十多所学校前来参观学习和取经。海华小学先后被评为“全国特色学校”“全国名优学校”“全国家长学校示范基地”

“广东省一级学校”“广东省绿色学校”“广东省红旗大队”“广东省巾帼文明岗”“珠海市德育示范学校”“珠海市校务公开先进单位”“金湾区文明学校”“金湾区特色学校”等。

后记：彭珊梅校长坚持“以德为先”“立德树人”不会变，她将一如既往，不断探索新时期德育管理的新思路、新方法，为培养具有社会主义核心价值观的高素质公民尽好教育者的责任，做出应有的贡献。

爱你一万年

——记佛山市南海区石门实验小学德育主任魏克雄

题记：魏克雄老师曾写下这样一首诗：『吾幸执子手，爱敬天下谋。石门杏苑秀，小耘谱春秋。』

佛山市南海区石门实验小学坐落于税收超百亿的经济重镇——南海狮山镇。狮山这片热土不仅经济繁荣，而且文化气息浓郁。学校与康有为先生故居、叶问先生故居、李小龙祖屋、詹天佑祖籍、黄飞鸿武馆相隔咫尺。对于普通小学而言，占地面积达230余亩、有师生近3500人的石门实验小学算是小学中的大校了。十年前，学校一举通过区、市、省各级综合评估，被评为了“广东省一级学校”。

魏克雄老师就是这所学校300余名教职员工中平凡而不普通的一员。和这所建校只有十一年的学校一样，他也在不断地汲取着各方面的能量，与学校共同成长着。

一、吾幸执子手

1998年魏老师大学毕业，2004年他带着行囊和沉甸甸的教育理想只身来到广东佛山。他常说：“吾有三幸：一幸入石门，二幸遇贵人，三幸执爱敬。”

一幸入石门。八十年前，有一所乡村中学取羊城旧八景之一“石门返照”之意，命名为石门中学。多年来，石门中学众师生在物资匮乏、师资薄弱的情况下科学规划，团结一心，奋勇拼搏，艰苦创业，成就了广东省内名气响当当的石门中学。后来这种“科学、协作、拼搏”的精神积淀传承下来，造就了石门教育集团，滋养了一代代石门人。魏老师庆幸自己人生的第二个选择就选择了拥有教育灵魂和生命精神的石门教育集团，并在此扎根下来，充分汲取着养料，像榕树一样蓬勃发展、充满生机。

二幸遇贵人。学校有一位和蔼朴实、专注于教育理想、充满智慧和拥有爱敬教育情怀的校长胡在军老师。胡校长在学校十年来的积淀基础上，提炼出爱敬理念，处处指导、帮扶、点化、训导着同样拥有教育理想的魏老师，使得爱敬德育的理念在他之后的德育管理中得以形成、践行、拓展和延伸。

三幸执爱敬。教育的终极目的是什么？有人说是成长人，发展人，完善人。那么，能让人成长、发展、完善的力量又是什么？魏老师认为是蕴藏在每个人内心深处的善之力，爱之力，谦恭与敬畏之力。教育者要做的便是开发每一颗心的力量，提升每一个生命的质量。爱敬是一把打开精彩生命之门的钥匙。基于这些理解，爱敬德育的理念应运而生。爱敬德育的内涵主要包括三个方面：爱岗敬业，爱己敬人，爱物敬生。

老师有老师的“岗”，学生也有学生的“岗”。对待自己的岗位和所做的工作，要有充分的责任感和爱心。比方说，如果你来到教室，你是一名学生，你的“岗”就是认真学习，积极参与，专注自主；如果你来到舞台前，你是一名观众，你的“岗”就是做好一名文明观众，尊重每一位演员的劳动成果，分享视听带来的愉悦和内心的成长——这就是爱岗敬业。

再比方说，今天你感冒了，你的身体受到了伤害，可能因此要请假，需要父母的照顾，之后又要老师帮你补课，同学帮你分担一些值日工作。反过来，如果你爱惜自己的身体，坚持锻炼，那么就是对父母、老师、同学的尊敬——这就是爱己敬人。

又比方说，如果你想到一张纸是由护林员、伐木工、机械厂、造纸厂等劳动者的一系列加工，又经过运输、印刷、装订等程序才制成，那么你就会节约用纸。同理，学会节约用水、节约用电、节约用笔……这样也减少了很多砍伐和对动物的杀戮，最终就会对生命存有敬畏之心——这就是爱物敬生。

在魏老师心目中，爱己敬人可以从健体以立己、善心以正己、修仪以美己、敏行以达己、信言以待人、谦礼以敬人等六个方面来挖掘爱敬德育内涵；爱岗敬业可以从勤奋以爱岗、严谨以敬岗、专注以精业、创新以乐业来践行爱敬德育理念；爱物敬生则可以从节俭以用物、爱惜以待物、敬畏以护生、快乐以养生来深化爱敬德育文化。

从教十五年来，魏老师的德育理念体系初步形成，他为此而深感高兴。

二、爱敬天下谋

（一）为班主任谋

在担任德育管理工作的岗位实践中，魏克雄老师发现，要想让孩子从爱敬德育中受益，首先是班主任队伍要认同、理解、接受，这样才能在孩子心中播种、培植爱敬文化。所以，爱敬德育先要从班主任的爱岗敬业做起。

他积极组织了形式多样、丰富多彩的拓展活动来提升德育团队的凝聚力与执行力，同时通过以赛促训的方式来提升班主任队伍的整体素养。

他组织民主生活会，积极听取一线班主任老师们的建议，将班主任的好想法、好点子进行归纳整理，同老师们一起商讨制订新的激励方案，对班主任评价系统中存在的顽疾、沉疴进行大刀阔斧的改革。

他带领班主任老师参加团队拓展培训，进行野炊、野战、翻越生命墙、高空跨越等活动，挑战自我，感受团队的温暖。活动最后，老师们的内心受到强烈震撼，哭成一团，真诚地拥抱身边的每一位同事，对生命、生活、生存的感悟，对团结、团队的认识又上升了一个层次。

他组织班主任团队围绕《弟子规》，结合身边的教育案例，自编自导自演教育情景剧，将平时教育教学生活中的典型案例搬上舞台。让参与编排、演出的老师去感悟、去发掘，让参与观看的老师去反思、去内省。演出结束后，大家沉浸在深深的思考中，久久不肯散去。

他举行班主任专业能力大赛，从教育叙事到现场情景答辩，从现场班会设计说课到班级规划策划，每一位班主任都在备赛过程中对自己的职业进行了重新定位，开始敬畏自己的岗位。一轮比赛下来，班主任们感到自己与岗位要求还有很大的差距，惭愧心、欢喜心、发愤心顿生。

（二）为孩子谋

如何才能让爱敬的种子在孩子们心中生根发芽？如何让孩子爱自己、爱岗位、爱国学、爱劳动、爱创造、爱身边的一切？魏克雄老师和他的德育管理团队将其简化为每天做好九件事，简称“日行九善”。

每日一问：通过每日用质疑的眼光在学习和生活中发现问题、解决问题，培养学生探究创新的科学精神；

每日一歌：借助媒体每天欣赏一首名曲，提升艺术鉴赏能力；

每日一读：通过阅读课外书养成读书习惯，丰富自己的课外知识；

每日一说：通过自己在课堂上、舞台上、生活中的大胆演讲来培养即兴口才；

每日一诵：通过诵读一两则国学经典来传承国学，厚积薄发；

每日一字：通过每天坚持练习软笔书法来提升书写能力；

每日一跑：通过每天锻炼身体（跑步、踢球等各类体育活动）来强身健体；

每日一德：通过自己一日以来的做善事、说好话来提升自我品德修养；

每日一省：通过反思自身言行来培养自己的反思调整能力。

如何让学生每天都能坚持做好这九件事，并能够使德育效果最大化，拥有“看得见、摸得着”的载体，从而便于老师、家长了解孩子们的修习状况？魏克雄老师和他的德育团队又开发编印了校本教材《日行九善修习手册》，将平时的九善记录在手册里。手册同时还包含了周六日孩子在家的表现和家长评价、期末各科任老师对孩子一个学期以来进步与成长的量化记录数据和多元化评价、假期学生在家完成自主作业的过程资料等内容。手册就是孩子成长过程资料的点滴积累，是孩子在践行九善过程中的见证和脚印。手册由孩子保管，作为珍贵的成长资料保存下来。在学期中和学期末，学校会对各项措施的实行情况进行评估与评比，表彰先进，评选优秀。

日行九善的推广，家长好评如潮。有一位家长在写给学校的表扬信中说：“通过践行日行九善活动，培养了孩子积极主动的性格和态度，还有感恩的心。周末孩子回到家里，会主动整理房间，叠被子，擦桌子，拖地，表现很好。他还参加了周末的书法培训，字写得很好；在锻炼身体方面，他也参加了无数次培训，对他的成长有很大帮助。锦华表现出了前所未有的积极主动，最重要的是懂得了感恩，能理解爸爸的辛苦，经常会给爸爸泡茶、倒水。看到孩子的进步，心里很欣慰，感到孩子长大了，懂事了。”

三、石门杏苑秀

爱敬德育理念的培育与深化，使得学校的德育工作风生水起，百花齐放。

班班有特色。各班班主任围绕“爱敬”，从班级德育管理的小事切入，深挖背后的德育内涵，形成自己的班级特色。有的班级围绕班级爱岗敬业之自主管理展开，让孩子自己管理班级各项工作，定期进行小组心得分享。同时将同学们在值日、板报、卫生、安全、宿舍内务等自我管理的过程资料通过微信、微博、QQ日志、班级博客等方式向家长即时播报，借助这些平台积累的资料，每学期期末出一本成果集或者画册。有的班级则从班级生物角入手，形成爱物敬生的生物角特色活动，让班级所有孩子参与班级盆栽制作、小植物角管理、小动物饲养、小型植物种植，组织孩子探究生物奥妙，并以板报、实物展览等形式让孩子将平时的过程资料一一呈现出来。有的班级干脆从吃饭入手，组织孩子们开展“文明餐厅”特色活动，专门研究怎么吃饭才有礼貌，怎么吃饭才算科学，怎么吃饭才能节俭。该班级开发出四心模式（感恩心、专注心、惭愧心、欢喜心），做到餐前人人默念感恩词，餐中不掉一颗饭，餐后餐具要轻放等，餐餐如此，天天如此。在该班级的带领下，整个饭堂3 000余人就餐却安静有序，鸦雀无声。

人人上舞台。每周五，在魏老师的统筹安排下，“走向成功舞台”文艺汇演准时开始。台上孩子大方大胆，台下孩子笑靥如花。每学期，每个孩子都要到台上进行一次节目演出，演出胆量、演出自信、演出变化。两年来，学校共有10 000余人次学生走上舞台并成为主角。难怪市内的各中学老师都反馈说：“在初一新生里，那些有礼貌、大胆自信、有表现力、多才多艺、站有站相坐有坐相的学生，一定是石门实验小学的。”

月月有节日。由德育处统筹，生活部、少先队协助，创新开展节日文化系列德育活动。节日分为两类，一类是传统和国际性节日，德育团队会组织各类活动让孩子们明白节日的意义与形式。如：清明节带领孩子祭扫烈士墓，端午节组织观龙舟，中秋节组织赏月，植树节外出植树，劳动节开展劳动技能比赛，儿童节组织游园活动；妇女节、母亲节、教师节组织各类感恩活动。另一类是学校开发的德育节，三、四月开展心育节，让大家心里充满阳光；九、十月开展体育节、艺术节，让大家都来做体艺明星。

周周有实践。周六日学校不留一份书面或者抄写、背诵、计算作业，鼓励孩子们利用周六日开展社会实践活动，形式自由自主，可以是家委会牵头，集体组织进行，也可以是孩子与家长结对参与。学校鼓励孩子走进社区、厂房、农庄、企业、博物馆、画展、科学馆、事业单位、福利院、特殊行业等区域，进行参观、调研、慰问、演出、制作、体验、采访等实践活动，鼓励孩子将过程资料以图片、视频、表格、标本、小报等方式进行记录和展示。

这些德育活动，处处渗透着爱敬德育的文化与理念，让孩子们收获颇丰。这一切都来源于学校层面的高屋建瓴，而幕后的策划、调度、协调、沟通、执行、反馈、跟进、检查、指导、改进，无不是以魏克雄老师为首的德育团队在辛勤运作。

四、小耘谱春秋

魏克雄老师平时热爱运动和阅读，喜欢别出心裁与奇思妙想。同样的活动，在第二年重新举行时，一定会给所有人全新的感觉。

他喜欢从身边不起眼的小事入手，挖掘背后深刻的德育内涵。

他坚信团队的力量，喜欢和大家一起争吵、磋商，凡事都从大方向集中集体智慧，执行时又相信成员的个人能力与素养。

后记：在担任德育主任两年多的日子里，魏克雄老师默默地在自己的教育天地里耕耘着、前行着。每当孩子们迎面或经过身边热情地与他打招呼时，他总是微笑回礼，内心充满欣慰、甜蜜和成就感。对待德育工作，如同他最喜欢的歌曲之一的歌词所唱：爱你一万年／爱你经得起考验／飞越了时间的局限／拉近地域的平面……

牢记使命催奋进，不用扬鞭自奋蹄

——记佛山市南海区九江职业技术学校德育副校长黎国玉

题记：『明礼以修身，诚信行天下』是佛山市南海区九江职业技术学校德育副校长黎国玉的座右铭。『明礼与诚信』是中国古代文化的精髓，是中华传统美德宝库中的一颗璀璨明珠。今天，『文明与诚信』写进了党的社会主义核心价值体系中。在『以德立校』的办学理念指引下，他在学校主推『礼信』教育模式，目的就是探索中职学校如何培育和践行社会主义核心价值观，进而实现『职业梦、家庭梦、企业梦、九职梦、中国梦』。

黎国玉，男，1973年7月生，中共党员，中学高级教师。1994年参加工作，先后担任级长、团委书记、办公室主任和德育副校长等职务。期间他荣获过“佛山市先进教育工作者”“南海区优秀教师”“优秀党员”“优秀德育工作者”“法制教育先进工作者”“优秀青年教师”和“九江镇十佳教师”等称号。大学毕业后他连续20年在南海九江这片教育热土上默默耕耘，经历了学校从普通高中到中职学校的艰苦转型过程。他凭着朴实、方正的品性，苦干、实干的精神，和坚定、执着的追求，为九江职校实现弯道超车和最后的漂亮转型付出了智慧与汗水。熟悉黎国玉的人都说他清正廉洁、务实进取、棱角分明。从教师到副校长，一步一个脚印，一岗一段辉煌，他用谦逊睿智的形象引领着同事不断地克难求进，是“牢记使命催奋进，不用扬鞭自奋蹄”的真实演绎。

一、思恩图报不离弃，漂亮转型显身手

黎国玉老师一米七的个头，身体匀称，戴着一副宽边眼镜，常露出较为严肃的表情，是自认为有点书卷气的普通教师。1994年大学毕业后，他从梅州山区来到南海九江镇的一所小学开始其教育生涯，两年后因工作需要调动到现在的九江职业技术学校工作。

从教20年，他对教育孜孜不倦，对学校始终不离不弃。最初两年的小学从教经历，不少人说他是大材小用，深有打抱不平之意。但他却经常与新老教师说：“做人要怀感恩之心，要感谢艰苦生活给予我们爱，给予我们力量，给予我们勇气。也正是在这磨炼中，自己羽化成蝶。”事实也证明，两年的磨炼促使他1996年调动到九江职校后能够适应任何岗位的工作。他先后担任了5年班主任、4年的级长、1年的团委书记、6年的办公室主任，直至现在的德育副校长。从教师岗位到管理岗位，他一步一个脚印，一岗一段辉煌。

2009年，由于南海区教育均衡发展的需要，学校转型为中职学校。突然的改变，让行政人员和老师们一下子懵了。老师们不理解，情绪不稳定，感到前途渺茫，一批年级组长、学科骨干先后离校而去。关键时刻，黎国玉先后在教师会议上做了《理解和支持政府决策》《爱拼才会赢》《不经历风雨，怎能见彩虹》《转型的“危”与“机”》《招生危机下的思考》等讲座，及时稳定了军心，为之后的漂亮转型打下了良好的思想基础。转型期间，黎国玉兼任了经贸部的部长职务，在课程设置、专业建设、招生工作、实训就业等方面做了大量卓有成效的工作，深受领导和师生的好评。同时他还主动请缨，勇挑重担，全面负责学校的招生工作。为了解决学校的生存问题，他一边绞尽脑汁、夜以继日地编印《招生简章》、拍摄《招生电视广告》并撰写

《珠江时报招生宣传稿》，一边马不停蹄、不辞劳苦地到各初中学校召开毕业生级会和家长动员会等。功夫不负有心人，从学校转型前的400多人（普高生）一届，到转型后2009年首届600多人（中职生），再到现在的800多人一届，学校的在校生规模已从1600多人发展到2400多人，解决了生源的“入口”问题，排解了老师们的后顾之忧，让学校在短短的5年内实现了从生存到发展的快速超越。

二、“创星关爱”齐参与，全员德育归原点

了解黎国玉的人都知道他是个拼命三郎，做事雷厉风行，一杆子插到底。

众所周知，中职学校生源素质低，学生管理工作“压力山大”。2012年担任学校德育副校长后，经过周密调研，黎国玉运用现代教育理念进行大胆改革，完善了一系列管理制度。他说得最多的一句话是：“不能用上世纪的陈旧育人观和简单手段去教育21世纪的新生代，唯有改革，唯有继续解放思想，用科学发展观武装自己，才有生机，才有希望。”

他喜欢“老调重弹”。九江职校的教师都清楚，黎国玉每次在大会小会上首先讲的都是“安全教育问题”。作为分管学校安全工作的领导，他深知安全对学校、对家庭的重要性，没有了安全就没有了一切。他说：“安全工作重于泰山。孩子是每一个家庭的希望，安全出问题，整个家庭就垮了。城门失火，殃及池鱼，年轻的九江职校也会不堪重负。”作为学校安全工作小组的组长，他制定了完善的安全工作制度，打造“人防、物防、技防”的校园安全网络。他说：“凡事预则立，不预则废。安全工作重在预防。”在他的主持下，学校重建了“心晴昉”心理辅导室；安装了200多个电子监控“天眼”；对安保人员进行岗前培训，做到持证上岗；对学生进行系统性和有针对性的安全教育、宣传与演练；同时他还特别注重学生的考勤工作，认为做好了考勤工作，重大安全问题可以减少60%以上；对家长他则定期印发《安全须知》，形成家校安保互联网。功夫不负有心人，2013年九江职校安全工作成绩卓著，被评为“南海区教育系统安全工作先进单位”。

他力推“创星活动”。接手德育工作后，在第一次班主任会议上他就提出“让德育工作回归原点”的理念，要充分发挥自身的优势，加强学生的日常管理和养成教育，让学生“先成人再成才”。加强德育管理离不开一支团结且有战斗力的班主任队伍，但他发现不少教师存在不想做班主任、怕做班主任的想法，特别是上了一定年纪又有较高职称的教师更是如此。问题出在哪里？黎国玉经过反复思考，究其原因，除了班主任工作繁杂、学生难管之外，深层次的根源还在于缺乏必要的激励机制。教师们普遍的反映是做班主任“没意思”“做多做少一个样，做好做坏没两样”，个别教

师即使勉强被学校安排担任班主任工作，也只是给领导“面子”，被动式地工作。

为此，他通过集思广益和民主决策，于2012年制定了《九江职校“星级文明班”评比方案》，方案由教学及竞赛成绩、清洁项目、宿舍项目、团委检查项目、考勤和仪表项目五大部分组成。星级文明班评比以4周为一个周期，每学期合计评比5期。星级文明班按30%、50%和20%的比例分设三个等级：“六星”“四星”“二星”。对各项分值做到每天公布一次，每周小结一次，每月进行总评。事实证明，“创星”活动悄然改变了班主任的精神面貌。

“创星（星级文明班和星级宿舍）”活动机制：激发了班主任的工作积极性，形成各班你追我赶的良好竞赛态势，涌现出一批长期“六星”的班级，让班主任“名利”双收。

“创星”活动不断积聚“正能量”：2014年春季16个班，主动报名担任班主任工作的就有30多人，而且不少是重出江湖的“高手”“老手”，更有刚刚完成三年班主任工作的“常客”。3．德育工作针对性和实效性更强：常规工作落实更到位，现在每天的考勤、清洁、保洁、宿舍纪律、台椅摆放等方面有了质的飞跃，学生违纪行为大幅度下降，良好的校风、班风逐渐形成。

他倡导“全员德育”模式，将“关爱”行动进行到底。他经常强调教师要做到“不抛弃、不放弃任何一个学生”，学生的成长离不开教师的教育，问题学生的转化更离不开教师的关爱。基于此，他倡导“全员德育、全程德育”模式，将关爱成效与绩效工资挂钩。首先是确定“关爱对象”，包括：关爱“问题”学生（每位教师关爱三位问题学生）；“承包”宿舍（每位教师“承包”一间学生宿舍）；家访活动（每位教师每学期进行不少于两次的“家访活动”）；短信关爱（每位教师每月发送不少于八条短信给家长）；巡查宿舍（每位教师每月不少于八次巡查宿舍）；关爱档案记录（学校自己开发“关爱网”，点滴记录学生的成长过程）。经过实践，“关爱行动”已深入民心，效果显著。

他创立“名班主任工作室”。黎国玉说：“学校不缺乏埋头苦干的班主任，但缺少能说会道和著书立说的学者型班主任。”在评选出学校首批校级名班主任后，他说服了校长，于2013年创建了九江职校“名班主任工作室”。工作室由区级名班主任莫伟刚老师主持日常工作，负责德育理论探讨、德育问题研究、德育管理献策、班主任技能大赛辅导、名班主任日常管理、班主任论文征集及评选和防学生流失等工作，目的就是取长补短，为德育工作的有效开展提供有力的理论支撑。一年多来，他先后邀请了省、市、区级的教育专家及多位名师如王剑平、贾高见等到学校为德育团队开展培训和讲座，起到了事半功倍的效果。学校的德育工作全面开花结果：十多位班主任的德育论文获各级别奖励或发表；学生流失率大幅度下降；班主任技能大赛成绩取得历史性的突破，在区赛中勇摘区同类中职学校桂冠，并取得代表区参加市赛的资格；同时还承办了2014年9月举行的佛山市班主任技能大赛。

三、“礼·信”教育抢先手，精心育人树品牌

2013年6月，黎国玉经过广泛调研，结合“国情”（培育和践行社会主义核心价值观，遵守“爱国守法、明礼诚信、团结友善、勤俭自强、敬业奉献”的公民基本道德规范，推行“以德治国”方针）和“校情”（“以德立校，以技强校”的办学理念）率先提出了全新的“礼·信”德育理念，并起草了《九江职校“礼·信”教育行动实施方案》。

在动员宣传的时候，他说：“‘明礼与诚信’是中国古代文化的精髓，是中华传统美德宝库中的一颗璀璨明珠。‘礼·信’教育不是简单的口号，‘礼·信’教育就是要解决现在中职学校普通存在的行为不文明、不礼貌和诚信缺失的问题，要起到‘牵一发而动全身，抓一点而带全局’的功效。‘礼·信’教育是新形势下中职学校一项全新的价值理念，是中职学校培育和践行社会主义核心价值观的一种创新教育模式，是学校培育和践行社会主义核心价值观的突破口，也将会是学校德育工作的品牌。”

要成功推行“礼·信”教育模式，他认识到“树人必先树己”，须“全员参与”，让全校教职员工、学生、家长和相关用人单位共同参与并最终共同受益，如此职业梦、家庭梦、企业梦、九职梦、中国梦才会早日实现。

黎国玉主推的“礼·信”教育有四大特色：一是“应景”，既能结合十八大提出的社会主义核心价值观培育内涵，又能结合职业学校的学生特征。二是“全员参与”，改变了传统德育你教我学的“单向性”局面，让师生、员工、家长、企业共同参与。三是“内容丰富、形式多样”，即采用“2载体、2渗透、3主题”的教育方式。其中“2载体”指以“礼·信大讲堂”和“礼·信微行动”系列活动为载体；“2渗透”指要有意识地渗透到课堂教学中去，渗透到学校各项活动中去；“3主题”指要充分发挥“课堂主渠道、主题教育行动、主题班会活动”的特有教育功能。四是“分段教育”，以“礼·信”为活动主题，各处室（部门）、各专业部（专业组）、各班级结合各自的特点，推进具有鲜明特色的“礼·信”教育行动，形成“一部一品、一班一味”的格局。

推行“礼·信”教育一年多来，黎国玉组织和策划了一系列的教育活动：一是在教师员工层面进行了以“礼·信大讲堂”为主题的系列培训和讲座，包括“礼·信

大讲堂”之“礼·信教育行动计划解读”“专家、企业家讲座”“后勤线职工培训”“教师工作、生活礼仪培训”、“礼·信之我见”教师演讲比赛、“礼·信行动反思”教师征文比赛、“礼·信校本教材”开发、九江职校“礼·信”规范细则制定、九江职校“礼·信”文化节暨“十佳”礼仪诚信教师、职员、学生评选及表彰报告和“九职梦——教职工‘礼·信’风采展示”等系列活动。二是在学生层面开展了“礼·信微行动”之“国旗下讲话”、礼仪操、微影视、仪容仪表检查评比、“诚信创业一条街活动”、随手拍摄身边的“礼·信”镜头比赛、“五四学生礼·信伴我行”征文、师生“礼·信”知识竞赛、“礼·信”手抄报大赛、“校园微笑服务之星”评比等活动。

谋事在人，成事在人。经过一年多的探索与实践，“礼·信”德育取得显著效果。九职正能量得以发挥，九职好声音得以传送。“礼·信”德育逐渐改掉了全体师生员工不文明、不守信的恶习，文明、诚信蔚然成风。学生彬彬有礼，教师风度优雅，门卫热情有礼，后勤微笑服务，这些皆已成为九江职校一道道亮丽的风景线。

“礼·信”教育让德育回归到原点，提升了参与者的素养，改变了九江职校的精神面貌。“礼·信”教育让社会注目、领导悦目、同行瞩目，得到行家和同行们的赞赏与推崇，一批又一批的职业院校慕名而来观摩和指导。

“礼·信”教育大放异彩，逐渐显示出其极大的魅力和非凡的影响力：校风学风大为好转；学校办学规模不断扩大；学校社会口碑日益见好；促进了班主任的成长——“礼·信”教育成为了一个抓手，为班主任的成长铺设台阶、搭建舞台，助推班主任的成长之路，让班主任感受到更多的成功感和幸福感。王萌萌等3位班主任在2013年南海区的班主任能力大赛中勇夺区直职校桂冠，随后为代表南海区参加佛山市班主任技能大赛而积极作战前准备，学校也荣获南海区2013年“安全、创文、艺术”先进单位称号。

南海区教育局领导称赞九江职校推行的“礼·信”教育卓有成效，是在德育创新工作中出现的一匹黑马。省职教德育研究与指导中心的专家来校调研后，认为九江职校的“礼·信”教育有创意、有特色、接地气，成效显著。

学校、学生在成长，黎国玉也在成长。他说：“现代优秀德育工作者不仅要会做，还要会写，更要会说。”他以身示范，在苦干和巧干的同时，也在辛勤“笔耕”，不断总结经验和提升理论水平。他的论文《以“创星”为抓手，将“关爱”进行到底》荣获2013年南海区职业教育优秀论文评比二等奖，并在区德育工作会议上宣读交流；《班主任工作三招》在《班主任》杂志社主办的“青年班主任提高基础素质研修班”研讨会上交流，并荣获二等奖；他参与的国家级课题“职业教育课程政策研究”的子课题“南海区九江职业技术学校课程政策执行情况报告”于2011年7月结题，同年9月发表于《职业教育课程政策研究》；他的论文《职业教育课程政策研究》荣获南海区2010年教育论文评比一等奖，论文《中等职业学校一体化教学模式浅探》发表于全国职教核心期刊《中国职业技术教育》2010年第26期。

四、雄关漫道真如铁，而今迈步从头越

如今已到不惑之年的黎国玉尚存书生清气，规行矩步每一日，但是岁月让他变得更成熟、更稳重、更有男人味。

展望未来，他踌躇满志。他正在构思心目中“安全、美丽、动感”的校园蓝图，设想围绕“一个中心”（以安全工作为中心）、“两个活动”（创文活动和星级评比活动）和“三个提升”（提升德育工作的实效性、提升班主任的理论水平、提升校园和班级的文化育人环境）的工作思路，打造“动”（各种社团活动、每天下午4：20—5：20的全校第二课堂活动、文体艺活动和各专业部师生趣味同乐活动等）、“静”（强抓课堂纪律、宿舍纪律、两操和集队会纪律等）结合，“声”（唱响校歌、班歌）、“像”（设计班徽、黑板报等）并茂的中职校园。

后记：为了心中的那份追求与梦想，黎国玉和他的团队正潜心历练求提升，和衷共济谋跨越。前进的号角已经吹响，相信包括黎国玉在内的九职人的梦想一定能实现，因为他们正在追梦的路上。

守望教育，求解中职学生的幸福未来

——记佛山市华材职业技术学校德育副校长黄文革

题记：做一个教育人是幸福的。因为，教育人是追梦的人，是用智慧撒播爱的人，是引领一个个可爱的生命走向幸福的人。

佛山市华材职业技术学校创办于1980年，是一所公办中等职业技术学校，也是广东省示范中等职业技术学校和国家中等职业教育改革发展示范学校创建单位。学校现有在校学生5771人，专任教师306人。

黄文革走上华材职业技术学校德育副校长的工作岗位是在2007年。职业技术学校德育副校长，在常人看来，这绝对是一个极具挑战性的岗位。如何让一个“父母操心、老师闹心、社会担心”的群体、让这些在大多数人眼里被视为失败者的学生，在3年的职业学校生活中，种下快乐和成功的因子，获取幸福生活的能力，尊严而体面地就业，成为拥有幸福未来的产业工人、国家建设的栋梁，是每一位职业学校教育工作者的责任，更是职业学校德育副校长的岗位使命。在她的心中，这份使命举足轻重，责无旁贷。

一、研究者的愿景：打造一个响亮的“幸福德育”品牌

黄文革副校长认为：一个管理干部首先应该是一个研究者，是一个有自己教育思想的人。她采用“且行且思，且思且行”的策略，倡导“用课题做事”，立足学校德育工作，在反思与实践的基础上，与时俱进，研究学校德育实践中出现的新情况、新问题，探索新时期中职德育工作的新途径、新方法。

七年来，在她的周围凝聚着一支具有活力的德育科研队伍。她带领学校课题组开展了全国教育科学“十一五”“十二五”规划两个国家重点德育课题的子课题、一个广东省德育立项课题的研究与实践。作为课题组的组织者，她负责课题的管理和组织实施，先后参与研编了《校本和谐德育体系》，组织课题组开发了“家庭教育方法辅导”“学校主题教育活动”“专业思想教育活动方案集”等16门校本课程，促进了学校德育工作的规范化、科学化发展。她参与组织实施的学校德育研究成果“中等职业学校校本德育课程开发研究”在佛山市中小学德育创新项目评选中获特等奖。学校因德育科研工作成绩突出，实效性强，被评为“全国百所德育科研名校”，并连续多年被授予先进实验学校称号。她本人先后于在信阳召开的总课题组中期交流会和在上海举办的课题研讨会上做相关经验介绍。更重要的是在她带领的德育科研实践中，学校形成了“校本问题变为研究问题，骨干教师组成核心力量，岗位职责分解研究任务，师生参与成为研究主体，行动研究贯穿开发全程”的德育科研模式，实现了德育科研的全员参与。

在研究实践中，基于对中职德育规律和中职学生成长规律的把握，她认为：学校德育应当是对幸福的憧憬和追求，是洋溢着幸福的人生旅程。也就是说，教育应当以幸福为导向，通过关注人今天和未来的幸福，塑造师生的健全人格和心灵世界，提

高师生的文化素质和精神境界，激励师生在创造和创新过程中获得最大的幸福。为此，她确立了“幸福德育”的理念，初步构建了学校“四叶草德育——幸福德育”的模式：构建“六维心理健康教育工程”，让“蓝叶”代表的清新、宁静和理智来滋润学生和谐悦己的心智；推动和谐班集体建设，让“橙叶”代表的喜悦、活泼和华美来启迪学生内心的真爱与温暖；创新“七彩活动德育”，让“红叶”代表的活力、健康和希望来点燃学生梦想的自信与激情；建设校企融合文化，让“绿叶”代表的青春、和平和朝气来陶冶学生未来的希冀与生机。她希望，在接下来的实践中，通过凝练提升，打造一个响亮的“幸福德育”品牌，推动学校德育工作的特色品牌发展。

二、管理者的思维：凝聚一支专业的幸福团队

德育副校长，无疑是学校德育工作的管理者。按照管理学的观点，管理者要借力，充分运用他人的聪明才智和有限的资源为整个组织服务，从而实现组织的目标。黄文革副校长深谙此道，她经常说：“管理工作简单地说，就是带团队。”作为学校德育队伍中的领头羊，她深知队伍建设的重要性。

（一）开展“凝聚力工程”

她率先垂范，用廉洁公正的力量凝聚人心，用勤勉敬业的行为赢得人心，用团结和谐的人际关系激励人心，用多办实事、服务他人的真情实意温暖人心。

（二）开展“课题做事工程”

她建构了学习、研究、实践与反思的专业生活方式，引领班主任专业成长。据不完全统计，2013年9月结题的“十一五”规划课题“中等职业学校校本德育课程开发研究”的研究成果集收集了154名教师的研究成果，有143人次获得课题组的各种奖励。

（三）开展“校本培训工程”

她组织了多种形式的校本培训，实行“研训”互动。校本培训的主要形式有：专题讲座、自修反思、经验分享、信息交流、评价诊断、研修提高。多形式、高质量的校本培训，为解决德育工作中的问题提供了思路，拓宽了教师们的视野，改进了班主任的教育行为，培养了班主任的人文关怀精神、关怀教育能力、教育敏感性和教育机智，从而实现了班主任的专业发展。近年来，一批名班主任脱颖而出，共培养出市级班主任工作讲师团成员1名，市级名班主任3名，区首席班主任1名，区名班主任及培养对象4名。班主任们参加各级各类比赛屡获佳绩：2人参加全国班主任专业能力大赛获一等奖，1人获省一等奖，2人获市一等奖，3人获区一等奖。一批班主任通过培训、研究和实践，工作经验得以提炼，工作特色更加明晰，教育思想逐步形成。左湘

老师以职业理想引领学生职业成长，进一步实践“教学生一天，想学生一生”的思想；戴洁明老师提出“教育是温暖的”；房艺章老师结合工科男生班特点，聚焦培养“有责任感的血性男儿”；罗润燕老师的班主任工作特点是“创造属于爱的力量”；郑英老师提出“我的班级我做主”。班主任专业化成长让他们深入了解教育对象，把握生命成长的规律，在班主任工作这个复杂的王国里获得了自由，体验到了作为一个教师职业生命的价值和职业生活的幸福，形成了“在职业学校做老师，一个幸福的职业人，首先是一个幸福的班主任”的共识，在学校多次出现了争当班主任的喜人局面。

三、教育者的使命：引领一群可爱的幸福生命

生活在华材校园里的生命是鲜活的、蓬勃的、灿烂的。

班集体是学生精神生命成长的家园。黄文革副校长带领她的团队积极推进和谐班集体的建设，将“人境和谐、人人和谐、人心和谐”作为班级师生共同体建设的目标。在和谐班集体建设的过程中，师生关系没有等级，没有强制，没有轻视，没有不屑。在老师的心目中，学生不再是失败者，而是一个个需要被关注、精神上需要滋养的鲜活生命；同时，学生作为准成年人、准职业人、准社会人，作为独立的个体，老师们充分尊重他们的内心需要和个性特征，与学生进行平等的对话。一个同学说：“在这里我重新拾回了信心，知道自己是被认可的，班里有很多人知道我的存在，我的内心得到了充实与满足。”

在德育工作实践中，她和她的团队始终把主题班会活动作为学校德育工作的重要载体，坚持组织开展职业化的系列主题班会活动，现已形成了以学生的职业成长为主线、以学生为活动主体、由52个主题活动构成的主题班会活动系列。在主题班会活动课上，师生共同参与，思想碰撞，情感共鸣，澄清是非，创新生成。用一位同学的话说：“一周一节的班会课是我们心灵的期待。”

学生社团活动是校园文化中的活跃力量，它为学生搭建了多元的舞台。学校现有学生社团28个，学生参与率达80%。学生会、团委从制度、措施、方法上加大指导、引导。一批有较长历史的社团，如礼仪队、舞蹈队、模特队、街舞社、舞狮社等，正焕发出新的活力。舞狮社参加2011年全省中职学校社团展评荣获十佳社团称号。近年来，随着技能竞赛的兴起，一批与技能竞赛相关的社团茁壮成长，如汽车爱好者协会、插花社、陶艺社等，它们为学校的专业建设、专业技能教学和中职生技能大赛起到了保障作用。同时，当汽车爱好者协会花费九个月的时间打造出一辆精美的跑车，在区教育博览会上赢得众人的称赞时，当陶艺社将自己的技能变成一件件栩栩如生的

作品时，点燃的是激情，绽放的是生命。

黄文革副校长积极推进德育评价机制改革。学校组建了以行业企业人力资源培训管理师、职业指导师、班主任代表、企业代表为成员的评价队伍，建立了由企业人员共同参与的学生职业素质考核制度。学校以“自主职业成长”为主线，构建了“工学结合，分层推进”的人才培养模式；根据培养模式，分阶段制定并细化了学生职业道德、职业素养发展评价标准；编写了《幸福职业人成长手册》，并为每个学生建立了职业成长档案。新的评价机制，让每个学生在评价中找到自己的社会价值，为不同个性的学生提供了公平的发展机会，使他们做最好的自己，促进其个性的和谐成长。

后记：不管是以前的班主任，还是现在的德育副校长，其实黄文革担任的这些职务始终围绕着一个不变的圆心，那就是求解中职学生的幸福未来。具体说来，就是带领她的团队，引领一个个可爱的生命走向幸福。这种守望，是一种精神，一种情怀，一种执着，更是一种忠诚教育的幸福。

理想的追寻

——记韶关市乳源瑶族自治县金禧小学校长傅庚

题记：傅庚校长曾写：『美好的理想啊/您就如同那遥远的启明星/晶莹、剔透/令人神往/尽管跟现实相距甚遥/可那颗炽热的追寻之心/依然坚定/依然痴狂/那排山倒海的巨浪敲击呵/不会动摇我们钢铁般的意志/那狰狞的阴霾/还有那鬼哭狼嚎的飓风/又能把我们如何/理想的光芒/才是心灵深处最执着的坚守/最动人的召唤』

一、直面现实的残酷

在美丽的乳源县城，有一所美丽的学校，它就是乳源金禧小学。该校创办于1992年秋，前身是“县第二小学”，1995年更名为金禧小学，建校至今已有22年历史。学校现有教师94人，学生1807人，31个教学班。近年来，随着城镇化的发展，进城务工子女逐渐增多，越来越多的学生涌向金禧小学。由于生源的复杂，加上教师的观念没有及时转变，该校各项管理及质量教学一度出现滞后现象。

面对这种“前有阻击，后有追兵”“黑云压城城欲摧”的局面，傅庚校长和同事们说得最多的一句话就是：只要用心、用情、用力地做事，金小的明天一定会更美好！他是这样说的，也是这样做的。

二、国学经典伴其行

怎么办？上任伊始，傅庚校长绘就了“金小发展梦”，坚持走“国学立德，经典育人”的发展道路，全面贯彻教育方针和实施县教育发展纲要，突出“质量强校”的发展战略，大力打造学校整体文化，有效提升了学校的办学质量，促进了学校的健康快速发展，为实现学校构建“诗意校园、书香校园、幸福校园、智慧校园”的目标而努力前行。

广东省国基教育发展研究执行院院长江凤贤教授在2014年全国校长学校文化建设方略研讨会上说：“中华优秀传统文化是经过中华民族不断‘选编’留下的经典之作，其思想体系博大精深，内涵丰富，总体可以归结为人的问题及学习精神。这样，学会做人、学会学习就成了中华优秀传统文化与学校文化生成的契合点。”

这个说法与傅庚的想法不谋而合。学校91.7%的生源是周边农村孩子及进城务工农民随迁子女，他们具有生活相对贫困、家庭教育容易缺失、行为比较随性、良好习惯难以养成等多方面特点。面对现实背景，傅校长广泛征求意见，选择以“国学立德，经典育人”作为学校核心价值理念，并以此为抓手全面统筹教育教学、队伍建设等工作；以办一所“书香、智慧、诗意、灵动”的学校为目标，提出了“崇德立人，奋勇争先”的学校精神和“自强自立，厚德敏行”的校训；确立了“文化立校、民主治校、特色兴校、质量强校”的发展战略，实施了“人文关怀、思想引领、制度规范、赏识奖励”的管理理念，促进了全校教师队伍的建设和校风学风的转变。

三、校园处处皆教育

一位前来学校进行德育绩效评估检查的领导激动地说：“在山城瑶乡居然还藏有一所这么有文化气息的学校。我们经常说要去哪个大城市才能见到名校，却不知名校近在咫尺呀！”

带着好奇，我们走进了金小。“厚德敏行天道酬勤授业铸魂志存高远金小园丁育桃李，自强自立金石为开卧薪尝胆鸿业远图莘莘学子展英姿”和“阅天下好书悟五湖名篇习得一生智慧，读世间名著品四海佳作收获万世真谛”两幅对联分别高挂在两栋教学楼的显眼处。该校的一位老师告诉我们，这是傅校长与大家一起书写的，是集体智慧的结晶。

按“悠久历史、灿烂文明、传统美德、百年屈辱和走向复兴”五大板块，傅校长亲自设计了中华传统文化长廊。我们走过这一中华传统文化长廊，便能感受到中华民族博大精深的文化，可歌可泣的历史和世代传诵的美德教育。每学期，学校都会利用一节班会课，带孩子们来到中华传统文化长廊前，讲述中国的历史文化，点燃他们热爱祖国的情感，使他们从小树立报效祖国的远大理想；同时歌诵伟大人物，使学生感受人生应具有的真善美品质，完善他们的人格，激励他们做一个自强自立的人。

围绕“国学立德，经典育人”这一文化主题，傅庚不但精心设计建造中华传统文化长廊，还在细节处注重国学环境文化建设，如：建设了100多平方米的大型主题浮雕；制作了“诗意校园、灵动校园、幸福校园、智慧校园”等大型校园橱窗；给广场、教学楼征集了富有教育内涵的名字；在楼道、走廊等地新建了十八个设计精巧、藏书丰富的书吧；强调班级文化布置要凸显国学特色……

最让师生津津乐道的是学校楼道书吧的建成。为了改善师生的阅读条件，创造良好的阅读环境，傅庚校长通过各种渠道在教学楼楼道间建成了一批书柜，扩大了藏书空间，让学生和书本零距离接触。书吧借阅十分便捷，受到了学生的广泛欢迎，大大提高了图书的借阅率。

谈到校园文化建设，傅庚校长从容地说：“‘校园处处皆教育、学生时时受熏染’是学校文化建设的目标。”通过实地参观，我们真正感受到傅校长倡导的“雅正、雅致、雅韵、雅阅、雅意”的国学环境文化是那么实在，那么有力量。

四、儒雅广博齐开花

如何贯彻和体现“国学立德，经典育人”的办学理念及核心价值观呢？傅庚校长说：“必须打造一所国学环境文化气息浓郁的校园，培养两支优秀的队伍——儒雅教师队伍、广博少年队伍。”

傅庚校长认为，讲正气、显大气、展儒气、重和气、高人气的“五气”教师才是儒雅教师。他引领大家开展了一系列活动，让全体教师感受到学校的关怀，懂得师德师风的重要性，敬畏大家一起制定的行为准则，营造出风清气正、爱教乐群、无私奉献的氛围。”

第一，开设“金韵讲堂”。韶关学院钟雪梅老师的“笃行国学精神，收获幸福人生”专题讲座通过解读圣人语录、讲述经典故事、列举生活实例等形式，深入浅出地向老师们阐述了什么是国学、国学的基本精神是什么、笃行国学精神对己对人的作用、怎样笃行国学精神收获幸福人生等。省写字教学专家丘荣泰、韶关教研室黄会芬、董小云等老师开设的讲座为教师们解开了专业上的疑惑。

第二，名师引领。大力扶持以廖明凤老师命名的名班主任工作室的工作，以点带面，辐射全体，在工作中展现“五气”教师的风采，营造良性竞争氛围，鼓励大家“崇德立人、奋勇争先”。

第三，每学期为教师编写推荐书目，引领全体教师快乐阅读的新风尚。

第四，通过“金牌活动社”组织各种教师活动。以“大家分享快乐”为主题的教师生日问候活动、以“你的困难大家分担”为主题的困难教师慰问活动，让教师们感受到了学校的关爱；以“魅力团结”为主题的教师野炊活动，让大家感受到了团结、互助的魅力。

广博少年队伍的培养让家长喜上眉梢。傅庚说：“我们学生的发展目标是爱祖国、守诚信、孝长辈、讲仁善、勤学习。”为了近距离观察该校学生，我们再次走进金禧小学，近距离观察了他们的两节特色短课。

傅庚校长介绍说：“第一节是‘金小早晨’短课。它周一至周五分别由‘感动金小’‘安全在我心中’‘国学讲学’‘文明礼仪伴我行’和‘金小在行动’五个栏目组成。‘金小早晨’短课前，全体学生吟诵《金禧小学日常行为四字歌》，教导孩子们‘正品行’‘读好书’‘写好字’‘穿好衣’‘走好路’‘说好话’等。

傅庚非常自豪地说：“我每天都非常期待‘金小早晨’短课。”该校一位广播员向我们介绍说，在这节短课里，孩子们可以听到学校的好人好事，学习一些安全知识技能，懂得不少国学小知识，学到必要的文明礼仪。孩子们通过这种涓涓细流积江海的教育方式，把爱祖国、守诚信、孝长辈、讲仁善、勤学习等品德自然而然地渗透到血液里。

傅庚校长继续说：“第二节是写字短课。我们的生源大多来自附近农村及进城务工家庭，他们受到的家庭教育力度比较薄弱，写字潦草就是其中一个显性标志。为了扭转这一局面，我们做了一些初浅的尝试，收到了明显成效。”

一是专家引领。这项工作开始初期，傅庚校长邀请到佛山市禅城区教研室教研员、著名书法教育专家丘荣泰到学校举办讲座，给老师们传授最新的写字教学理念和方法。

二是力排众议开设写字短课。傅庚将每天下午4：15—4：30定为写字短课，同学们伴随着指令专心致志、一丝不苟地从横竖撇捺、起笔收笔等开始了每天的规定动作。学校的口号和目标是“端端正正写字，堂堂正正做人”。经过一年多的尝试，学生的作业整洁了，成绩逐步提高了。全体师生都品尝到了这节短课的甜头，形成了“抓写字就是抓教学”的共识。

三是每天抽查，专人点评。学校每天抽查几个班级的练字习作，由四名书法功底较好的老师负责点评。在点评时，不仅评字，也点评写字的态度、做人的态度。

四是定期举行写字比赛、作业展示等活动，在活动中体现“奋勇争先”的学校精神。现在，学校把写字教学融入到平常的教学活动当中，把获奖作品、优秀作业展示在学校各个显眼的位置，形成了“写端正字，做堂正人”的良好风尚。

后记：最美的风景在山的那边，理想的追寻从不会停下脚步。在教育的前方，将会遇到许多新的困难和挑战，要实现创建“粤北名校”的宏伟目标，也是任重而道远。路漫漫其修远兮，吾将上下而求索，傅庚校长将以改革者的思想和实干家的气魄排除一切艰难险阻，努力攀上乳源教育的高峰。

默默耕耘，一心一意扎根粤北

——记韶关市第一中学党委副书记黄远保

题记：『捧着一颗心来，不带半根草去。』这是著名教育家陶行知一生献身于教育事业的真实写照，也是黄远保同志奋斗在教育战线上的座右铭。

黄远保，男，1964年11月生，河南省新县人，中共党员，广东教育学院思想政治教育本科毕业。1988年至1995年在江西省永修县梅棠中学任教；1995年至2000年在广东省韶关市第十一中学任教；2000年至2009年在广东省韶关市教育局工作，先后担任科员、副科长、科长职务；2009年至今担任韶关市第一中学党委副书记、纪委书记，主管学校德育工作。曾先后被评为“韶关市教书育人优秀教师（特等奖）”“韶关市委教育工委系统优秀党务工作者”“韶关市优秀党务工作者”“韶关市纪检监察先进工作者”“广东省教育纪检监察工作先进个人”，并受到广东省纪检监察宣传教育的通报表彰。

韶关市第一中学创建于1905年，是一所办学历史悠久、文化积淀深厚的百年名校，同时是广东省人民政府确认的16所省重点中学之一、首批广东省一级学校、国家级示范性普通高中学校、广东省中小学德育研究会会员单位。学校建筑面达积92 250平方米，现有60个教学班，在校学生3 200多人。学校先后荣获“广东省文明单位”“广东省先进集体”“广东省绿色学校”“广东省师德建设先进集体”“广东省‘五四红旗团委’”“广东省安全文明校园”“广东省依法治校示范学校”“广东省心理健康教育示范学校”“广东省‘朝阳读书活动’先进集体”“广东省德育示范学校”“韶关市教学水平优秀学校”等省市级荣誉称号。

一、忠诚教育，以身作则

黄远保同志在教育战线上奋斗了26年，在学校和教育行政部门工作过，具有学校管理和教育行政部门管理的经验。他爱岗敬业，忠诚于党和人民的教育事业，全面贯彻和执行党和国家的教育方针、政策，对工作认真负责、无私奉献、艰苦奋斗、为人师表、开拓创新。平时，他注重学习教育方针、政策法规，不断学习和借鉴其他兄弟学校的办学经验，积极参加韶关市管干部培训班、广东省中小学校长任职资格培训班与提高班的学习。作为2013年度立项的广东省中小学心理健康教育课题“封闭式高中学校心理健康教育有效性方法研究”的主要研究成员，他常常带头参与探讨，积极推进课题研究。在每年暑假学校召开的行政扩大会议上，他都主持学校德育专题研讨，并阐述对学校德育工作的思考和规划，如德育与学科建设、校园文化建设与学生管理、加强德育队伍建设与提高教育教学质量等。他平时非常细心观察和思考工作，特别留心对“行为困难生”的教育和管理，经常与年级长、班主任、教师及家长进行交流沟通，及早提出教育方法，建立学生档案，跟踪学生的成长过程，确保教育成效。主持会议，办理事情，他总是细心思考，准备在先。这些做法看似平常，却透露出他对工作的认真负责。

二、创新举措，强化管理

工作中，他结合学校实际，带领学校德育队伍积极探索、勇于实践、强化管理。他按照韶关市中小学校“厚德弘善，感恩励志”的德育核心理念，从四个方面有效推动学校德育创新的开展：以“明德、立德、弘德”为立足点，推进“政德”“师德”“学德”的三德建设，塑造高尚教师团队，培育品德兼优学生；以“知善、行善、扬善”为核心，打造“办公、校园、教室、宿舍、饭堂”文化；以“知恩、报恩、施恩”为途径，培育“感恩祖国、感恩父母、感恩同伴、感恩学校”的品格；以“勉励、激励、自励”为方法，实现“用心服务、用心办学、用心育人、用心学习”之志。

学校确立了“文化育人，和谐发展”的办学理念。他在德育工作中，坚持育人为本、德育为先，以“严谨、博学、团结、进取”的校训，以“规则立人、自主管理、活动育人、自我完善”的德育工作理念，全面推进学校德育工作，实现德育工作管理的科学化、规范化、制度化。尤其是在全封闭式管理的情况下，学校的德育队伍建设、校园文化建设等方面取得了较好成效。同时，为了强化管理，他把德育工作纳入党委重要议事日程，建立了由学校德育工作领导小组—学生工作处—团组织—年级组—班级工作小组构成的纵向德育网络，将全员德育、全程德育落到实处；构建了学校、社会、家庭、学生四位一体的横向德育网络，为德育工作的开展提供了组织保障。

三、打造特色，彰显成效

他带领学校德育队伍积极探索德育工作的新思路、新方法、新途径，打造学校德育特色，构建了“活动导行、实践育人”的德育模式，组织了丰富多彩的校园群体文化活动，提高了学生的思想道德素质，取得了良好的教育成果。

（一）以韶关创建全国文明城市为契机，开展未成年人思想道德建设系列主题教育活动

成立韶关市第一中学志愿服务工作委员会，大力开展青年志愿者服务活动。在共青团韶关市委和韶关市教育局的亲切关怀下，学校于2013年4月成立了韶关市第一中学志愿服务工作委员会，这是韶关市学校成立志愿服务工作委员会的首创，标志着学校志愿服务工作走上制度化、规范化的道路。学校师生志愿者在服务学校大型活动、扶贫济困、救灾捐款、环境保护、义务献血、祭奠英烈、向残疾人捐一份利是钱和学雷锋活动等领域开展了扎实有效的志愿服务工作，产生了一定的社会影响，树立了教育的良好形象，形成了良好的志愿服务氛围。

开展“道德讲堂”活动。学校成立了活动组织机构，有具体活动内容和固定活动场所，每学期按计划开展以倡导“在家中为长辈尽孝心、在学校为同学送关心、在社

会为他人献爱心”的“三心”教育和“奉献社会、提升自己”等为主要内容的道德讲堂活动，教育引导学生共同参与学校道德建设，全面提升学生的思想道德修养和文明素养。

开展“文明餐桌”行动。在学校认真开展以提高师生文明健康素质和社会文明程度为目标、以师生食堂为重点、以师生为主要参与者的文明餐桌行动，广泛宣传文明餐桌行动的重要意义，倡导节约用餐、文明用餐、健康用餐，加强学生的勤俭节约、尊重劳动意识，形成文明用餐的良好风尚。

（二）以社团活动为平台，促进学生综合素质的提高

学校创办了30多个学生社团，社团成员达1000多人。校园电视台、广播站、紫荆文学社、书法班、合唱团、舞蹈队、篮球、羽毛球俱乐部等社团每周活跃在校园中，丰富了学生的课余学习生活，极大地促进了学生综合素质的提高。

（三）开展校园四大节活动，教育效果明显

为切实加强校园文化建设，营造良好的育人环境，学校开展了体育节、艺术节、科技节、才艺节活动，还开展了元宵节节日活动、学雷锋活动、五月红歌会、一中达人秀、主持人选拔赛等一系列活动，让学生在丰富多彩的活动中加强道德修养，提升道德素质，做一名合格的中学生。高一（1）班、高二（18）班被评为韶关市中小学“雷锋式班集体”；学生中涌现出了邱立坤、朱志伟、叶蕊晶、陈昱瀚等多位“广东省优秀学生”，邱清萌、张璇、曾一鸣等多名省、市优秀团员、优秀学生干部，赖晓雯、张璇、叶蕊晶、蓝芳、罗文雅等多名广东省“朝阳读书活动”优秀学生、韶关市中小学雷锋式学生、韶关市阳光女孩。

后记：26个春秋，他像一位辛勤的园丁，在平凡的岗位上默默耕耘，任劳任怨。26个寒暑，他像一位执着的守望者，在希望的田野里披星戴月，无怨无悔。他始终站在教育这一块精神高地上，守望着自己的理想，守望着那个甜美的梦。

默默耕耘，无私奉献

——记韶关市浈江区站南小学校长张卫真

题记：『人生应该是五颜六色、充满阳光的，凡事往好的方面看，你便会是快乐的。』这是张卫真老师的人生格言。一直以来，她就是以阳光般的心态对待同事，对待困难，以阳光般的热情对待学生，对待工作。

站南小学创办于1953年，原名是韶关市第十一小学，后更名为韶关市浈江四小，2000年1月再次更名为浈江区站南小学。站南小学位于韶关市火车站南侧，粤北商业批发街中的站南2路。学校占地面积3016平方米，校园内杜鹃吐艳，米兰飘香，环境优美。学校现有18个教学班，学生809人，在编教职工42人，其中高级教师39名，一级教师3名，教师学历达标率100%。学校秉承“以特色促发展”的办学理念，狠抓艺术教育，培养“合格+特长”的学生，取得了较好的成绩，赢得较高的声誉。张卫真校长在教育这片芳草地上默默耕耘了二十六年，从担任学校少先队大队辅导员到担任德育副主任、德育副校长、校长，一路走来，她都在德育工作战线上默默耕耘，无私奉献。

一、加强自身修养，增强人格魅力

张卫真老师一直在学校的领导岗位上，她深知责任之大、任务之重和工作之艰，加强修养，提高和升华自己是她人生的不懈追求。因此，不管是在实际工作中，还是在遵守规章制度方面，她都要求自己以身作则，率先垂范。在实际工作中，她雷厉风行，讲效率，不拖拉，要求自己少说多做，既注重过程和结果，又看重成绩和实效，用自己的行动带领学校教师做好每件事；坚持公开、公正、廉洁、高效的原则，不自私、不谋私、不专权；对于重大工作，实行民主协商，科学实施，缜密谋划，为学校谋求新发展、赢得新成绩而勤奋工作、不断努力。在政治上，她坚持学习，及时了解、把握党和国家的重大方针政策，密切关注地方政府施政方略，提高思想觉悟水平和政治理论水平，在思想上保持同党和国家政策方针的一致性。在职业道德上，她坚持高标准、严要求，努力树立高尚的师德品质，确立正确的价值观，不断提升人格魅力。

二、依托课题研究，探索育人之道

张卫真老师主持了两项广东省的课题研究工作。学校以课题研究为契机，组织学生参加各种有组织的实践活动，让学生在丰富多彩的德育实践活动中学会做人、学会发展。

自2005年至今，学校围绕“建立学生参加德育实践活动有效机制的研究”课题，建立了一系列学生参加德育实践活动的有效机制，组织学生离开课堂，参加各种有组织的实践活动，让学校德育从政治化、抽象化、空洞化的说教王国中走出来，回到社会生活和学生生活中去，引导学生以人与人、人与社会、人与自然、人与自我的关系为核心开展丰富多彩的体验活动，让学生在广泛参与道德实践活动的过程中学会自我定位、自我调控、自我创造、自我发展、自我完善。在实践活动过程中，学校从学生的年龄及认识规律出发，结合本地实际，尽可能地创设情境，提供实践基地、机会，引导学生进行必要的参观、访问、社会调查等活动，培养学生观察社会、适应社会、服务社会的能力，引导学生学会做人、学会发展。

2007年3月，以张卫真为课题负责人申报的广东省教育厅中小学“十一五”规划教学研究课题子课题“拓宽品德课堂教学渠道，培养学生良好思想品质的策略研究”被批准立项。她针对该课题开展了一系列相关活动，积极推进课题研究工作。她把“为了每一位学生的发展，为了中华民族的复兴”作为核心理念，紧跟时代步伐，突破原有的教学方式，逐步从传统和封闭走向现代与开放，将品德课堂教学拓展到班队活动，拓展到校园活动，拓展到家庭活动，拓展到社区活动，拓展到社会活动，取得了良好的教育效果。

三、打造校园文化，优化育人环境

学校不但是学习文化知识的场所，更是育人的阵地。而人的思想和某些品质是不能依靠单纯的知识传授来养成的，还要借助道德环境长期的细腻的熏陶。只有在这种环境下培养起来的品质结构才具有稳定性，才能经受住外界环境的刺激。张卫真老师重视校园环境的打造，不断优化学校育人环境。

（一）搞好校园橱窗、文化廊的建设

学校注重搞好校园文化走廊的建设，每学期都会根据学校橱窗、文化廊位置少、地方小的特点，精心设计内容，确保橱窗、板报内容具有美观性、知识性、趣味性、可读性和教育性。

在张老师的指导下，负责出板报的班级根据学校主题、要求，广泛收集资料，认真构思，精心设计、排版，因此每一期板报的质量都比较好。

（二）结合学校特色布置

学校秉承“以特色促发展”的办学理念，培养“合格＋特长”的学生，走素质教育之路，科研兴校，抓品牌、创特色，教育教学成效显著，得到了社会的认可，是浈江区的艺术特色学校。在艺术教育方面，学校舞蹈教育曾分别荣获国家级的金奖、银奖，学生参加“英东杯”文艺比赛多次荣获一等奖；毽球男队连续十一年荣获区赛第一名，连续十年荣获市“英东杯”毽球赛第一名，女队也多次获得区赛、市赛的第一名。张老师结合舞蹈、毽球这两大特色，在学校球场两侧设计了两幅泡沫画，一侧是踢毽球的，写上“我运动，我快乐”，另一侧则是“舞出美好人生”的泡沫画，以此体现学校的艺术特色。

（三）结合学校实际布置

在教学楼正面安排了校风、教风、学风和校训，在教学楼侧墙安排了以“读经诵典，奠基人生”为主题的大型墙画，将“明日歌”“劝学”“铁杵磨成针”“孔融让梨”等古诗词、典故、三字经有机结合，让学生在读经诵典中，传承中华民族文化。

为了节约经费，学校还使用了许多学生的美术作品，在每一层楼都安排了一些学生作品。另外，在教学楼走廊安排了一些古诗词、教育格言、名人格言，让每一面墙都会说话，让学生时时处处都接受到文化熏陶。

四、开展德育活动，丰富教育主题

（一）抓好中队主题会观摩活动，活跃少先队生活

主题队活动是发挥队的作用，扩大队的影响，团结教育少年儿童的主要途径之一。每学期，在张卫真老师的组织下，学校都会开展丰富多彩的中队主题会观摩活动。这一活动的开展，增强了队员参与队组织生活的兴趣，使队员感受到队组织生活的活力。通过对主题会质量的评价，辅导员和队员看到了自己的成绩与不足，利用评价的反馈作用，矫正和改进少先队自身的工作。对不同的主题会进行分析、比较，有利于辅导员在提高活动质量方面互相学习，展开竞争，可以使少先队的主题教育活动达到更高水平，从而促进学校少先队主题队会质量的提高，促进少先队活动的活跃。

（二）开展摄影作品、剪贴报、手抄报的制作、评比活动

为了使同学们的寒暑假期生活过得充实有意义，张老师每学期都设计好活动主题，布置全校同学在放假期间以社区活动小组、雏鹰假日小队为单位，开展各种主题性的剪贴报、手抄报、摄影制作活动。通过开展这些德育实践活动，同学们开阔了眼界，增长了知识，发挥了特长，体验了生活，学会了技能，培养了爱家乡的情感，假期生活变得充实而有意义。

（三）举行雏鹰技能手工作品现场制作赛

每年12月份，学校均会组织一至六年级的同学进行一次大型的雏鹰技能手工作品现场制作赛。各班在班级比赛的基础上挑选五位同学参赛，参赛的同学利用各种原始材料，各施其能，大展身手，变废为宝。同学们制作出来的作品精巧、别致，各具特色，而且许多小创作、小发明不断涌现。开展这一德育实践活动，充分发挥了同学们的聪明才智，提升了他们的想象能力、思维能力、手工制作能力，培养了他们的创新精神，使他们增长了才干，丰富了课余生活。

（四）充分利用社区资源，丰富学生假日生活

为丰富学生课余生活，学校建立了学校、社会、家庭三位一体的德育教育网络，立足社区，充分利用社区资源。在张老师和大队辅导员的努力下，学校取得了工人新村居委会领导和韶州师范学院领导的大力支持，在工人新村建立了站南小学少先队社区委员会，组织学生开展了一系列丰富多彩的社区活动，如：让学生走进批发街，调查商品价格、查找错别字、学做小小售货员，在社区活动阵地举行各类小竞赛，跟义务辅导员学技能，等等。同学们通过参加社区活动，体验了生活，明白了许多道理，节假日有了好去处。前几年，韶关电视台、《韶关日报》相继对学校的社区活动情况进行了专题报道。

（五）给学生一片广阔的劳动实践空间

为了开发社会实践活动资源，广开渠道、因地制宜地建设能满足学校学生社会实践活动需要，并具有一定规模、管理规范的社会实践基地，前几年学校取得了韶关国家森林公园领导的大力支持，在韶关国家森林公园建立了站南小学综合性社会实践劳动基地。学校把学生参加社会实践活动作为必修课内容，列入教学计划，从本校的实际出发，加强和改进对学生的生产劳动与实践教育，使其接触自然，了解社会，培养热爱劳动的习惯和艰苦奋斗的精神，让学生在综合性社会实践劳动基地中实践、锻炼、成长。

长期以来，张卫真老师重视师德建设和学生的品德教育工作，通过形式多样的德育教育活动，向学生进行爱国主义、集体主义、思想道德等教育，促进学生的全面发展。通过形式多样的活动，丰富学生课余生活，让学生在丰富多彩的德育实践活动中学会做人、学会发展。由于学校德育工作有特色、有成效，在当地具有较大的影响力，2次在韶关市德育工作会议上做经验介绍，4次在浈江区德育工作会议上做经验介绍。学校也多次被评为“韶关市德育工作先进单位”“韶关市少先队红旗大队”等。2008年1月，张卫真负责的项目“依托社区，开展特色教育”获“韶关市中小学德育创新优秀奖”；2012年10月，张卫真负责的项目“以体验教育提升德育水平”获“广东省未成年人思想道德建设创新范例奖”。

张卫真本人先后被评为“广东省南粤优秀辅导员”“广东省课题研究先进个人”“韶关市首批基础教育名校长”“韶关市优秀德育工作者”，5次被评为“韶关市少先队优秀辅导员”、4次被评为“浈江区少先队优秀辅导员”、2次被评为“浈江区优秀团员”、3次被评为“浈江区优秀教育工作者”、1次被评为“浈江区优秀音乐教师”、1次被评为“浈江区普法学习先进个人”。此外，她参加优秀课例评比获得市一等奖、区一等奖，参加说课比赛获得区一等奖，撰写的多篇教育教学论文获得国家级、省级、市级一、二等奖。

后记：以往所取得的成绩，只代表过去，不代表将来。张卫真老师表示，在今后的工作中，她将继续努力，争取百尺竿头更进一步，为韶关教育奉献自己的爱心和力量。

以爱育爱，成人达己

——记韶关市浈江区南枫小学德育副校长吴燕

题记：「以爱育爱，成人达己」是韶关市浈江区南枫小学德育副校长吴燕的教育理念。陶行知曾说：「爱是一种伟大的力量，没有爱就没有教育。」孔子以「仁爱」为核心的儒家教育思想，也提倡「爱己及人，成人达己」。现代教育尊重学生的个性张扬发展，重视个人素质的培养与提升。她认为，学校的德育工作，就应该以师「爱」培育「爱自己、爱亲人、爱大家、爱祖国、爱人类、爱自然」的爱品学子，教师既成就了孩子，也提升了自己。

吴燕，1980年出生，1999年毕业于广东省韶州师范学院。她自参加工作以来，分别担任过学校的大队辅导员、政教处主任、德育副校长，积极致力于学校德育工作的实践、探索和研究。南枫小学始建于1965年，2005年9月更名为南枫小学。学校现有31个教学班，75名教师，1679名在校学生。学校地处城郊结合部，生源复杂、良莠不齐，外来工子女和留守儿童占了学生总数的50%。南枫小学是一所年轻的学校，吴燕也是一名年轻的德育人，但是她有着自己清晰的德育理念。从2005年的“绿色环保”教育，到2008年的“诵读经典，陶冶情操”书香校园的构建，再到2013年，在韶关教育精神的指引下，在市、区德育创新活动的引领下，构建的特色文化——“弘爱”教育，全部都在践行着她所坚持的“以爱育爱，成人达己”的教育理念。

一、珍爱教师，打造高素质育人队伍

注重德育组教师和德育骨干的培训工作。除了通过组织外出学习、专家讲座进行培训，还尝试运用团队拓展活动和心灵培训来提高全体教师的凝聚力和执行力。

注重通过课题研究带动教师专业素养。让青年骨干教师承担教育教学课题，用心钻研教育教学理论，努力实践，并积极总结经验，推广做法。

充分发挥“五老”队伍的作用，教师积极协同他们在许多节日当中和孩子们一起分享祖国的辉煌历程，分享英雄的英勇事迹，探讨中国的梦想，探讨当代青少年应有的目标……

二、智爱学生，培养富个性爱品学子

各项体验、实践活动是学校德育工作的一颗心脏，活起来，动起来，才显示出生命活力，同时也是学生最乐于接受的教育模式。为了培养出“爱自己、爱亲人、爱大家、爱祖国、爱人类、爱自然”的爱品学子，吴燕校长精心策划、组织了丰富多彩的德育活动，让学生在活动中得到体验，得到锻炼，得到提高。

（一）创新开展生态环保教育活动

每年利用3月12日全国“植树节”的契机，开展“大手牵小手，绿化美校园”的启动仪式。结合“爱鸟周”“世界水日”“世界环境日”等开展多种形式的活动：由大队委员组织队员自愿拿出自己家的植物来点缀校园，并给植物挂上属性牌，为校园增添生机；大队委员还给家长写倡议书，建议家长和学生自觉养成热爱环境、保护环境的绿色行为；各班组织学生到大街上进行“吸烟危害健康”宣传单的派发，号召学生不做生活“垃圾虫”，每位学生都乐于参与；举办图片展，让学生认识更多的鸟类；同时，每个年级还根据学生的建议，分别开展了收集树叶标本，观察动物在不同环境中的生存情况，到森林公园、气象局、科技局参观学习等不同形式的小科研活动。通过系列生态环保教育活动的开展，师生的环境素养得以提高，学校环境得以改善，而且还通过学生带动家庭，通过家庭带动社区，通过社区带动公民更广泛地参与保护环境的行动。

（二）创新开展形式丰富的读书活动

每年学校都开展不同主题的读书月活动：“读书，滋养人生”“徜徉书海，丰富学识”“诵读经典，弘爱扬善”……学校努力营造读书氛围，通过红领巾广播站和开展“我的读书故事”主题班会、给家长的一封信等活动，让家长和孩子都参与到热爱图书、享受阅读、享受经典中来，培养了学生良好的读书习惯，使学生获得了基本的读书方法，形成了一定的阅读能力。学校还充分利用空间和角落，用诗文、诗画装点学校的走廊、墙壁，建成了文化走廊。学校投入资金连续三年购置必读书，保证了一至六年级教师人手一册、每班一本《小学生必背古诗80首》《唐诗宋词300首》等书籍，并倡导家长根据各自情况尽量建设“家庭图书角”，努力为自己的孩子提供优质的精神食粮，为打造其丰厚的人生底蕴奠定基础。此外，学校还组织了“爱国组诗”展演、“品读经典，走近张九龄”“诵读经典，弘爱扬善”等生动有趣的读书活动，韶关电视台对此进行了采访，录制了“国学小讲堂”系列节目，在韶关公共台播出后起到了良好的社会效应。

（三）创新开展具有个性的“弘爱”教育

弘爱，就是弘扬、宣扬仁爱思想，以达到“爱己及人，成人达己”的境界，本质上是一种养成教育。为了展现出“南枫人”特有的犹如枫树一样的坚韧生命力，使学生努力成为悦纳自己、成就他人的出色人才，学校开展了各种各样的活动。

1．延续开展“诵读经典”活动，用经典文化滋润心田

4月每周三下午第二节课，学生自由开展形式丰富的读书活动。一、二年级：了解安徒生的生平和著作，开展讲故事竞赛；三、四年级：在“中华礼仪”文化长廊或阅览室欣赏经典诗文，交流读书心得；五、六年级：开展辩论会，探讨读书对于当今孩子的作用。用经典文化熏陶，让孩子们感受到爱国、爱校、爱家的重要性。

2．深入开展“做一个有道德的人”活动，以榜样带动行为

每年，全校师生民主推选出“尊敬师长之星”“孝敬父母之星”“热爱劳动之星”“勤俭节约之星”“团结友善之星”等美德少年。通过红领巾广播站、国旗下讲话宣传他们身上的优秀事迹，把学生“弘·爱”的美德体现得淋漓尽致。学生们都纷纷表示要向“美德少年”学习，用实际行动来展现对他人、对学校的大爱。

在心理健康教育、法制教育、禁毒教育、诚信教育、感恩教育和养成教育方

面，学校改变以往教师主导一切的工作方法，让学生来为活动出谋划策，充分展示他们的主人翁精神。

首先，班队干部出点子，主动组织队员们利用课余时间展开一系列的竞赛活动，如“不丢垃圾小模范”“卫生打扫小能手”“环保小天使”……还让他们把工作细化到每天的值日生：谁负责扫地？谁负责摆桌椅？谁负责整理图书角？利用班级展示栏，由学生干部亲自检查、督促，全班民主评选。这样的活动，让每一位队员都动起来、活跃起来，每天的劳动工作成了快乐竞赛，既到位又轻松。

其次，书画人才齐行动，班级板报换新装。结合学期的多项安全教育重点，全校举办了“安全板报大比拼”活动。由大队宣传委员组织中队宣传委员共同进行探讨、设计、确定比赛方案，并组织书画能手出板报，由学生自己参观、评价，选出了16个优秀板报，他们的创作为学校的宣传工作添姿加彩。

最后，雏鹰小队齐行动，安全工作落实处。安全工作无小事，处处有教育。学校的雏鹰假日小队积极行动起来，加入到了学校安全排查工作当中。有的提出走廊栏杆有许多同学爱攀爬，应该加上警示标语；有的建议植物园一到下雨就积水，应该修整，加上排水措施；有的提议灯和风扇上的灰尘应该定期擦拭，不能拼命扭动按钮以延长寿命，等等。有了孩子们的参与，学校的安全工作更加落到了实处。

精彩纷呈文化节，师生携手中国梦。学校连续三个学期开展了“弘·爱”文化节活动，让学生在德、智、体、美、劳等方面展示自己的良好精神面貌和特色特长。

“我的中国梦”文艺汇演。整台节目均由教师和孩子们共同策划、排演，共19个节目，分别有：舞蹈、诗表演、二重唱、乐器合奏、小品……文艺汇演展示了学生各方面特长，给予孩子们广阔的舞台，让他们自由、快乐地展现自我，给自己的梦想插上快乐的翅膀。

师生硬笔书法展示。该项活动体现了师生们的语文基本功，有效渗透了“爱校”教育。师生们自由选择题材，有的选择一篇散文，爱意拳拳；有的选择一首诗词，敬贤爱国；有的选择一段美文，仁民爱物……字里行间，把爱的真谛挥洒得淋漓尽致。活动选出了学生作品48篇，教师作品33篇，展示在一楼的“中华古韵”文化长廊，让全校师生时刻感受到“弘·爱”文化的魅力。

大课间活动创意展演。该项活动展示了师生在学校“阳光体育一小时”活动中快乐、积极、健康的精神面貌。全校师生在有限的活动空间内，设计了许多富有创意的活动：“小矮人救公主”“袋袋鼠”“快乐冲关”“圈圈乐”……师生活动，齐娱共乐，其乐融融。

大队干部竞选。新一届大队干部候选人进行自我推荐和特长展示，并结合之前与沙梨园小学的互助活动，使学校大队干部各方面能力得到锻炼、提升，成为更称职的南枫小学主人翁，带领队员们为学校出谋划策，共建美好校园。

“纪律伴我成长”现场绘画比赛和“爱在蓝天下”手抄报竞赛。作品的构思、绘画，真实反映了日常生活中孩子们遵守纪律、热爱校园的行为、活动，展现了孩子们对他人丰富的爱。

三、挚爱家长，牵手有素养爱子家庭

每学期一开学就召开一年级新生家长会，为学生奠定学习和生活基础。每个班级在班主任和家长的共同配合管理下，教学秩序稳定，无论是教学工作还是学生管理，都有条不紊，新生管理工作充满生机与活力，且成效显著。

创设家委会，请家长代表一起为学校出谋划策，采用更有效的教育模式。同时，也邀请家长一起来管理班级事务：出板报、添置劳动工具、奖励优生、帮助后进、开展家长讲座……让家长参与到学校的管理当中，为学生的教育出一份力。

每年9月，用心召开“四方签约”现场会，邀请市、区级教育部门领导和关工委领导、法制副校长、家长到校，与学校教师、学生一起，通过了解“四方签约”的必要性，了解四方联动对学生素质教育的重要性，从而更有效地对学生存在的不良现象加以约束，防微杜渐，防患于未然，促进学生健康成长。

尝试开展家长的心理健康教育活动。了解学生的家庭情况，针对留守学生以及家庭缺失、单亲家庭、离异家庭、贫困家庭、残障家庭、外来务工家庭等特殊家庭的学生制定切实可行的家长教育方案，建立领导干部挂钩、全体教师参与的工作机制，做好特殊家庭学生家长的心理健康教育、法律意识培养等工作，为特殊家庭学生的健康成长提供良好的社会大环境。

让家长参与后进生转化工作和心理问题学生疏导工作。目前社会上离异家庭比例日益增高，单亲子女数量与日俱增，由此造成的心灵受到伤害的问题学生也日渐增多，再加上网吧、迪吧、歌厅这些不良场所和一些校外不良青少年对学生的影响，问题学生和后进生已经成为家长最头疼、学校最受困挠的棘手问题，这也正是学校德育工作面临的最大考验。为此，学校积极邀请有引导、教育经验的家长参与到该项工作当中，与教师一起，对这些孩子多关心、多家访、多辅导，取得了一定的教育成效。

短短9年，南枫小学的德育工作便获得了市、区领导和社会各界人士、全体师生与家长们的一致肯定和好评，也取得了可喜的成绩，教师和学生有一千多人次获得国家、省、市、区各级奖励。学校被评为全国、省、市“红旗大队”（2次），广东省

“英特尔未来教育示范学校”、广东省“书香校园”，韶关市“德育示范学校”“教育改革先进集体”“校务公开先进单位”“绿色学校”“卫生先进单位”，浈江区“办事公开示范点”和“精神文明示范窗口”。吴燕也被评为韶关市“优秀辅导员”“优秀团员”“优秀教育工作者”“德育理事会成员”、区“关心下一代优秀教育工作者”“优秀教育工作者”和“名校长”。其个人撰写的德育论文有3篇获得市一等奖，2篇获得市二等奖，3篇获得市三等奖，8篇获得区一等奖，其中1篇论文发表在省级刊物上，4篇文章发表在市级刊物上。

后记：吴燕“以爱育爱”，培养了许许多多具有“六爱”品质的南枫学子，领导们称赞她，教师们敬佩她，家长们支持她，真正体现了“成人达己”。“夫夷以近，则游者众；险以远，则至者少。而世之奇伟、瑰怪，非常之观，常在于险远，而人之所罕至焉，故非有志者不能至也。”在将来的德育工作中，她将更加坚定自己的教育理念，运用更为有效的工作方法，培养出更多的新世纪人才。

在追寻中快乐，在快乐中追寻

——记韶关市乳源瑶族自治县大桥镇中心小学校长余周

题记：余周校长说：『博搏文化就像一个呱呱坠地的婴儿，在我们的精心呵护、用心陪伴下，到现在，已经成长为一名适龄儿童。这一路走来，我们见证了她的茁壮成长，也享受了她茁壮成长所带来的快乐。』

大桥镇中心小学地处粤北高寒石灰岩地带的乳源县大桥镇。这里自然条件非常恶劣，广东的“西伯利亚”是这里气候条件的生动写照，“九山半水半分田”是这里生产生活条件的高度写真。这里村风民风淳朴，西京古道重镇、崇文重教之乡是这里厚重历史的文化标志。恶劣的自然环境和厚重的文化历史，成就了这里“博爱”和“拼搏”的人文性格。于是，“博爱孕育和谐、拼搏铸就未来”的办学理念油然而生，“打博搏文化牌、走质量兴校路”的办学思路一并出炉。“博搏”学校文化建设陪伴、充实、优化了学校的发展，如今，在这个有着104位教师、1153位学生的大家庭里，人人共享共建着充满“博搏”特色的校园文化、制度文化、活动文化、精神文化。六年来，学校从一个为日常管理而担忧的薄弱学校，变成了一所连续三年被评为县“教学工作先进单位”“德育工作优秀集体”“信息化建设先进单位”“学年度工作考核优秀学校”的富有内涵发展的学校。而他，大桥镇中心小学的校长余周也接连被评为乳源县唯一的“韶关市师德标兵”和“韶关市优秀乡村校长”候选人。大桥镇中心小学学校文化建设的成功经验，多次在县里各种会议及德育队伍培训上宣讲并推广。

一、这所学校，他用心装点

“这是我所见过的最精致和最有育人氛围的山区学校”，在2014年的德育绩效评估中，评估组成员、韶关市劳动模范刘业秀主任如是说。是的，一走进大桥小学，你仿佛跃入了“博搏”的海洋。

点石成“经”——走进大桥小学，迎面而来的是一块高大独特的石头。石头的正面是一个以柔为主调的“博”字，它像一位德高望重的长者，无声地向师生们传递着博爱的理念；石头的侧面是一个以刚为主调的苍劲有力的“搏”字，它像一个勇往直前的壮士，向师生们吹响“人生不搏不精彩”的拼搏号角。正是这块石头，无声地向学校师生们诠释着博爱与拼搏的理念。校园里，错落有致的当地鹅卵石，镌刻着经典唐诗宋词，成为学校一道靓丽的风景线。

步步惊“心”——在师生们每日求索之道的教学楼和综合楼里，左边的楼梯以博爱为主题，一幅幅师生书写的艺术与教育兼具的名言警句分类有致地嵌入楼梯的墙壁上，尊亲师、孝长辈、爱家、爱国、爱自然、爱生活的名家格言，时时提醒师生们要有一颗博爱的心；右边以拼搏为主题的墙上，“人生不搏不精彩”“胜也爱，败也爱，不拼不搏我不爱”等一批精挑细选的鼓士气、壮斗志、教方法、授人渔的名家经典言语，刻刻催促师生们要有一股拼搏的劲。左右上下有“博·搏”，教育艺林催人进，这师生们每日上下的阶梯，已成为师生们“博·搏”理念的求索之道。

一“联”幽梦——学校的每一副对联，无不展现出学校“博·搏”文化建设的精气神。校门上，“弘扬博搏文化，构建和谐校园”“博爱温暖人心，拼搏振奋人心”等横幅常挂，时时教育师生常怀感恩博爱之心，时时激励师生常拥报恩拼搏之劲。四层的教学楼上，一幅气势恢弘、醒目励人的竖额常挂：“抚今追昔，心怀感恩，和谐今朝应博爱；憧憬未来，行以回报，美好前程须拼搏。”红底黄字，夺人眼目。感恩回报，切合当今社会主题，博爱拼搏字眼，再现学校办学理念，简扼有力的对仗之词常励桥小师生。“近朱者赤，近墨者黑。在什么山，唱什么歌。当你置身于桥小充满博搏特色的学校氛围里，你能不行动么？”余周校长常和师生们说。

二、这些老师，他用心引领

教师是弘扬“博·搏”文化的先锋，也是学校“博·搏”理念的具体执行者。为此，学校建章立制，引导老师认真践行“博·搏”文化。

大桥小学由于地处高寒石灰岩山区，一直以来是全县师资最紧张的学校。余周校长从2006年9月调入桥小至今，先后有5个德育主任和20个优秀年轻教师由于工作优秀被调入县城学校。县城学校领导戏称，大桥小学是县城小学教师的培训基地。尽管如此，余校长所带领的博搏文化建设依然进行，并且越走越好。这几年，由于人员的变动，每学期他都要亲自培训学校新入教师和班子成员，精心设计，亲自主讲学校文化讲座，用心引领教师对博搏文化的认同和践行。细节决定成败，为此，在办学中他牢牢把握这些细节。学校工会发给教师的新年挂历上都有与“博·搏”文化有关的宣传标语。新年慰问信也是独具匠心，一则优美的与“博·搏”文化相关的诗句夹在其中，里面写着“因为有你，我们建立了一个和谐的家；感谢有你，我们的‘博·搏’事业蒸蒸日上；相信有你，我们的‘博·搏’事业将再创辉煌！”学校的博搏特色校园文化建设，一直是县里的德育重点课题。因此，他带领课题组成员积极且富有创造性地开展课题研究工作，带出了很多优秀的骨干教师，学校的课题研究也获得县一等奖和韶关市德育创新二等奖。

三、这些学生，他用心教育

“活动是培养人的最好载体”是他常挂在嘴上的一句话。作为一个从山区小学出来的孩子，他明白山里的孩子渴望什么、缺乏什么。为此，他精心打造属于孩子的主题教育活动和“博·搏”文化节。每年的5月28日，所有桥小人终于有了一个属于自己的节日——博·搏文化节。文化节上，体育、文艺、学科竞赛样样开花；男的、女的、高年级的、低年级的个个参与；人人登台献艺，个个呈现精彩，处处散发生机；每一位师生都至少有一个展示项目，每一位师生都是节日的主人。寓教于乐的各项比赛活动，收获的不单单是一张张稚嫩而又开心的笑脸，更让师生们明白了什么是博爱，什么是拼搏，还发自内心地体会到了博爱的乐趣、拼搏的喜悦。

没有活动载体的支撑，任何理念都只是一个没有生命的躯壳。为了丰富博搏文化的内涵和扩大其外延，余校长把博搏文化建设分解为“好习惯、好人生”“我知礼、我懂孝”“我感恩、我快乐”“我拼搏、我成功”四个主题建设。每一位学生，小学六年都要践行完这四个主题；每个主题，每个实施阶段，都要追求产生实效。这六年，刚好有一届毕业生接受完系统的四个主题教育。在他们的毕业留言中，有很多人这样写道：“谢谢你，余校长。我们是幸运的，因为有六年“博·搏”文化的陪伴。今后，不管我们身在哪里，我们还会牢记并践行博搏文化，我们是永远的大桥小学人！”

后记：一个富有教育思想的教师是累的，但又是幸福的。因为他的心里，总是装着学生；他的脑海里，总是思考着学生的未来。我们相信，余周校长在博搏特色学校文化的追寻中，能使这里的孩子收获真正的快乐；看到孩子们真正的快乐，他还会在快乐中坚定地追寻着。

以生为本，潜心育人

——记河源市源城区城南小学校长俞汉华

题记：『我的根在教育，这里有我深爱的学生』，这是俞汉华校长坚守教育事业的一种信念，也是他潜心育人的一种动力。俞校长常说，他在师范学校所学的是普通教育专业，要发挥所学专长为教育事业的发展服务。学校里有他可爱的、天真活泼的学生，他要为学生的可持续发展，为培养建设祖国的接班人而不懈努力。

俞汉华，男，1978年5月出生，本科学历，中共党员。1996年7月毕业于河源师范，同年被分配至上角小学任教，2003年任上角小学校长，2008年8月至今任城南小学校长。

18年来，俞校长以满腔热血投身教育事业，他任上角小学校长5的年里，积极创建等级学校，把上角小学从一所薄弱学校创建成为市一级学校。他曾获得“河源市教研先锋”“区优秀校长”等称号3次以及其他荣誉多次。他撰写的教育教学论文，在省、市级专业刊物上发表10篇，获省级奖励3篇、获市级奖励4篇、获区级奖励6篇。

城南小学创办于1993年3月，占地面积约1.2万平方米，是源城区教育局主管的公办全日制六年制小学。现有30个教学班，学生1716人，在编教职员工87人，专任教师学历达标率为100%。学校于2006年1月被评为广东省一级学校，曾获得“全国中小学图书馆先进集体”“广东省德育示范学校”“广东省书香校园”等省级荣誉6项、“河源安全文明校园”等市级荣誉7项、区级荣誉20多项次。担任城南小学校长以来，俞汉华带领教职工发扬团结协作、艰苦奋斗、无私奉献的精神，推动学校各项工作再上新台阶，得到了上级领导和社会各界的一致好评。

一、情系教育，心系学生

人生的价值不在于职位高低或财富多少，而在于为党为国家为人民做了多少贡献。俞汉华深爱崇高的教育事业，亲朋好友曾多次帮他转行，他都不为之所动，婉言拒绝了他们的好意。他说：“我的根在教育，这里有我深爱的学生。”至今仍有人问他对当初的选择是否后悔，但他从未动摇为人民的教育事业而奋斗终身的信念。他说：“我离不开这些可爱的孩子们，选择教育，我无怨无悔。”

他十八年如一日，默默地将精力与追求刻画在教育事业发展的年轮上，将信仰与勤奋融入教书育人之中。他全面贯彻党的教育方针，牢记人民教师的神圣职责和教书育人的根本宗旨，为把学生培养成热爱祖国、理想远大、勤奋学习、追求上进、品德优良、团结友爱、体魄强健、活泼开朗的“四好少年”而努力奋斗。

他以“一切为了学生”为出发点，扎实抓好学生的养成教育，充分挖掘学生的各项潜能，关注学生的心理健康，重视开展丰富多彩的班队活动，建立立体、多维的教育网络，教育学生在校做好学生、在家做好孩子、在社会做好公民。他十分重视因材施教，坚持正确引导、捕捉学生的闪光点，创造助其成长的机会。近年来，学生在各级各类比赛中获奖达300多人次。

二、积极进取，提升素养

学校里学到的理论知识对于教书育人来说是远远不够的，育人者先自育，教人者先正己，他深知这个道理。因此，从走上讲台的那一刻起，他就坚持不断加强政治理论、教育法规的学习及现代教育技术的研究，积极参加学历进修，不断提高理论水平，并于2005年获得本科学历。他积极参加上级组织的各种培训：2002年5月参加广东省新课程标准培训，深刻领会新课标理念，同年8月向全区数学教师做了学习、领会新课标理念的专题讲座；2002年至2005年参加河源市教育局组织的首届名教师培训班，被评为“河源市教研先锋”；2008年5月至2009年10月参加广东省第十期小学校长高级研修班，被评为“优秀学员”，他撰写的论文被评为“优秀论文”；2013年5月至10月，经河源市教育局推荐，他又参加了“京苏粤”优秀校长研修班的培训学习，进一步提升了自身的管理水平。

十多年来，他刻苦钻研数学教材教法，十分注重了解小学各个阶段各个学科知识的内涵与外延，掌握了较为系统的小学各学科教学基础理论及相应的专业知识，能够运用所掌握的知识及理论去具体指导教学实践活动和教研活动。多年来，他为校内外、市内外、省内外的教师、领导开展观摩课、示范课（含主题班会课、中队活动课）及专题讲座达50多节次，得到领导和同行的高度评价。他在长期的教学实践中，已形成了自己独特的教学风格，数学课堂形成了“激趣—求知—质疑—拓展”的教学模式。

三、直面挑战，勇挑重担

2003年8月，他开始担任上角小学校长一职。当时的上角小学是一所薄弱学校，领导班子战斗力和凝聚力不强，教师团结协作精神不够，教研氛围不浓；学生以外来工子弟居多，家庭教育不到位，许多学生养成了不良的学习和行为习惯；校纪校风较差，办学质量不理想。要改变学校落后的面貌，提升办学水平，对于当时年仅25岁的他来说是很大的挑战。面对困难，他没有退缩，而是直面挑战、勇挑重担、迎难而上，拟定了“评上等级学校，促进学校跨越式的发展”目标，并且从以下七个方面大胆开展工作：

一是加强领导班子建设，建设了一支“团结、勤政、高效、廉洁”的班子队伍。作为校长，他一方面坚持理论学习，深入思考、研究学校改革和发展问题，努力提高自己的管理水平、管理艺术，真正起到“火车头”的作用。另一方面，他大胆放权，发挥每一个班子成员的积极性，提高学校整体的管理水平。

二是加强沟通，改善校内校外各种人际关系，增强了学校的凝聚力。

三是狠抓师德师风建设，提高教师的团结协作精神，增强教师的责任感。

四是狠抓教师基本功，教育教学质量稳步提升。

五是加大教研力度，不断提高教师的业务水平，一批教师成长为骨干教师。

六是狠抓养成教育，培养学生良好的学习、行为习惯，学生综合素质不断提高。

七是争创等级学校，全面提升办学水平。通过全体教师的共同努力，学校的各项工作都有了显著的变化。

2004年上角小学被评为“源城区一级学校”，2006年被评为“河源市一级学校”，该校改变了落后的面貌，昂首迈进优质学校行列，实现了学校的跨越式发展。教育督导室对该校的评估意见中提到：领导班子年富力强，事业心强，勇于创新，艰苦拼搏，有先进的办学理念，有扎实的基本功，团结合作，学校良好的学风不断形成，教学质量稳步提高，是一所社会声誉好、家长称赞的好学校。

四、科学管理，打造品牌

2008年8月，俞汉华任源城区城南小学校长。他深深地认识到，要发展学校的办学特色，使之成为名校，就要始终坚持以人为本的原则，狠抓管理，以科学的管理出效益。在汹涌澎湃的教育改革大潮中，他始终保持清醒的头脑，扎实开展素质教育，突出“五个注重”，促使学校得到全面、协调、可持续的发展。

（一）注重德育工作，促学生成长

他坚持德育为首、育人为本的原则，每学年组织主题教育活动不少于6次，所组织的活动突出近（贴近学生）、易（易于接受）、小（小处着眼）、新（常做常新）、实（实在实效）的特点，并将德育渗透在教学各个环节及学生的日常生活中，促进学生健康成长。

“严”字当头，强化规范管理。一是严抓教师队伍建设，提高教师的育人水平；二是狠抓校纪校风建设，全面提升学生的综合素质。

真抓“实”干，提升德育水平。一是突出“四抓”（抓常规性德育、抓好特殊节日的专题德育工作、抓好助残助困活动、抓学生德育评估机制建设），提高德育实效。二是关爱单亲、留守儿童，积极做好家访工作。三是积极创建“书香校园”，提升学生人文素养。学校于2011年1月被评为“广东省书香校园”，于2013年被评为“广东省德育示范学校”，《抓实常规，注重实效》等德育工作经验多次在全市、全区交流推广，受到高度评价。

（二）注重制度建设，保学生平安

为了确保学生平安快乐成长，近年来，他结合学校实际，不断完善城南小学的管理制度。

健全安全管理十项制度：领导值周制度、教师值日制度、体育教师联防制度、课前点名及学生中途离校登记制度、门卫巡查登记制度、家校联系登记制度、来访查验登记制度、定期开展安全教育和安全演练制度、定期开展安全自查制度、食品安全责任追究制度。每项制度都有责任人、有落实、有检查、有总结，切实保障师生安全，做到全员管理、全过程管理、全方位管理。

完善家访制度。要求教师每学年对学生登门家访一次以上，并将家访工作列入期末绩效工资的评定内容。特别关爱留守儿童，全面了解学生情况，争取家长的积极配合，促进家校合作，形成合力，家长对学校的满意度明显提高。

完善奖惩制度。根据事业单位绩效工资改革的要求，制订了《城南小学绩效工资分配实施方案》，拟定各个岗位的评分标准和实施细则，对每个教职工的工作实行量化评估。量化分值直接与绩效工资挂钩，达到了优劳优酬、多劳多得、奖勤罚懒的目的，较好地调动了教职工的积极性。

（三）注重人本管理，暖教师心灵

他注重人本管理，营造良好的校园氛围。

以思想表现、工作态度、工作效率、劳动纪律、大局意识、敬业精神为内容开展优秀级组评比活动，对优秀级组和达标级组给予表彰，塑造了良好的教师形象，营造了奉献敬业、积极向上、团结协作、宽松和谐的教师文化氛围。

关心教职工身心健康。组织教师参加爬山、趣味体育竞赛等健身活动，如“三八”妇女节开展跳绳比赛、“五一”劳动节开展“二人三足”赛跑等，这些活动既增强了教师体质，又强化了教师的团队意识，学校凝聚力进一步增强，教师幸福感不断提升。

真心诚意帮助教师解决实际困难。发动师生为身患重病的赖老师和胡老师捐款近6万元，解决了部分教师的住房困难问题，极大地增强了学校的凝聚力。

（四）注重科研兴校，促内涵发展

他重视教研工作，积极开展校内研讨课、骨干教师示范课、行政班子随堂听课、评课等活动，促进了教师教学水平和学校教学质量的提高；重视开展课题研究，提高教师的科研能力，促进学校的内涵发展。2014年5月，他主持开展的广东省“十二五”规划课题“后进生的心理健康教育研究”顺利结题，他撰写的论文《亲子依恋对小学高年级儿童心理健康的影响》在2013年《中小学德育》第一期上发表，研究成果获省德育科研成果评选一等奖。近年来，学校参加全区质量检测的成绩都名列前茅。

（五）注重特色发展，创品牌学校

他以艺术教育为突破口积极创建特色学校，通过抓好课堂教学、普及艺术教育、从课内延伸到课外、普及与提高相结合的形式，对学生进行个性特长培养，提升学生的艺术修养。通过举办艺术节、组织学生参加各级各类艺术比赛，搭建学生展示个性特长的舞台，取得了不菲的成绩，形成了全面发展、美育见长的办学特色。近年来，学生的美术、书法作品在市级以上报刊杂志发表（获奖）达70多人次，舞蹈、民乐、合唱等节目获得市、区级奖励36项。河源电视台、河源电台、《广州日报》《河源日报》《河源晚报》等媒体多次对学校的艺术教育进行报道并给予很高的评价。

他任城南小学校长以来，带领教职工继续发扬团结协作、艰苦奋斗、无私奉献的精神，推动学校各项工作再上新台阶。学校曾被评为“全国中小学图书馆先进集体”“广东省德育示范学校”“广东省安全文明校园”“广东省书香校园”“广东省红领巾共处和谐行动先进集体”“河源市德育示范学校”“河源市安全文明校园”“河源市义务教育规范化学校”“市语言文字规范化示范学校”“市先进基层党组织”等。城南小学这面旗帜在源城教育的上空高高飘扬，成为源城区乃至河源市的品牌学校。

后记：为了学生、为了教师、为了学校尽职尽责，呕心沥血，但他无怨无悔，心甘情愿地为他所钟爱的事业献出青春年华和全部精力。他以实际行动履行了一个共产党员和人民教师应尽的义务与职责。对他来说，每一份荣誉的获取，都是他踏上教育新征途的起点。他将继续把人生的价值充分体现在培育学生健康成长、全面发展、创新成才的一方热土上，为党和人民的教育事业做出更大的贡献。

教育生涯诚作舟，时代『弄潮』敢作为

——记河源市源城区雅居乐小学校长刘维花

题记：教育生涯诚作舟，时代『弄潮』敢作为。诚乃做人立身之本，诚乃处世之道，教育亦需要诚。唯有以诚作舟，方能乘风破浪，方能做新时期教育的『弄潮儿』。这种豪情，这种豁达，是一种正气，是一种凛然，更是一种勇于担当。

现任河源市源城区雅居乐小学校长的刘维花同志出生于1965年11月，是广东省特级教师，小学数学高级教师（副高级），源城区科协委员、政协委员。她自踏上神圣的三尺讲台至今已有30年，30年来，她用自己的青春年华描绘出一幅幅优美的画卷，执着的追求凝结成对党的教育事业的忠诚、对学生无限的热爱，用心血谱写成一曲无私奉献、开拓进取的乐章，践行了“为学生的终生发展奠定基础，为教师的专业发展创设平台，为学校的持续发展创造条件”的教育与办学理念，在平凡的岗位上做出了显著的成绩。她曾被评为“河源市先进教师”“广东省三八红旗手”“南粤优秀教师（教坛新秀）”广东省“科研先进个人”“全国三八红旗手”“广东省特级教师”“全国模范教师”、国家级“科研先进个人”等。

一、忠于教育，情系学生

刘维花校长始终认为，人生的价值在于为党、为国家多做贡献。因此，她深爱自己所从事的崇高教育事业，数十年如一日，为把学生培养成21世纪的“四有”人才，她以“一切为了学生，为了一切学生，为了学生的一切”为出发点，扎实抓好学生的行为习惯养成，充分挖掘学生的创新潜能，善于做学生心理的按摩师，重视开展丰富多彩的少先队活动，建立立体、多维的“三结合”教育网络，让他们在校能做好学生、在家能做好孩子、在社会能做好公民。她十分重视因材施教，努力做好“培优扶差促中间”工作。对于后进生，她用爱心、细心、耐心、苦心打动、感化他们，善于找准转化的突破口，捕捉他们的闪光点，创造助其成长的机会，时时点燃他们自信的火花。一个个后进生在她精心的培育下逐渐茁壮成长，如刘少亮、黄君等300多名后进生经过转化，变得自律、自觉，他们的学习信心渐强、学习兴趣渐浓、学习成绩渐好，他们中现在有些已考上重点高中、本科院校或当上公务员。每到春秋入学时，家长们都希望子女能进入她所任教的班级，因为他们都觉得“刘老师确实是能让领导信任、让学生敬佩、让同事称颂、让家长放心的老师”。她坚持用辛勤的双手，伴以炽热的爱心，浇灌一朵朵绚丽的鲜花，为高一级学校输送了一批批优秀的毕业生。她所任教和辅导的学生中， 获市级以上各类奖励或表彰的达200多人次，其中获广东省“育苗杯”数学竞赛、全国奥赛奖励的有26人次；获广东省青少年科技创新大赛奖励的有5人次；荣获“广东省优秀少先队员”“广东省小公民标兵”称号的有6人；当选全国少代会代表的有2人，均受到了党和国家领导人的接见。

二、严谨治教，开拓进取

30年来，刘维花一直把热爱人民的教育事业，热爱学生的思想贯穿于教育教学实践中。她深知，育人者先自育，教人者先正己。因此，她不断加强政治理论、教育法规的学习及现代教育技术的研究，认真学习新课程标准，十分注重了解小学各个阶段各个学科知识的内涵与外延，掌握了较为系统的小学各学科教学基础理论及相应的专业知识，能够运用所掌握的知识及理论去具体指导教学实践活动。课堂上，她按照“创新型”的育人标准，大胆改革教学方式方法，实行启发式、研讨式教学，引导学生进行自主性学习、合作性学习、探究性学习、体验性学习、选择性学习，全面调动了学生学习的主动性、积极性和创造性，使学生实现了“乐学”“勤学”“善学”。她在长期的教学实践中，已形成了自己独特的教学风格，数学课堂教学形成了“思维—体验—动手—拓展”的生态链（《中国教育报》2005年8月9日做了专门报道）。由于她教有特色，学生学有特长，因此慕名前来听课的人也络绎不绝。任教以来，她为校内外、市内外、省内外的教师、领导开展观摩课、示范课（含主题班会课、中队活动课）及专题讲座达180多节次，并得到各位同行的高度评价。1996年始，她成为一名行政领导，更坚持以身作则。她不但做到为人师表，而且做到“为师师表”，在道德、心理、作风等方面成为学生、教师的楷模。她带领教师们不断地求索，在上好一门主课的情况下，每学期深入课堂听课、开展评课活动各达40多节次，有效地优化了学校教师的教研氛围。经她指导及点评过的各学科课例、教案、论文等送省参赛常拿大奖，为学校、区市争得了不少荣誉。她本人的数学课能巧妙结合语文、绘画、音乐等学科的有利元素，上得生动、有趣、高效（《广东教育》2005年第10期曾做报道）。她在指导教师教育、教学、科研活动中勇于开拓，善于总结，提升理论，取得了十分成功的经验，撰写了较有价值的教学、德育、科研、管理论文共计30多篇。近几年来，她参与主编了2本在全市区交流的《省级“三创培养”课题实验成果集》和《国家级“三创培养”课题实验成果集》，还参与主编了2本向全国发行的学校教师论文集——《烛光集》《拙耕集》。

三、科学管理，潜心科研

2011年9月，她开始担任雅居乐小学校长，带领一所全新的学校——雅居乐小学朝着打造市级品牌学校的目标奋进。她努力实施目标管理、制度管理、层级管理、人本管理等科学化管理方式，力求实现“五化”（学校管理规范化、队伍管理素质化、德育管理实效化、教学管理精细化、安全管理保障化），取得了显著的办学成效。学校开办三年来，荣获了“全国‘五一’巾帼标兵岗”“广东省‘巾帼文明岗’”“广东省少先队红旗大队”“河源市绿色学校”“河源市知识产权教育试点学校”“河源市德育示范学校”等16个荣誉称号。自从担任行政领导以来，她深深地感到要发展学校的办学特色，就要坚持以人为本的原则，狠抓管理，以创新的管理出效益。她能够在汹涌澎湃的教育改革大潮中，始终保持清醒的头脑，立足于素质教育，创造性地实施“三个第一”——坚持教师是教育活动第一要素的思想，设法提升教师综合素质；坚持教育质量是教育管理第一目标的思想，狠抓教育质量的提高；坚持教育科研是教学活动第一生产力的思想，努力拓宽教育科研领域。近几年来，她先后主持了省级、国家级“‘三创新’的培养”“团体心理辅导与学生全面素质的提升”“信息时代的学生德育和心理健康教育的现状、问题与对策的研究”等课题实验，取得了省级、国家级一、二等奖的科研成果，促使学校得到全面、协调、可持续性的发展。

2013年2月，刘维花校长被河源市教育局任命为市首批名校长工作室主持人之一。她不遗余力地搞好工作室的建设，营造了宽敞优雅、鼓舞人心、诱发灵感的工作室环境；善于整合各种资源促进各项工作的开展，积极创造性地履行主持人职责，在组织理论研修、跟岗实践、校长沙龙、考察交流、课题研究、读书分享、现场诊断等活动中，都善于引领，或现身说法，把她10多年来所总结的成功做法和研究成果与学员们分享；同时非常注重方法的优化、过程的优化、结果的优化，使每个学员每次的参与和体验都有新的所想、所悟、所得。她搭建了一个融学习、研讨、交流、实践与总结于一体的成长平台，构建了“立足实际、交流互动、突出实践”的研修模式，结成了“亦生、亦师、亦友”的学习联盟，形成了“自主学习、自主管理、自主成长、协同发展”的“三自主一协同”工作室特色。

后记：教师、学生的不断进步，科研成绩的不断取得，学校声誉的不断提高，无不洒下了她辛勤的汗水，记载着她创新进取的音符，也铭刻着她对事业孜孜以求的一片赤诚。她将继续把人生的价值充分体现在培育学生健康成长、全面发展、创新成才的一方热土上。

恪守高尚人格，遵循教育规律

——记河源市第一中学校长罗捷

题记：罗捷校长经常说，学校教育就是榜样教育。诚然，身教重于言教，其身正，不令而行；其身不正，虽令不从。教育就是心灵陶冶心灵，行为影响行为。作为一校之长，其言其行影响着全校师生员工，有什么样的校长就有什么样的学校。校长恪守高尚人格，遵循教育规律，将引领广大教师立德树人、育人为本，教育和影响一代又一代莘莘学子积极向上、健康成长。

罗捷，男，1965年10月出生，本科毕业，中共党员，中学高级教师，2006年获得“河源市先进教育工作者”称号，2009年获得“南粤优秀教育工作者”称号，2003年8月起负责河源市第一中小全面工作。

河源市第一中学创建于1989年冬，于1990年9月10日正式开办上课，是河源市人民政府主办的第一所完全中学，由河源市教育局主管，校名由时任广东省省长的朱森林同志题写。2003年6月在市直学校布局调整中改制为初级中学，2005年12月被评为“广东省一级学校”。学校占地面积3.56万平方米，建筑面积1.84万平方米，现有教学班36个，学生2000多人，教职工145人。学校坚持“以人为本，追求卓越；教书育人，润泽心灵；尊重差异，启迪智慧”的办学理念，实行人本化管理，注重以活动育人。全校上下以“现代化、高质量、有特色”为办学追求，努力创建优质初中，打造品牌学校。学校先后获得国家级集体荣誉2项，省级集体荣誉6项，市级集体荣誉20多项。

一、严以律己，率先垂范

学校教育就是榜样教育，榜样的力量是无穷的，榜样的影响是最有力、最有效、最持久的。罗校长主持学校全面工作以来，更加注意自己的一言一行、一举一动，尽最大努力做好示范、榜样，尽最大努力做到清正、廉洁。负责领导管理学校十年多来，在遵守执行上级规定、学校规章制度方面，罗校长总是第一个做到、做好。在选人、用人方面，罗校长任人唯贤，并严格按规定程序操作，真正做到民主推荐、集体决策，确保选出来的中层干部有较好的人品，有较强的能力，有较高的威信。在招生方面，罗校长坚持实行“阳光招生”政策，做到透明、公开、公正。在学校财务管理方面，罗校长坚持严格执行“一把手”不直接管财的规定，学校所有开支报销必须由主管后勤的副校长签批后方可报账，同时，对于一千元以上的开支，都要由领导集体研究通过后才能执行。公物购置，零星维修，罗校长从不直接指定供货商和维修师傅，而是按制度要求，由分管领导和总务部门按程序操作，大宗购置、大型维修一律请示市教育局、市财政局批准后再执行。在办公用品、办公设备的使用方面，罗校长从不讲特殊，始终保持普通标准，他的办公室始终保持简洁、大方但又富有书香气息。他每天基本做到最早到校、最晚离校，让全校师生员工感受到校长每天都在身边。

二、淡泊名利，包容开放

名利关是做人、做事的一大难关，过好了名利关，也就容易做人、做事了，人生的路途也就顺畅了。罗校长认为，作为老师、作为校长，更要特别过好名利关。从古至今，老师、校长在人们的心目中都是高尚的，重视精神的追求和满足，而相对来说比较淡化物质的索取。这样的社会定位和要求，对老师和校长来说都是有些苛求的。但无论怎样，罗校长始终认为，既然做了老师、校长，就要坚守教育的圣洁和崇高，就要时刻维护自身良好的声誉、形象。只有名正，才能言顺；只有先有了好的名誉，才能后有利益。要坚信，属于自己的东西，永远也跑不掉，该来的一定会到来，任何处心积虑，最终只能竹篮打水——一场空。罗校长从做教师到做校长，从未与他人、与学校、与上级去争荣誉、争利益，他始终奉行“多做事、少计较”的人生准则。2007年，学校推荐罗校长申报评选“南粤优秀教育工作者”，推荐办公室主任申报评选“南粤优秀教师”。市教育局党组讨论时，希望罗校长申报评选“南粤优秀教师”，而让办公室主任退出申报，并征求罗校长的意见。罗校长非常明确地表态，决不能这样做，他会退出，但办公室主任要推荐上报。最终，办公室主任如愿被评为“南粤优秀教师”，罗校长也如释重负。罗校长认为，只要做好了自己，人们是会永远记得的、永远感激的、永远想念的，这才是最重要、最长久的东西。在淡泊名利的同时，罗校长还认为要心胸宽广，能够乐于听取各种各样的建议和意见，积极开展各种教育、管理的改革试验，勇于否定自我，敢于不断创新。

三、民主管理，科学决策

现代学校的管理已经很难靠强权来实现了，根本的、长久的、有效的还是要靠民主管理、科学决策，要靠人文与科学并重的人本化管理。民主管理的精髓，一是要充分体现民意，凡计划、方案、制度、财务预算等的制订都要充分听取广大师生员工的意见；二是要加强监督，建立学校、社会、家长、上级共同参与的立体监督体系；三是要健全完善管理制度，严格依法治校；四是严格落实校务公开工作，加强公示。科学决策主要是由领导班子、职能部门、专业人员等在充分论证的基础上统一认识，形成决定。学校自转制开始就严格实行民主管理、科学决策，成立了教代会和民主理财小组，监督审查学校每学期的经费预算、决算，并向全校教职工通报；有关重大的人、财、物等方面的重大制度也要经教代会审议通过后才实施。在选拔中层干部工作中，罗校长极为严格地贯彻公平、公正、公开的原则。在笔试环节，他采取由考核小组集体当场研究确定题目的做法，获得大家的好评。此外，罗校长特别重视抓好校务公开工作，通过几年的努力，学校被市政府列为校务公开示范试点单位，是十多所市直学校中唯一获此殊荣的学校。

四、尊重差异，育人为本

学校办学的核心理念是“以人为本、追求卓越”。以人为本，关键是要尊重差异，关注每个个体的身心特点，让每个人都能健康快乐地生活、学习和工作，都能在某些方面获得发展、成功。罗校长一直努力倡导营造和谐的师生关系，尊重关爱每一位学生。他要求从计划、方案、制度的制订，到具体的教育管理思想、行为，都充分关注师生的心灵感受，让师生口服心服，自觉遵照执行。要求老师们要先育人后教书，树立“教书就是为了育人，育好人才能教好书”的观念，树立正确的学生观和人才观，充分认识并尊重学生的差异性，不断创造机会让每个学生的个性特长都能发挥出来，相信每一位学生在其最近的发展区都能得到发展、获得成功。基于此，罗校长正在带领全校教师努力践行“教书育人，润泽心灵”的德育理念和“尊重差异，启迪智慧”的教学理念。

后记：罗捷同志在校长岗位上历练了十多年，恪尽职守，虽没有非凡的壮举和突出的业绩，但却在平凡朴实中始终坚守教育的本真，始终坚持先进的教育思想和理念，切实遵循育人规律，努力促进学生身心健康成长、全面发展，获得了广大师生较好的赞誉。面对新的征程，罗校长深感任重道远，他将一往无前、兢兢业业，为青少年学生的健康茁壮成长奉献自己的智慧、情感和力量。

播下爱生的种子，就会结出爱生的硕果

——记河源市紫金县南岭中心小学副校长钟玺香

题记：钟玺香老师曾说：『学校的教育管理就要目中有人，这个「人」就是我们的学生』。

钟玺香，紫金县南岭中心小学的教育管理者，任常务副校长。他于2000年被紫金县人民政府评为优秀教师，多次被中共紫金县南岭镇委评为优秀党员。他常说："播下爱生的种子，就会结出爱生的硕果。"这句话被老师和家长奉为金玉良言，也是被实践证明了的教育管理的真理。

钟玺香老师从2001年教育部颁发《基础教育课程改革纲要（试行）》之日起，就认真学习领会课程改革纲要的精神，把"为了每一位学生的发展"作为教育管理者的核心理念。因此，他不但在自己所担任的课程中把"爱生作为第一要务"，把在教学过程中促进每一位学生的发展作为教学的核心理念，而且在下班级、下科组蹲点时，照样传递爱生的理念，强调促进每一位学生的发展。南岭中心小学由于级级、班班、科科和少先队、团支部、教育工会都以促进每一位学生的发展为核心理念，把爱生作为第一要务，因而校风、教风、学风变化明显，长期受到当地党政领导和学生家长的好评。

党的十八大对教育提出"立德树人，办人民满意的学校"的办学目标，作为共产党员的钟玺香老师更是以热爱党、与党中央保持一致的认识高度，去深入学习领会和积极贯彻执行。在整个学校的日常教育管理工作中，他把"立德树人，办人民满意的学校"摆在最重要的位置上，在各项教育管理工作中，联系实际，加以落实。由于全校上下都以"立德树人，办人民满意的学校"为目标，勇于攀登，因而学校不断涌现出新的变化和进步，取得新的成绩：2011年6月经过县教育局组织的德育绩效示范学校评估，南岭中心小学被批准为紫金县中小学德育示范学校。学校通过开展高效课堂教学，实践"学问探做评""五字"教法，促进了教学质量的提高：2012年6月学校五年级在全县中心小学学业水平测试中取得语、数、英三科抽测总成绩第六名、英语科全县第一名、教学综合评比二等奖的好成绩；2013年6月学校四年级在全县中心小学学业水平测试中取得语、数、英三科抽测总成绩第八名、英语科全县第二名、教学综合评比三等奖的好成绩。2013年学校教师钟桂丹被评为"河源市优秀班主任"；2014年学校青年教师范燕科在全县青年教师习作大赛中获得一等奖。学校也在2014年被河源市政府评为"规范化学校"。

学校的进步与发展，除了深入依靠当地政府的正确领导和师生的努力、群众的支持外，也少不了学校教育管理者的有效管理。南岭中心小学的教育管理者、常务副校长钟玺香同志在全镇教育管理经验交流会上，曾经现身说法地做过如下"五个一"的经验介绍。

一、一个微笑的教育效力

钟老师在2013年担任六（1）班的语文教学工作时，班里有一位后进生钟小辉，人虽然聪明，可学习凭情绪，有时认真学习，但更多时候不太喜欢学习，而且上课爱捣乱，作业马虎应付甚至不交作业。有一次，他改掉了过去的懒惰，做得比以前有进步。钟老师在批改作业时，见他作业工整，马上抓住这一闪光点在钟小辉同学的作业本上写上“有进步”三个字。第二天一早，钟老师在校门口欢迎学生到校时，碰到钟小辉同学，微笑地称赞钟小辉有进步。就是这个微笑和一句“有进步”的鼓励语言，使钟小辉同学从此彻底转变了学习态度，认真学习，用心做作业，到学期结束时，他的学习成绩还赶上了班级的中上水平。

二、一份早餐的爱力

2013年4月的一天，留守学生钟国强因为他的家庭监护人——年迈的爷爷因晚上失眠而没有及时起来做早餐，国强在早上7点要赶着上学，因此只好空腹到校。钟老师在操场上遇到国强同学时，只见他有气无力。钟老师见此情况，以为他生病了。一经询问，国强同学如实地把空腹上学的事告诉了钟老师。钟老师听后，爱生之心油然而生，立刻到早餐店为他买来了一份早餐。吃完早餐后的国强，平时的精神劲又回来了，整个上午也心情愉快、精神饱满。这件事虽小，但使国强同学免除了一个上午的饥饿，更重要的是感动了他的爷爷和在外打工的父母。家长们都说：“老师爱生，我们的孩子去那儿上学，我们放心。”一份早餐，一件简单的小事，却在社会上引起了良好的反响。

三、一块止痛贴产生的效应

2014年3月的一天上午，五（1）班的陈佳能同学上课时面部表情复杂，老是摸着肚子。钟老师见此情况，便小声了解缘由，陈佳能同学如实将肚子痛的状况告诉了老师。钟老师立即奔赴校医室买来止痛贴，贴上止痛贴后，陈佳能同学很快好转，得以继续学习。钟老师细心观察，善于发现，并且果断采取措施，及时为同学解除了痛苦。这件小事由班里传到了全校，后来又传到了家长耳朵里，家长们纷纷感叹：有这样的好学校，有这样的好老师，他们送子女到南岭中心小学读书真的很放心！

四、一次公开课的动力

作为一所学校的教育管理者，他既要心系全校、统揽全局，又要以身作则、身体力行。有一段时间，学校的课改工作很不正常，老是停滞不前，钟老师看在眼里，急在心上。他没有责备老师，也没有发泄怨言，而是默默调研，弄清了其中的根本原因是教师存在畏难情绪且学无榜样、研无目标。为了解决这个问题，推动学校教师的教研课改，他潜心学习新课改理念和各地的教育刊物，联系校情，立项教研，从中拟定试行特级教师钟保元创立的“学问探做评”五字教法，并在自己任教的课程中开展试验。在试验一段时间后，他主动承担全校性的公开课。由于公开课的教学方法可行有效，老师们都把钟老师的课作为自己改进教学实践的参考。钟老师的课改带动了老师们参与课改的积极性，老师们都积极努力研究、实践“学问探做评”五字教法。钟老师这种润物细无声的工作方法，有力地推动着新课改的深入开展，从而解决了课改停滞不前的被动局面。

五、一份“十三个常在心”带来的魅力

作为一所中心小学的教育管理者，他不但要搞好学校本部的教育管理，同时更要发挥中心小学的中心带动作用，把学区内的各小学（教学点）都带动起来。因此，钟老师不仅关心学校本部的管理，而且关心教学点的管理。有一天，他到教学点之一的王告小学调研，发现该校从校到村都很重视家长学校的建设，并且开成了“十三个常在心”的家校教育经验。钟老师见此如获至宝地回到中心小学，发挥中心小学的中心管理作用，将这一经验推广到全镇8个教学点，使全镇教学点的家校教育形成合力，共同推进教育的发展。 这“十三个常在心”的内涵是——立德树人常在心；孩子安全常在心；孩子健康常在心；孩子学习常在心；家校互访常在心；手机互通常在心；短信互访常在心；父母课堂学习常在心；育人研讨常在心；养成教育方法常在心；家校互相理解常在心；所有孩子常在心；为国育人常在心。由于家长和教师都把这“十三个常在心”记在心里，家校形成了教育合力，全学区各教学点亮点纷呈，不断实现新的发展。

后记：虽然钟玺香老师在教育管理工作中取得了不少成果，但他总是认为他的教育管理工作犹如万里长征刚刚踏出第一步，今后的路程还很长。育人者要在社会主义核心价值观的指引下，时刻牢记古语云：路漫漫其修远兮，吾将上下而求索。

春风化雨泽被桃李，沥血呕心作育英才

——记梅州市兴宁市田家炳中学德育副校长温秋锋

题记：『没有严父之爱，没有慈母之心，就谈不上培育学生。』这是温秋锋副校长经常挂在嘴边的一句话。

温秋锋老师，女，中共党员，梅州市人大代表，英语中学高级教师，梅州市嘉应名师，兴宁市田家炳中学副校长，主管学校德育工作。

兴宁市田家炳中学是广东省一级学校，与兴宁市沐彬中学、兴宁市兴民中学、兴宁市宁中中学等同一批次录取初中毕业生，作为梅州市普通高中，学校学生的素质相对重点高中来说差了很远。刚入学的高一学生中打架斗殴、寻衅滋事、上网赌博、上课讲话睡觉、谈恋爱等不良现象层出不穷，给学校的德育工作带来了很大压力。但学校在温秋锋副校长的精心策划和积极管理下，化压力为动力，高一新生入学一个月后整个年级的班风学风都能得到很大的转变，从而有效地确保了学校低进高出的良好局面。学校高考成绩连续十二年稳居梅州市非示范性高中第一，因此先后获得全国学校体育研究优秀学校、中国教育学会“十五”规划重点课题优秀实验学校、广东省德育课题研究优秀实验学校、广东省安全文明校园、广东省书香校园、梅州市先进集体、梅州市先进工会、梅州市女职工工作先进集体、梅州市优化青少年健康成长环境先进集体、梅州市法制教育先进单位、梅州市“美丽的校园”、兴宁市学校安全工作先进集体、兴宁市先进学校、兴宁市师德建设先进单位等荣誉。学校也被学生家长美称为“人才加工厂”，被社会各界赞誉为粤东教育的一朵奇葩。

温副校长从事德育工作30年来，具有深厚的德育理论功底，以及科学的教育观、学校发展观和学生成长观，求真务实，与时俱进，勇于探索和创新，善于从与学生的接触中发现学生的思想问题，从中分析原因，寻找解决办法，进而创造性地开展工作，力求做到防微杜渐，并在实践的基础上凝练形成和不断发展自己的德育理念。因其德育手段科学，经验丰富，获得了领导的信任和同事的认可，更赢得了学生的喜爱与家长的好评。因此其被评为梅州市嘉应名师，多次获得“梅州市优秀德育工作者”、兴宁市“优秀共产党员”“优秀德育工作者”等称号。

一、身教言传，堪为师道

“其身正，不令而行；其身不正，虽令不从。”这是温副校长从事德育工作的座右铭。因此她“时时在意，处处留心”做好老师和学生的表率，树立了终身学习的理念；认真学习和践行毛泽东思想、邓小平理论、“三个代表”重要思想、科学发展观等各类理论，并积极参与群众教育实践活动；积极贯彻党的教育方针，以高度的事业心和责任感，服从组织安排，履行岗位职责，全力做好本职工作，教书育人。

二、弘扬爱心，尊重学生

爱心成就教育，温副校长就是凭着一颗爱心来做好德育工作的。别林斯基说过：

“爱是鉴别教育的尺度。”教书育人是教师的天职，而育人应该是班主任的首要天职。如何育人？温副校长认为，爱学生是教师教育学生的起点和基础。爱学生，就需要班主任尊重学生的人格、兴趣、爱好，了解学生的习惯以及为人处世的态度、方式等，然后对症下药，帮助学生树立健全完善的人格。人格尊严是平等的，作为德育工作者，她要求班主任做到能像一个真正的朋友一样，重视、欣赏学生，认真耐心倾听学生意见，接纳学生的感受，包容学生的缺点，分享学生的喜悦。她还要求班主任时常体会“理解是教育的前提，尊重是教育成功的基础”这句话的含义。

三、构建网络，促生成长

温副校长十分注重家、校、社会的联系，努力构建学校、家庭、社会“三位一体”的优良育人环境。她能整合社会和行业系统资源，调动工会、共青团、妇联及义工等各类社会组织力量，在引导社会参与学校管理监督的基础上，让家长和社会承担起加强青少年德育的应尽责任。建立了教师与家长、社区工作者密切联络，学校与家庭、社区经常沟通的渠道。经常邀请深圳南山义工、兴宁阳光义工、深圳狮子会等义工组织来学校开展形式多样的活动，如2014年3月邀请深圳南山义工和兴宁阳光义工来校开展感恩父母的专场活动。活动中很多学生都感动得热泪盈眶，纷纷表示以后一定要认真学习，做一个对社会有贡献的人，以自己的实际行动来回报父母的厚德。学生也因此纷纷加入了各种义工组织。在丰富学校教育内涵的同时，利用校讯通作为学校与家长沟通的工具，经常与家长互通信息，形成最大的教育合力，取得了最好的教育效果。

四、培优转差，效果显著

温副校长坚持教书育人的原则，面向全体，热爱学生，精心育人，以人为本，不断探索和改善育人的方法，力求使每位同学都能健康成长。她要求班主任：在管理上，做到“勤、严、细、实、活、巧”，做学生的良师益友，尊重学生的个性，师生关系融洽。注重培养学生的自治自理能力，组织各类型主题班会，充分发挥班团干部的职能作用，培养班团干部的组织能力和班级凝聚力；热情指导学生参加丰富多彩的课外活动，有效地培养学生的班级主人翁精神和集体主义精神。注重培优转差，积极挖掘优秀生的潜能，促进尖子生全面发展；对于偏常生，要始终以情感人、以爱育人、以理服人，多表扬鼓励，少指责批评，使纪律散漫、无心学习的后进生均能成功转化。

温副校长还亲身教育转化学生，如张德明同学是个孤儿，刚开学时，学习不认真，上课扰乱课堂，还经常因上网而旷课。为了有针对性地做工作，她骑车骑了近40分钟来到他家，看到一贫如洗的家庭和张德明相依为命的老奶奶，温副校长的心一阵阵地疼痛。此后，她设法接近他，清除隔阂，拉近关系。她常常似乎不经意间塞上几块钱到他书包里，或是带一两件衣服给他，需要买的资料书也会突然送到他手上，他生病时就给他买药、煎药……通过多次的接触，她与他慢慢交上了朋友。张德明逐渐明白了做人的道理，明确了学习的目的，后来还当上了值周班长。最后在高考中考上了一所二本院校。她所教过的学生都说：温老师像慈母，又像是严父，是难得的一位好老师。温副校长还培养了一大批考上了名牌大学的品学兼优的学生，如陈捷辉考上了清华大学，魏彬、刘强等47人考上了中山大学、华南理工大学，丁威鸿高考总分623分在兴宁市排名第9名，吴聪文高考总分612分在兴宁市排名第23名等。她转化后进生的成绩也十分突出，如曾海星、陈华、李小文、谢伟、罗坤林、陈圣涛等55位“后进生”（“偏常生”）考上了理想的大学。

温副校长多次接受兴宁电视台的采访，向全市高三老师和学生、家长作高考备考工作经验介绍。

五、多举并行，全面发展

温副校长潜心于教育研究，以良好的心态去面对教育中的变革，以积极的热情去接受教育观念更新。在工作中，她创新方法，多举并行，积极探索德育工作的新路子；努力推进德育工作系统化、序列化、前瞻化的研究，做到防患于未然。坚持开展每月一主题系列教育活动；坚持每学年举办文化艺术节暨学生艺术展演活动、班级歌手大赛，积极组织学生参与校运会、元旦文艺汇演等活动；认真抓好“文明班、表扬班”的月评工作，充分运用德育评价指挥棒来进行宏观调控，引导学生健康发展，有效地促进了学生良好行为习惯的养成；健全德育评价体系，全面评价学生，想方设法为学生创造全面发展的机会。

六、担任校长，成效卓著

温秋锋担任学校副校长以来，主管学校德育工作并负责一个年级的全面工作。她能大力开展德育活动，并以各种活动为载体，加强学生的理想、道德、法制、安全教育；以活动周、活动月为龙头，结合实际，对学生进行专题教育；利用星期一的升国旗活动，对学生进行爱国主义教育，培养学生爱国热情；利用校外德育基地，通过军训等形式有目的有计划地开展活动，对学生进行劳动实践教育、科技教育、国防教育等；积极与郊区派出所联络，定期召开法制安全教育讲座，增强学生遵纪守法意识，强化安全教育；坚持以人为本，进行安全演练，加强学生自我保护能力；对学生进行个别感化、挽救教育，使校园秩序井然，有力地促进了素质教育实施，积极引导学生树立正确的世界观、人生观和价值观。在她的努力下，田家炳中学校园秩序井然，学风浓厚，高考成绩稳步上升，特别是2013年和2014年连续破历史记录，上重本人数不断创出新高，学校高考成绩连续十二年稳居梅州市非重点中学第一。

同时她还利用自己是女人的特殊身份，号召全校女教职工做巾帼建功的模范，并积极组织青年女教师进行课堂大比武；号召女教师和女家属要尊老爱幼，争做五好家庭的模范。她因此成了女教师和女家属的好姐妹、知心人、好闺蜜，当女教师或女家属一有不顺心的事，第一时间就会去找她倾谈。有一年的除夕之夜，一个夫妻关系紧张的女家属找她谈心，她热心接待，并对家人说，除夕之夜有人来谈心，说明大家信任自己。2011年7月至2011年12月她参加了广东省中小学校长省内挂职锻炼，及时吸收信息和有用的经验，使她在锻炼中不断学习、在学习中不断成长。

今后她将坚持以下发展方向：

进一步加强师德建设，突出全员育人观念，充分发挥全体教师的育人作用，真正做到服务育人、教书育人的全方位育人观。

加强德育科研，探讨新形势下德育工作的针对性、时效性、实效性；加强德育课题研究工作，进一步提升教育管理水平，把研究成果及时应用到学校教育工作中去。

继续抓好班主任“老青帮带”工作，营造良好的教育氛围；树立全体教师皆为班主任的教育管理思想，使全体教师都能共同教育培养学生自觉遵守《中学生守则》《中学生日常行为规范》和学校各项规章制度；以严要求、高标准加强学生的组织纪律。

学校德育工作领导小组将在原有工作经验的基础上从学校实际出发，不断更新观念，努力使德育工作迈上新的台阶。

后记： 德育工作任重而道远，今后，学校要进一步结合德育工作中的新情况、新问题，结合青少年的年龄特点，加强教育理论和法规法纪的学习，加强安全工作的指导，不断提高教师的科研意识和学生的安全意识，为培养德智体美全面发展的社会主义事业建设者和接班人而不懈努力。

以礼育德，和谐发展

——记惠州市博罗县横河中学校长谢太荣

题记：谢太荣老师曾说：『放眼于超越，定位于追赶，专注于学习和创新，不奢望一步到位，只在乎一步一个脚印，努力前行。』

谢太荣，男，44岁，于1991年8月到横河中学任教至今。在工作中，他忠诚于党的教育事业，有强烈的事业心和责任感，在实践中不断提高自身理论知识和业务水平，理论联系实践，不断探索，在教研教改工作中取得了良好成绩。他撰写了多篇论文，多次获得全国、省、市、县各级奖励。其中，2010年撰写的论文《解放思想，推动基础教育的发展》获中国教育论坛一等奖，并载入《中国教育论坛》一书中；2011年5月撰写的论文《在研究性学习中培养学生的创新能力》获“第十届广东省中小学校长论坛”一等奖，并在《广东教育报》上发表。

一、“以礼育德”的推行与实践

中国是一个具有悠久历史的文明古国，中华民族素有崇尚礼仪、讲究文明的优良传统，在世界上享有“礼仪之邦”的美誉。礼仪在中国源远流长，深入人心，继承和发扬中华民族的传统美德，是每一个炎黄子孙义不容辞的责任。横河镇是欠发达的山区乡镇，群众受教育程度低，文明素质也较低，未成年人口中多污秽之语，行为多浅薄之举，易生事端，也影响其人生事业的发展。基于这样的责任与现状，学校确立了“以礼育德”的德育理念，期望通过推行“以礼育德”，帮助学生达到“传承美德、孝敬父母、尊重长辈、团结友爱，讲礼貌，守礼节、重礼仪，做文明有德之人”的初步实践目标，并最终实现“提高修养、悦纳自己、包容他人、拥抱世界，和谐处世，阳光生活，为铸造辉煌人生打下坚实基础”的德育理想。经过摸索，学校初步确立了推行这一理念的途径和步骤：

第一，“老师好”“同学好”，礼貌待人。

第二，学规范，习礼仪，做文明有礼之人。

第三，学经典，践行《弟子规》，传承中华礼仪传统。

第四，行孝悌之德，推己及人，培养爱心，塑大爱之魂。

第五，提高修养，悦纳自己，包容他人，拥抱世界，阳光生活，拓宽礼仪境界。

第六，环视世界，共享文明，开辟礼仪大视野。

多年来，在这一理念的统领下，学校狠抓“明礼”教育，掀起了一波又一波的“育德”高潮——以“爱在文明，美在礼仪”为主题的礼仪宣讲高潮；以熟习《横河中学文明礼仪规范》为中心的礼仪学习高潮；以“诵中华经典，立高尚品行”为主题的《弟子规》诵读育礼高潮……

二、“和谐发展”的基础与保障

学校确立“和谐发展”的实践目标为：学生身心健康愉悦，良好的兴趣、爱好得到合理培养和发展，品德素养与各种能力随身体的成长不断得到提高，个体的成长、发展与其所在的家庭、团体、社会及自然协调融洽，成为德、智、体、美各方面都得到最好的培养和发展、适应时代发展要求的接班人。

“和谐发展”理念既吸纳了中华民族传统文化的精髓，又切合了建设和谐社会的时代要求。其内涵既要求学生美德养成诸要素的协调统一，又体现学生成长过程中个体与群体、与社会的融洽；既不悖于全面发展的教育方针，又充分尊重学生个性，鼓励发展特长；既是德育目标，又是智育目标，其最高境界就是五育并举、全面发展。

为了“以礼育德、和谐发展”理念的实现，学校首先为其构建了三大基础：

（一）构建和谐团队，打造师资人才基础

“百年大计，教育为本；教育大计，教师为本。”教师队伍的建设直接决定了教育的成败。育人为本，立德为先，学校健全政治业务学习制度，充实师德学习内容，定期开展师德考核，不断加强师德建设；同时采取“精选、重用、严育、厚待”的八字方针选拔年轻教师担任班主任，并编印校本班主任培训教材《成长之路》，开展班主任校本培训，提高教师的德育能力，促使“新生代”快速成长，高效工作。

如何稳定教师队伍，是决定山区学校办学质量的严峻问题。学校崇尚的是以情留人。关爱教职工，想方设法为他们解决实际问题，积极筹措资金增建教师住房，让老师在校可以安居；组织教师开展体育比赛、爬山、烧烤等活动，活跃生活，愉悦身心；同时广开言路，改进管理办法，创造机会给老师施展才能，让老师参与学校管理，逐步认可学校，在校可以乐业，从而打下和谐德育基础。近三年来，教师队伍不断壮大、成长，初步实现合理配置。三年中，这个团队共有15人次获得县级以上表彰，超过150人次在县级以上教育教学活动评比中获奖，其中谢太荣是“第四届惠州市十佳校长”，卢赵英是“2012年度南粤优秀教师”，刘培泉是惠州市华萌乡村教师“烛光奖”获得者。

（二）打造平安校园，奠定生命安全基础

为强化安全管理，学校成立了领导小组，逐层签订责任书，积极配合公安等部门对周边环境的整治；确定每学年第一个月为纪律安全教育月，做到每会必强调安全，每周必学安全知识；保安员24小时护卫，每餐必查学生菜食供应，每月必排查安全隐患，每学期必组织安全演练；印发校本安全教育教材，与家长签订《家校安全监督协议书》，逢节假日给家长致信，竭尽所能加强安全教育与监管。多年来，学校从未发生安全责任事故，师生的安全防范意识得到了加强，自我保护能力得到了提高，牢牢地巩固了和谐德育基础。

（三）开展心理健康教育，打牢个体和谐基础

为加强心理健康教育工作，学校成立了领导小组，积极组织教师参加培训。现全校73位教师中有3人获得心理健康教育B证，66人获得心理健康教育C证，教师的业务能力得到全面提高。

为更好地开展心理健康辅导和落实心理健康教育，学校投资3.3万元改造心理驿站、情绪宣泄室，增设了团体辅导室，配置了专职心理健康教师；在七、八年级开设了心理健康教育课，并通过校会、专题讲座、出小报等形式，进行团体心理辅导；还设立了“知心信箱”、开通了心灵家园QQ热线，定时开展心理咨询，开辟多种渠道，积极引导学生主动求助，及时排解心中的郁闷。为更好地解决尖锐心理问题，学校聘请了博罗中专学校的专职心理健康教师何雨甘为顾问，邀请他为师生做辅导报告、为特殊学生排解忧困——上学年，他不但为学校有较严重心理问题的孤儿小君实施了心理救助，还在博罗中专为她安排了学位，让她顺利升学。同时，学校每学期都对学生心理健康状况进行综合测试，掌握第一手的资料，制订加强心理健康教育的措施与对策。

以上措施的落实，及时解决了学生的心理问题，化解了学生中潜藏的安全隐患，有效地提高了学校学生的心理健康水平，打牢了和谐德育的基础。

为了“以礼育德、和谐发展”理念的实现，学校推动了五大工作的落实：

一是健全制度，管理育人，以健全的制度和严格的管理作保障。

学校实行德育工作校长负责制，成立了领导小组，积极落实德育的首要地位，实行德育例会制度，每周研究部署德育工作；制定《德育工作制度》《班主任管理制度》等德育管理规章，完善《校纪十条》《安全公约》等学生管理制度，印发《学生管理规章汇编》，使德育工作常态化、制度化，使师生将制度内化为自己的言行；尤其是将德育工作纳入评优评先、绩效工资考核范围，强化奖惩力度，促进工作的落实。

为加大管理力度，学校采用校长值周、行政领导与教师值日、班主任“三巡”三层次管理模式，同时设立“导师”，对住宿生实行班主任与“导师”的双重管理；构建了科学严密的德育网络，并理清了分工，明确了德育责任，从常规抓起、从细节着手，从穿衣、叠被、吃饭、留头发等方面规范行为，积极培养学生良好的学习、生活习惯。

二是丰富载体，活动育人，以丰富多彩的教育活动作保障。

学校加强了对升旗仪式、国旗下讲话、校园广播等育人阵地的建设，为不同年级确立“学会生活，学会学习”“学会做人，学会做事”“懂得追求，懂得拼搏”的德育重点；每月安排一个思想教育主题，有目的、有重点、有步骤地进行思想政治教育；学科教学中，制定《课堂教学要求》，明确德育渗透的要求，强化教书育人的责任。

开辟劳动实践基地，让学生体验劳动的乐趣，获取实践的真知；成立书法、绘画、舞蹈、歌唱、文学社等社团，组织绘画比赛、泥工大赛、文艺汇演、美术作品展、运动会等；积极落实“大课间”体育活动，引导学生自觉开展艺体活动，提高艺术实践能力，寓教于乐，增强教育效果。

横河镇是革命老区，少数民族聚居地，惠州市低碳生活生态示范镇。根据地区特点，打造自身德育特色一直是学校努力的方向。为此，学校编印了校本德育教材《春风和畅》，这让学校在开展具有地域特色的革命传统教育、勤俭教育、民族团结教育、生态保护教育时有了依托，提高了教育实效。

三是专款专用，关注特殊群体，以优先满足德育经费作保障。

学校为德育工作设置了专项资金，实行专款专用。近三年学校总收入为239.7万元，德育工作资金投入总额54.7万元，占有率达到22.8%（其中含部分捐助和政府投入）。对于德育经费，学校总是予以优先解决。遇上数额较大、学校又确有困难时，学校也坚信办法总比困难多，以最大限度保证工作的顺利开展。

贫困山区学校防流控辍工作压力很大，而这种压力大部分来自后进生、贫困生和留守生这几个特殊群体。学校除了开展留守生教育课题研究外，还建立了后进生档案。通过班主任的教育转化、科任教师的“帮扶”、年级的座谈等办法转化后进生，促进共同成长。同时，学校热切关心贫困生，尽最大力气帮他们解决生活困难——仅上一学年经学校争取获得资助的就有53人，总计获得资助款58 300元。学校也因此在防流控辍工作上取得了成效，积累了经验，得到了上级的肯定。

四是完善激励机制，以全面调动师生积极性作保障。

学校有完善的激励机制——建立德育工作者奖励制度，确立了班主任、导师在“评先”“评优”、职称晋升上的优先性；开展班会评优、组织班主任能力大赛，促使班主任自觉提升业务能力；开展德育量化评比，激励学生争当德育模范；开展文明班评比活动，树立学生的班集体荣誉感；每月评比“文明礼仪之星”，激励学生讲文明重礼仪；健全完善“三好”“优干”、优秀团员的评比制度，激励学生自我完善。

五是凝聚教育合力，以家庭与社会的配合支持作保障。

成立家长委员会和关心下一代工作委员会，聘请校法制副校长定期组织法制讲座，邀请部队首长做国防教育报告，邀请卫生院医生护士做健康知识讲座，利用各种社会力量加强对学生的教育；召开家长会，组织家访，密切与各村委的关系，给家长致信，充分使用各种通讯工具、校讯通加强与家长的联系，争取家长的支持与配合，形成家校教育合力，提高德育效能；开展义务劳动，积极参与社区、敬老院、派出所等的文明创建活动，开辟校内外结合的育人渠道，培养学生的社会责任感。

三、文化的引领与推动

（一）完善校园文化设施

经过近几年的大力整治，学校提升了绿化、美化、净化的档次，学生在校园内就俨然置身于公园，怡情修心，乐在其中。而且学校功能场室齐备，藏书达三万多册，2014年暑假还获捐十部电子图书、六个读书亭。这些设施的完善，为学生的读书、修身、健体提供了优越条件。

进入校园，首先映入眼帘的是孔子雕像，其次是内容为学校特色的各类宣传板报，接下来就是展现学校德育目标的石刻。走廊上布置的是《弟子规》、世界名人名言、师生美术作品以及清新淡雅的文明礼仪小标语。学校十分重视班级文化的建设布置，除了让制度规范上墙外，还鼓励学生全员参与，把自己的个性、班级个性和才艺都展现在一面面墙壁上。在校园文化建设方面，既突出“以礼育德，和谐发展”的德育理念，又兼顾地域特色；既重视民族传统经典，又兼容世界优秀文化；既让学生守纪守规范，又给学生彰显个性的空间。让校园文化较好地发挥其引领作用，对德育目标的实现产生莫大的推动力。

（二）开展校园文化活动

学校鼓励学生多上阅览室，多借阅图书，还把图书室搬进了课堂，在各班设置图书角，开设阅读课，引导学生在书海中遨游；开展各种读书活动，组织读书笔记比赛、参加书香少年大赛等，让学生谈读书收获。学校还举办了文艺晚会、文明礼仪宣讲、经典故事演讲、《弟子规》诵读竞赛、“我们的节日”手抄报绘画比赛等活动，利用青年节、建党节、教师节、国庆节等节日开展纪念活动，促使学生增长知识、提高修养。

（三）推进学校文化建设

多年来，学校致力于推动师生热爱横河、热爱自己的学校，把自己融入到团队中，并对自己的职责尽忠，多比工作、贡献，少比得失，同时致力于让这种行为成为全校所有人的共识，从而推进学校的文化建设。

四、科研与创新的助力

学校在加强德育常规管理的同时，不断引导教师总结提升工作经验，深入开展德育科研活动，大胆创新育人办法，为德育效能的提高提供了巨大的助力。近三年，学校教师撰写的德育论文共有47篇论文获县级以上奖励，有22篇在市级以上报刊杂志上发表。以外，学校教师还在班主任能力大赛、经典诵读比赛中获奖。

（一）“农村留守少年问题与教育对策研究”课题的立项与成果

2010年9月，一名进入学校上学仅八天的七年级留守女生离家出走的事件刺痛了全校师生的心。经过进一步了解，学校的留守少年人数竟超过全校人数的10%，而且重度违纪常有惊人之举，违纪率高，处理起来还特别棘手，因此学校开始了对留守少年问题与教育的探讨。2011年6月，为破解学校德育瓶颈问题的课题“农村留守少年问题与教育对策研究”成功获省级立项。

一年多来，课题组成员与留守生结对子跟踪帮扶，发动全校师生关注关心和帮助这个特殊群体，与他们玩游戏，分享他们的喜怒哀乐，指导他们学习，鼓励他们多参加社团活动，开展教育活动，让他们懂得感恩知道珍惜。学校又特别为他们开放多个功能室作为活动场所，让这群孩子感到父母离开后学校有家、老师同学有爱、自己心中有温暖。2014年夏天课题组还收到了一份厚礼——九年级44位留守生中有15人考上了重点中学，38人选择了升学读书，升学率竟毫不落后。课题组也收集了大量的第一手资料，取得了初步的分析数据，尝试了许多教育对策，撰写了四十多篇研究论文，其中王文强撰写的《从理解与尊重出发，用细节打动学生——留守学生工作记录与思考》、谭榕新撰写的《我那“可爱的”留守学生》、黄伟云撰写的《心理健康教育案例：让爱成长》在县教育局组织的德育论文评比中分获一、二、三等奖。学校已将研究的初步成果编印成集子——《留守希望》。

（二）放手让学生自主管理

成立学生会、团委会、阳光志愿服务队，放手让学生干部、积极分子全程参与学校管理；安排学生干部值日，直接参与常规管理；选派文明班周评小组，直接参与班级评优激励；成立卫生监督小组、纪律监督小组全天督查；鼓励志愿服务队自觉服务同学。通过自我管理、自我教育、自我服务，学生完成了自我完善、自我提高。

（三）网络德育的尝试

电子网络已融入了我们的生活，校讯通的使用让我们知晓网络也能为德育服务。2014年春学校建设了自己的网站，多了一个让家长、学生、社会深入了解学校的平台。2013年，学校开始尝试“QQ德育”，通过在学校以及各班建立QQ群，了解学生思想现状，加强引导教育，这让很多班主任尝到了甜头。2014年学校又开始尝试开通博客，通过博客发布消息，共同探讨，加强德育工作。

五、育人目标的实现

明礼：现在只要你跨进校门，一张张笑脸会送来真诚的问候。刚从村小学进入学校的七年级同学也迅速形成习惯，渐渐熟悉礼仪，进一步懂得孝悌之道。学校开展的值日学生干部在校门口迎候同学、向同学鞠躬问好的活动还曾被《惠州日报》报道。

慎行：曾经政教处是“消防队”，天天出动查处违纪事件、教育违纪学生，废寝忘食是家常便饭。现在却是活动专业队，专事多彩德育。

崇德：学生礼周仪正、遵章守纪、知错能改，这本身就是一种美德；而诚心向善则更是可喜可嘉——阳光志愿者招募，计划招录60人，却有300多人报名。近三年，学校学生德行日高：黎芷琦被评为“惠州市美德少年”，徐嘉慧等21人获得“惠州市未成年人品德优秀旭日奖”，徐文娟等35人被评为市县“三好”“优干”。

笃学：有了纪律的保证，课堂的学习风气浓了，绝大部分同学都做到了入室即静、入座即学，同学们都懂得了怎样进行共同探讨、如何刻苦钻研。专心于文化学习的，同学们也没有忘记发展自己的特长和强身健体：各种社团活动人满为患，“大课间”热闹非凡，竞赛活动屡创佳绩。

和谐发展：由于措施得力，效果明显，学校学风日浓、校风日正、违纪日少，没有出现一起违法行为。近三年，学校完成了1167人的义务教育任务，将351名同学送入国家示范性重点高中，中考成绩年年创造历史记录；学科竞赛中，有52人次获得了县级以上奖励；艺术竞赛中，有31人次获得了县级以上的奖励。学校学生的学习成绩得到了全面的提升，各种特长也得到了一定的发展，办学质量深受社会各界的信赖和赞誉。

后记：“捧着一颗心来，不带半根草去”，这是著名教育家陶行知一生献身于教育事业的真实写照，也是谢太荣校长奋斗在教育战线上的座右铭。谢校长始终站在教育这一块精神高地上，守望着自己的理想，守望着那个甜美的梦，谱写着一曲人生平凡而卓越的乐章。

德高为师，身正为范

——记惠州市麦地小学校长李宏略

题记：『教育无极限，尽心最美好。』一句朴实的话语，却是一位教育工作者的朴素心迹。拥有如此美好教育情怀的好老师，拥有如此崇高育人境界的优秀校长——惠州市麦地小学校长李宏略，就是这样诠释『德高为师，身正为范』的涵义的。

在同事眼中，他和蔼、务实、勇于创新；在孩子心目中，他可亲、认真、充满魅力；在家长眼中，他可敬、儒雅、夙怀韬略……他，就是惠州市麦地小学校长——李宏略，小学语文高级（副高级）教师。1990年至1994年他在农村中、小学任教，1994年至1999年调任惠州市中心区重点小学任教。2003年，因个人能力突出，他被区教育局指派创建惠州市麦地小学（惠州市第一所民办公助性质的学校），并担任该校校长至今。

一、常修立身之德，坚持做到率先垂范

“不为当传统意义上的校长而当校长，只是为自己孜孜追求的教育事业搭建一个平台……”这是一句再朴实不过的话，也是李宏略校长在创建麦地小学之初常常对自己说的一句话。11年前，他带着组织的信任，顶着同行的不解，没日没夜地投入到麦地小学的创建工作中；11年前，年仅31岁就担任校长的他，怀着满腔热情，凭着满腹才华，全身心投入到工作中，从而赢得了班子成员的支持及全校师生的拥护；11年来，因为他善良敦厚、公平公正、敢于担当、身正为范的人格魅力，不仅赢得了师生的爱戴，还得到了教育主管部门的赞许，家长、社会的认可……一直以来，他都是这样。当学生有困惑时，他俯身倾听；当老师有困难时，他嘘寒问暖；当家长有疑问时，他敢于批评和自我批评……可是，当他可敬的岳父罹患癌症时，因为忙于建校之初的繁杂事务，他只能在晚上抽空到医院，边照顾岳父边办公；他的母亲、孩子生病住院，他只是匆匆办好手续又赶回学校工作……李宏略校长以其磁石般的人格魅力在全校师生中形成了巨大影响力，汇成一种强大的凝聚力，触动麦小师生的心弦，让彼此之间产生共鸣，形成和音，奏响了学校工作最美妙动听的乐章：教师积极、快乐工作，孩子认真、愉悦学习，师生和谐，校园温馨。麦小不仅仅是知识乐园，还是高雅的精神乐园。

二、常思办学之策，努力打造德育特色

李宏略校长是一位具有独特教育思想的教育引导者，是麦小德育特色的缔造者。他深知小学教育是现代教育的基础，对人的素质培养、人格塑造有着根本的影响，而教育的根本是育人，育人的核心是德育。李宏略校长带领学校班子成员及师生共同商讨，抱着实事求是的态度，努力在社会、家长、学生的共同需求中寻找平衡点和结合点，实施“可持续发展教育”模式，明确“以人为本，和谐发展”的办学宗旨，提出“为培养具有中国魂和世界眼光的现代人奠基”的学生德育目标，倡导“教育无极限，尽心最美好”的师德信条，引导全体教师用“四爱八最”作为师德努力方向……充满人文气息而富有哲理的育人理念，无不体现出一个校长、一位教育者的慈善情怀

和教育谋略。

他还是一位夙怀韬略的教育者。自建校以来，李宏略校长带领班子成员一同致力于把先进的德育理念转化为具体的教育行为。经过长期研究、摸索，创建出了颇具特色的麦地小学“一二三四五”德育工作模式，其主要内容包括：一套机制（完善的德育工作机制）、两项工程（“麦小是我家”工程、“扬峰填谷”工程）、三大阵地（舆论宣传、兴趣培养、弘扬传统）、四育活动（道德传统教育活动、习惯养成教育活动、生活体验教育活动、心理健康教育活动）、五项课题（国家部级课题“家校合作提高小学生自治水平与能力研究”、省级心理课题“‘学生—教师—家长’三方联动的小学生心理健康教育”、省级课题“特色班级的创建与研究”、市级心理课题“小学生健康心理的塑造与辅导研究”、区级课题“小学生经典诵读策略研究”）。通过研究实践，形成了“工作有保障、活动有载体、内涵有特色、形式有创新、层次有提升”的麦小德育工作格局。

三、常怀德育之要，浸润麦小师生心灵

“欲明人者先自明，欲育人者先自育。”李宏略校长深知每个教师都是德育教育的主力，所以学校教师团队的打造尤其关键。他倡导并实施“文化管理”，注重以人为本，促进学校、教师、学生和谐发展。麦小不仅成了教学圣地，还成了育人佳境。

李宏略校长在打造教师团队方面除了推出一系列组织机构、岗位职责、规章制度外，他更加注重人本管理，尊重教师情感、事业、精神的需求，为教师的物质待遇发展、事业成就发展、知识更新与能力发展提供优质平台。每学期由学校负责经费的两次教师集体外出业务学习活动、四次自选业余参观学习活动，特殊节日教师不经意间收到学校赠送的鲜花、贺卡、蛋糕，校长亲自为每位教师撰写的个性化新年寄语，西餐厅里的工作经验交流会、学校组织的教师家庭旅游、颇有意义的教师团队拓展训练等具有学校特色的传统活动……使学校教职工感情融洽，心情舒畅，促进了团结协作、和谐的人际关系形成。

李宏略校长常说：“学生不仅需要知识，而且需要高尚的灵魂；不仅需要生存，而且需要创造性和发展。”在“以生为本”的理念指引下，麦地小学全体教职工心系学生，把培养学生的社会责任感、创新精神和实践能力，促进学生健康成长作为学校一切工作的出发点与落脚点，努力引导、培养学生，竭力关爱、服务学生。“六一”儿童节，李宏略校长和老师站在校门口给孩子们派发礼物；在综合实践活动中，他和孩子们一起进行“义卖”活动；在特殊的日子里，给予学校特殊孩子悉心关爱……他就是这样，要求教师树立以学生为本的教育理念，尊重教育规律和学生成长规律，致

力于创造一个和谐平衡的绿色教育生态环境，让学生快乐学习，开发学生智力，引领学生发展，挖掘学生潜能，实现学生个人的可持续发展。

“十年磨一剑，麦小展辉煌。”在李宏略校长的正确领导下，学校一直稳健发展，逐渐凸显出鲜明的“两培三育”办学特色，得到了上级教育主管部门及社会各界的高度评价与认可，是一所学生向往、家长评价高的教育乐园。学校收获的诸多荣誉就是最好的见证：国家“和谐校园先进学校”、省一级学校、省“德育示范学校”、省“安全文明校园”、省“红旗大队”、省“巾帼文明岗”、省“心理健康教育示范学校”、省“语言文字规范化学校”、省“书香校园”、省“五四红旗团支部”、市“文明单位”、市“万师访万家先进单位”、市“城乡联动先进学校”、市“绿色学校”、市“科学教育特色学校”、市“艺术教育先进单位”等，硕果累累。因为工作业绩突出，成绩优异，他本人也多次被评为区“优秀党员”“岗位建功先进个人”“优秀教师”“十佳校长”“优秀校长”，获得了惠州市第五届“十佳校长”、惠州市“优秀教育工作者”、广东省“优秀党员”、中央教科所授予的“教育科研先进个人”等荣誉称号。

后记：如果说教师队伍是一支乐队，每一名教师就是乐队里的乐手，而校长就是乐队的指挥。他以全情的投入指挥、感染着乐手，用饱含爱的激情演奏出教育崛起的动人旋律。麦地小学李宏略校长就是一名出色的指挥，他引领着麦地小学全体教师以崇高的理想、不懈的追求、默默的耕耘、无私的奉献奏响了最美的旋律。他用自己朴实的个人修养，淳朴的育人情怀，朴素的教育思想，创造了一个儒雅、馨香的教育乐园！

一名乡村校长的教育情怀

——记惠州市仲恺高新区惠环中心小学校长马直青

题记：『把任务当作机会，才能更好地工作。』『个好的平台胜过100条措施。』『培养就是给予机会。』这些是马直青工作的领悟，他认为『任务』大多来自于外在的压力，而『机会』则来自于内在的追求。给师生一个好的展示平台，就是给师生成长的机会，这是通过『措施』而难以达到的。

马直青，出生于60年代末，23岁任教导主任，27岁任惠环红旗小学校长，33岁任惠环中心小学校长，主持惠环中心小学的全面工作，主管惠环街道面上小学和民办学校、幼儿园的业务。惠环中心小学原是一所镇办学校，最初只有12个教学班，硬件设施和规模在区域内没有任何优势，但并不影响他对教育的追求。

2007年他被列为“惠州市教育拔尖人才十百千工程名师培养对象”。他任职校长期间，学校曾被评为“广东省绿色学校”“广东省依法治校示范学校”。他于2009至2013年间两度主持广东省德育科研课题，其中2011年结题的课题被评定为优秀成果，他也被评为“广东省德育科研课题研究先进个人”。2012年在仲恺高新区宣教文卫办的支持下，他创办了“仲恺教育论坛惠环教育讲坛”，坚持每学期举办一次教育论坛。通过举办论坛，广泛征集教育文稿，开辟了教师自主成长的新途径，点燃了教师专业成长的热情。如今，教育论坛已成为教师成长的舞台，是教师教育智慧闪耀的地方。

一、树立教师形象，他是以行为表达的践行者

马直青说，践行社会主义核心价值观，不是看你怎么说，而是看你怎么做，“为国家培养人才打好基础、为社会传播文明、为职业播洒热情”就是践行社会主义核心价值观的表现。要实现这一目标，首要的是提升自身素质，使自己成长为学生学习的标杆。教师“读好书、做对事”是提高自身素质的基本途径。

“我理想的教师是有教师的形象、父母的情怀、学生的心态。”在谈到队伍建设时，马直青如是说。他认为教师从事的是促进人成长的事业，教师严慈相济的形象是孩子成长的方向标和心灵成长的润滑剂；他认为教师本身就是学生学习模仿的对象，因此教师树立自身形象十分重要。在他的学校有一面会说话的墙：“教师是学生的镜子，学生是教师的影子。”作为对教师的鞭策，他是这样说的，也是这样做的。中专毕业的他，通过自学考试先后获得了大专、本科学历。他说，选择自学考试的原因就是强迫自己要深度读书，而不是仅仅为了一本学历证书。教师有了“书卷气”才能引导学生爱上读书，校长有了“书卷气”才能凝聚智慧型的教师团队。因此，他所在的学校每学期都购买一批图书，而且推出“教师读书，学校买单”的制度，只要教师购买的书（一般指教育类的书）学校都可以给予报销。读完后的书储存到学校图书室，这样教师自主选择阅读的书目就多了。教师书读多了，理论基础扎实了，视野开阔了，教育思想和方法也就活了起来，形成了“教师好好读书，学生天天向上”的氛围。他说，一个要求学生多读书而自己不读书的教师，是不可能营造书香班级的。在

与他的谈话中，你能深深地感受到，他在学校把“爱国、敬业、诚信、友善”的社会主义价值观细化为点点滴滴的行为准则。他说，爱国从爱家、爱生、爱校启程；敬业从上好课、敬重同事、尊重学生开始；诚信从慎作诺言、说到做到、勇于担当开始；友善从情绪健康、善待自己和家人开始。他认为，以教育行为阐述教育思想是“学为人师，行为世范”的内涵之一。在他看来，践行社会主义核心价值观是要用一辈子去坚持的事。

从他的身上，你可以领悟到：一名优秀校长只有努力塑造个人的高尚人格，才能带出一支具有高尚职业道德的教师队伍。

二、培育队伍素质，他是以科研引路的实践者

马直青说，一个人的价值观隐藏于内心，表现于行为。教师的职业是面对个性多样的孩子。如果只按内心的一把尺，不走科学育人的道路是走不宽、走不远的。从事教育科研的目的是把育人方式方法贴近人的成长规律和心理特点，把育人途径“走得宽、走得远”。

“有什么样的学生观就有什么样的教育行为；一个好的平台胜过100条措施。”他认为学生不仅仅可以接受性地学习知识，更重要的是可以发现知识和运用知识。学生是有思想的，很希望自己的想法得到重视。基于这样的认识，从2003年起，以“自信、自主、自为、自勉、自律”为内容，他提出了以“信心教育和责任教育”为核心价值的校园文化建设思路，开展了“做最好的自己”系列教育活动，展开了素质提升的实际操练。2009年至2011年他主持了广东省德育科研课题“小学德育规范管理与学生自主发展关系实验研究”，2011年至2013年他主持了广东省德育科研课题“小学主题班会模式创新实验研究”。课题研究为学校管理搭建了“以强化校风校纪为主题的纪律教育月、以强化个性发展为主题的读书月、以感恩教育为主题的特长展示月”三大管理平台。为促进规范管理，实行了班级管理按“制定规则、遵守规则、体会规则的好处”三步走的教育模式；为促进学生发展，开展了“认识自我、实践自我、愉悦自我”等自主发展的三大活动。开展了以“我”为主题的征文活动，加强了学生的自我认识；开展了“写建议书”活动，增强了学生的责任意识；开展了“写表扬信”活动，把学生的目光吸引到发现同学优点上来。他开启了学校管理走规范化轨道，学生发展走个性化轨道的新局面。

2013年，他提出了“学科教育”的概念，全面推行微型课题的研究活动，要求每

位教师每学期在重点发展一两个项目的基础上，解决一两个学生的习惯养成或学业发展问题，从而提高了全体教师学科教学德育渗透的科研意识。他还全面推行学生评教活动和学生心中好家长的评价活动，为教师的专业发展提供了一面镜子，为家庭教育打开了一扇窗口。

他从“训练有素”这个词中得到启示，认为要提高队伍的素质就要对师生进行专项训练，并把机会赋予任何一个有展现欲望的人。因此，每周周一至周五的晨会上分别安排了国旗下讲话、礼仪训练、经典诵读、队列训练、注意力训练等普及性练习。在针对性的训练中融入社会主义价值观的思想元素，全面提升人的整体素质。

从他的身上，你可以领悟到：一个具有科学精神的校长，他的精神会感召教师的科研意识，启迪教师领悟教育的真谛，为孩子的成长设计一条健康大道。

三、传播教育理念，他是以论坛现才的尝试者

马直青常说，传播社会主义核心价值观，就是要让周围的人感受到其中的真实意义，积极传播先进理念，在工作中“不把自己当外人”，在生活中“不把自己当客人”。有了主人翁的心态和行为，实现自身价值才有可能。他认为，请名家名师做论坛，不如请身边的教师上论坛，只有首先充分利用身边人的智慧，借助大家智慧才有意义。“给教师一个舞台，还教师一份精彩”，这是论坛现才的初衷。

“何以让一个教师夜以继日，不分双休日地研修教材，整合教学资源？我只不过提供了一次机会、一个平台而已。一个好的平台胜过100条措施。”他如是说。2013年，为了让语文教学更贴近课程标准，他大胆鼓励叶海燕老师负责“深耕阅读”教学尝试，革新语文教学方式。得知叶老师为了落实深耕阅读工作，倾注节假日时间而乐此不疲毫无怨言后，他总结了上述的一句话。把身边优秀人物的事迹传播出去就是弘扬社会主义核心价值观，这是他朴素的想法。因此，有20多年教育经验的他，立志要做一个优秀教师成长的推手。创办教育论坛，让人才现身，是其圆“名师推手”之梦的做法。

马直青是一位有教育理想的人，他勤于阅读，善于思考，其所思所想，总希望广而告知，因此他总喜欢在周例会上传播自己的思想。2011年他开始有了举办教育论坛的冲动，2012年在时任仲恺高新区宣教文卫办教育科科长文玉英的支持下论坛开讲，从此一发不可收拾。他主讲了《人的心智特点与教育》《从教育问题寻找教育方向》《教师育人的教育智慧》《我心中的教育》等专题讲座，先后带领40多位教师走上讲坛，介绍自己的研究专题，分享教育小故事、教育小经验、教育反思和文笔欣赏等。

正所谓“一阴一阳谓之道”，他认识到任何事物都有正反两面因素，所以他现在正准备在论坛上举行辩论会，推行“钟敲则鸣、理辩则明”的做法。我们有理由相信，这必将成为一场思想的盛宴，让一批思维敏捷能说会辩的教师脱颖而出。马直青正以这样的方式，带领他的团队传播社会主义核心价值观的正能量，形成了良好的教坛新风尚。

后记：在与马校长的交谈中，你会领悟到他是一个有教育理想的人。他把教育情怀化为行动，严以律己，探索规律，推陈出新，培育团队。我们期待惠环中心小学在他的带领下，始终围绕“人”这个核心，遵循育人规律，探索育人的新途径，走出一条特色发展的育人之路。

用心育德，追梦圆梦

——记汕尾市陆河县实验小学副校长叶纂妹

题记：『认真做事只能把事情做对，用心做事才能把事情做好。』这是叶纂妹常说的一句话。

有这么一个人，总把教研当成爱好，把教化学生当成最大的乐趣，把教书育人当成自己的毕生事业和追求。她就像永动机，对教育教学工作永远保持着不变的热情；她就像一颗火种，到哪里都能燃起人们对教育工作的热情。“用心做一名好老师”是她的从业梦想，她，就是陆河县实验小学的叶纂妹副校长。

她生活在教育并不发达的地区，但她的队伍在全省乃至全国的竞技舞台上崭露头角，让人们逐渐记住了这所名不见经传的学校——陆河县实验小学。

一、让书香浸润童年

她，在陆河县甚至汕尾市的小学语文界都享有盛名，是市首批小学语文学科带头人、市“优秀工作者”、市名校长培养对象、县名师，曾分别主持过省级、市级小学语文教师的教研活动。2004年至2008年间，她还曾被择优招聘为陆河县小学语文兼职教研员。由于工作的需要，2008年4月，她被任命为陆河县实验小学的副校长，分管德育工作。

从教研员到学校领导的转身，她迅速调整好自己工作的角色定位。有人说副校长是学校的参谋长，而这个参谋长不仅要为校长当好参谋，出好主意，还要为学校的发展当好参谋。她充分发挥自己的专业特长，以自己的专业智慧影响校长的决策，参与制订学校的发展方案。

怎样建立一种长效的机制，让德育与学生的心灵无缝对接？她认为最好的办法就是读书。“腹有诗书气自华”，阅读能让人的心灵变得充盈而富足。她从打造书香校园入手，致力于学生阅读习惯的培养。她常说：“即使这里出去的学生将来当农民工，只要他有阅读的习惯，休息的空闲，下工到工棚，他都会干与阅读有关的事。试想：一个人一手端着饮水杯，一手握本杂志，就能沉醉其中。他会忘记所有的疲倦与烦恼，是件多么幸福的事。”

为了培养孩子的阅读习惯，学校进一步加强了对学校图书室、班级书橱的建设，以学科阅读、主题阅读、经典阅读、分级阅读、当代作家系列阅读为主要阅读内容，以课堂阅读、班级阅读、师生共读、自主阅读为主要形式，以评选“阅读之星”为主要抓手，让校园书香弥漫。此外，利用家长会宣传，设立家庭书橱，不断充实家庭图书。亲子阅读，让家校双轨并行，扎扎实实地用书香熏陶学生的性情，浸润学生的心灵。2008年底，学校被评为广东省首批“书香校园”。至今，学校已经连续5年被评为广东省暑假读书活动先进单位。

一个山城小学之所以能取得如此成绩，源于学校的坚守，源于对教师职业幸福的引领，源于对学生的精神关怀。六年前，她就在思考自己的特长与使命。她深深地知道，推行读书，需要常抓不懈的耐性和与时俱进的创新。她率先垂范，带领师生阅读，推荐好书；她别出心裁，给师生奖励图书，创设舞台让师生展示集体的、个人的风采。如今，静心阅读已成为实验小学的一道亮丽风景线。但是读书的作用是一个潜移默化的过程，它需要时间，需要耐心，需要持之以恒的信心。就教育者来说，它只有开始，没有结束。

二、让理礼风行校园

她深深地懂得自己是在边做边学，一定要勤政务实。为了做好工作，她总是把学生的作业抱回家批改。上完课，她就利用课余时间在班级之间多跑跑、多观察。遇到问题，她总是主动寻求答案，呈现给校长的不是问答题，而是选择题。

她发现学生的很多问题是因为城乡结合部的生活环境，使得学生从小没有树立社会交往的规则意识，自由而有点泛滥，野性有余而儒雅难成。

她认为，教师是学生品德成长过程中重要的他人，要求学生做到的，自己必须身体力行，以身作则。从德性成长的角度看，无论教师自己是否意识到，其自身就是天然的榜样、最直观的教科书，是最丰富的教育资源。于是，她用自己的行动感召教师：每天早晨微笑着站在校门口，迎接全校师生的到来，主动与师生问好，与家长道别；雨天，为学生撑伞；在全校的集会上，与师生一起唱“123”，称赞校园“美”，体会微笑的魅力，就在盈盈一笑中，传递热情，演绎尊重与和善。

她精心策划开展养成教育系列活动：从学生的日常行为规范到一日常规，再到每节课的敬礼细节，规范学生的言行举止。从一分钟集队到上下楼靠右走的训练，再到集合比赛；从安全主题班会、安全演练到亲子绘制火灾家庭逃生示意图，从听消防讲座到去消防大队过“六一”等，强化学生的安全意识。从主题队会、知识讲座到“文明之星”“礼貌小使者”“阳光少年”等评比活动，把条条框框的内容变得实际具体化、趣味化，融情入理，使学生能理解，并要求学生用所学的道德准则、行为准则，规范指导自己的言行。少先队大队部的值日岗，对各中队的表现进行评比，每天一公布，每周一小结，每月一评比，把自律与他律相结合，把个人与集体联系起来，利用评比，让学生找到身边的榜样。这样，常规训练、活动激励和榜样示范构成了学校学生主体体验的活动网络，使学生的行为习惯、文明礼仪等方面得到很好的培养。

如今，学生的举止越来越规范、文明有礼了，学校的名气更大了。这六年里，学校先后荣获“广东省红领巾示范学校”“广东省安全文明校园”“广东省体育特色学校”“全国艺术教育先进单位”“全国优秀少先队集体”等荣誉称号，成为陆河县创建优质学校的示范点。细数着这些成绩，你会不禁感叹：“思想有多远，就能走多远。”当德育理想润泽到校园的每个角落时，农村教育一样能做出大文章。

三、让师生幸福成长

作为副校长，除了多方配合协助校长把工作做好，她还善于在校长与中层干部、教职员工之间充当润滑剂，保持团队的上下和谐。很多学校正遭遇教师职业倦怠的管理难题，实验小学却如伊甸园一般。她说，团队管理需要的就是老师之间彼此了解，有不断追寻的梦想，培养共同的爱好，互相鼓励，大家就能一起幸福成长。

她十分注重课堂引领。她认为，教师的职业生命在课堂。抓住了课堂，才抓住了教师的心；抓住了“全员德育”的精髓，才抓准了学校德育的命脉。她从品德课和班队会课着手，引导老师们摒弃空洞说理的课堂形式，加强主题形式、成长体验式课型的研究。为了让老师更直观迅速地理解新的教育理念，帮助年轻老师成长，她常常与老师一同上课，一起磨课。老师在台上比赛，她总是站在老师的身后，在一旁“拎包”陪伴，做他们的坚强后盾。现在实验小学的老师能力更强了，经常出现在各级教学竞赛的舞台上。近6年里，已经有8个课例和20多个主题队会获得省级奖励。参赛只是一个与外地同行交流切磋的平台，更重要的是研究的过程，以及教师的专业水平能得到逐步的提高。

她是课题研究的引导者。她凭借自己主持的省级德育课题，鼓励课题研究的中坚力量——骨干教师针对自身的研究特长和兴趣点，申报市级课题并进行深入的研究。近6年里，已有12个市级课题顺利结题，每个课题的参与人都有三个以上。这样一来，学校一半的老师都参与到课题的研究中，形成了人人做课题、个个在研究的局面，有效地提高了课题研究的效率，促进了学校整体科研水平的提高。

近年来，实验小学名气越来越大，外校老师经常推荐难缠的学生家长把孩子“转学到实验小学去试试吧”，而本校的老师就抱怨转学来的学生太难教了，不理解学校为什么要接收这样的学生。她知道后，对老师们说：“这对我们是一种信任，是一种肯定，当然更是一种挑战。有问题的学生往往是因为问题家庭导致的，学生自己是可怜而无助的。医生从不会嫌弃病人病得太重而不去医治，相反会进行专家会诊。我们教育工作者对待问题学生，一个也不能放弃。要相信自己，相信实验小学这个团队，办法总比困难多！”“一个也不能放弃”说起来容易，做起来却需要付出许多努力。为了教育好学生，她总是挤出时间多与学生谈心、交朋友；总是身先士卒，主动与班主任联系，共同商量对策。最难缠的学生，最后往往跟她最亲。

后记：叶纂妹她常说，认真做事只能把事情做对，用心做事才能把事情做好。“用心”是对一个人工作和事业的最佳褒奖。在平凡的工作岗位上，她尽心尽力，尽职尽责，用心做事、用心谋事、用心教学、用心克服前进中的困难和问题，把自己的聪明才智融入到教育工作实际之中，一路播种梦想，一路圆梦。我们坚信，这样一名用心的教育工作者，一定会带给我们一个个惊喜，一定会迎来一个个灿烂的丰收的金秋。

辛勤耕耘在德育的田野上

——记东莞市长安中学副校长吴房添

题记：吴房添老师常说：『如果说教育不是工业而像农业的话，我认为德育就更是地地道道的农业。』教育不能采用工业的标准化批量生产，人才要靠个性化创新性地培养，学生的道德生命只能像田野的幼苗一样在精耕细作中长大。全国政协常委、苏州市副市长、教授、博导朱永新说：『当下中国教育最缺少的就是一种深入现场的田野精神。』『新教育需要农人，把两条腿深深扎到泥巴里的人，就是实践者、行动者』，吴老师就是这样的人。

吴房添，东莞市首位中学德育高级教师，在德育岗位上勤奋耕耘了27载。长安中学是东莞市基础教育课程改革实验先进学校，教学质量一直处于市同类学校先进行列，学校突出的办学特色是全员育人的德育特色。吴房添老师的突出贡献是以田野研究方式方法构建了中学有效德育模式。“田野研究”是从人类学研究移植过来的一种科研方式，它是研究者深入现场进行的，旨在解决问题的一种质的研究和行动研究。

在德育田野中，吴房添始终担当着两种角色：农夫和研究者。他积极践行“读书育己、教书育人、著书育世”的理念，先后出版了《来自前沿的报告》和《德行天下》2本德育文集，《风展国旗舞蓝天》《润物有声》和《真情告白》（编辑中）3本国旗下讲话选编，以及《化雨春风》德育科研集。这6本书是他辛勤地耕耘在德育田野中的记录。东莞市人大常委会常务副主任黄双福同志在为《德行天下》作序时说：“吴房添老师主持长安中学德育工作20余年来，坚持发愤图强，辛勤耕耘，并获得累累硕果。若没有他的辛勤笔耕，许多成果可能流失。有幸的是，吴房添老师在青灯黄卷下、深夜无眠中，为我们留下了一份份当代德育工作者的亲身实践与体会的珍贵记录。”多年来，吴房添老师在《中国德育》《德育报》《中小学管理》《师道》等国家级、省级刊物上发表德育论文30多篇，曾被评为“广东省先进教师”“广东省优秀共青团干部”和“东莞市十佳青年”，先后获得广东省教育厅设立的广东省普通教育教学成果奖一等奖1项、广东省中小学教育创新成果奖二等奖2项，受到了全国、省、市各级的表彰和肯定。他的一些做法与经验得到了推广，为德育工作的深入开展提供了有益的借鉴。

一、研究的起点——德育面临问题的重要性、挑战性

1999年4月，东莞市公安局长安分局抓获一个摩托车盗窃团伙，其中就有10名长安中学初一学生。镇委镇政府和全镇人民极度重视，全校师生震惊、痛心，学校声誉受到严重影响。吴房添深入调查得出的结论是：学校德育机制未能完全适应社会的变化，如果不立刻实施改革，更严重的违法犯罪事件将接踵而来，当务之急是德育工作机制的创新。于是他遵照《中共中央、国务院关于进一步加强和改进未成年人思想道德建设的若干意见》中“从增强爱国情感做起，弘扬和培育以爱国主义为核心的伟大民族精神”的指示，从实际出发，着手进行了“经济发达地区预防中学生犯罪的教育机制的研究”“提高国旗下讲话德育功能的研究与实践”“从中日关系切入，深化中学爱国主义精神教育”“设德育校本课程，补学生缺失教育”等多项课题的研究。多年来，吴房添在学校德育面临一次次重大考验时，迎难而上，破解难题，引导学生走上正确的人生之路。他的田野研究的中心课题就是“立德树人”，并体现“为校者，

育人为本，育德为先；为师者，以德育人，育人以德；为学者，以德为重，以德立身”的德育理念和教育理想。

二、研究的过程——同时做田野中的耕耘者、研究者

吴房添和同事们坚持贴近每个学生，根据年龄、心理、成长历程等个性特点，有针对性地对学生进行思想品德教育。他们深入“田间”，扎根现场，推进改革。以“经济发达地区预防中学生犯罪的教育机制的研究”为例，他们进课堂、进学生宿舍、进学生家门、进公安分局、检察院和法院，与学生、家长、同事、干警、检察官和法官交谈、请教，发现了若干问题：（1）学校德育缺乏创新，刻板地按若干年前的安排、按上级的统一部署、按教材固有的内容进行，没有教育学生在新情况下怎样认识校外的世界，缺少应有的保护、防范措施。（2）片面理解正面教育，放弃惩戒教育，报喜不报忧。（3）校内外教育衔接不上，家校配合不够等。自2000年起，学校深入德育工作改革创新，主要有六方面：一是引领，建立社会主义核心价值体系的引领机制；二是防范，构建严密有效的防范机制；三是预警，做到对可能犯错误的学生早发现、早帮助，及时劝止；四是化解，构建中学生心理障碍的化解机制；五是转化，使每一个走上错误道路的学生都受到感化，能够迷途知返；六是激励，构建使每一位有过失行为的后进生重新奋发向上的激励机制。

三、研究的重点——培养学生正确的价值观、荣辱观

吴房添老师在学校德育课程上进行了大胆创新，在国旗下讲话中，坚持以社会主义核心价值观教育为主线，加强5个方面教育：以爱国主义精神为核心的民族精神教育；理想信念教育，把个人成长与祖国建设事业、人民根本利益紧密联系起来的教育；良好道德品质和文明行为习惯的教育；科学精神教育，包括反对封建迷信、反对邪教的教育；荣辱观教育，开设“知荣明耻促成才”课，引导学生辨析荣耻，进行树立正确荣辱观的教育。

自党的十六届六中全会提出社会主义核心价值体系以来，吴房添与老师们开展了社会主义核心价值观教育的田野研究，其中有“从中日关系切入，深化中学爱国主义精神教育”的研究，包括：从祖国受日本帝国主义侵略的国耻教育切入，牢记国耻，探明根由，加强教育的深刻性；从社会上对中日关系的论辩切入，让学生批判错误思潮，加强教育的批判性和战斗性；从对国耻的反思切入，深化国情教育，引导学生确立社会主义核心价值观，加强教育的针对性；从建国以来我国受到军事威胁和侵犯的经历切入，深化国防教育和科技兴国教育，提高教育的实践性；从我国对日政策的研

究切入，引导学生将爱国激情化为爱国智慧，提高爱国主义的理智性。

四、研究的原则——全程坚持研究的科学性、情感性

在研究过程中，吴房添和老师们发现，教育工作者的田野研究与外国人类学的田野研究有一个明显不同之处：外国人类学学者的研究目的很明确，就是尽快地“打捞”到材料，撤离“田野”；而作为教育工作者的教师，研究的是学生、是自己祖国的未来，教师绝不是“打捞者”，而是“农民”，如果教育是一条战线，教师就是战士。以国旗下讲话的研究为例，国旗下讲话不同于做报告和讲课，它的任务是唤起全体师生对某一问题的高度重视并采取正确的态度和行为。由于时间短，听众是从初一年级到高三年级的学生和全体教职工，因此不可能做系统的知识传授，重要的是在深入浅出地用深刻哲理和严密逻辑进行一针见血论述的同时，用炽热的情感调动起听众对论题的高度关注和全情投入，使他们激奋而起，闻声而动。因此讲话者必须富有激情，做到情理交融。吴房添老师和指导小组成员一起，在提高自我修养的同时，辅导讲话者要善于移情；在讲话的准备和进行过程中，要进入角色；在引述生动感人的事例时，要充分调动自己的想象力，将讲稿语言化为视觉形象，如见其人其事，如临其境，把学生带动情境中去，悲喜与共，提高讲话的说服力与感染力。

后记：教书育人是一份艰苦且平淡的职业，但忠诚于教育事业的教师生涯能使人景仰崇高，摒弃庸俗，鄙视势利。在当前充斥着浮躁与功利的现实里，吴房添老师和长安中学的老师们坚持信仰，甘于平淡，执着追求，春风化雨，矢志育人，默默奉献。育人为本，德育为首，德育需要更多的教育工作者像春风春雨滋润青苗嫩芽一样，呵护学生道德生命的健康成长，出色地完成十八大提出的立德树人的根本任务。

坚持以德立校，努力打造德育品牌

——记东莞市樟木头镇实验小学校长巫荫强

题记：『理想的教育，贵在理性的坚持』，这是巫荫强校长嘴上经常挂着的话。教育需要理想，更需要信念；教育需要智慧和改革，更需要行动与坚持。樟木头镇实验小学建校至今已经九年，在这九年中，他把自己的教育理想凝练成一句话：好习惯终身受益，尔后坚持不懈，反复砥砺，慢慢收获成功。其实，理想的教育之境并不遥远，当真理在握时，理性的坚持是我们前行的唯一选择与必经途径。

樟木头镇实验小学成立于2005年8月，是镇属公办学校，现有教学班28个，学生1555人，教师75人。学校坐落于风景优美的广东观音山国家森林公园旁，占地面积37009平方米，建筑面积13 812平方米。学校的设施设备均按省一级学校标准配置，环境优雅，处处散发着浓郁的好习惯教育的文化气息。学校先后被评为“东莞市一级学校”“东莞市德育示范学校”“东莞市未成年人思想道德建设示范基地”等。

一、精神引领言行表率，人格魅力吐芬芳

巫荫强同志从2005年8月学校成立之日起就担任校长，学校从一片泥泞到今天设施设备现代化，绿树环绕环境优美，点点滴滴都渗透着他的心思和汗水。他的办公台对面挂着一幅《红梅傲雪》的国画，画的右上角写着“凡事从实，养德自厚”，这是他叫画家特意写上去的，这也是他的座右铭。他严格要求自己，九年如一日，每天早早到校，迟迟离校。在很多学校使用打卡机考勤的今天，学校依然靠签到规定进行考勤管理。他总是说：“我都这样做了，其他同事还能怎样？”他带头坚持不断学习，引领教师在专业上不断成长，并于2012年考取了四川师范大学教育管理专业硕士研究生。迄今为止，他也是该镇小学系统最高学历的拥有者。他言出必行，哪怕是一件件小小的工作。他的言行之中时时都给同事们和孩子们传递着正能量。他常说：“我心信我行！”他始终热忱地为广大教职工排忧解难，热情地为广大师生服务，深得广大师生和家长的尊重。他的家庭观念特别强，家父早逝，他独挑大梁，既做孝子又做长兄，供养三个妹妹成人成才；他还是慈父，把儿子培养成清华大学的双学士毕业生，也即将是北京大学光华管理学院的硕士研究生，仅此就足以让周围的人羡慕。

二、以德治校知人善任，校园和谐如一家

“交朋结友，坦诚以待和睦共处；互学相帮，取长补短全面进步。”这是挂在实验小学会议室前面墙上的一幅标语，也是巫荫强校长建设领导班子和教师队伍的思路。实验小学是联合办学的产物，来自九所学校的领导和老师组成一个大家庭。面对着一个构成元素较为复杂的新学校，他以他的明确思路开展了一系列的整合与融化。他注重人文关怀，强调人性化管理，以德为先，知人善任，80多位教职工迅速融为一体。大家心往一处想，劲往一处使，建校五十天，学校便顺利通过东莞市一级学校的评估验收；建校两年，便自主研发了校本教材《好习惯》（上、中、下三册）；师生在各级各类的比赛中摘冠夺魁，学校声誉鹊起。中秋联谊会、元旦晚会、各种教育教学活动，大家集思广益，自觉参加，积极行动，一所新办学校成了教职工的精神乐园，大家从心底充满了归属感。

三、思路清晰理念超前，德育品牌誉四邻

学校成立之时，巫荫强校长便提出以“新学校新思路新形象，精益求精育英才；高起点高要求高标准，励精图治创名校”为办学指导思想，以“实施养成好习惯教育，打造农村城市化名校”为办学思路，以“好习惯终身受益”为校训，致力于培养学生做人、做事和学习的良好习惯；以校本教材《好习惯》为载体，由低到高，由浅至深，点点滴滴促使学生不断养成更多的良好习惯；大力推进“小手拉大手”工程，以学生的良好习惯去影响和引导广大家长，特别是使外来务工子女的家长养成良好的习惯，为周边社区的精神文明建设做出应有的贡献。

经过九年的探索，在他的带领下，学校构建了系统化、序列化的好习惯教育模式，走出了一条独特的德育教育创新之路，并成为响当当的德育品牌，《中国教育报》《南方日报》《中国教师报》《东莞日报》《广东教育》等媒体都做了相应的报道。近年来，先后有来自省内外500多所学校的领导和老师前来观摩、考察学校的好习惯教育模式。今天的樟木头镇实验小学以其鲜明的德育品牌闻名于莞邑大地。

四、模式独特实践到位，办学成果渐丰硕

为了全面推进学校的德育工作，真正实现以德治校、以德育人的目标，巫校长和他的同事展开了一系列的实践与探索。

紧扣校训，确立载体。为了把校训“好习惯终身受益”落到实处，他开发了一套序列化、系列化的德育校本教材《好习惯》。这套教材分为做人、做事和学习习惯三大方面12项内容，并把这12项内容分化为48项具体指标，按照低（一、二年级）、中（三、四年级）、高（五、六年级）三个阶段序化为上、中、下三册，每个学期重点培养学生的四个习惯，用六年时间完成。

氛围熏陶，文化育人。一进实验小学校门便可见金光闪闪的校训“好习惯终身受益”七个大字，学校的花坛旁镶嵌着“积极向上，总结反思，博览群书，文明有礼”等好习惯指标，教学楼走廊上方横梁上的五百多条习惯名言警句时刻提醒和引导学生要养成好习惯，校歌《好习惯伴我成长》全体师生耳熟能详。

课时独立，落实细节。围绕校本教材《好习惯》，学校每周利用班会课开设一节“好习惯”课，每个习惯上三节课，第一节为常规课，第二节为训练探索研究课，第三节为巩固评价课。不仅注重课堂知识的传授，更注重课后一点一滴地持续推动好习惯的养成。

多元评价，星卡激励。为了进一步推动好习惯教育，学校实施了星卡激励计划和“三轮评价法”。习惯星卡由富有创意的星卡组成，每班每月有80张星卡，每个

班主任和科任教师结合实际发卡，学生获卡后可到学校图书馆兑奖。习惯星卡在校园里形成了一个强大的德育“场”，最大限度地调动了学生养成良好习惯的主动性和积极性。

九年求索终不倦，明朝启程再续航。在巫荫强校长的带领下，学校目前校风正、学风浓、上级部门评价高、群众口碑好，众多媒体接连报道了学校系统化、序列化的好习惯教育模式，省内外兄弟学校领导和老师接踵而来，各级各类的奖项纷沓而至，办学成果日渐充盈与丰硕。

后记：成绩只能说明过去，而不能代表现在和将来。展望未来，巫荫强校长的眼光放得更远：实施好习惯教育，受益最大的还是孩子们，对他们来说，良好的做人、做事和学习习惯在人生的关键时期形成记忆，就会像一幢高楼的基石，一粒种子萌发时的雨水和泥土，成为照亮一个人全面发展的光源。

用心浇灌，凭他花开不记年

——记东莞市塘厦镇中心小学德育副校长温学深

题记：凡教者之心，定上善如水。用温老师的话来说，从教16年，一路走来，只是捧着教者之心——用心浇灌，凭他花开不记年。

一、潜心德育，以陶育德泽桃李

2007年，温老师开始接管塘厦镇林村小学的德育管理工作。他自知习惯了专注地教学，对管理没有太多的心得。为了不辜负学校的重望，借着参加东莞市“三名工程”培训的机会，他读起了肖川的《教育的理想与信念》、李希贵的《为了自由呼吸的教育》、石中英的《教育哲学导论》、刘彭芝的《人生为一大事来》、安文铸的《走进基础教育的真实世界》、孙俊三的《教育过程的美学意蕴》等一系列教育论著，渐渐对教育原理、学校管理、文化建设、德育的方法和策略等问题有了更深入的理解，对教育的核心理念有了更好的把握。经过精心策划和与学校领导进行深入的研讨，温老师创造性地提出了学校德育建设的蓝本——以“陶文化教育”为理念，以塑造规范、尊师、文明、诚信的林小精神为目标，以“陶艺、陶行、陶情、陶志”四大德育篇章为抓手（陶艺篇——以学科课程、活动培养师生的审美素养、创新精神和实践能力；陶行篇——以制度建设、规范管理、规范教育陶冶师生的规范意识和文明素养；陶情篇——以校园文化、师生人文熏陶师生道德情感，培养尊师爱生的道德情怀；陶志篇——以活动课程、社会实践培养师生的意志品质，树立诚实守信的高尚人格），以德育四年规划为推进（第一年以制度建设促规范管理、第二年以机制建设促层级管理、第三年以特色建设促班级管理、第四年以活动课程建设促学生个性发展），全面开启了林村小学的德育新征程。

明确了目标和制订了详细的计划后，林村小学的德育工作很快便走上正轨。为了营造“全员德育、全程德育”的育人氛围，温老师从一开始就坚持“从小事做起”的工作思路。正是因为他抓好了一件件小事，孩子们的学习习惯得到了有效培养，教师们也在全校性的德育行动中对德育工作有了更大的信心。随着德育工作会议制度、课堂秩序评价制度、课堂德育渗透细则等一系列制度的落实，以及“德育工作论坛”“德育主题式听课”“德育渗透优质课”等有效德育机制的逐步建立，学校良好的校风、学风、教风也逐步形成，学校成为了远近闻名的“德育示范学校”，还先后被评为“塘厦镇行为规范示范学校”“东莞市德育示范学校”“广东省家庭教育实践基地”等。北师大安文铸教授到学校调研之后说：“方向和路子都是对的，有些做法甚至可以推广。”在学校年度工作评估中，一位外校的校长也说：“德育工作也不一定要去外地取经，林村小学的这几点做法就很好！”

二、倾心陶艺，苦中作乐自逍遥

2003年是东莞市实施国家基础教育课程改革的第二年，温老师参加了“中南六省美术教育协作交流研讨会”和“广东省美术新教材、新教法研讨会”。在与专家们零距离的接触中，他对美术新课程“形成美术素养，激发美术兴趣，培养创新精神和实践能力”的基本理念有了更深的认识，心中豁然开朗。

回来后，经过反复研究，并从场地、师资、学生兴趣等方面综合考虑，温老师决定把陶艺教学作为学校实施美术新课程改革的切入口，以立项课题的形式开展研究。说干就干，温老师首先向校长申请借用校内一座师生们俗称“鬼屋”的解放初期建造的老房子作为开展陶艺教学实验的基地；然后花光了积蓄自费购买了陶艺教学必备的泥、釉、窑、拉坯机等设备，在那座破旧的房子里，单枪匹马地实施起林村小学的第一个立项科研项目来。

在实验初期，他夜以继日地尝试各种材料和技法，抱着“不成功便成仁”的豪情，耗费了许多制作肌理的窗纱、粗布、鞋底、毛线、钢丝……也费尽心思找来酒瓶、水管、木板、树枝等材料，尝试制作各种造型。然而，艰难、痛苦的学习过程令他付出了腰伤旧病复发的沉重代价。当实验逐步推进到课堂之后，大量的陶泥、釉料被消耗。出于经费问题的考虑，自行配泥、配釉就成了最迫切的需要。为此，他寻找并尝试了许多配泥、配釉的方法。他带着几位高年级的学生在教学楼的工地旁挖来了白白的滑石泥、种植花木的红土，加入了沙子和用废纸、树叶泡烂后做成的纤维，配成了一些可塑性较强的陶泥；还找来了玻璃瓶敲碎制成了玻璃釉，用厨房水沟里的泥浆做成了泥浆釉、灰釉、盐釉……用尽身边的资源，终于解决了泥和釉的问题。然而，困难远不止这些，其中烧制环节的艰辛就不言而喻。把一窑作品从常温状态烧至1300℃，最快需要10个小时和耗费2罐石油气。这过程中会涉及到风口大小调节、火枪阀门调节、加温速度调节、气压调节等问题，还要考虑给气罐加温（石油气罐因急速降压而导致瓶体和液化气体结冰）和有毒废气排放的问题。为了尽快掌握窑的性能（因空间和材料的可变因素，窑的性能不尽相同）和熟练烧制技术，他边烧窑边记录各种参数，常常在这全神贯注的状态中，忘记了需要定时到烧制间外去呼吸新鲜空气。好几次，因为错过了原定的时间，凌晨两三点钟烧制还没有结束，他的妻子压抑着对“鬼屋”的恐惧来找他，却发现他聚精会神地蹲在窑边做着记录，完全忘却了天花板上那蓝幽幽的夺命气体，又生气又心疼，忍不住潸然泪下。

尽管困难重重，但心中的热忱促使他摸着石头过河，迈过了一道道难关，顺利完成了项目的实验。随着梁凤鸣老师、徐文斌老师的陆续加入，并在学校的鼎力支持下，林村小学在全市率先完善了陶艺教学的场地设施，开展了陶艺教学，还构建了从第一课堂普及到第二课堂提高、从兴趣活动到陶艺文化节等一整套课程、活动体系，制定了以“陶行、陶情、陶志”为核心思想的陶文化教育体系。学校的陶艺项目在“东莞市新课程改革成果展示活动”中被确定为“东莞市美术新课程改革十大特色项目”之一，成为东莞市美术课改的一面旗帜。广东省教育厅体育与艺术处副主任周凤甫教授先后三次莅临学校进行调研，赞扬该项目为全省陶艺教学做出了示范，并在广东省陶艺教学交流活动中进行了全面的推广。

三、醉心教学，三尺讲台播春华

“一块橡皮也是教研”是老同事与温老师打趣时常说的话。原来在美术课堂上，他经常发现孩子们把线条画成了“毛线”，反复擦拭把白纸变成了“黑纸”，构图小画成了“蚊子住大屋”，这些情况往往导致学生一节课下来连基本构图都无法完成。后来经过仔细研究，他发现这类问题的根源与橡皮有莫大的关系。橡皮就像是一块抹布，孩子们在不断的擦拭中否定了自己，抹去了自信和个性。温老师决定围绕橡皮开展一个小课题研究，要通过一块小小橡皮的改革把孩子们身上的自信挖掘出来。首先，他提出美术课禁用橡皮、统一用大头笔或颜料构图的要求，目的是培养学生细微观察、慎重下笔的习惯；其次，课前5分钟练习简笔画，训练线条的表现能力；其三是统一使用八开以上画纸，在画纸的对角折痕末端定点，以控制构图大小；最后，不以形似为标准，而以大胆构图、线条自信、色彩具有想象力作为评价作品的着眼点。实施一段时间之后，橡皮的问题果然迎刃而解，一幅幅妙趣横生、线条流畅、色彩绚丽的作品让孩子们终于找到了绘画的自信。

“艺术是天性，兴趣可培养”是温老师的美术教育观。孩子们往往在参与兴趣小组一段时间之后，热情逐渐消退，再加上其他因素的干扰，“三天打渔，两天晒网”的情况就出现了。如何保持孩子们参与兴趣小组的热情呢？他说，形式似乎比内容更重要。他惯用的手法是组织“好友团”参加兴趣小组。如李弦辉同学起初并没有报名美术组，而是被班上美术组的小王、小邹的“好友团”“裹”来的。几个小伙伴一起参加活动，使他们有了共同玩乐的方式。他们每天相互监督早早地把作业做完，互相催促着去美术室画画。温老师不断地鼓励、表扬他们，使他们的参与热情有增无减，甚至连中午休息的时间也泡在美术室里。一段时间后，李炫辉的美术兴趣就培养起来了，班内的黑板报、校内的画展均能看到他的作品，他临毕业时创作的《森林灭火》还获得了东莞市美术作品一等奖。

还有这样一个孩子，每节课下课后，他总是孤零零地坐在座位上画只有一种颜色的画，仿佛这就是他唯一感到快乐的事情。写作业的时候他会刻意地把衣袖扯到指间，遮住小时候曾被烧伤过的手部。为了让他能够跟其他的孩子一样愉悦欢畅地作画，每一次上课，温老师都会刻意表扬他作品中的奇思妙想，进而鼓励他把画面画得更大、把色彩涂得更加明快，并把他的画一张一张整整齐齐地收藏起来，集成一本，让他带回去给爸妈看，还在画展中展示出来……后来，他成了温老师的兴趣班里最优秀的孩子之一，变得自信、乐群。每当温老师外出，他就会带领其他孩子一起训练。在小学临毕业的时候，他用心地学起了素描、色彩等专业技能。2008年暑假，温老师接到了他的电话，电话里他无比失落地说，因为文化科还差几分的原因，他与理想的厦门大学美术学院失之交臂。那一刻，温老师心中也无比难过，更担心他对美术的钟情会因此而受到打击。冷静思考之后，温老师迅速从老家赶回塘厦，并约这位学生回到塘厦进行了一次深入的交谈，还一起制订了新的备考计划。接下来的一年里，在温老师定期的联系和不断的鼓励中，他顺利地考取了西安美术学院，终于完成了温老师一直以来的心愿。

有人说，这世界不是有钱人的世界，也不是有权人的世界，而是有心人的世界。在教育人生路上走过16载，温老师始终相信：也许，我们从不会想到，即便一个小小眼神、一张轻松笑脸、一声亲切问候，也会给一个孤独的心灵带来莫大的鼓励和震撼；也许，我们也从未想过，在任何一个地方、任何一个行业、任何一个岗位，居然有人记得我们无意间说起的某个词语、某个故事、某个人生哲理……虽然时光荏苒，想起时依旧温暖，这又是怎样的一种满足和感动呢？

后记：郭思乐教授说，教育是静待花开的艺术。是呀，当初谁又能知道，在一个孩子心中种下的种子，何时才能开放呢？作为教育者的我们，只不过是尽了该尽的义务罢了——只求用心去浇灌，凭他花开不记年。

痴心永无悔，只为桃李妍

——记东莞市凤岗镇中心小学副校长冯婉玲

题记：教学是一门艺术，更是一种心灵的交汇。教师需要付出的是真诚，是师德，是一颗与学生同呼吸共悲欢的爱心。

地处东莞最南端，与深圳接壤的凤岗镇，有着千年的客家文化与几万名海外游子，是南粤著名的客侨之乡。凤岗镇中心小学就是在流传着客家人“崇文尚礼”优良习俗的这片热土上传承着文明的薪火。一百多名园丁辛勤耕耘在这所美丽的校园里，精心培育着两千多棵“幼苗”，冯婉玲就是这群园丁中的佼佼者。

一、爱岗敬业，以德为本

1995年，正当青春年华的冯婉玲从塘厦镇调入凤岗镇中心小学，转眼已近20年。从科任教师到班主任、少先队辅导员、教导处副主任、副校长，她用坚实的脚印，一步步走过。二十年来，无论是做普通教师，还是担任学校领导，她用始终如一的坚持，为教育事业奉献了满腔的热忱。

刚参加工作，冯婉玲便把练师能当作提高师德修养的目标。她坚持利用业余时间进行学习，积极参加学历提升。她在1994年通过自学考试取得小学英语教育专科毕业证后，2007年又取得浙江师范大学函授本科毕业证和教育学学士学位。

师范专业出身的她，深知“学高为师，身正为范”的道理。所以，她要求学生努力学习时，首先做到忘我地工作和刻苦钻研；当教育学生热爱劳动时，就和学生一起参与劳动；叮嘱学生遵守纪律时，首先做到遵守校纪班规……“言传身教、身行一例、胜似千言”。正是通过她的一言一行和每一个不经意的细节，处处体现出一个教师应有的师德，在师生心目中树立了较高的威信和良好的形象。

2009年，已经走上校领导岗位的冯婉玲做了一次重要的选择。当时省教育厅发起“千校扶千校”支教帮扶活动，学校被分派到一个前往清远市连山壮族瑶族自治县永红镇中心小学支教的名额。从发达的现代化地区去到偏远的落后山区，确实是一次考验。冯婉玲主动请缨，千里迢迢，支教帮扶，交流3年，为“师德”做了最生动的注脚。

在日常教学中，她从学生认知水平出发，科学设计教学方案，优化教学方法与手段，善于调动学生学习的积极性与主动性，并能根据学生的个性差异，因材施教，使学生的个性得到彰显，特长充分得到发展，能力得到提高。她所研究的课题“在教学的各个环节中参透创新意识的研究”，在2002年经中国教育学会管理分会科研成果课题组评选，被评为“十一五”课题一等奖和优秀科研成果。

担任副校长后，她一直任教中高年级品德和社会课程，把品德教学与学生的生活相结合，使德育课堂教学情景化、活动化，在课堂教学中让学生实践、体验、探究、感悟，引导孩子们在“亲近自然”“融入社会”和“认识自我”等体验中获得道德的发展。

从教以来，她所任教科目的合格率、平均分、优秀率三项的综合分均位于镇同级前茅，任教的品德和社会课程的合格率达100%，转化率达98%。2009年12月，她所负责的校本德育课题“让学校成为学生和老师每天最想去的地方”荣获东莞市德育创新成果展示活动二等奖；2012年12月，在市立项的课题“在联合办学背景下的家校互助德育实践探究”被列入东莞市“十二五”基础教育科研2012年度规划项目，该课题已获得了阶段性成果。

二、治校育人，以德为纲

“五育并举，德育为先。”德育工作是教育教学的基础和保障，它对学生的健康成长和学校的日常工作起着向导、动力作用。冯婉玲2004年开始担任副校长，分管德育工作，以灵活多变的形式将德育工作贯彻到日常教学活动中，取得了良好效果。

她以落实常规工作为中心，制定了《凤岗镇中心小学学生学习生活常规要求》，通过“学常规”“建班规”“赛常规”规范学生的言行。每天由值周领导、值日老师、值日队干巡视检查两遍，检查成绩及时上墙公布；每天早操时进行情况小结汇报，每周进行一次优胜班级评比；同时每班都设立卫生、文明监督岗，做到有问题及时记录、提醒；并将每学期的第一个月定为常规落实月，以后的每两星期进行一项常规专项检查评比。如此一来，学校环境卫生整洁了，学生形成了良好的行为习惯，营造了一个文明、和谐的校园氛围。

为了抓落实，她花心血打造了一支“敬业奉献，热爱学生，善于做学生思想工作，具有较强的教育教学组织能力，学科专业和教育专业基础扎实，具有团结协作精神和较强的人际沟通能力”的班主任队伍。在每月班主任例会上，她将理论学习、经验交流、工作布置作为会议的主要内容，让班主任在交流中分享经验，获得启示，促进班主任工作效率的整体提高和规范化运行。

同时，她培养了一批品学兼优、工作得力的少先队干部。队干部既是接受辅导员教育、指导的对象，又是辅导员的助手，是其他队员的榜样。她有意识地引导队员们在竞争中树立民主意识，在工作中注重培养服务意识、自律意识、创新意识，强化自主意识，一批批品学兼优，工作得力的队干部脱颖而出。

常规活动制度化。日常规有学生一日常规检查制度、国旗升降制度等；周常规有周三中队活动、每周之星、流动红旗评比等；月常规有一个活动主题、一次板报、班主任例会、班主任工作考评等；学期常规有评选一星一生、教室布置等。工作制度化不仅规范了工作程序，而且提高了工作效率。

主题活动多样化。每周的国旗下的讲话让师生接受五爱教育的洗礼；“学会感恩”中通过自制贺卡献教师，做一次家务，让孩子学会用一颗感恩的心去回报他人；

“安全记心间”的主题活动，让师生感受安全是生命的永恒；“我的中国梦”畅想各自的理想。德育实践活动成为架起教师和学生之间交流沟通的桥梁与纽带，平等、交心、尊重、爱护等主题实践活动使师生之间的关系密切了，提升了教师在学生中的亲和力、威信力和感召力。

特色活动具体化。围绕“书香伴成长、智慧享一生”这一主题，开展“1+1亲子阅读漂流”“好书交换、推荐”等活动，让所有的家庭都参与到活动中，营造家庭读书氛围；在班级中打造班级德育，实施“三化工程”（班级布置个性化、班级目标明确化、班级活动特色化）；每年重大节日、纪念日，学校都组织大型教育活动，增强学生的爱国主义精神；“爱我家乡”卫生清扫工作每学期一次，彻底清扫学校周边及街道卫生，使学生将热爱家乡落实在行动上；每周一次的升国旗仪式严肃隆重，国旗下讲话结合实际，常讲常新；各班主题班会每周一次，生动活泼；请专家到学校做安全法制等方面的宣传报告；“向灾区人民献爱心活动”以实际行动支援灾区，培养了学生扶危济困、助人为乐的品质。

在日常德育工作中，她从宏观上规划、细节上指导，紧紧依靠和团结全校师生坚持执行校德育计划。学校教育教学制度中明确规定：各科教学是向学生进行思想品德教育最经常的途径，科任教师应结合学科实际在教学中渗透德育教育。

三、关爱学生，以德为魂

多年来，冯婉玲用一颗慈母般的爱心，用关心、信任和激励，把阳光的种子撒进学生的心田。她做班主任时带的每一个班级，教室都是最整洁、最温馨的；班级里的学习用品是最丰富、最实用的。她去班级的时间最早，离开的时间最晚，和学生共同交流的次数最多；值日时参与劳动、早读时细心聆听、活动课参与游戏、学生生病时送医就诊并用心呵护。一点一滴，潜移默化，润物无声，久而久之，教师的道德品格便在学生心中生根发芽、开花结果。

“没有爱就没有教育”，善于从每个学生特别是后进生身上发现他们的闪光点，是冯婉玲贯彻爱的教育最实在的体现。她以平等与真诚走入学生的情感世界，把他们当成知心朋友。

2012年，她带的五（1）班里有一位“双后进生”，名叫黎芷雅。她上课不听讲，基本不做作业，与同学关系紧张，还经常离家出走。冯婉玲多次和黎芷雅同学交谈，并从学生和她家周围的邻居处了解到她父母有重男轻女思想，对其缺少管教和关爱。冯婉玲深知，这样一颗冰冷的心需要用爱来温暖。她经常带黎芷雅同学到自己家里吃饭，与她交朋友；还联系学校“兴贤护苗志愿队”的家长志愿者以家长的身份去做她家长的思想工作，争取家庭的配合；同时，安排班长与她的同桌，在学习和生活中帮助她。经过一个学期的努力，黎芷雅同学慢慢融入了班集体，行为表现不断好转，学习成绩明显提高。冯婉玲所任教的班级，学生“三好”率一直保持在40%以上，转化率在98%以上，班集体每学期都被评为学校“文明班级”。张润贤同学获得第八届“广东省优秀少先队员”称号，黄莉娜同学被授予“东莞市优秀少先队干部”称号。

冯婉玲在担任凤岗镇中心小学副校长的九年里，坚持以人为本的办学思想，注重管理的实效性。学校的管理制度不断创新，师资建设不断得到加强，办学质量不断提升。她依靠领导学校班子，团结教职工，把学校提升为凤岗镇首个“省一级学校”、东莞市首批“广东省综合实践样本学校”、东莞市首批“广东省校长实践基地学校”。九年里，学校荣获了26项集体荣誉。学校紧紧围绕“为孩子一生奠基”的办学理念，培养学生良好习惯，构建家校合作德育新模式。目前，学校的“兴贤护苗，家校互助”成为当地学校德育工作的亮点。冯婉玲在全镇关心下一代教育工作会议上做了题为《兴贤护苗，家校互助》的学校德育经验介绍，并开展多场家庭教育专题讲座。由她主编出版的校刊《雏凤》、《家长义工报》的《兴贤护苗，家校互助》受到家长和社会的欢迎。2005年，她被东莞市教育局评为“优秀家庭教育教师”。2012年，她被聘为东莞市家庭教师讲师，同时也成为了东莞电台《DO RA MIA》家庭教育栏目的主持人。

后记：二十多年的教师生涯，在冯婉玲的日程表上，用爱填写着每一天。她孜孜不倦地耕耘在教育园地，以一颗赤子之心，坚守着三尺讲台。用她自己的话说：“选择了教育就选择了奉献，我愿以爱心谱写教育篇章，陪伴学生健康快乐地成长。”

坚守教育这片净土的人

——记东莞市南城区阳光第七小学校长王成

题记：『教育是一块净土，不能让它受到污染，要让教师在这片净土中享受职业的幸福，要让学生在这片净土中阳光健康地成长。』王成校长如是说。他如同手握炮火筒的战斗英雄，执着地坚守着教育这块净土阵地。

自从选择了就读师范学校，他便锁定了人生航标——教书育人。他自1987年师范毕业二十七年来，曾在三所公办学校工作，任教过语文、数学、音乐等学科，担任过班主任、少先队（中队、大队、总队）辅导员、团支部书记、德育处主任、副校长、校长、书记等职务。他一直怀着坚定的信念，在教育大海里扬帆远航、放声高歌；在教育战壕里战斗坚守、鸣吹号角。他，就是曾荣获二十多项省市级荣誉，现任阳光第七小学校长的中学高级教师——王成。

一、耿耿丹心，情倾芳草地

“既然钟情于教育，便勇敢地去追寻。”他在东莞市南城区面向全国招聘校长的考核中脱颖而出，于2004年8月被任命为阳光第七小学校长。他满怀对教育的梦想，立誓要用自己的知识、智慧、情感和一生中最旺盛的精力与体力，为这所学校留下一些对未来有用的东西。

阳光第七小学是2004年9月由原来两所村办小学合并联办，校园面积仅有1．009万平方米，师生不足600名。地处客家人聚集的山区，无论是师资、生源等办学软环境，还是校园环境、设施设备等办学硬条件，第七小学都是南城区阳光系列学校中底子相对薄弱的学校。面对这样一所薄弱的学校，怎样才能打破常规、实现自我发展呢？王成校长认为，自己首先要努力真正实现由内地公办名校、大校校长向南方公办村校、小校外聘校长的角色转变，必须做好两件更符合学校发展利益的新工作：一是了解本地教育，学会传播、表达自己的教育思想；二是熟悉学校实情，做好长远经营学校的近期与远期工作计划。

为了做好这两件新工作，他尽力坚持事事亲为，几乎不参加任何应酬活动，放弃了许多休息时间。在学生、教师、家长中下发调查问卷，广泛开展调研；带领教师深入学生家庭开展家访；召开各种恳谈会；请专家进校给教师、家长做讲座报告等。终于，学校达成了对“一年打基础，三年建规范，五年有特色，十年树品牌”的发展路径的共识，形成了“体验践行、阳光成长、和谐发展”的办学思想。基于这一思想基础，学校进而确定了“有生命的管理体制，有活力的教师队伍，有个性的学生群体，有文化的美丽校园”的管理目标和“培育学生阳光心灵，培养学生‘四会’能力（会求知、会做事、会共处、会做人），为学生一生的发展和幸福奠基”的育人目标；拟定了“德育为先，科研引领”“抓班主任队伍建设，带动师资专业整体发展”等发展策略；确立了“学习为动力、发展为主题、创新为灵魂、进步为标志”的工作思路和“人才多样化，人人能成才”的人才观念；建立了长达13万多字的《阳光第七小学工作手册》，等等。如今，偏僻的阳光第七小学风生水起，声誉鹊起，已成为在市内外都有一定影响力的特色学校，建构的“体验践行德育、心育课程内容体系及实施模式”等在市内外都有一定的影响力。学校先后获得“广东省绿色学校”“广东省德育示范学校”“东莞市普教系统文明单位”“东莞市教育科研先进单位”等殊荣，办学成效被《中国教师报》《东莞日报》等媒体以《用“心”走进新课程》《一所乡镇小学的心理教育探索之路》《科研促发展，旧貌换新颜》《体验践行，让课堂更加灵动起来》等为题进行了宣传报道。

二、款款深情，心系教育事

王成校长认为：校长在学校管理中必须强调质量意识、特色意识，应转变以应试、求稳、功利为中心的办学价值观，要树立以面向未来人的发展为目的和以育人为中心的办学价值观，从办学模式、办学形式等方面进行探索，努力形成学校办学特色，适应未来社会的发展，办人民满意的教育。

他坚信：“学校德育工作做好了，学校办学就成功了一大半。”“有好教师才有可能培养出好学生，只有每个教师都具备有班主任工作的专业技能，学校德育工作才会真正达到持续有效。”“个体学生的心品好了，学习就会好，行为就会好，学风就会好，教育也就顺了，质量自然就提升了；相反，如果个体学生的心态混乱了、心品不良了，那么一个‘双困生’就出现了。”

为此，他坚持双管齐下：一方面面向全体教师坚持开展以“班主任专业技能”为重点的教师专业发展校本研训工作，并立项为省级德育课题“小学班主任专业技能校本研训实践研究”；另一方面面向全体学生坚持开展以“发展性心理品质训练”为核心内容的“体验践行德育工作”，并立项为省级心育课题“体验践行心育模式的实践研究”。功夫不负有心人，几年来，学校构建和实施的“三个途径六种方式”校本研训一体模式，以及探索与实施的“三大步骤三个层面”校本研训循环工程，被总结提炼为经验《研训一体：为教师专业发展“给力”》，在2012年“东莞市小学教师专业成长研讨活动”中推介交流，全面、有效地推动了教师群体发展，尤其是班主任工作专业技能的提升。每年全校班主任教师人均有一篇论文或案例等获奖或发表，其中，张波老师在2010年广东省首届“品德与生活、品德与社会教学综合技能展示活动”中获得一等奖，研发的德育课例《我们学会了合作》在2011年广东省第二届“聚焦课堂，提高学生思想道德素质”教学展示交流活动中荣获“德育课堂”系列小学组一等奖，在2012年全省中小学班主任专业能力大赛上获得小学组综合成绩二等奖和成长故事叙述个人单项一等奖。教师的变化无疑会给学生、学校的发展带来可喜的变化，校园、师生都充满了无限生机、活力与朝气。与此同时，学校建构的“体验践行德育体系”特色鲜明，特别是学校开展的“体验践行德育”专题教育活动的成效在市、区内产生了积极的辐射影响。如：发展性心理训练研究活动与成果得到了区宣教办领导和分管教育党委的高度重视和大力支持，并由此引发区政府成功筹建了东莞市目前最大的“南城区青少年健康成长指导中心”；“七彩发展性综艺训练营”活动在2010年7月面向南城区各中小学进行了现场展示宣介，《南城教育》杂志进行了专刊报道；“七彩阳光话剧团”的“照亮心路、阳光成长”话剧展演活动被东莞电视台、东莞教育网等媒体进行了多次宣介报道；2012年6月15日东莞市教育局在学校专门举行“东莞市中小学心理健康教育工作现场会”，把学校开展的发展性心理训练方面的成果向全市进行了推介。

三、漫漫征程，力拓兴校路

质量是学校生存和发展的命脉，学校的生存靠常规管理，学校的发展靠教育科研。从某种意义上讲，治校、治学的过程实际上就是一个不断发现教育规律，掌握教育规律，严格按照教育规律办学的过程。

王成校长自参加工作以来一直从事教育科研工作，丰富的经验让他深谙“科研兴校”的道理，尤其是学校德育工作，更需要进行有针对性、实效性、可操作性的研究。因此，他一直将德育科研作为学校发展的突破口，用思想和言行引领全体教师树立了教育科研是教育“第一生产力”的理念，始终引领学校坚持走“科研促教兴校”之路，全方位地推进了学校的教育改革与发展。

为增强教师们的研究意识，形成良好的科研氛围，他采取“集体申报立项课题，人人参与子课题研究”的办法带领全体教师进行课题研究。自2004年9月开始，学校围绕德育工作先后申请立项承担多项课题研究。他亲自主持引领教师开展了五项全国、省、市“十五”“十一五”“十二五”规划课题的研究，四项课题已结题，成果正在学校教育教学中发挥着积极作用。其中《培养小学生“四会”能力的实践研究》和《乡村小学开展发展性心理训练对学生学业影响的实践研究》两项成果获得“广东省中小学教育创新成果三等奖”；《建构“四位一体”和谐互动教育机制的实践研究》和《构建体验践行德育体系的实践研究》两项成果获得“东莞市德育创新成果二等奖”，教师们在课题研究中也取得了丰富的科研成果。他专门组织集结编辑，公开出版了《发展性心理训练实践研究成果丛书》（全5册），其中王祖正老师负责开发的校本教材《剪出精彩——七彩剪刻纸艺》在广东省第二届中小学校本课程与地方课程建设成果评选中获得一等奖。近几年，王成校长个人也有十几份研究成果获奖或发表。他撰写的文章《校长如何为教师成长搭桥铺路》发表在2012年2月28日的《中国教育报》上；课题研究报告《开展发展性心理训练，促进学生身心、学业良性发展》在2011年9月广东省第九届校长论坛上获得一等奖；课题研究成果《乡村小学开展发展性心理训练对学生学业影响的实践研究》被收录在公开出版的《2012广东教育学会教育成果丛书——广东教育十一五科研课题成果汇编》中，等等。

由于他采取了学习培训、专家引领、集中研讨等多种措施，学校科研活动常态化，引领教师树立了“用研究的眼光对待常态的教育教学工作”的意识。教师在教育教学研究中努力探寻相对最优化的途径与方法，大大提高了教师的专业素质，造就了一批科研生力军，为阳光七小今后的发展奠定了坚实的人才基础，让我们再次看到了“科研促教兴校”之路的美好前景。

后记：“路漫漫其修远兮，吾将上下而求索。”我们完全有理由相信，在王成校长的带领下，阳光七小的教师们一定能在教育这块净土中尽情享受职业的幸福，阳光七小的孩子们一定能在校园这块净土中快乐阳光健康地成长！

打造『真善美』的德育新高地

——记中山市西区小学校长苏文森

题记：种子呼唤成长，那是生命对至真的执着；落叶呼唤归土，那是生命对至善的向往；花蕾呼唤绽放，那是生命对至美的追求。真善美的天空，澄澈透明；真善美的大地，纯朴芳香；真善美的生命，丰盈灵动。

苏文森认为，作为一名教育者，应以教育为本，德育为先。而求真的德育最迷人，向善的德育最感人，唯美的德育最动人。让生命之笔挥洒出真善美的色彩，让生命之歌演绎出真善美的旋律，让生命之树结出真善美的果实，这是苏文森德育工作永恒的追求。他坚持在教育的领地，用最肥沃的土壤、最全面的营养、最温情的关怀，培育着一棵棵茁壮挺拔的真善美之树。

一、志存高远，打造让师生终身念想的学校

苏文森年方四十，刚进入不惑之年，20年前，他毕业于中山师范大专班，历任教师、教导主任、区教办教研中心德育与语文教研员。十一年前，他通过竞争上岗，担任了中山市西区昌平小学校长。刚来到学校时，他被眼前的学校惊呆了：学生大部分来自农村的“草根家庭”和外来务工者的“流动家庭”，生源起点低，整体素质不高，文明素养欠缺；家长普遍文化程度低，家境不宽裕，家庭教育不如人意；三校合并之初，校舍逼仄，设施短缺，教育资源先天不足；教师间认同度不高，难以形成教育合力。面对这样的窘况，接手这样一个众人眼里的“烂摊子”，苏文森没有退缩，更没有得过且过。他和他的同事们白手起家，艰苦创业，硬是在荆棘丛中闯出一条生路。立校之初，苏文森就旗帜鲜明地确立了“育人为本，德育为先”的战略。因为他深知，德育不立不强，学校就没有希望。

什么样的德育才有实效？什么样的学校才能让师生终身念想呢？经过思索和商议，苏文森和全校领导班子达成共识，坚持科研先导、德育立校，以传统美德教育为驱动力，着力打造德育品牌，并制订未来十年发展规划：第一个三年实现“融合、稳定、团结、发展”的发展目标，成功创建市规范学校，办群众放心的学校；第二个三年实现“用文化涵养学校气质，办有气质的学校”的目标，积淀学校文化、夯实学校底蕴，成功创建市一级学校；第三个三年以共建“和美昌平，幸福人生”为目标，提升师生幸福感，把学校办成城乡结合部优质办学的典型，成功创建省一级学校，实现从农村学校向现代文明学校的成功转型。

十年过去了，如今走进昌平小学的校门，视野豁然开朗，茵茵绿草令人心旷神怡；校园内绿树成荫，鸟语花香，景观活泼生动，道路整齐光洁。校园处处渗透传统美德：一块石头，上面刻着“以德立校”；一座雕塑，取名为“茁壮成长”；综合楼命名为“美德楼”，教学楼命名为“博爱楼”，墙壁上刻有美德格言；建设美德长廊、感恩中餐厅，走廊楼道设置了美德橱窗、宣传画，展出中华传统美德故事、格言、名人名言、师生书画作品、校长每周温馨祝语等，处处蕴含着浓郁的中华传统美德氛围。

在温馨校园大氛围的陶冶下，学校还涌现出了许多有思想、有个性、有审美、有创新的特色班级。现在全校各班均设有班名、班级口号、班级公约、每日格言等，

班级布置特色各异，洋溢着鲜明的传统美德气息，成为师生成长的家园；还涌现出五（3）梦想家园班、三（1）花开有声班等中山市特色班集体及区特色班集体。

二、平心静气，办有内涵有品位的教育

苏文森清醒地认识到，育人如树木，学生德性的形成应该像树木的成长。因此在西区办事处的指引下，苏文森带领全校探索出了一种全新的“树型”德育模式，以传统美德为“土壤”，以真善美为“营养”，以崇高的师德为“阳光”，整合学校、家庭、社会三大领域的教育资源，形成德育合力，使之成为“雨露”，树木沐浴着阳光雨露而滋长。

有了明晰的方向和思想的指导，德育实践的脚步更加坚实有力。2006年5月，学校率先成立全市首支“少年志愿者”队伍，以“爱心出动”为口号，为患病师生、中山慈善万人行等活动义卖募捐，用实际行动弘扬博爱精神。学校引导学生通过志愿服务感恩回馈社群，在创建文明城市、全民修身行动中做出积极贡献，成为社区全民修身行动的主力军。

激励是教育的良方，美德教育同样需要激励，好的激励手段必然产生好的效果。为激励学生积极向善，学校设立“校长接待日”，校长与学生深情对话，温言慰勉。通过积分式奖票与温馨西餐券、“棒棒星”等奖励制度，对学生的美德言行进行适当的奖赏，以激发更大、更积极的美德善行。学校还利用“爱心手册、感恩存折”、“甜蜜阅读”计划、“三个榜样”激励、与校长共进午餐等创新激励措施，促使不同层次的学生积极参与美德实践。

从2006年开始，学校以探讨现代公民教育为结合点和切入口，坚持每周举办“艺术盛宴”，为学生提供展示自我才华的机会，用艺术净化心灵、陶冶情操。每学期从“艺术盛宴”中精选优秀节目，编排成一场文艺节目演出送到社区、企业，如“艺术盛宴”进好来化工企业、广浩华庭社区等。这些活动丰富了社区群众的业余生活，培育了和谐社区文化底蕴，收到了良好的社会反响。

此外，苏文森还非常重视心理健康教育，在全区学校中率先引进心理健康教育专业教师。学校成立了“心灵港湾”心理辅导站，通过集体授课、小组团康课、培训教师等形式为学生提供心理健康教育服务，受到学生欢迎。心理健康专业教师积极参加西区阳光少年心理工作坊，利用寒暑假开设夏令营，送课到社区、学校；建立心理网站，在网站上开设家长学校课程，对家长进行培训。阳光少年心理工作坊开放3年多以来，先后有620多个家庭、800多名学生、300多位企业员工参加心理团体辅导活动，对30多个有严重心理问题的学生进行跟踪辅导，取得了明显成效。

在苏文森看来，真正的德育应该如水，因势利导，顺势而为；应该如风，清新和煦，润物无声；应该如呼吸，亲切自然，滋养生命。学生在这样的德育浸润下才能

成人成才，人人求真知、讲真话、发真情，时时有善心、存善念、行善事，处处向往美、体验美、创造美。

三、求实创新，让学校经得起社会的考验

苏文森崇尚默默实干大于夸夸其谈的哲学。一直以来他坚持依靠团队，淡化个人，朴实做人，踏实做事，作风务实，赢得了师生和家长的认同与支持。在十年的教育改革大潮中，他带头严格自律，带领团队求实创新，坚持走求实创新之路，让学校历久弥新，经得起群众的检验和历史的考验。

为改善家庭教育薄弱的不利局面，苏文森在学校创办了“家教大讲堂”，整合社会资源，开展家庭教育普及活动。学校与广浩、彩虹、广丰等社区居委会联合举办“家教知识大讲堂进社区”活动，以定期专题培训、集体面授等方式加大对学生家长的培训力度，普及家教知识，提高家长素质和教育水平。学校还邀请家教专家、优秀家长代表、优秀班主任为家长们介绍家教方面的知识，受到家长的欢迎。学校在全区率先开通家长终身学习平台，引导家长参与网上课程学习，丰富家教知识，提高家教水平，同时也可以满足家长进行各种培训、交流的需要，把学习课堂搬进了家庭。家长学习服务平台也成为了亲子同修、家校共进的美德课堂。

苏文森认识到社区外来务工人员生活困难，留守儿童需要关注。暑假期间，外来工子女纷纷从家乡来到中山与父母相聚，成为“小候鸟”。学校举办西区“关爱‘小候鸟’夏令营”，为50名来自不同省、市的“小候鸟”免费提供美术、经典诵读、音乐、英语、数学、体育、信息技术等十多项培训及“团康”活动等趣味活动。此举在全市产生了良好的反响，新闻媒体也做了充分报道，称之为“新老中山人融合的新举措和幸福工程”。

2013年，苏文森被委派到中山市西区小学担任校长。虽然工作岗位改变了，但他的德育情怀依旧不变。在真善美教育理念的引领下，他带领新的行政班子以德立校，开拓创新，坚定信心，砥砺前行，力求在德育的土壤中催开灿烂的德育奇葩。

后记：好学校不争一时短长，好学生不在于成绩高低。苏文森认为，德育的最高境界是导人向善、促进和谐、缔造幸福。因此，他一直以长远的目光、务实的作风，带领全校师生努力营造教师发展、学生成长的和谐氛围，让教师快乐工作、学生健康成长，让学校成为师生终身念想的“求真、向善、尚美”的共同精神家园。

率性育德，守正生命

——记中山市东区水云轩小学校长黄志煊

题记： 教育就是遵循生命成长的规则，促进和守正个体内在真、善、美的自发成长的过程。

黄志煊，中山市水云轩小学校长，担任校长职务已18年，小学高级教师（副高级）、中山市高级校长、教育管理学硕士、广东省教师工作室主持人（思品学科）、广东省“百千万人才培养工程”名校长培养对象、广州市卓越校长培训班实践指导教师、中山市思品学科市级教研组成员。曾获得“广东省科研先进个人”“广东省‘阅读之星’优秀校长”“中山市优秀教师”等称号。他长期承担品德学科教学工作并参与各种教研活动，有20篇教育论文在各级教育刊物上发表，曾主持4个省级和4个市级课题研究，有4个成果获省二、三等奖。其个人专著《追寻德性》已在广东人民出版社进行排版即将出版。他拥有自己的教育哲学思想，主持在省教育厅立项的“十一五”规划课题“在小学教育中开展德性教育的实践与探索”，取得良好成效。他曾多次被邀请到珠海市、广州市番禺区等地进行经验介绍。2014年9月他应邀出席华中师范大学道德研究所成立仪式，为来自全国各地的教育同行做了《德性教育的研究与思考》专题报告，得到华中师范大学杜时忠等知名教授的高度好评。其成功的办学经验也多次被市内外报刊和教育杂志报道。

他在办学中始终怀揣“以师生发展为本，为终身幸福奠基”的办学理念，把“立德树人、率性（遵循本性）而教”作为德性教育的行动策略。通过实践“自育品格”的德性教育、倡导“顺导品质”的德性教学、创建“化育品位”的德性校园、塑造“乐教品性”的德性教师、推行“人性品度”的德性管理五个方面，凝练了鲜明的办学特色，还迎接了多批来自山西、广东等省内外的教育同行到校参观交流和跟岗学习！水云轩小学在他的带领下，先后获得“广东省德育示范学校”“广东省书香校园”等30多个集体荣誉称号，促进了每位师生全面而个性发展。

他认为德育重点是对每位学生内在德性的引导和激越，而不是控制和剪裁，关键是为学生的德性生成创设适宜的生态环境。在省德育示范学校评估总结会上，广东省二师王惠教授高度评价“东区水云轩小学是一所孩子欢心、老师开心、家长称心、教育行政管理部门放心的好学校，是一所品味高雅、追求卓越的现代学校，是一所成功实施素质教育并具有示范效应的典范学校。”

一、完善德育管理，建立贴心德育制度

德育制度是德育工作的基石。他积极践行“育人为本、德育为首”的德育理念，构建充满人性关怀的德性机制。

（一）完善机制，全员育人

他制定“五级联动”管理机制：以校长为首要，以德育处为枢纽，以班主任为主体，以科任老师为辅助，以共建单位和家委会为协力，形成全员参与的运行机制。他制定《学校德育工作常规管理》《班主任工作量化考核细则》等评比制度，落实“全面、全员、全程、全心”四全德育策略，使德育走上良性运行轨道。

（二）因材施教，分层育人

对不同年级学生进行调研后，他根据不同年级学生的生活经验和道德判断能力，有的放矢地进行分层教育，把全校高、中、低年级分成逸羽、丰羽、绒羽三个大队，依据不同对象科学制定《自我发展记录本》《践行篇》等德育校本教材，从易到难，螺旋递进安排德育内容和确定德育目标，从而使各级德育工作内容重点突出、前后衔接、目标一致，使德育内容变成学生成长需要，规范要求变成学生自觉行动。

二、优化德育过程，创设舒心德育活动

为提高德育实效，拓宽育人时空，他积极探索适应学生成长的德育之路。

（一）全员研训，强队伍

他致力于提高德育队伍素质，为教师搭建“五个平台”：一是搭建学习平台，教师100%通过心理健康教育C证和B证培训，每学期组织班主任进行轮训；二是搭建交流平台，与市内四所学校建立德育联盟；三是搭建研究平台，每位教师都积极参与德育课题研究；四是搭建引领平台，每月聘请专家到校指导德育工作；五是搭建激励平台，建立优秀班主任、优秀级组长评选奖励制度。

（二）务实开拓，抓常规

他倡导德育像呼吸一样自然，把重点放在常规工作上，着力抓好社会主义核心价值观、安全、心理健康等教育。此外，每周五下午2：00至2：30作为雷打不动的德育谈话时间；深入开展“小手拉大手”活动，每学年要求每位家长参加修身学堂8次，并以此作为评选“优秀家长”的前提条件，学校也因此成为市修身示范学堂；创设58个学生社团，为学生个性发展创设平台。学校被评为市首批“艺术教育特色学校”和“美术教学与创作实验特色学校”。

他重视典礼文化、节日文化建设，形成系列化的德育活动。每年各月都有工作重点，又能兼顾全面：一月份“感恩节”、二月份“尚礼节”、三月份“善美节”、四月份“读书节”、三至五月份“文化艺术节”、六月份“安全节”、八月份“家长

节”、九月份“尊师节”、十月份“国庆节”、十一月份“体育节”、十二月份“科技节”，使每个主题节日成为了学生展示才能、携梦飞翔的大舞台。

（三）同心协力，促发展

他制定“好家长13条标准”和“好孩子10条标准”，定期举办家长学校讲座，引领家庭教育健康发展；健全家长委员会制度，增强家校育人合力；坚持亲自为家长做教育讲座，提高合力育人效益；在全市首创“家长护卫队”和学生校外“应急求助点”，其成功经验在全市得到推广；2013年12月，创建平安校园，其成功经验在全省进行介绍。

（四）立足终身，促自治

他大力倡导学生自主管理教育，积极营造学生自治的环境。每学年大队委全部竞争上岗，每个学生都有机会在校级或班级中轮流担任管理职务。每周的“进步之星”评选采用自主申报、小组评议、班主任审核的方式评出，提高了学生的民主意识和自我发展能力。此外，建立“免检级组”“免考学生”等免检制度，以达到“教是为了不教”的育人境界。

三、培育特色文化，促进德育润养心灵

在德育过程中，他把传统文化与现代文化有机融合，有效浸润心灵。

（一）雅化环境，熏化心灵

在物质文化的建设中，他着力从“以物为本”转到“以人为本”。校园悬挂的每幅作品都是学生的创作，让学生充分参与校园环境设计。为培育学生的诚信品质，建有可供学生随时使用的“心馨朵朵”，以及无人销售、自主购买的“诚信商店”，让每位学生在充满温情关爱的环境中养成德性。

（二）书香校园，陶冶性情

他认为学校要有书香味，学生要有书卷气。他在校内开设有金卡、银卡、铜卡的古诗考级活动；推进以秀才卡、举人卡、进士卡、探花卡、榜眼卡、状元卡为引领的阶梯式读书计划，激发学生读书情趣；每学年开展“读书家庭”“阅读之星”评比。学校因此被评为“广东省书香校园”，师生、家长共同营造了浓浓的读书氛围。

（三）雏鹰争章，催人奋发

他以“雏鹰争章”为载体，制订《水云轩小学雏鹰争章储蓄本》，设立生活小能手、学习小主人等10个奖项，引领学生自主发展，让每位学生都能找到自己的闪光

点。近两年，学校面向全市同行展示了两次少先队大队主题活动，均受到省市领导、嘉宾的好评，“雏鹰争章”成了一张靓丽的德育名片。

（四）班级特色，美美与共

他重视鼓励班级文化百花齐放。通过开展“五星班级”“特色班级”评比等活动，深化“一班一特色”创建活动，让班级德育特色百花齐放，展现了校园多元文化魅力。连续三年，水云轩小学的班级都荣获“中山市特色班级”称号。

近年来，他在办学中严于律己、团结同事、锐意进取，取得了满意的教育成绩，开创出了一条适合学校实际的高效德育路径，在社会中享有良好声誉。师生违法犯罪率、安全意外事故率为零，每学期家长满意率都达到95%以上，促进了学生健康、聪明、快乐成长。

后记：黄志煊校长心系学生，他用每一步的脚踏实干为孩子们创造了一片飞翔的蓝天。但他始终认为，成绩属于过去，自己将永远走在德性教育的路上。

大气育人，育人大气

——记中山市海洲中学德育副校长刘玉泉

题记：要培养无论是外在行为还是内涵修养上，都脱去一个『农』字的孩子，让他们成为文化技能有『底气』，适应社会有『灵气』，个性人格呈『大气』的新型人才。

海洲中学，广东省一级学校、广东省德育示范学校、广东省中小学校本培训示范学校、中山市文明单位、中山市文明行为规范学校，近十多年来是中山市农村初中教学质量评价的“排头兵”， 2008、2009和2011学年都进入了中山市公办学校前三甲。

一、“大气”之灵

走进这所硬件条件并不优越的学校，却能感受到一种文明和谐和井然有序的氛围。学生彬彬有礼，环境清洁舒畅，校园文化恰到好处地点缀着。近十多年来，海洲中学的社会声誉不断上升，已经成为一所学生向往、家长追求、社会满意的学校。孩子们灵动大气，积极向上，这些都与学校的教育，尤其是德育工作密不可分。

德育副校长刘玉泉认为，把孩子们培养成大气的人，主要是基于一种教育理想和愿景展望。“大气”是客体对主体的外在感悟，更是主体的内在修为。所以，他并没有停留在对“大气”的理解和认识上，而是更多地探索实现“大气”的手段和途径，即如何开展“大气”教育。

2010年起，刘副校长组织学校德育队伍多次研讨，在谢海涛校长办学理念的引领下，进一步对大气德育模式进行提炼，以“大方、大爱、大家”和“底气、灵气、大气”为育人目标，以自主教育和成长规划为平台，全面提升学校德育工作水平。2011年该校被评为“中山市德育示范学校”，2012年被评为“广东省德育示范学校”。

他对“大气”两字的解读为：“大”字三画，一撇是学生文化知识的底蕴，是学生一生中不断学习和生存发展必不可少的源泉；一捺是学生的人格魅力的丰富，是学生一生中生存于社会必不可少的基本素质；一横就是学校教育，关键在于德育。只有这三画都写好了，才能写出一个堂堂正正的“大”字，而“气”则为学生精神面貌的精髓所在。他也把这一解读灌输给老师们，要求大家创造性地开展好“大气”德育的育人工作。

二、“大气”之育

刘玉泉副校长一直认为，“大气”德育的操作相对学生而言，学校必须从“规范”抓起，以“三自主”内化规范意识，通过“体验”感悟提升，最后以“成长规划”细化升华“大气”品质。

（一）“规范教育”树“正气”

“常规是根本，规范是起步”是刘玉泉对班主任抓行为习惯养成的要求，他带领德育处、率全校教师行动起来，明校规、查仪表、操队列、养习惯、学校史、勤考评。经过近一个月的努力，在校园内就可以听到学生们喊着富有班级特色的口号，看到学生们操着整齐的步伐，浩然“正气”荡漾校园。

（二）“自主教育”养“真气”

刘副校长认为，建设让学生内心向往的各种社团，是牢固树立“德育为先”的育人理念和“健康第一”的指导思想的具体落实，“自主”才是最高的德育形式。他以构建“学生会”为龙头的社团实践平台为核心，鼓励学生参与学校管理，并通过有效的激励唤起学生的主体意识、参与意识、上进意识、责任意识和合作意识；再进一步着手构建值周班、级干部、班干部管理层面，最大限度地让学生真正体会到参与管理的使命感、责任感和光荣感，从而真正达成“自主管理”的内涵。学生参与学校不同层面的管理与班级考评，进一步熟悉学校的各项规章制度，明白了中学生行为的是非对错，从而也达到了“自主教育”和“自主学习”的目的。

刘副校长常说，“让每一个孩子享受学习的快乐”应该成为学校教育的常识。据统计，参加学生会、广播站、记者团、校园卫队和文学社等社团的学生占全校人数的50%左右。这些社团成员长期自主管理、自主教育、自主学习，在同学中间形成一股强大的榜样力量，直接影响了其他参与值周班工作的全校同学，从而形成了优质的校风，促进教育教学水平的大幅度提高，让校园“真气”不断增强。

（三）“体验德育”培“底气”

刘副校长一直坚持一个理念：孩子们在参与各种活动的过程中受到的教育远比简单的说教有价值。“三自主”是严肃的规范内化，而“体验”则是活泼的亲身感悟。为激活校园，丰富学生校园生活，学校创设了多种“体验”平台，让学生在不断地参与和体验中感悟活动的本质，提升人生的认识，培养成长的“底气”。

1．五节两会

学校形成了以科组为龙头的读书节、艺术节、科技节、英语节、体育节、故事会和数学应用会等“五节两会”活动模式。一学年下来，学生几乎天天都在节日中度过，排练节目、准备比赛、手工制作、科技创新、欢度活动、展示才能等成了他们课余生活的主旋律。特别是成果展示时，在宽敞高大的舞台上，学生们个个神采飞扬，“灵气”十足。

2．课程超市

课程“超市”鼓励全校有特长的教师开班，让学生选择自己最感兴趣的体艺和学科竞赛班，培养属于自己的终生爱好。通过科组以及特长教师两个层面，全方位开发校本资源，开展丰富多彩的校园活动，让学生在体验中感受各个学科的魅力，培养终生爱好、激发向上的精神面貌，促进学生的全面发展。

3．同梦想共成长

2007年起，海洲中学着手构建“中山——百色、中山——英德同梦想·共成长”体验德育模式。以学生与家长自愿为原则，组织部分家庭条件优越、在校表现相对落后的学生分别到广西百色的两所学校、广东英德的两所学校的贫困学生家里体验生活一周，同吃同住同劳动，达成共成长的目的。每届德育体验活动后，所有学生回校后都有了质的变化。从中考成绩来看，参与这项体验活动的学生升入国家示范性高中的比率可达80%。

4．德育主题活动

刘副校长一直要求学校一定要充分利用好各种形式的主题教育活动。他很注重多视角地开发利用主题教育的文化资源，力求综合多样。他改变开展主题活动的方式，使学生在活动中提高人文、艺术、品格、科学等素养，营造浓厚的“大气”氛围。每学年，通过丰富多彩的主题教育活动，让学生主动参与体验，修炼他们做人的“真气”。

（四）“成长规划”促“和气”

毫无异议，学校的德育特色必定是灵魂所在。刘副校长与德育工作者们不断总结，反复论证，确定以加德纳的多元智能理论为指导，针对学生发展方向不明以及内动力不足的校园问题，于2010年起全面推进“学生成长规划”模式，于2011年确立“珠三角农村初中学生成长规划发展的个案研究”的课题并成功申报为广东省德育立项课题，该课题获市优秀科研成果二等奖。模式以“学生成长导师制”为主要抓手，要求导师指导学生根据自身的发展需要，并结合学校构建的各种德育活动平台，针对身体、心理、思想、学业和生活进行全面发展规划；要求导师建立良好的师生关系，最大限度促进学生的语言、逻辑、空间、肢体、音乐、人际、内省和自然探索八大智能全面发展，凸显素质教育的本质。

刘玉泉提出，“学生成长规划”模式要让学生“成长有路（规划）、路上有伴（导师）、结伴成长”。他组织教师们行动起来，每人辅导几位学生，整个校园到处可见师生、师家和生生沟通交流的动人场景。学校还通过“成长之星”和“优秀导师”的评选，举行大型的颁奖典礼，促进了校园“和谐”“大气”氛围的形成。

三、努力方向

古镇具有“中国灯饰之都”的美称，而灯饰在古镇的起源在于海洲村。海洲人素有“敢为天下先”的精神，“大气”德育正是海中人探索与实践地处珠三角的农村初中教育教学改革的一种大胆创新，追求的是对受教育者崇高品质的培养。它符合“人”的发展规律，以实实在在的操作模式，开辟了一条属于农村初中从落后到崛起、从崛起到发展、从发展到兴盛的道路，给相对落后的农村初中以发展的信心，具有无穷的精神价值。

后记：海之浩瀚，洲之坦阔。站在校园中的刘玉泉心里总有一个情结：提升理论研究水平，加强对“大气”德育理念的提炼，全方位准确地概括属于海洲中学特有的“大气”内涵，形成“大气”系列，为学校今后的可持续发展奠定基础。“大气”无痕，他将且思且行，守望未来。

衣带渐宽终不悔，为伊消得人憔悴

——记中山市南朗镇云衢小学德育副校长曾建清

题记：『党要我去哪就去哪，到教育最需要的地方去。』他，从教仅12年，却有着其他教师少有的丰富教育经历——曾经在四所学校不同的岗位上战斗过。然而不论身处哪个岗位，他始终挹定对教育事业的无限热爱与追求，始终满怀热情、执着面对钟爱的教育工作，哪怕衣带渐宽终不悔，为伊消得人憔悴也在所不惜。

曾建清，男，广东梅州人，1978年5月出生，2002年7月参加工作，现任中山市南朗镇文教第二支部书记，云衢小学德育副校长。云衢小学是中山市一级学校，校址原是创办于1808年的香山四大书院之一的云衢书院。学校秉承“自主教育，塑造四气少年，打造阳光团队”的办学理念，先后荣获“省绿色学校”“省巾帼文明岗”“市德育示范学校”“市红领巾示范学校”“市田径、篮球体育传统项目学校”“市艺术教育特色学校”“市健康促进铜奖学校”“市科普教育示范学校”“省朝阳读书活动试点学校”“全国优秀家长学校实验基地”“市师德先进集体”“市先进党支部”等荣誉称号。

一、爱岗敬业，历练成长

刚参加工作的前三年，曾建清勇于挑战自己，主动请缨，担当起了许多工作——班主任、物理及信息技术教学、电教管理、团干工作，还连续带了两届毕业班。他勤奋好学，参加了新课改等各类培训，还积极参加各种教学活动磨炼自己；他关爱学生，深受学生和家长的喜欢；他团结同事，是同事们的“开心果”。“功夫不负有心人”，他在能力得到发展的同时，班级管理水平和教学业绩也稳步提升，得到领导和同事的广泛认可，其教学案例、录像课分别获得中山市一、二等奖。

2005年9月，广东省第三期“教育对口帮扶广西”工作启动，他怀着对百色革命老区教育事业的深切关注，踏上了为期两年的支教征程，开始了激情燃烧的支教岁月。在边远山区的那两年，他苦中作乐，其人生也随之经历了一次重大考验，其人性、党性受到了深刻的锤炼。他深入乡屯，做好调研，积极参与受援学校的教学和管理，并奔走于两广之间，争取后援单位和社会各界对支教学校及贫困生的帮扶。其不懈努力为受援学校带去了中山先进的教育教学理念，改善了部分办学条件，资助了一批贫困生，他因此荣获“中山市先进工作者”、两广教育厅联合授予的“先进支教教师”等称号。

工作的第六个年头，年仅29岁的他服从上级工作安排，调任安定小学校长。面对全新的工作岗位，他主动学习，努力适应，以积极向上的姿态展现人生追求。他始终把“领导干部一日十思”作为自己的行为准则，用自己的言行举止、情感态度来感染每位教职工。任职两年间，学校迎接了分教点办学、扩建校、迁校、磨合、市一级学校评估等一个个挑战，每一次挑战对于他这个管理新手来说都是严峻的考验。在各方努力下，学校度过了最为艰难的磨合期，各项工作不断有了起色，管理逐步走向规范化和人性化，教育教学效果和社会声誉也稳步提升。他本人也被评为“中山市优秀教育工作者”“中山市优秀党员”。

2009年8月他调任云衢小学德育副校长，兼任党支部书记，他怀着“党要我去哪就去哪”的态度坦然接受新的岗位。他正确把握角色定位，牢固树立三个意识，即“绿叶意识、主管意识、大局意识”，在最短的时间内实现了岗位角色的转换。他致力于打造“自主体验”的德育模式，不断将业务做实、做细、做新，使得德育队伍的自主管理和学生的自主成长氛围初步形成。他在工作中也沉淀了一定的理论基础，撰写的多篇论文获省、市、镇级奖励。近年来，他再次获“中山市优秀教育工作者”“中山市杰出青年岗位能手”和“中山市优秀党务工作者”等殊荣。

二、勇于探索，创新德育

曾建清努力追求中山市教育局提出的德育理想：“让德育像呼吸一样自然，让德育与学生心灵无缝对接，让德育富有魅力和效力！”他认为，应该让学生在自主体验中感悟和内化，实现自我教育、个性发展，这样的德育避免了说教和灌输，因而更具有生命力。因此他大胆探索自主体验的德育模式，让学生置身于特定的德育环境中，激发他们的主体意识，使他们能动地参与一系列精彩的、生活化的德育实践活动，从而在体验中获得内化的德性。在“自主体验”理念指引下，他结合广东省德育课题“小学生社团活动与自主教育研究”的立项，充分利用校内外有利的本土教育资源，让学生走出教室、走出校园、走进社会、走进大自然，实践体验，快乐成长。经过近几年的打造，学校自主教育蔚然成风，并逐步形成了“校园节”“社团活动”“校园微博”“国防教育”“乡土体验课程”等多个具有一定影响力的德育品牌项目。

在队伍建设上，他要求全体教师“既要脚踏实地，也要仰望星空”，对学生终身发展负责，爱岗敬业而不急功近利，以师德的高度树立“人人都是德育工作者”的意识。他充分调动德育行政人员和级组长的积极性，最大限度下放管理权限，使各年级的工作更富有特色和生命力。目前“级组管理”已然是学校管理工作的一个亮点，级组长在学校的精细化管理方面起着不可替代的作用。他还勇于创新班主任队伍培训模式，采取包括教育电影、班主任沙龙、读书分享会、现场观摩、以赛促训等形式，有效地引领班主任走向自主成长。

为了有效地促进师生的个性发展，营造多元的校园文化，他在全校全面推行特色班集体建设。实施过程中，教师们并不理解该项工作，觉得多一事不如少一事，多流于应付和形式。他耐心引导班主任们体会特色班集体建设的重要性，多次召开现场培训会，带领班主任外出观摩学习，并依托级组管理进行精细化的指导和评比，让班主任明白特色班集体建设的实质是师生共同参与的一种文化建设，最终形成了目前“班班有特色、百花齐开放”的局面，先后有“悦读班”“书韵班”“国防班”被评为中山市特色班集体。

他带领德育处努力改革家校沟通形式，使家庭教育内容丰富，特色尽显。除了各班以《父母课堂》为教材的家长学校课程外，低年级的“亲子拔河”“手工制作”活动，中年级的“家教沙龙”“感恩学堂”活动，高年级的“真情对对碰”“亲子训练营”活动，都是打造和谐家校关系和亲子关系的有效途径。他还牵头组建学校家长委员会，并创建家校联系QQ群，让家校沟通更便捷和顺畅，也方便了家庭教育资源的共享。2013年，他与家委会策划了“庆六一，献爱心”两地亲子活动，把600套桌椅运往了高州石板中心小学。2014年，他又在“六一”前后组织开展了全校亲子拓展活动和家委会“共建好家风”活动。2013年，学校家委会被评为“中山市优秀家委会”。

三、热心公益，胸怀阳光

多年来，曾建清坚持参加公益活动。赴百色支教结束后，他仍在做一个“不走”的支教队员——在精神上永远做一名支教队员，奔波忙碌于“两广”之间，为百色搭桥设立奖学基金和多个“一对一”助学项目，为西部旱灾学校争取到价值10万元的30吨纯净水。他甚至与爱人利用新婚假期，远道前往广西探访看望贫困生，给他们送上课外书和资助款。2010年，他组建了南朗镇教师志愿者服务队，并兼任镇志愿者协会副会长职务。他组织开展“快乐暑假”“同一蓝天”“文明交通”“扶贫济困日”等活动，积极向社会提供各种志愿服务，并努力向青少年宣扬志愿文化。他连续十年坚持无偿献血，先后荣获“广东省五星志愿者”、中山市志愿服务金、银、铜奖等荣誉。

一路走来，有艰辛与坎坷，但他矢志不渝地饱含着对教育、对生活的热爱。他的执着超乎了很多人的想象，他总是能从教育中看出生活的东西，从生活中看出教育的东西。他还具有天生的亲和力，对童心的理解让他更懂得孩子们内心的需求。很多时候，他是个不折不扣的孩子王，也是孩子们心目中的明星和好朋友。中学生们喜欢称他为“清哥”，小学生们则更愿意以“曾老师”来代替“曾校长”。亲和力也让他更易与人沟通，每到一个单位，他都与同事们建立了深厚的感情。作为校级领导，他以德立己，清正廉洁，为人谦逊，坚持以自己的人格魅力去影响周围的人。

他始终保持积极上进的心态，自觉地博学杂取，努力朝不同凡响的思维和眼界提升。他热衷于阅读书籍和书写文章，并经常通过认证微博向全国各地的粉丝传播教育、生活的正能量。旅游和摄影这些业余爱好，熏陶了他的情操，让他更懂得各地的人文和生活的美好。作为南朗镇合唱队的一员，他百忙中不忘参加各项合唱训练和活动，因为他觉得，在红歌高唱中能更好地抒发其爱国、爱乡的赤子情怀。

后记：他憧憬成为一位有思想的教育行者，在艰辛而幸福的“行”和痛苦而丰实的“悟”中，在充满坎坷与希望的教育之路上，不断仰望星空，脚踏实地，追求教育的梦想，直至为伊消得人憔悴，衣带渐宽亦将始终不悔。

师德的楷模，育人的能手

——记江门市恩平市恩城第一小学校长岑运洪

题记：『没有爱就没有教育』，这是常挂在恩城第一小学校长岑运洪嘴边的一句话。多年来，他是这样说的，也是这样做的。在三十多年如一日的从教岁月里，岑运洪用自己的实际行动，演绎了爱生如子的动人故事，实践了为人师表的崇高精神，形成了务实创新的教学风格，取得了硕果累累的骄人成绩，谱写了一部动人的育人乐章，赢得了学生的拥戴、家长的信任和同行的称赞。

创办于1950年的恩平市恩城第一小学面临锦江，风景秀丽，环境清雅，两个校区共有教学班51个，学生2 618人，教师157人，是首批广东省一级学校、广东省现代教育技术实验学校。该校以“构建和谐校园，办人民满意的教育”为目标，坚持“以人为本，让每一位学生在成长过程中进取、创新和发展”的办学理念，以“敬业、爱生、创新、奉献”的教风带出了“尊师、自主、合作、探究”的学风，创出了“科研促教，科研兴师，科研强校”的办学特色，取得了显著成绩。学校先后被评为全国平安行动示范学校、全国模范职工小家、广东省文明单位、广东省德育示范学校、广东省现代教育技术实验学校、广东省中小学教师培训实践基地、广东省书香校园、广东省优秀家长学校、广东省安全文明校园等。学校多项科研成果获国家、省、地市级奖励，是一所社会口碑极好的名校。而引领恩城一小不断前进的就是该校校长岑运洪。岑运洪校长师德高尚，学术水平高，以强烈的事业心和进取精神二十多年如一日奋战在教学工作的第一线，为促进当地教育工作的发展做出了积极贡献，人们把他誉为“师德的楷模”，这是对岑校长二十多年执教生涯的高度概括和崇高赞誉。“全国优秀教师”“广东省特级教师”“广东省教育系统职业道德建设标兵”“江门市‘十杰’青年”“江门市首批名教师”“‘五邑廉洁清风’先进个人”“恩平市拔尖人才”“恩平市师德楷模”等称号，见证了他从教以来成功的轨迹。他多次谢绝外地高薪聘请，乐当学生的良师益友，实实在在廉洁从教，生动演绎了新时期人民教师的光辉典范。

一、科研引领，创新品德教学模式

岑运洪从1982年8月至1999年7月，一直担任班主任工作，承担一至六年级语文、思想品德课的教学工作，并进行过多次循环教学。2000年开始担任学校常务副校长，分管学校的德育工作，从事品德科教学研究和品德课教学工作，现担任恩城第一小学校长。

长期以来，岑运洪致力于思想品德科的教学研究，积极探讨思想品德课教学的有效方法。他对品德课的上课模式进行了两次大胆改革：90年代后期，总结出“学文—明理—导行—实践”的教学模式，并运用这一教学模式代表学校参加全市的品德科教学竞赛荣获市一等奖。此后，他的教学模式及风格辐射全市。课改后，他又深入探索和改革品德课教学的方法与途径，逐步形成了“创设情景—合作探究—活动体验—实践感悟”的教学新模式，大大提高了品德课堂的教学实效。此模式在恩平市学校中推广和普及，有效地推动了小学品德科新一轮的改革。2010年，岑运洪为全市250多名领导和教师上《身边的公共设施》品德示范课时，台上台下为之轰动。他受到听课领导和教师的高度评价。

为了提高品德教学的有效性，岑运洪带领全校品德教师以课题“建立全员、全过程、全方位加强对学生思想道德教育机制的探索”为突破口，围绕课题做过程性的研究，把品德教学活动与学校德育工作紧密联系起来，拓宽课堂教学空间，开展养成、责任、礼仪、感恩、安全等一系列的教育活动，并将这些活动与品德教学、主题教育、少先队活动、各学科教学、社会实践结合起来，构建了“品德为主—学科渗透—活动感染—环境熏陶—实践感悟”的德育工作特色，在品德课的教学中，全员、全过程、全方位加强对学生的思想道德教育。例如，他结合“品德与社会”四年级上册《做个受欢迎的人》一课的教学，除了在上课时通过讲故事、评选最佳衣着奖、小表演（如乘公共汽车、在酒店用餐、看电影、接见外宾）、礼仪知识竞赛等活动对学生进行礼仪教育外，还在全校开展“人人争当礼仪之星”的教育活动，并通过举行主题教育、诵读《弟子规》、组织学生为老人送温暖、手拉手、参观旅游景点等社会实践活动，让学生在系列活动中，学习文明礼仪，感受文明礼仪，践行文明礼仪，取得了很好的效果。学校在2008年被评为“广东省文明单位”，学校少先大队被评为“广东省少先队红旗大队”。他以此为题材撰写的论文《开展礼仪教育，为学生的成长奠基》发表在教育类国家级一级期刊《现代阅读》2011年第8期上。

岑校长经常深入各镇农村学校听课，指导品德课的教学。为了尽快帮助农村品德教师正确理解品德课程标准，他每学年为全市品德教师举办业务讲座和上观摩课各两次，近几年在当地举行了十次品德教研活动，并选取在教学中普遍存在的焦点问题开展教学研究，组织老师分别以“创造性地使用教材”“活动体验，提高品德教学的有效性”等话题开展教研活动，每次教研活动都做到主题鲜明。开展“集体备课与研究—课例展示与剖析—互动交流与反思—教学跟踪与指导”等一系列活动，帮助老师解决教学中面临的问题和困惑。

课改初期，许多老师对新课程理解不透，面对文字少之又少的品德教材不知道怎么教，甚至有的老师将品德课上成看图说话课。岑运洪及时组织品德教师进行“创造性地使用教材”的专题研究，为老师们上了《注意交通安全》一课的示范课。课上他没有受教材的束缚，而是创造性地使用教材，针对学生已经知道现代交通常用工具的情况，通过组织学生观看交通安全事故的录像、玩交通安全棋游戏、开展交通安全知识竞赛等活动形式，使学生在观看录像中感受不遵守交通法规带来的严重后果，在游戏活动中认识交通安全标志，在安全知识竞赛中掌握交通安全常识，取得了很好的教学效果。观摩课后，通过互动交流与反思，帮助老师理解“用教材教，而不是教教材”，杜绝了将品德课上成看图说话课的现象。

近5年，岑运洪为全市品德科教师举办“品德与生活”“品德与社会”的教学专题讲座共8次，为全市品德教师做新课程教材教法辅导，大大地提高了全市品德教师的专业水平，得到市教研室领导和同行的高度评价。

二、倾注师爱，精心育德育人育才

“没有爱就没有教育。”多年来，岑运洪把爱心献给每一位学生，精心育德育人育才。他先后担任班主任工作16年，积累了丰富的班级管理经验，以点子多、转化差生成功率高成为班级管理的典范。“面向全体，做学生的良师益友”是他的工作准则，以养成教育、爱国主义教育和革命传统教育为重点，着重培养学生“自我管理”的能力，抓好良好的班风、学风，营造安全文明和谐的学习环境，为高一级学校输送优秀学生是他一直以来的工作目标。

“挖闪光点，因材施教，分层培养”是岑运洪转化后进生工作的一大特色。多年来，他转化了张琳、吴小宁、吴晓燕等100多名后进生，其中特别突出的是岑靖雯同学。她生活在单亲家庭，父母离异，父亲忙着做生意，对她关心很少，她渐渐地形成了古怪的性格。面对这样性格古怪而又缺乏母爱的学生，岑运洪主动亲近她，热情地开导她。当发现小岑喜欢唱歌，就给她送去演出服，鼓励其参加各项唱歌比赛。一个又一个的成功，增强了她的自信，她那孤独的性格在师爱和美妙的音乐中渐渐改变了，变得开朗起来了。她后来经常参加公益活动演出，2003年参加中央电视台主办的中国青少年艺术大赛，获得声乐类少年组金奖，同年被评为“广东省小公民道德建设标兵”。岑运洪的“感化—转化—优化”育人经验也在全市推广。

多年来，岑运洪成功地转化8个“差班”和100多名后进生，任教的班级一直被评为学校的先进班、文明班、标兵班；李晓琳等20多位学生先后被评为省、市的“三好学生”、优秀学生干部，其中省优秀少先队员吴宗亮还出席了省少代会，受到团省委、省教厅的表彰。他任教的四（5）班曾被评为全国“学赖宁，做党的好孩子”活动先进集体。由于班主任工作成绩突出，岑运洪先后被评为“恩平市‘十佳’班主任”“恩平市’十大‘师德楷模”和“江门市先进德育工作者”。2010年3月，他应邀参加市师德建设先进事迹报告团，在全市作巡回报告。很多教师听后都表示深受教育和启发，并立志以岑运洪为榜样，做一名优秀的人民教师。

三、创新模式，深入推进德育工作

2000年9月岑运洪开始担任学校主管德育的副校长。在德育工作方面，根据“成人—成才—成功”“为每一个学生的终身幸福奠基”的育人思路，他巧用心思，重点抓好几方面工作：

第一，实施“学校—级组—班”三级管理体制，使德育工作落到实处。他制订了《班风建设量标要求》方案，进行“日评”“周评”“月评”“学校总评”。如今，“礼仪之星”“学习之星”“阅读之星”“才艺之星”等评比活动在学校已制度化、常规化。

第二，抓好养成教育。“习惯决定孩子的命运”。岑运洪和德育小组按《小学生日常行为规范》的要求，制定了学校的《礼仪教育》《课堂常规》《活动常规》等行为规范，将规范细化。同时从一年级抓起，从细处着手，内外结合，开展丰富多彩的养成教育活动，使学生从小养成一生受用的好习惯，让每个学生都能享受到童年成长的幸福。

第三，开展丰富多彩的教育活动，将思想教育寓于活动中。岑运洪结合时代的要求和学校的实际，坚持抓好“每月一主题”的思想教育活动。他设计、组织“校园文化艺术节”“校园科技节”“田径运动会”“诵读经典”“唱红歌”等活动，使学生的艺术水平、创新能力、综合素质大大提高，取得了可喜的成绩：学校学生参加全国、省、市的艺术比赛多次获奖，其中2007年吴燕妮同学在澳门举办的第二届世界华人青少年艺术节中，以一曲二胡独奏《三门峡畅想曲》获儿童组器乐金奖，2013年学校获江门市国学经典诵读比赛一等奖及推广国学文化工作先进集体，2014年学校参加市歌舞诗大型活动荣获第一名。

岑运洪深入细致地搞好学校德育工作，师生的思想道德品质不断提高，德育工作成绩显著：学校2007年被评为广东省“优秀家长学校”“安全文明校园”，江门市“标兵文明单位”“师德建设先进单位”“红旗大队”“禁毒示范单位”“科普示范单位”；2008年被评为广东省“文明单位”“少先队红旗大队”，2009年被共青团中央、全国少工委评为“中国少年儿童平安行动示范单位”；2010年被评为江门市“未成年人工作先进集体”“十大书香校园”；2011年被评为江门市“红领巾示范学校”；2012年被评为广东省“书香校园”；2013年被评为广东省“德育示范学校”。

四、清正廉明，演绎为人师表风范

岑运洪担任毕业班工作15年，所教的学生每年参加市毕业调研测试“三率”均荣获第一名，为市恩平一中、实验中学输送了160多名优秀学子，侯君苗、李艳妍等6名学生分获当年的状元。不少家长在孩子一升到毕业班时，就千方百计想要将自己的孩子转到岑运洪任教的班。有一次，一个外地的家长慕名而来，孩子转入学校后就开始择班，向校领导多次提出要将自己的孩子转入岑运洪的班。为了吃所谓的“定心丸”，这位家长找到岑运洪，竟然拿出一个沉甸甸的信封硬要塞给他。岑运洪严肃地说：“钱，我绝不能收！但您的孩子我们也绝对会教好，否则会影响我的工作，对下一代的影响也不好，您说不是吗？”这位家长听了，非常惭愧，紧紧地握着岑运洪的手连连说：“岑校长，您说得对，说得对！我的孩子放到您的学校，我一万个放心！”

2006年5月，岑运洪有一位宗亲兄弟想把孩子从恩城一小服务区域外的居住地转到一小就读，想通过岑运洪免除借读费（当时还可收取借读费）。在乡情和亲情的双重考验下，岑运洪依然按章办事并耐心解释招生工作的程序和政策，使这位同村兄弟由开始的生气指责转变为最后的理解接受。

多年来，岑运洪不仅对自己严格要求，还要求学校的教师不以教谋私，不因学生的家庭状况、学生家长的等级差异而采取不同的态度，要尊重每一位家长，公平、公正地对待每一位学生，努力创设宽松和谐的育人氛围。如今，恩城一小校园清风习习，爱心融融，赢得了社会群众对学校的信赖和肯定。很多家长都说：“来恩城一小读书，就是实在啊！”

2010年7月，岑运洪经过层层筛选，先是代表教育系统在恩平市做“廉洁清风进校园”先进事迹报告，后又被江门市人民政府、党委组织部推荐为“五邑廉洁清风”报告团成员，在江门三区四市巡回做报告。岑运洪的真情讲述，深深打动了台下的干部群众，所到之处社会各界反响热烈，纷纷掀起学模范、讲廉洁、创先争优的热潮。

后记：在三十多年如一日的从教岁月里，岑运洪演绎了爱生如子的动人故事，实践了为人师表的崇高精神，形成了务实创新的教学风格，取得了硕果累累的骄人成绩，谱写了一部动人的育人乐章，赢得了学生的拥戴、家长的信任和同行的称赞，他不愧是恩平市栽桃育李的能工巧匠、德育工作的优秀教师。

立德为本育人才，与时俱进垂典范

——记江门中医药学校党委书记张飞虹

题记：作为中职学校的教育工作者，我们要坚持立德为本，与时俱进，努力营造适合每一位学生成长发展的良好环境。

张飞虹，中共党员，江门中医药学校党委书记。江门中医药学校是一所中等卫生职业学校，培养的学生主要从事以提供服务为本质的医药卫生类行业。在多年的德育教育管理征途中，张飞虹书记以其求真务实、勇于创新、敏锐洞察的工作作风，过硬的工作能力和突出的业绩得到了社会各界的一致好评。她立德树人、与时俱进的教育理念引导着全校师生的成长，为江门中医药学校的特色教育成果做出了卓越贡献。

一、立德树人，成就卓越

张飞虹书记拥有多年的管理经历和不断学习、总结创新的执着精神，具备深厚的文化素养和扎实的业务能力。她带领班子成员认真贯彻“以生为本”的办学思想，确立了“建设中医药特色德育”的总目标，大力推行“厚德博学，以德为先，德技双长，全面发展”的学生培养方针。

（一）奋进如歌，求真务实

从医院的领导岗位走到学校的领导岗位，对象不同，管理内容不同，转变与适应难度大。张飞虹书记精于勤奋、精于行动、精于思考，以最短的时间熟悉了学校的基本运作情况，努力研修教育管理课程。在主管德育副校长这一岗位上，她主张抓好德育常规管理。她作风务实，深入学生一线，如主题班会的听课和巡课、学生内务整理的检查、学生就餐情况的了解等。她也参与学生干部培训，定期找学生谈话以了解学生的情况，及时解答学生的疑问，参加学生的集体活动，畅通了教育管理者与教育对象衔接的渠道。

张飞虹书记认为制度健全、强化监督、责任到人是德育管理工作顺利开展的保障。经过深入调研讨论，她带领干部出台了系列富有成效的制度，明确了行政职能部门的人员分工，责任到人，提高了管理效率，如《班主任聘任管理制度》《学生管理制度》《班主任量化评比制度》《优秀班主任评选方案》《学生宿舍内务管理标准》等。为了将有关制度落到实处，她定期参与学生管理质量抽检，发现问题，及时教育、及时整改。

（二）态度严谨，积极创新

张飞虹书记对每一项工作都严谨认真，从学校日常工作的开展情况、文件和总结的上报、方案制度的制定到上级领导来校视察工作的准备，每一个步骤，每一个细节，每一项工作她都细致认真，没有丝毫的松懈。如省级德育课题的开题报告会，为了保证课题评审的顺利通过，从工作调配、人员安排、课件和讲稿的准备，她都全程参与、亲力亲为。她出席会议，必定事先充分了解会议内容并做好各项准备。为了教育学生节约水电，她经常到校园进行检查，多次到学生宿舍每个寝室进行排查，身体力行，教育效果十分显著。

张飞虹书记思维活跃，勇于创新。为了打造中医药特色德技双馨的校园文化体系，在学校德育教育和实践中，张飞虹书记带领教师队伍创新德育教育模式，形成独具特色的校园文化体系，让德育渗透到学校教育的各个层面，为社会培养了一批又一批综合素质优秀的实用型人才。

1. 整合优化校园环境，彰显中医药护技特色，发挥环境文化育人功能

在张书记“建设中医药特色德育”总目标的引领下，校园绿化及实验实训中心的建设均体现了与医院药企文化的紧密融合，让学生在学习实践中完成从学生到职业人的角色转变。

2. 利用德育课堂修身立品，明晰定位助圆学生成才梦

作为德育教育的主阵地，每周一节的主题德育课，张飞虹书记都亲自斟酌设计，务求以丰富多彩的形式开展德育教育。德育课以学校主编公开发行的《把握成长》《道德讲堂案例集》为教材，结合政策要求及德育涵养教育，每周一主题，每月一模范，达到课堂内教育学生修身立品、课堂外实践体验提高、德技相长的效果。如：每年2月的主题为“感悟新年”“合理使用压岁钱”等；3月的主题为“学雷锋，争做有道德的人”“爱劳动，绿化美化校园”；4月的主题为“纪念先贤，学习先贤光辉事迹”；5月的主题为“爱祖国，从我做起”，等等。这些主题既与社会要求相符合，又与实际、时令相适应，形式多样，学生乐于接受。

3. 开展职业定向性德育实践活动，构建中医药特色校园文化体系

校企文化融合的课余竞赛活动是中医药特色校园文化体系的首要构成部分。学生在校三年，第一学年举办职业道德展示竞赛，教导不同专业学生相应的职业道德规范，引导学生进行自我职业规划，树立目标，有效学习专业知识和技能；第二学年着重引导学生掌握本职业的形象及行为要求，通过职业礼仪竞赛，在校内营造人人懂礼仪、人人讲礼仪的良好氛围，达到“以礼貌礼节为起点，以礼仪规范训练为途径，以行为习惯养成为过程，以道德净化和心理健康为归宿”的目标，把职业道德教育和职业纪律教育落到实处；第三学年进行顶岗实习，实现校企文化无缝对接。通过对学生的实习考核及反馈，修正学校德育教育方向，注重沟通协作能力及服务质量，以德促技，使学生素质全面提高。

具备职业属性的社团建设是中医药特色校园文化体系的另一部分。社团活动既丰富了学生的课余生活，又能弘扬传播中医药文化，是学校德育实践开展的重要阵地。

学生志愿者服务架设了利用中医药特色校园文化服务社会的桥梁。在张飞虹书记的带领下，学校学生注册志愿者已达到3 000多人。学生志愿者课余积极参与志愿服

务，利用自己的医护知识技能帮助有需要的人。医护志愿服务使学生树立了正确的人生观和价值观，树立起“知识服务社会”的理念，既提高了学生的思想修养和精神境界，又能激发学生学习的兴趣与热情。

形式创新的德育实践结出了卓越的教育成果。德育实践激发了学生的学习热情，以护理专业学生执业护士资格证通过率为例，通过率从以往的不足30.0%，到近三年分别提升为70.0%、80.5%和85.4%。德育实践也提升了学校的竞争能力，近三年来学校组织学生参加市、省、国家级竞赛，累计获奖超过50项。德育实践还搭建了师生展示自我的平台，每年都有一大批学生因表现优秀、贡献突出而被省、市有关部门评为“三好学生”“优秀团员”“优秀学生干部”“美德少年”等，2014年还有一批优秀学生被吸收为中共党员。在张飞虹书记的培育下，学校团委副书记张彩虹积极成长，贡献突出，被评为广东省“优秀团干部”。

（三）善于总结，重视科研

张飞虹书记重视每项工作完成后的总结反思。她要求在学校开展的每项活动，必须事前有计划、有方案，事中有修正，事后有总结、有反思。她善于前后联系，发现问题的相关性。她的总结通常能起到点睛作用。学校工作质量的不断提升，与她要求的事后总结反思有很大的关系。

在总结反思的基础上，张飞虹书记还善于发现事物的内涵关联及外延推广，以科研提升工作质量及教育层次。张飞虹书记参与和主持了2项省级德育课题，其中“中医药特色校园文化的建设与研究”获得优秀结题，成果丰硕，被五邑地区兄弟学校借鉴推广；“推进校企文化融合，构建‘立交桥’德育模式”被评审专家认为选题新颖，在广东省中职学校乃至全国同类学校的德育科研范围内属于创新。张飞虹书记主编的《班级道德讲堂案例集》，由中国人民大学出版社出版，被认为是优质创新实用的德育教材，已被多所中职学校采用。

二、与时俱进，率先垂范

作为一名中共党员，张飞虹书记具备敏锐的政治洞察能力，时刻紧跟党的步伐，在工作和教育中都做到与时俱进。她带领德育师资队伍，除开设常规的“职业道德规范”“职业礼仪”等德育课程外，还专门设定了每周一节的主题德育课内容，内容与时俱进，教育学生从解读“十八大精神”、“社会主义核心价值观”到践行“公民道德规范”“党的群众路线”，从开展“道德讲堂”到如何实现“中国梦·职业梦·成才梦”，从“学雷锋，争当有道德的人”到开展“爱学习、爱劳动、爱祖国”教育活动，利用道德模范的先进事迹，以身边事教育身边人，使学校的教育与时代的要求相适应，让学生在校园生活中认识了解国家的方针政策，使学生的学习更有目的性和实效性。

在教育学生如何做的同时，张飞虹书记以身作则，率先垂范，争先创优，以实际的行动为学生树立榜样。如在“学雷锋，勤俭节约”主题活动中，张飞虹书记深入学生教室及宿舍，对“长明灯”“长流水”现象除口头教育外，还经常出手相教，在细微之处显示高尚的人格魅力；在“文明用餐”活动中，张飞虹书记每次用餐完毕都亲自收拾碗盘，并且保证守秩序、不浪费，做到细微之处见品质。

张飞虹书记深知，现代职业教育不单单是技能教育、学校教育，还包括素质教育、心灵教育、家庭教育、社会教育等。作为党委书记，她制定了学校的工作方向，在狠抓教学质量的同时，深入开展德育教育及素质教育，建设完善心理辅导室及心理咨询服务，成立家长委员会，定期召开家长会，开通家校沟通服务通讯平台，发展壮大学生志愿服务队伍，开发志愿服务联系点，推进校企文化融合，形成学校、家庭、社会、企业四方合力、全面通达、助力学生成长成才的“立交桥”德育模式。

后记：路漫漫其修远兮，德育工作任重道远。在当前国家大力发展职业教育的有利时机下，创新德育教育模式，立德树人，与时俱进，帮助学生树立正确的人生观、价值观、道德观，培养学生知荣辱、明是非、讲文明、懂礼仪的素质，是张飞虹书记不懈追求的目标。

默默无闻勤耕耘，以德育人馨满园

——记江门市鹤山市沙坪街道第一小学副校长冯仲荣

题记：『德艺双馨，在育人路上收获名誉不是一个教育者的追求。我心中的理想是在这一方教育热土上，尽情挥洒汗水，收获幸福，为学生付出我的一切。』

鹤山市沙坪街道第一小学副校长冯仲荣同志是一名中共党员，主管学校德育工作。他始终以一名共产党员的标准严格要求自己，坚持学习实践科学发展观，致力于学校德育管理的创新，以学校德育发展为己任，怀着强烈的使命感和责任感，出色地完成了各项工作任务。近年来，他先后获得“鹤山市先进德育工作者”“鹤山市优秀教育工作者”等称号。

一、以身作责，做好师生的表率

作为一名德育校长，更要严于律己，要有“从我做起、向我看齐、对我监督”的勇气，为了学校的生存、发展而不辍劳作。因此在工作和事业面前，他时刻不断警醒自己要扮演好副校长这一角色，顾全大局，注重团结，率先垂范，以身作则，以诚待人，任劳任怨，工作扎实细致。他从不争名夺利，不计较个人得失，坚持做到：谋政，把学校发展作为第一目标；勤政，把真抓实干作为第一追求；廉政，把清正廉洁作为第一责任。他把这“三个一”变成自觉行动，贯穿于日常工作始终，做教师的表率，全心全意为学校服务。桃李不言，下自成蹊。在他的榜样示范作用下，全校师生形成了求真务实、踏实进取的工作和学习作风，为学校的发展奠定了坚实的基础。

二、锐意创新，开创德育新局面

冯校长深知，在深化教育改革、全面实施素质教育的今天，对于担当着“培养学生做什么样的人”这一崇高使命的学校教育而言，确定德育工作在学校教育工作中的核心地位、加强学校的德育工作显得尤为重要。为此，他从学校实际出发，对如何抓好德育工作、提高德育工作的针对性和实效性，进行了努力而大胆的探索，培养学生“好习惯、好心态、好性格（新三好）”，开创了学校德育工作的新局面。

（一）抓管理，提高管理水平

进行学校德育管理，需要有一个健全的组织机构。在冯校长的努力下，学校建立了校、处、班三级管理网络，明确了德育管理的职责。由校长牵头，主抓德育的副校长、大队辅导员、思品教师和班主任组成德育领导小组，从校长到最基层的班级，形成一种垂直联系，并沟通教导处、总务处之间的横向联系，从而使学校的德育工作在组织系统方面做到了上下左右联系密切，指挥灵活，步调一致，信息畅通，充分发挥德育管理的效能。从组织上保证学校德育工作的实施，从教学活动中渗透德育思想。有规矩才能成方圆，为此，冯校长每学期带领德育组制订德育规划，又制定了一系列的检查评比制度，班主任及各任课教师的职责、制度、计划、总结等也都进行全面规范，确保学校德育工作稳步落实。

（二）抓队伍，提高德育素质

正所谓，治校之道，师德之本。一个学校要培养出适应祖国需要的各项各类合格人才，就必须有一支德才兼备、勇于奉献的教师队伍。因此，冯校长把学校师德建设摆在首位，抓学习、建制度、搞活动、严奖惩，使广大教师的思想道德素质得到进一步提高，爱岗敬业、乐于奉献、热爱学生、为人师表的园丁精神得到进一步升华。具有高尚的师德是一支高素质教师队伍的重要标志，因此，冯校长长期通过各种形式提高教师的师德修养。例如，通过每周一次的政治业务学习机会，认真组织全体教职工学习中共十八大精神和各级基础教育工作会议文件，努力实践“三个代表”重要思想和科学发展观，大力开展争创“学习型学校”活动；通过开展业务培训、观看《寻找最美乡村教师》录像片、撰写心得体会等活动，引导广大教职工深刻理解十八大精神、“三个代表”重要思想和科学发展观的精神实质；通过继续学习《公民道德建设实施纲要》，使教职工的道德素养不断提高，树立正确的人才观、质量观、学生观。

他还非常注重对教职工的心理辅导，帮助教职工排解心理困惑、舒解心理压力，不断提高教职工的心理素质。他多次主讲题为《做快乐教师》《如何塑造阳光心态》的专题讲座，时刻提醒每位教师要用一颗健康、真诚的心面对我们的孩子、家长、职业，用“爱心”走近孩子，和孩子们做朋友，时刻谨记用理想和激情教书、用爱心和细心育人。

（三）抓规范，实施常规育人

播种行为，可以收获习惯；收获习惯，可以养成性格；养成性格，可以成就未来。学校一直以来都把培养学生的行为习惯作为学校德育工作的重要内容之一。尤其是小学阶段，养成良好的行为习惯，即为孩子收获良好命运播下了一颗优良的种子。

在学校德育工作管理中，冯校长以培养“新三好”（好习惯、好心态、好性格）学生为主线，开展各种德育活动，规范学生的行为，使学生养成良好的习惯，保证学生的健康成长。

1．常规教育，明辨是非

“新三好”活动启动之后，学校经常性地利用集队时间，对学生进行“道德规范”“文明礼貌”“言行规范”“禁毒、法制”“交通安全”“社会公德”等方面的教育，让学生明辨是非。同时，学校要求各位班主任每星期组织一次主题班队活动，寓教于乐，并积极与科任老师配合，把行为规范渗透到各种教学活动中。在全体教师的努力下，学校的行为规范养成训练得到了有效的开展及落实。“新三好”的实施给学校德育工作注入了新的活力，带来了新的气象，促进了学生素质的全面发展。

2．细处着手，养成习惯

学校在活动中，循序渐进，指导学生从细微处入手，从学习生活中的小事做起，使学生体验到养成良好行为规范的重要性及意义，树立信心，积极参与训练活动。如开展“感恩老师”“感恩祖国”“做一个有道德的人”等活动，取得了良好的成效。

3．加强监督，巩固成效

小学生的自制力和持久性差，因此学校在开展训练活动时推选出一批行为习惯较好、较有组织能力的学生担任监督员，明确分工，各司其职，随时随地监督其他同学的行为。通过加强监督，巩固了训练成效，学校里违规违纪现象逐渐减少，学生的良好习惯也慢慢地养成了。

（四）抓活动，寓教于活动中

“教”，既指社会道德教育，又指德育文化开发。德育工作“教”的功效应是崇尚美德、简朴、正义、秩序和法律，应促使人接受文明，养成规范。“教”是目的，“教”必须通过“乐”的手段才能实现，教化功能不能脱离使人获得愉悦的具体形象，受教者总是在体验乐趣和感受审美中得到陶冶。一直以来，冯校长十分重视德育活动的开展，使德育活动得到有效落实。

1．加强宣传，潜移默化

坚持规范的升旗仪式、国旗下讲话和时事报道，重要节庆日、纪念日组织宣传教育和实践活动，如“尊敬师长，文明有礼”“祖国在我心中”等主题教育活动。同学们通过诵诗、制作教师节祝福卡、征文等活动，进一步营造了校园的尊师氛围。扶贫济困是中华民族的传统美德，学校通过开展“义卖义演”活动，进一步加强了青少年的思想道德教育，在全社会树立了良好的道德风尚。通过这些宣传教育活动，学生增强了爱国意识，树立了正义感。

2．架起桥梁，放飞梦想

冯校长认为，电视节目是承载深厚思想内容的综合艺术，对青少年学生的思想和行为有着相当大的影响。因此，他在2013年提出要把学校红领巾电视台作为学校德育工作的一个窗口。为了提升电视台工作人员的综合素质，丰富他们的专业知识，学校组织教师并请来专业人士对学生进行培训。到目前为止，学校已培训出了一大批优秀的小记者、小主持人、小摄影师，让“红领巾”当起了“电视台的主人”。每周一下午4时30分，电视台准时开播，内容丰富精彩。现在，一小的红领巾电视台正在校园里发挥着特殊的作用，是同学们挥洒童心的乐园、陶冶情操的阵地、放飞梦想的翅膀！

（五）抓氛围，发挥环境育人作用

学校以创建鹤山市校园文化建设优秀学校为契机，继续加强校园环境建设，不断提高硬化、绿化、美化水平，科学规划、精心布置校园环境和班级文化氛围，提升了学校的文化品位；广泛开展丰富多彩的社会实践活动和校园文化艺术活动，组织形式多样的兴趣小组，丰富校园文化生活。浓厚的学校文化环境，充分发挥了环境育人的作用。

（六）抓课程，拓宽德育力量的渠道

一直以来，冯校长十分注重课堂德育渗透，积极开发德育课程，充分挖掘各学科的“育人点”，让德育有机地渗透到各学科的教学中，发挥其德育功能。通过班队会积极开展丰富多彩的主题教育活动，对学生进行有效的思想道德教育。致力于搭建家校互动平台，形成家校教育合力。每学期，学校要求各班班主任召开两次家长会，班主任及科任老师必须对本班学生进行一次以上的全面家访。这不仅加强了学校、家庭、社会的联系，还形成了共同抓好德育工作的合力，有效提高了德育教育效果。

三、春华秋实，赢得成果累累

一份耕耘，一份收获。在冯校长的带领下，经过全体师生的共同努力，学校在德育工作上取得了卓越的成绩：

2012年，学校被教育部中国教师发展基金会“校本科研引领和促进基础教育质量提升的研究”全国总课题组定为全国教育科学“十二五”教育部规划课题、教育部中国教师发展基金会重点资助项目“全国重点实验基地”。

2011年，在广东省中小学教学研究“十一五”规划课题“小学生中华传统文化教育研究”实验中，学校被评为一等奖。

2012年，在广东省“书香岭南”全民读书活动中，学校被广东省委宣传部、广东省教育厅授予“书香校园”荣誉称号。

2012年，被评为“广东省诗歌教育示范学校”。

2012年，被评为“江门市中小学心理健康教育示范学校”。

2012年，学校少先队大队部获“江门市少先队员红旗大队”称号。

2012年，被评为“江门市教育信息化示范学校”。

2012年，荣获“江门市第四届学生规范汉字书写大赛”优秀组织奖。

2013年，被评为“鹤山市标兵文明单位”。

后记：桃李不言，下自成蹊。冯仲荣副校长用他的兢兢业业和辛勤汗水，在德育道路上且歌且行，谱写出人生最华美的诗篇。

和谐共生，和乐共进

——记江门市第九中学校长骆昌云

题记：『和谐共生，和乐共进』是江门市第九中学的校训。和谐共生，寓意天地万物融洽相处，既能各得其所，百花齐放，又能相得益彰，共生共赢；和乐共进是一种乐观上进的态度，和睦快乐，敏而好学，见贤思齐，共铸辉煌。『和谐共生，和乐共进』的校训激励着九中人团结和谐，拼搏进取，共生共赢，龙腾九霄。

江门市第九中学是一所具有悠久历史和光荣传统的百年老校，办学历史可以追溯到1905年的水南学堂。1973年升格为初中，定为为江门市第九中学，2005年被评为广东省一级学校。近几年，学校的发展较快，各方面都取得了令人满意的成绩。

第一，教学质量高，中考成绩喜人。2006年—2014年，该校毕业生参加中考的十科总平均分和尖子生比率连续九年均居蓬江区第一。

第二，办学条件优良。学校现有电子白板多媒体教学平台35个，有完善的校园网络，教师人手一台电脑，所有的课室、功能室都能进行现代化教学，学校拥有计算机350台，各功能室的器材齐全先进。

第三，拥有一支战斗力强的教师队伍。该校近年来名师辈出，涌现出了如全国“五一奖章”获得者、全国“三八红旗手”、广东省名班主任工作室主持人蒋青，省级优秀教师、省名教师工作室主持人谢萍，省名教师关秀文、李蔚青、余德福等一批名教师。

第四，德育工作卓有成效。该校先后被评为广东省“德育示范学校”、广东省“安全文明校园”、广东省“安全教育基地学校”、广东省“依法治校示范学校”。德育成果《挖掘历史资源，提高育人效果》获首届“广东省中小学德育创新奖”三等奖，骆校长主持的德育研究成果《实施首席班主任制，促进班主任专业成长》获2010年广东省中小学德育创新成果评比一等奖。

一、重视理论学习，积极践行社会主义核心价值观

作为学校领导，骆昌云校长充分认识到学习社会主义核心价值体系的重大意义。船要走得稳，舵就要把得准。他经常组织全体教职工进行理论学习，并且身先士卒，积极践行社会主义核心价值观。他认为，作为教师，要培育自己的学术和人格魅力，做到学为人师，行为世范；不仅要献身教育，而且必须正确、自觉地贯彻党的教育方针，对学生实施全面的素质教育；要注重渗透教育，以自身正确的价值观及良好的心理素质去塑造新一代青年的人格；还要牢牢树立育人责任，自觉主动承担“社会主义核心价值体系”在校园建设、校园践行中的任务，做忠实的实践者和代言人，自觉把育人贯穿于教育教学的全过程，使每一次讲授都有利于帮助学生从心灵深处树立社会主义核心价值观。骆校长爱岗敬业，潜心育人，尊重学生的个性和人格，培养学生的品德和能力，健全学生的心理和体魄，信守社会主义核心价值观，以实际行动体现了“学高为师，身正为范”。

二、重视德育工作，倾力打造广东省德育示范学校

德育是教育的灵魂和核心。骆昌云任校长以来，学校始终坚持“德育为首”的教育思想，努力探索新型管理模式，强化德育治校理念，在德育内容和方法上努力创

新、积极实践，取得了可喜的成绩。

（一）环境育人，和谐共生

环境对学生起着“春风化雨”、“润物细无声”的潜移默化作用。骆校长充分认识到环境育人的作用，积极营造浓郁的校园文化，优化育人环境。

江门九中校址原是大革命时期中共新会、江门支部与新会县总工会旧址。当时正值革命风起云涌的年代，中共新会、江门支部团结侨乡广大工农，组织工人罢工，成立农民协会，支持省港大罢工，为江门、新会地区的解放事业做出了不可磨灭的贡献。为纪念这段历史，1996年江门市人民政府在九中修建“传芳苑”，2005年学校拨出专项资金重新设计修建了这一爱国主义教育基地。通过大型浮雕，展现五邑先贤为了民族复兴、百姓幸福所进行的不屈不挠的斗争，谱写了一首激动人心的不朽诗篇。学校还组织教师精心编写了《画说传芳苑》一书作为校本德育教材。江门市直机关工委、教育局党委在2005年12月把“传芳苑”命名为市直机关共产党员先进性学习基地和青少年爱国主义教育基地。

学校德育广场上的公民道德建设浮雕突出了“忠、义、礼、孝”的中华优良传统文化内涵，以及现代公民思想道德教育八字方针——爱国、守法、诚信、知礼；校园文化长廊，对学生进行明礼、团结、友善的传统道德教育；办学理念大型浮雕指明了学校的办学方向；腾飞雕塑，激励着九中人团结协作、开拓进取、务实创新，豪情满怀，拥抱美好未来；校园内关于校风、校纪的大幅标语以及名言警句、学生的书画作品随处可见，它挖掘了学生的潜能，贴近学生的心灵，独具教育示范作用，真正实现了前苏联教育家苏霍姆林斯基说的“让每一块墙壁都会说话”，让校园的一草一木都成为育人的载体。

（二）活动育人，和美共生

活动是德育的有效载体，是培养学生品德、锻炼学生能力的过程，更是学生自我教育的最好途径。学校将德育教育与日常学习生活结合，使德育活动日常化、常态化。

1．主题教育，形式多样

学校围绕“分类施教，彰显特色”的教育理念，积极开展形式多样的专题活动，潜移默化，寓教于乐。开展“安全教育月”系列活动，利用每周班会、宣传栏、广播站开展安全宣传教育活动，组织学生进行紧急逃生演练，强化学生安全意识；聘请校外辅导员对学生进行法律法纪教育、禁毒教育，强化学生法制观念；组织瞻仰烈士纪念碑、“革命故事大家讲”等爱国主义教育活动，激励学生爱国爱校爱家；开展“艺术节”“元旦文艺汇演”“民乐班汇报演出”“三人篮球赛”等文娱体育活动，活跃学生身心；开展为地震灾区捐款、“爱心奖学金”“送暖进社区”等暖流行动；每学期开展“十佳学生”“德育之星”“阅读之星”等评选活动，激励学生完善自我，超越自我。形式多样、内容丰富的教育活动，活跃了学生的校园文化生活，而且极大地提升了学校德育工作的实效性。

2．艺术教育，提升素质

自2003年起，学校开办了民乐特长班，把民族艺术教育确立为特色项目来建设，拓宽了学生的成才之路。2004年，民乐班的苏锦皓同学参加“首届声乐器乐舞蹈大赛”全国总决赛，荣获金奖；2007年，民乐班参加江门市首届“语言文字艺术节”，获文艺表演类一等奖；2009年，节目《舞韵五彩》在江门市艺术节舞蹈比赛中荣获一等奖；2009年，大型歌舞诗《爱我中华》获江门市中小学庆祝建国60周年文艺汇演一等奖；2011年、2012年、2013年参加蓬江区中小学生艺术节比赛均获一等奖。2011届优秀毕业生冯嘉琪、2012届优秀毕业生黄玥琳均被评为广东省“三好学生”。每逢星期一至星期五的下午，艺术功能室里古筝、萨克斯风、长笛、舞蹈等项目全面铺开。艺术教育的蓬勃开展，全面提升了学生们的综合素质。

3．心海导航，健康发展

疏导学生的心理压力，减轻学生的心理负担，提高学生应对学校生活和社会生活的能力是学校心理辅导与健康教育的重要内容。学校根据学生的特点，分年级开设心理健康专题课，由专业心理健康教师进行心理辅导和心态教育；设立心理咨询室，让有心理隔阂的学生自主找教师咨询；外聘专业心理咨询师每周到校开展团体辅导；定期举办“考前心理辅导”“青春期教育”等专题讲座和团体拓展活动。坚持集体教育和个别辅导相结合的原则，努力促进学生身心健康发展。

（三）合力育人，家校共生

学校建立了全员育人制度，落实教职工岗位育人职责，力求做到教书育人、管理育人、服务育人。学校又充分发挥学校、家庭、社区三结合的教育作用，建立家长学校、校外德育基地；聘请法制副校长、法制辅导员，充分调动家长和社会力量参与学校德育工作；成立家长委员会，定期召开会议，共商孩子的成长、学校的发展；成立家长学校，定期召集家长开展“如何与孩子沟通”“如何让孩子学会学习”等探讨活动；每学期召开家长会，通报学生在校情况和学校的要求；规范落实家访制度，开展形式多样的家访、电访和约访，及时有效且有针对性地开展家校互动工作。

通过家校紧密联系和教职工紧密合作，学校德育工作形成了一股强大的合力，育人效果事半功倍。

三、重视德育科研，以课题研究提升德育工作实效

近几年来，骆校长带领学校德育骨干教师开展了多个省级德育课题的研究，如：广东省中小学心理健康教育“十五”规划课题“初中教师心理素质与学生学业成绩的关系与对策”（已结题），广东省教育科学规划项目“基础教育课程改革加强德育研

究”的子课题“初中生性心理偏差的成因、危害及对策探讨”（已结题），省级课题“构建网络德育平台，开发校本精品课程，提高育人能力”（已结题）和广东省德育重点课题“实施叙事德育，提高中学德育的实效性”（正在开展）。通过课题研究，大大提升了教师“以德育人”的理论水平，增强了德育的实效性，骆校长本人也被评为“广东省教育科学规划课题研究先进个人”。

四、重视开拓创新，以特色建设铸就学校德育品牌

（一）确立“共生教育”特色，引领师生共进共为

骆校长邀请广东省德育专家李季教授为校园文化建设“诊脉”，确立了以“共生教育”作为学校特色建设的核心，重新确立了学校的“三风一训”，以创建蓬江区“特色学校”活动为抓手，从学校管理、教育教学、德育工作、队伍建设、校园文化建设等方面多角度、全方位实施“共生”理念，务求使全体师生在和谐优美、充满人文色彩的九中校园里“本源共生，知行同美”，最终实现共生、共进、共为。

（二）实施首席班主任制度，促进班主任专业成长

为了进一步发挥优秀班主任的示范、幅射、帮带作用，造就一支热爱教育事业、师德高尚、开拓进取、奋发向上的高素质班主任队伍，为了更加有效地政策鼓励和保障班主任工作的积极性与实效性，学校自2007年起建立推行“首席班主任”制度。每学年根据工作成绩，评聘出学校各年级“首席班主任”，创设各种平台，使他们成为全体班主任学习的榜样。通过这一制度的实施，班主任的能力有了明显提高，一大批年年的班主任迅速成长起来。《实施首席班主任制度，促进班主任专业成长》也因此获得广东省中小学德育创新成果评比一等奖。

后记：在骆昌云任担江门市第九中学校长的十一年中，凭借其务实进取、开拓创新的精神和全体九中人的精诚协作、顽强拼搏，该校已成为校风正、教风严、学风好、管理规范、师资雄厚、市民向往、社会声誉日隆的一所省一级初级中学。因工作业绩显著，骆校长本人先后被评为“广东省教育科学规划课题研究先进个人”“江门市优秀教师”“江门市优秀教育工作者”“江门市优秀党员”。今后，他将带领九中人进一步加强学校的德育规范化、制度化建设，加强学习，提高学校德育工作的整体水平，不断研究新时期学校德育工作的艰巨性和复杂性，认真总结经验，创新思路，以应对新形势的发展和时代的要求。

以德育人，争创德育教育特色学校

——记江门市台山市斗山镇中心小学校长黄益光

题记：『教育的最终目的是培养和塑造健康的人格，促进人的全面发展。』这是黄校长对德育工作的感悟且经常对教师说的一句话，他是这样说，也是这样做的。他以自己的人格魅力，通过探索、实践等一系列工作，不断强化和改进未成年人思想道德建设，促进学生的健康成长。

黄益光，男，1968年3月出生，中共党员，研究生学历，小学高级教师。自2006年任斗山镇中心小学校长以来，致力于改善办学条件，潜心于立德育人，创建德育教育特色，扎实开展系列德育教育活动，促进未成年人全面、健康成长。曾获“江门市优秀教育工作者”“江门市传统项目优秀校长”“江门市优秀共产党员”“台山市优秀校长”等荣誉称号。

斗山镇中心小学创办于1956年，校园环境优美，布局合理。目前，在校教职员工72人，中级职称教师53人，在校学生1045人，共计23个教学班，是镇内规模最大、基础设施较为完备的小学。学校教育教学成绩显著，先后获得“全国优秀家长学校实验基地”“广东省德育示范学校”“江门市排球传统项目学校”“台山市依法治校示范学校”等荣誉称号。

一、以德育队伍建设为支撑，构建德育管理网络

（一）加强师德师风建设，身教胜于言传

学校坚持开展以“学高为师，身正为范”为主题的师德师风系列教育活动，通过开展师德专题讲座、道德讲堂、师德征文评比等活动，不断增强教师教书育人、为人师表的自觉性，不断增强人民教师的责任感和使命感；同时，建立健全教师职业道德考核、评价、奖惩制度，塑造新时期教师的良好形象，以高尚的人格魅力感染和引导学生健康成长。

（二）加强班主任队伍建设，夯实德育工作基础力量

黄校长深刻地认识到，班主任是学校德育工作的主要承担者。他和行政班子成员注重选派优秀教师担任班主任，定期组织班主任进行培训和学习，举办班主任工作经验交流会、班主任能力大赛、班主任工作研讨会，不断提高班主任的专业技术能力。进一步完善班主任工作制度，完善考核评价机制，充分调动了班主任的工作积极性，打造了一支班级管理水平高、教育能力强、有创新意识的班主任队伍。

（三）建立健全管理机制，促进学校德育工作常态化、规范化

学校不断强化德育的常规管理，成立德育工作领导小组，形成了校长负总责，政工领导分管，德育处牵头，大队部、班主任等全员参与，社会及家长多方面配合的立体管理模式；建立和完善各项管理制度，制定了各类人员的岗位责任制度，学校倡导全员育人，努力做到管理育人、教书育人、服务育人；建立了教育教学量化考核制度、检查评比制度、表彰奖励制度、工作例会制度等，形成了德育管理的整体效应，保证了德育工作有章可循。一系列制度的制定和出台，促进学校德育工作走上了系统化、常态化、规范化的轨道。

二、以课堂教学为依托，全面渗透学科德育教育

（一）以学科教学为主，发挥课程育人功能

他严格执行国家规定的课程计划和课程标准，开齐、开足小学品德与生活、品德与社会课，并开设特色校本课程“我是一个文明的学生”和“好习惯伴我成长”。在课堂教学活动中，他把爱国主义、社会主义核心价值观、弘扬和培养民族精神与生命教育纳入教育的全过程，促使学生形成良好的人生观和价值观。

（二）以专题教育为辅，深化德育功能

为培养学生良好的行为习惯，他倡议并组织开展了文明礼仪专题教育系列活动，通过举办文明礼仪知识普及活动、“文明礼仪我先行”、“文明班集体”评比、“文明礼仪之星”评选、“班级文明承诺一句话”等教育活动，引导学生从最基本的礼貌、礼节、礼仪开始，逐步养成良好的生活行为习惯。这一活动从校园向家庭、社会延伸，由行为习惯内化为良好道德规范，促进了学生健康成长。

为更好地提高德育的针对性、实效性，他不断探索德育工作的新途径，在他的带动下，掀起了新一轮德育课题研究热潮，开展了叙事德育教育系列活动。活动遵循少年儿童的认知规律，以贴近学生生活为题材，制作教育课件，集内容、情景、情感、趣味、教育意义于一体，让学生从情感体验向感悟认知过渡，避免了传统、单一、机械的说教，切实提高了德育的实效性。他不断强化德育科研工作，不断总结积累经验，积极撰写论文和案例分析，形成了浓厚的德育科研氛围。其中，“实现小学生自主管理的研究与实践”和“小学生命教育的实践研究”为江门市德育立项课题；撰写的德育论文《德育中的情感教育》获2012年国家语委语言文字报刊社征文一等奖，该论文还获得2012年第十届广东省中小学校长论坛征文二等奖。

三、以少先队活动为主阵地，开展特色鲜明的主题教育活动

（一）结合传统节日和重要纪念日开展主题教育活动

依托少先队这一教育阵地，以学生为主体，开展一系列少先队主题教育活动。清明节组织全体队员前往德育教育基地——苏排长纪念碑，举行祭扫仪式，弘扬和培育民族精神。为了传承中华民族尊老敬老的传统美德，组织队员在“重阳节”“雷锋纪念日”到敬老院开展力所能及的志愿服务和献爱心活动。

（二）坚持不懈做好“手拉手”互助活动

“手拉手”互助活动是培养少年儿童学会服务、乐于助人、学会参与、提高实践能力的有效途径，是促进社会主义精神文明建设的一项重要活动。通过活动让少先队员在增进友谊的基础上，学会礼让、学会互助，提高学生与人交往的能力。“慈善万人行”和“一元爱心日”等捐款活动，更让孩子们真正体验到为社会奉献爱心

的实际意义。

（三）扎实开展“雏鹰争章”活动

根据全国少工委“跨世纪中国少年雏鹰行动计划”的精神，学校开展了“五星评比”和网上争章活动。多姿多彩的“雏鹰争章”体验活动，让少先队员们在实践中体验、在体验中收获，活跃了队员们的身心，锻炼了队员们的能力，让队员们在争章过程中提高了自身的综合素质。

（四）开展以“做一个有道德的人”为主题的系列活动

为强化社会主义核心价值观教育，落实立德育人的根本任务，着眼于培养未成年人的社会责任感、创新精神和实践能力，学校开展了以“做一个有道德的人”为主题的系列教育活动，如结合学雷锋月、“五一”“六一”“七一”“十一”、重阳节等节日、纪念日及班会课开展了“洒扫应对，爱劳动有礼貌”“日行一善”“学习雷锋精神、做美德少年”“童心向党”“向国旗敬礼，做一个有道德的人”“中华经典诵读”“文明小博客”等系列活动。通过丰富多彩的活动引导未成年人时时、处处体验感悟，争做有道德的人，不断增强学生的公民基本道德意识。

（五）开展充满活力的大课间活动

为促进学生全面发展，提升校园吸引力，丰富校园生活，充分发挥体育艺术的育人功能，黄校长认真贯彻落实国家教育部、省教育厅《关于落实保证中小学每天体育活动时间的意见》精神。2008年9月，学校在全市率先开展大课间活动，大课间活动形式多样，内容丰富，符合小学生的年龄特征，又极具趣味性，深受学生的喜爱和家长的好评，2010年台山电视台《热点关注》栏目对此做了专题报道。2012年，学校代表台山市参加广东省大课间评比，成绩显著。

（六）开展法制、安全、禁毒教育

黄校长积极与司法、交警等部门联系，定期邀请司法、交警人员开展法制和交通安全的知识讲座，增强学生的法制、安全观念，提高法制、安全意识；利用电教平台，组织学生学习地震科普知识、消防知识，并进行常识竞赛；坚持定期举行紧急安全疏散演练，进一步提高了学生自护、自救、防灾和逃生等能力；结合世界禁毒日，开展以“珍惜生命，拒绝毒品”为主题的禁毒教育宣传活动，进一步增强学生的识毒、禁毒、防毒意识，不断增强拒毒、防毒能力。

四、以校园文化为导向，营造良好育人环境

（一）积极筹措经费，加强校园文化建设

学校不断增大德育专项经费的投入，近年来，德育专项经费占生均公用经费的30%以上。此外，黄校长还积极发动海内外乡亲、港澳同胞关心支持学校建设，致力

于打造良好育人环境。学校把加强校园文化建设作为落实育人目标、贯彻办学理念、传播社会主义精神文明的重要途径，逐步丰富和完善了校园文化内涵。学校建有省级标准的教职工书屋、学生图书阅览室、德育长廊、德展室、宣传专栏等文化场所，定期出版校讯、板报。班级文化建设内涵丰富，文化品味浓，富有特色，注重打造激励文化，给学生构建一个有益身心健康的绿色家园。

（二）引导学生自主参与校园文化活动

学校积极引导学生参与校园文化活动。在“书香校园”的创建活动中，学生积极参与班级的读书格言本设计、读书手抄报、读书交流会、读书心得体会征文等系列活动，为创建广东省“书香校园”奠定了坚实的基础。同时，积极引导学生参与科技、体育、社区服务和社会实践活动，结合江门市“文明城市”创建工作组织开展各项活动。学校不断完善校园网络，为学生提供健康、安全、文明的上网环境，引导学生健康上网。

五、以家校互动为平台，构建未成年人德育教育体系

为筑牢未成年人的良好思想道德基础，黄校长认真贯彻落实中共中央、国务院《关于进一步加强和改进未成年人思想道德建设的若干意见》，充分发挥学校德育教育的主阵地作用，不断强化对德育队伍和班主任队伍的管理，采取多种方法与家长联系，坚持每年对学生进行普访或专项家访，制定切实可行的后进生帮教和转化措施。学校设有心理健康教育咨询室，为有需要的学生进行心理咨询辅导，并建立了心理危机干预应急预案。学校积极构建未成年人德育教育体系，形成了学校、家庭、社会相结合的教育网络；成立了家长学校、家长委员会，定期召开家长讲座，开展亲子教育活动，举办“特长家长进校园授课”活动，拓宽学生的生活视角，丰富校园生活，增强了学生的动手实践操作能力；通过校讯、英才成长互动平台密切与家长的联系，强化家庭的育人责任，创建全国“优秀家长学校”。黄校长还积极争取当地派出所、工商管理等部门的支持，整治学校周边的治安环境，加强与文化部门的联系，营造学校周边良好文化氛围。

后记：促进未成年人全面、健康成长，培养社会主义事业的合格建设者和接班人，是教育的出发点与最终目的。近几年来，黄校长在德育方面进行了大胆探索和尝试，随着德育工作的扎实开展，学校在当地享有良好的声誉，家长、社会对学校办学成绩称赞有加，学校的德育成效也得到了教育行政主管部门的推广。虽然学校在德育教育方面取得了一定成效，但与特色教育还有一定差距，相信在黄校长的带领下，通过全体师生的共同努力，学校的德育教育肯定会迈上新台阶。

以爱感人，以情化人，以行导人

——记江门市开平市金山中学副校长周永溢

题记：以爱动其性，以严导其行；以积极感染积极，以投入带动投入。如果说爱与责任是金山中学的育人特色，那么『以爱动其性，以严导其行』则是一种德育教育原则与智慧的提炼，是一种大爱教育的完整阐释，而『以积极感染积极，以投入带动投入』则是一种教育态度和责任的体现。

开平市金山中学是1999年9月由广东泰和集团董事长吴耀汉先生投资1亿多元兴建的一所现代化民办学校。学校校园占地100亩，绿化覆盖率达90%以上，先后被评为“全国民办教育先进集体”“广东省一级学校”“广东省首届‘十佳’民办中学”“江门市德育示范学校”等。

周永溢副校长于2000年7月从佛山科学技术学院政法系政史教育专业毕业，在开平市金山中学任教至今，于2008年4月取得政治中学一级教师资格，现担任金山中学政工副校长并负责初三年级的思想政治教学工作。2012年11月，他被江门市教育局推荐参加广东省校园安全教育与管理协会第一届理事会成立大会并当选为常务理事；2012年12月，他被江门市教育局推荐为广东省中小学德育研究会会员并参加第一次会员代表大会；2012年12月，他被开平市市政府评为“开平市行业优秀中青年人才”；2013年12月，他当选为开平市青年联合会第五届委员会委员。

一、师德高尚，为人师表

他热爱祖国，遵纪守法，认真贯彻党的教育方针，不断提高个人的师德修养，立志把教师作为自己的终身职业。工作上，他总是以满腔热情投入教育教学工作，兢兢业业，尽职尽责，任劳任怨，得到了领导、同事以及家长和学生的一致好评。通过十多年努力，他已成为学校的师德典范，从大学毕业一直到现在，在每一次师德考评中他都被评为优秀等级。

二、严管慈教，精心育人

他秉承“育才先育人”的德育理念，坚持“严管慈教，精心育人”的教育思想，坚守德育为先的治校方略，充分挖掘、广泛整合德育资源，不断摸索出了一套适合本校健康发展的规章制度，形成了德育“四化”：德育内容序列化、德育活动程序化、德育管理制度化和德育评估规范化。对于德育常规工作，他坚持以“四项工程”（绿化工程，甘当园丁；弯腰工程，从我做起；礼仪工程，爱满校园；转化工程，人人有责）为指导，对学生坚持“以爱动其性，以严导其行，爱严结合”，狠抓中学生日常行为规范的落实，凸显“仁、义、礼、智、信”的传统教育，以“学做真人，学做文明的金山人”为德育教育的主线和终极培养目标，铸造学生的精英气质和平民作风，全面实施素质教育。

三、自我完善，自我超越

他非常重视教学基本功的积累和提高。对于一位优秀教师所需要的要素，如语言表达能力、板书功底、阅读理解能力、课堂的节奏调控把握能力、知识的归纳能力、学生心理变化的洞察能力等，他都努力学习、钻研、模仿、提高。在前辈的指点和自身的努力下，2001年、2004年他参加“金山杯”优质课比赛，分别获得了一等奖和二等奖。

上好每一节课，这是教学工作的重中之重，而上好每一节课，就必须认真备好每一节课。在教学实践中他能认真把握教材——把大纲、课本、时政、生活情境及时有机结合，以提高学生分析问题和解决问题的能力为目标，切切实实地培养学生的创新思维和创造能力。课堂上，他不断地以新颖热点材料为背景创设提问角度，帮助学生拓展思路，从而使学生分析、解决问题的能力不断提高。2013年3月，他为金山中学全体老师上了一节以“中国环境形势及治理”为主题的时政专题复习示范课，获得了全体老师和学生的一致赞许与肯定。

他非常重视学生第二课堂活动的开展，特别是具有乡土气息、地方特色的课外活动。2005年，他组织学生参加开平市中小学“建设绿色广东、需要你我行动”的环保宣传教育活动，并组织学生重点对潭江水质进行调查。他撰写的《保护潭江水资源，减少水污染》教案荣获开平市一等奖。

他时刻激励自己锐意进取，把“成为学者型教师”作为自己的目标。在他所带的最近三届毕业生中，2008年、2011年、2014年思想政治科目中考成绩一分两率均居开平市第一和第二，特别是在平均分方面成绩非常显著。2006—2007学年他作为开平市中考备考分析会主讲人之一，担任开平市中考政治科目评卷工作的组长之一，2007—2008学年他再一次担任开平市中考政治科目评卷工作的组长之一。2003年，他被评为“开平市优秀班主任”；2007年，他被评为“开平市优秀教师”。

四、千教万教，教人求真

在学校分工方面，他主要负责学校德育、工会方面的工作。

德育工作方面，他以规范化和精细化管理为目标，逐年、逐项突破，不断提升规范化水平和管理效能，以“学做真人，学做文明的金山人”为德育教育的主线和终极培养目标。由于金山中学特殊的招生模式，每个班的学生素质参差不齐，出现了一批成绩或纪律待进的学生。对于待进生，他有独特的看法：待进生之所以待进，基本上都是内在或外在因素导致的不自信造成的。因此，他认为要满怀爱心去捕捉学生的闪光点，与学生进行心灵沟通，并借助学校集体的力量和舆论来影响他们，从而成功转化他们。如2008届的张同学，初一入学时已经是一个非常捣蛋的学生，做什么事情都是以自我为中心，不尊重老师，甚至在课堂上总是以顶撞科任老师为荣。面对这样的学生，他首先进行细心的观察。他发现张同学虽然很调皮，但对妈妈很孝顺，很乐于帮助同学，在同学们中有一定的威信。为此，他和班主任进行了家访，给张同学分析了优缺点，指明了奋斗目标。后来，他又顺水推舟地提议让张同学担任班级的纪律班长，发挥管理才能。很快，这名学生得到转变，成为老师眼中的好学生和好帮手。事实证明，在待进生转化工作中，只要坚持“以爱动其性，以严导其行”的教育原则，关爱每一位学生，平等对待每一位学生，对学生晓之以理、动之以情、导之以行、持之以恒，即使是比较顽固的待进生，也能让他们心悦诚服，达到“亲其师，信其导”的教育效果。近四年来，特别是他开始负责政教工作这一板块工作后，一大批待进生在他的教育下都迅速得到转化，甚至很多还考上了重点高中，实现了他们人生的重大跨越。正因为他在待进生教育方面出色的工作，每学期他都被评为“待进生优秀帮扶个人”，并于2011年11月被开平市教育局评为“开平市中小学德育先进工作者”。

在德育管理上，他搭建金山中学学生管理完整体系，健全德育考核细则，强化检查、评比力度和措施，以文明班示范班评比为德育常规工作主线，实现学校德育常规工作的规范化和精致化。他结合学生的年龄特点，积极制定德育的育人纲领并组织系列化地设计德育活动，明确育人目标和方向。

第一，从年级纵向构建系列。制定符合金山中学校情特点的《金山中学德育育人纲要》。《金山中学德育育人纲要》明确规定了德育活动要以培养学生的现代公民意识、爱心和责任心，传承开平当地文化特质为首要任务，其中初一年级重点为行为规范养成教育；初二年级重点为爱心、感恩教育、青春期教育；初三年级重点为责任教育、理想教育。

第二，从类型横向构建系列。他将学校主题活动划分为五个系列活动课程——集会课程、班会课程、心理课程、实践课程、家长课程。他认真组织实施班主任考核，对班主任的考核力求做到全面、公平、公开；各类政策、评优、晋级等对班主任倾斜，最大限度地调动班主任工作的主动性、积极性；定期举办班主任研讨会，建立班主任发展档案，倡导经常性的总结与反思；收集整理德育教育案例，适时组织外出参观学习，提升班主任综合素养和管理水平。他创设了一个全员、全方位、全程德育模式，即：从校长到每一个教职员工，人人是德育工作者，处处是德育工作阵地，事事是德育工作内容；校园无空地，处处可育人；校园无小事，事事可育人。2011年2月，他被教育局安排在开平八中德育现场会上做一个规范化教育的经验发言，得到了现场德育干部的一致好评。2012年5月，金山中学被评为“江门市德育示范学校”，这是开平市唯一一所初中德育示范学校，他的成果为开平市初中德育管理提供了一个参考发展模式。

他重视德育科研，以体验型德育活动为切入点创建了“两心（爱心、责任心）”教育模式，即以重大节日、重大时事为契机，开展丰富多彩的活动，以活动为载体，让学生在活动中感悟爱与责任，将爱心、责任心的教育与学校的办学理念紧密联系，与学生的发展紧密联系，与学校的育人方向紧密联系，凸显德育工作的主题性、实践性、实效性，形成金山中学鲜明的爱与责任德育特色。同时，他注重德育工作实践的理论提升，积极开展课题研究。2012年9月，金山中学《“两心（爱心、责任心）”教育模式》荣获开平市和江门市德育创新成果一等奖，并以“‘两心’教育育人模式研究”为课题成为江门市德育重点课题在2014年3月开题；2013年12月，他组织学校德育研究小组和教育局合作申报省级重点课题“侨乡文化的传承对提升德育实效性的关系研究”，该课题申报成功并已进行开题；他还组织金山中学全体政治老师和德育课题组成员编写了文化传承方面的校本教材——《爱我侨乡》，受到市教育局领导和全体师生的高度评价。这些工作对开平市德育工作由常规化向科研化发展起到了推波助澜的作用，得到全市广大德育工作者的一致认可。

后记：“天行健，君子以自强不息。”过去所取得的成绩和存在的不足将会不断激励周永溢副校长力求进步，刚毅坚卓，发愤图强，永不停息。

用『三颗心』编织好『三张网』

——记阳江市江城第一小学副校长朱远锋

题记：『领导』一词意味着什么？意味着一份责任，一种对工作的指导，一种全心全意为学校、师生、家长服务的精神。

朱远锋，男，38岁，本科学历，学校党支部副书记，现任阳江市江城第一小学副校长，分管德育工作。阳江市江城第一小学创办于1906年，现有学生2954人。

1995年，19岁的他带着几分青涩与美好憧憬选择了教育事业。19年来，从担任少先队大队辅导员到副校长，他有了15年从事学生德育工作的经验。工作中，他始终谨记“既选之，则爱之”，以此来勉励自己，努力践行一名共产党员的宗旨——全心全意为学校、师生、家长服务，做一名优秀的德育工作者。

一、用“爱心”编织好“学生和家长的良师益友网”

没有爱就没有教育，他爱他的学生。2009年初，他收到了从阳江监狱寄来的一封信。原来是曾在2004年下乡到平岗那棉小学支教时教过的学生小盛的来信，信中说他读书生涯里最喜欢听朱老师上的数学课，毕业后由于年轻气盛讲义气，帮人打架，刺伤了人，被判入狱两年，现在想起来好后悔，好想再听老师的教诲。面对曾经教过的失足学生，要不要去探望他一下，给他鼓励呢？朱校长迟疑了一下，毕竟没有教他已经几年了，但转念一想，“一日为师，终身为师”。当朱校长来到阳江监狱探望他的时候，未等他开口说话，小盛先是惊讶后是泪流满面，泪水中夹着悔恨、愧疚与激动。十分钟的探监时间，他哭完了十分钟，其中只依稀说了一两句“我错了，谢谢”。他母亲更是当场下跪感激朱老师对已经毕业且坐牢的儿子还这么关心，能遇到这样的好老师是小盛的福气。从他们母子的泪水中朱校长看到了希望和做教师的重要性。现在小盛已经出狱，在朱校长的帮助联系下，小盛找到了正当的工作。小盛是毕业了，但在朱校长心里他还没有毕业，对他的教育还在延伸和持续。

2011年12月3日晚，朱校长任教的一个外省单亲贫困学生小罗爬上三楼阳台的护栏收拾晾晒衣服，由于失去平衡，不慎坠落一楼地面，造成右胫腓骨骨折。家庭贫寒、举目无亲的小罗母亲口袋里只有50元，在无法办理住院手续的艰难时候，打电话给了自己最值得信赖的人——朱校长。得知情况后，他和两位任课老师在第一时间赶到医院，帮助小罗办理入院手续，帮其母子买饭，并捐出口袋中仅有的500元给受伤学生用作治疗费，一直忙到深夜11点多。为解决小罗的手术费问题，他又东奔西走联系报社记者，利用媒体的力量来帮助小罗一家，社会热心人士也捐了几千元。其后本班30多位同学在家长的带领下自发到医院探望慰问受伤的小罗，帮助小罗一家渡过了难关。从小罗母亲抽泣感激的话语中，他感受到了助人的快乐，体会到了师者也是仁者。

他爱学生，作为分管学校德育工作的副校长，对重点学生的建档跟踪教育必不可少。2013年，六（6）班一个男同学因沉迷于网络游戏，无心向学，经常旷课近一个星期，彻夜不归，家长和班主任担心但又无可奈何。一天晚上7点多，该生家长致电朱校长，报告小孩已经五天没回家，全家人出动都找不着，非常担心害怕。为此，朱校长立刻与家长到周边网吧寻找。在市公安局网监定位、辖区派出所干警的协力帮助下，找到该生已经是凌晨一点多了，家长感激万分。回到校后，朱校长通过各方努力教育，稳定了该生的情绪，提高了其思想认识。这名学生也渐渐戒掉网瘾，走上正道，后来还以优异的成绩考上了市重点学校阳江二中。

教学上，每当接手新班他都要推行“双十制”来了解学生和家长。“双十制”，即用十天时间与每一个学生谈一次话，了解其情况及对老师的要求，再用十天时间电访每一个家长，了解学生成长环境、倾听家长要求等，使自己今后对学生的教育更加有针对性，少走弯路。从教以来，他对学生始终坚持“师长＋朋友、严肃＋活泼”的教育教学理念，和学生保持亦师亦友的关系，课堂做到“严而不死，活而不乱”，老师和学生共同成长，共同经历喜怒哀乐，老师教得开心，学生学得快乐、学得有兴趣。对于家长，他始终坚持“尊重＋真诚、沟通＋理解”的原则，与家长和谐相处。每当看到学生健康快乐、学有所成，听到家长感谢的话语，他心里都感到温暖与快乐。从教以来，他经常带毕业班，所教数学学科成绩突出，得到了大家的肯定。

他爱“教师”这一事业，更加懂得爱“教师”这一称谓所包含的一切内涵，并为之付出了一切。

二、用“真心”编织好“同事之间的信任网”

信任是人与人之间交往的基础。学校就是一个大家庭，在100多名教职工当中，各种各样性格的人都有，作为一名行政领导，如何才能将不同观点、类型的人团结到一起？他的办法只有一个，就是真心真诚平等地对待学校的每一个教职工，多为他们做好服务工作，关心他们，哪怕是一些小事。

炎热夏天，在某一天放学后，他与妻子骑车从南恩路经过学校门口，看见学校一位老教师正吃力地推着摩托车艰难前行，脸上豆大的汗珠直掉下来，衣服早已湿透了，气喘吁吁。见此情况，他立刻下车询问是怎么回事。原来该老师为了辅导班上的后进生而延迟了回家，恰好又碰上摩托车坏了，打不着火，只好推到两公里之外的地方维修。多么敬业的精神，多好的老师！此刻他除了敬佩就只有帮她一把，但这位老师死活不肯，认为堂堂一个校长怎么能当街给人推车呢？朱校长说，校长称不上是官，他首先也是民，也是一名同事，大家都是平等的，互相帮助是应该的。执拗不过，老教师就只好从命了。就这样，他帮老教师将摩托车推到了两公里以外的维修部。尽管大汗淋漓，但他认为，真心待人、帮助人是快乐之本。

他始终认为，“领导”一词蕴涵更多的是一种责任，一种为人民服务的义务。因此，他谨记自己是一名普通的党员干部，也深知“吃百姓之饭，穿百姓之衣，莫道百姓可欺，自己也是百姓”的道理。

三、用“责任心”编织好“学校德育管理网”

他爱岗敬业、师德高尚、责任心强。学校作为本地区的一所示范性学校，老师、家长素质高，社会期望值也高。作为分管学校德育工作的副校长，如何把三千学生的思想教育水平提高，形成良好的校风、学风，这一问题时刻考量着他。

2006年至2008年，他兼任江城区幼儿园园长，这下工作量更大了：分管学校德育、职称、党支部组织工作，负责幼儿园全面工作和一个毕业班的数学教学。那一年，他的孩子刚出生。为了不耽误工作，兼顾两边，他坚持每天早出晚归，加班加点，一心扑在工作上，别人看见的他总是步履匆匆，忙个不停。因为有家人和同事的理解、支持，他才能将全部精力投入到教育事业中，并以优异的工作成绩回报了组织的信任。

2010年12月30日是一个不平常的日子——学校第十九届课外活动节即将举行。可惜天公不作美，在布置会场的那一刻，暴雨倾盆。为了使学生能顺利开展这次课外活动节，他忙前忙后一个多月，如果不能如期举行，的确是天大的遗憾啊。第二天一大早，雨停了，还未见光，活动会场却灯火通明，有一个人正弯着身子汗流浃背地在拖地，这个人就是朱校长。原来他老牵挂着这件事，一夜没睡好，五点多就来到校，亲自打扫场地，后来接近上班时间，在朱校长行为的感召下，很多老师也拿着扫帚加入到这一行列当中。没有行政命令，只有发自内心的自觉，因为他们心里永远装着学生，装着他人，装着集体。由于朱校长、老师们的真诚付出，天渐渐放晴后，活动节顺利进行，学生收获了快乐，度过了愉快的一天。

为了撰写好省级德育课题近两万字的结题报告，他住在学校办公室里通宵达旦3个晚上，课题最终通过了广东省的评选，还被评为阳江市科研成果一等奖。

此外，他加强德育管理，理清工作思路，德育工作力求有针对性、实效性、时代性，建立了以校长—德育处—级组长—班主任为主的德育层级管理网络，明确的职责。他创新开展的学校德育工作卓有成效，开创了新局面，学校先后被评为“广东省德育示范学校”“广东省安全文明校园”“广东省书香校园”“广东省安全教育示范基地学校”“阳江市平安细胞建设平安校园示范点”“阳江市学雷锋示范基地”等，强力推进了学校德育工作大跨越发展。学校校风、教风、学风良好，学生做到特别有礼貌、特别有气质、特别能遵纪守法。学校创建书香校园、书香班级、学生劳动技能大赛、参观市净水厂、农业基地等德育工作的好做法、好经验被阳江电视台、《阳江日报》共报道了50多次，社会影响力大增。

他用“三颗心”编织好“三张网”，努力履行党员宗旨，践行党的群众路线。他本人也先后获得“广东省优秀少先队志愿辅导员”“广东省‘阅读之星’优秀校长”“阳江市优秀少先队辅导员”“江城区优秀校长”“江城区优秀德育工作者”“江城区‘五五’普法先进工作者”“江城区‘十大德育传播者’”“江城区十大优秀青少年”“江城区优秀少先队辅导员”“江城区优秀党员”“江城区优秀团干”等22个荣誉称号。他还有18篇论文或调研报告获奖，其中获得国家级奖励3篇，市级奖励7篇，区级奖励8篇。他参与了两个省级课题的研究，其一是他亲自主持的广东省德育课题“小学生健全人格教育的研究”，已结题并获阳江市科研成果一等奖；其二是他参与的省名班主任陈晓蓉老师主持的省级课题“班级文化建设促进小学低年级常规教育之研究”，课题已顺利通过省结题。

后记：“从教19年，在学校领导岗位上从事德育工作15年，让我逐渐走向成熟，也让我从管理的失败走向成功。学校德育工作的影响力越来越大，学生的思想教育工作效果显著。学校学生与别校学生相比，绝大多数群众都认为学校学生特别有礼貌、特别有气质、特别有纪律性，放在这所学校特别放心，容易成人。”

廉江市首届十名优秀校长

立德树人，滋润人生

——记湛江市廉江市第一中学校长张旭

题记：『如果把教育比作一棵大树，那么道德教育是树根，素质教育是树干和枝叶，应试教育是果实。只有根深才能叶茂，只有叶茂才能果实累累。』这是张旭校长的教育理念。正是在这一理念的驱动下，廉江市第一中学开辟了一条教育『寻根』之路——向优秀的传统文化寻根。以论语广场为平台，以传统文化教育为抓手的特色德育，助力年轻的廉江市第一中学迅速成长。

张旭，男，1965年10月出生，汉族，廉江市河唇镇人，在职研究生学历，中学语文高级教师，高级政工师，高级心理咨询师。

他1987年8月到1989年7月在湛江师范学院（原雷州师专）中文系读书，1989年8月被分配到廉江市石城中学（现廉江市第五中学），任教高中语文兼班主任工作。1991年12月担任学校团委书记，1994年5月担任学校政教处主任，1994年11月加入中国共产党，1996年获广东教育学院中文系函授本科学历，2000年6月担任石城中学副校长，2002年8月担任廉江五中校长。2003年他被评为“廉江市优秀校长”，2004年被评为“廉江市十大优秀青年”“廉江市新长征突击手”，2005年被评为“湛江市优秀党员”“湛江市优秀教师”。2007年他获得北京师范大学教育经济与管理专业研究生学历，2008年6月至今担任廉江市第一中学校长。

2009年他被评为廉江市首届“十名优秀校长”，2010年被评为“湛江市优秀党务工作者”，2011年被评为湛江市师德先进个人、广东省普教系统优秀党务工作者，2012年3月被评为廉江市第六批专业技术拔尖人才，2012年4月荣获湛江市五一劳动奖章，2012年7月被评为全国特色教育优秀工作者。

近年来，他致力于学校特色德育的研究与校本教材的开发，是广东省德育研究会会员和广东省德育示范学校评估组成员。他在省级刊物上发表论文10多篇，主持省级立项课题4个，其中“德育创新与特色发展校本研究”和“语文教学中弘扬传统文化的途径”已优秀结题，“亲子关系对中学生学习动机的影响及对策研究”和“提升高中教师学科教学研究能力的理论与实践研究”已获得广东省教育厅立项。

2014年，他主编了一本学校特色校本教材《读〈论语〉学做人》（由江苏教育出版社出版），在省级刊物上发表德育论文三篇，分别是《传承儒家经典，润泽智慧人生》（发表于《中国教育学刊》）、《雷州半岛物化形态历史文化资源的德育应用探析》（发表于《湖南科技学院学报》）和《中华民族传统美德教育的实验及体系模式构建》（发表于《江西师范大学学报》）。

“人之初，性本善。性相近，习相远。苟不教，性乃迁。”学校如何通过有效德育，全面提升青少年的思想道德素养，是从教26年的张旭校长从来没有停止过的探索。因为勇于探索，敢于创新，张旭不断从经验与感悟走向理性与科学。他牢记党的宗旨，全心全意为人民服务；他忠诚党的教育事业，身体力行，始终不渝；他立德树人，注重活动育人，开创了粤西特色德育的校本发展道路。

一、将中华民族传统美德教育作为学校德育的核心内容

党的“十八大”报告提出：要“建设优秀传统文化传承体系，弘扬中华优秀传统文化”，“坚持依法治国和以德治国相结合，加强社会公德、职业道德、家庭美德、个人品德教育，弘扬中华传统美德，弘扬时代新风”。我国有五千年悠久文化历史，中华民族优秀传统美德、优秀传统文化蕴涵着人与自然、人与社会、人与人关系的基本价值观，至今依然具有强大的生命力，它是我们民族的宝贵遗产和永不枯竭的教育资源。中华民族传统美德教育是中小学校德育的核心，中小学教育阶段是人格塑造和形成的重要阶段，也是接受民族文化熏陶、进行民族文化传承的重要阶段。张旭校长根据新的历史时期建设有中国特色社会主义精神文明的需要，本着“历史存在，现实需要”的原则，系统地挖掘传统道德资源，并依据传统美德教育的原则，对传统道德德目进行了筛选、概括、凝练、重释，构建出学校中华民族传统美德教育德目内容体系。同时根据伦理学的理论和分类，依据青少年在社会化过程中所接触的社会关系的顺序，由浅入深、由近及远、由低到高，按学段、分层次，把德目归纳为“孝敬父母、尊师敬长、团结友爱、立志勤学、自强不息、谦虚礼貌、诚实守信、严己宽人、崇荣知耻、见义勇为、整洁健身、求索创新、敬业尽责、勤劳节俭、见利思义、清正廉洁、爱国爱民、天下为公”等18个相互联系的系列，将此作为学校德育的核心内容，使学生在学习优秀中华传统文化的过程中接受优秀传统美德的熏陶，对于学生习惯的养成、情操的陶冶、人格的培养、修养的加强，对于开启学生智慧、弘扬民族文化、激发民族自信心、自豪感、增强民族凝聚力都有极大的帮助。

二、构建中华民族传统美德教育体系及其模式

对中学生进行传统美德教育，是一个系统工程，涉及方方面面的因素。因此，必须通过学校、家庭、社区等几大途径紧密配合，共同施教，相互影响，才能达到教育的目的。张旭校长为廉江一中确立了“崇德尚礼”的德育理念，在进行传统美德教育的过程中，狠抓教育体系及教育模式的创新，注重教育实效，通过各种丰富多彩的活动，使中华民族传统美德深入人心，并在短时间内铸造德育名校的品牌，影响深远。

（一）树立大德育观，多渠道开展传统美德教育

开设传统美德教育课、进行学科教学渗透、开展传统美德教育活动等，将德育工作扩展到学校的每一项活动中。在教学实践中，主要通过以下教育模式来实现：一是教师的教授模式。主要通过教师授课等形式，在规定的时间及主题下给学生授课。各科教师在给学生授课时主要采用讲授模式、学科渗透模式、艺术表达模式。其中最受学生欢迎的是艺术表达模式，就是灵活运用各类艺术的相关功能，唱、画、写、演综

合运用进行传统美德教育的模式。经常运用的艺术表达模式有音乐教育模式、美术教育模式、书法教育模式、课本剧教育模式等。二是学生的学习模式。主要是发挥学生自主学习的主动性，最常用的方法有角色体验模式、诵读经典模式、网络学习模式。网络具有积累、存储、扩大、提速、引领、教育的先进功能，为了广泛有效地开展传统美德教育，更好地传承中华美德，培育民族精神，学校利用校园网络开展传统美德学习，在校园网上开设了专门的“传统文化学习”专栏。专栏的建设与开通，为学生利用网络学习传统美德，接受传统美德教育，提供了有效阵地，使传统美德教育得到了有效延伸。

（二）树立大环境教育观，创设传统美德教育氛围

心理学研究表明，学生良好品德的形成，一般都要遵循“晓之以理、动之以情、导之以行、持之以恒”的过程。在学习过程中，由于学生的社会经验、思维、智力水平和接受能力的限制，单纯的说教和灌输都不可能真正使学生获得认识，而必须以情感调动学生的积极性，使得他们获得真正的认知，并且能够把自己的认识，充分运用到自我实践中去，以此来指导自己的行为。这就需要教育者创设具体可感的体验式德育环境，从这一角度而言，优秀的民族传统文化是最能激发学生情感认知体验的因素之一。按照培养目标的要求，廉江一中将传统美德教育与家庭教育、社区教育、课堂教学、节庆活动、常规管理、国内外重大时事教育、心理健康教育、校园建设、师德建设等结合起来，都纳入传统美德教育的范畴，形成大的德育环境，充分发挥这些环境教育资源在传统美德教育中的重要作用。同时注重建立环境陶冶模式，利用环境要素对受教育者进行教育熏陶。环境陶冶包括显性环境、隐性环境，具体有自然环境、人文环境、家庭环境、社会环境等对人的感染。环境陶冶具有不确定性和隐蔽性，运用模式要注重因人而异，注意对环境的设计、优化，努力创造优良的传统美德育人环境，建立和谐的人际关系，如此才能收到事半功倍的效果。

（三）中华民族传统美德教育方法体系的构建

1．从活动入手，丰富教育手段

传统美德教育活动多样，形式丰富，因而方法也是多种多样的。廉江一中传统美德教育活动的主要方法有：主题活动法、节庆活动法、内容结合法等。如在每年的孔子诞辰日（9月28日），组织学生集体礼拜孔子，在科技日举行古诗文朗读等，让学生用实际行动学习传统美德，通过开展活动，强化教育效果。

2．从小处着眼，教会学生做人处事

“毋轻小节，毋骛速成，循循规矩”，以小见大，从小节教育做起，鼓励学生自发自动的精神。要求学生在日常行为中自觉培养“三多”：多点头、多微笑、多问好。“三多”使校园处处温暖，师生关系鱼水交融。因为自发自动的精神本和意向有关，学生自发自动的精神出自独立性，可以培养人际交往的正能量，构建良好的人际关系。在此基础上，引导学生在日常行为中自觉实现“三无”：饭堂无余饭、宿舍无杂乱、校园无垃圾，教育学生以此为羞耻行为。因为“羞耻”是一种内心感受，以可耻为“辱”，从“免于耻辱”到求得荣誉，即是培养人格价值的一个历程。从最简单、力所能及的事情开始，做到即是尽了自己的责任。如果说“尽己谓之忠”，便是忠实于自己，而无愧于心，同时更能得到完成责任的快乐。

3．引入课堂，让美德教育常态化

“教育的本质是上施下效，长善救失。”打铁还需自身硬，首先要培养一支传统文化教育的师资队伍，使他们负起教育学生的责任；其次是编写好校本教材，如《〈论语〉选读》《弟子规教法》《中学生礼仪手册》等。对学生进行经典教育陶冶，可以由微入渐、潜移默化，不断地进行，使人心境平和，激发爱的情感，乐观地欣赏自然之美，用喜悦的眼光看世界和人生，减少哀怨以至愤怒，使人的理性发挥作用，平抑情感的冲动，学会用较为平和的态度来面对并处理人际关系，树立正确的人生观和高尚的道德情操，达到知、情、意、行的统一。

三、中华民族传统美德教育实验的成效

（一）实验探索，成绩斐然

廉江一中通过六年的中华民族传统美德教育实验探索，成绩显著。学校科研课题“语文教学弘扬传统文化的途经”获中央科教所优秀成果奖，德育科研课题研究“德育创新与特色发展校本研究”获广东省优秀奖。学校分别被评为“全国特色学校”“广东省德育示范学校”“广东省文明单位”。

（二）教学相长，师生共益

教师在实验的过程中，不仅改变了学生，而且也改变了自己。凡是参与实验研究的教师，由于有了更多的学习机会、培训机会、展示机会，他们不断总结、反思、发展，不仅科研能力有了很大提高，而且职业道德、专业水平也得到了明显的提升。

（三）创新德育，生机勃勃

传统美德教育实验不仅为学校德育工作注入了生机与活力，而且有力地促进了学校德育的改革与发展。学校在实验中发生了明显变化，出现了后进变先进，先进更先进的生动局面。特别是在广大师生中推行“三多”（多点头、多微笑、多问好）、“三无”（饭堂无余饭、宿舍无杂乱、校园无垃圾）以后，校园处处温暖，师生关系鱼水交融。“三多”“三无”实行后，学生懂得了羞耻荣辱，为人彬彬有礼，校园

饭堂、宿舍卫生大为改观，学生养成了良好的习惯，一生得益。

（四）成效显著，声名远播

2013年11月，文化部核心期刊《文化月刊》资深记者王飞、肖汉民深入采访学校后，撰写了《儒学立德，教学相长——廉江一中传统文化教育的办学传奇》，对学校开展的传统美德教育作出如下评价：“日出东方，长夜破晓，书香飘逸，儒风浩荡。”“有识之士欲以教育、教化重振民风，转变人心，从娃娃和青少年抓起，以中国传统文化立心立身，但是首先面临着中国传统文化传承与教育在近百年来出现了可怕的断层。知而行者，为之丈夫。地处粤西的廉江市第一中学，以弘扬儒学、学习孔子、浸润育德为教学特色，实践‘中学为体，西学为用’，教学相长，成绩斐然。”

后记：诗人但丁说：“道德常常能弥补智慧的缺陷，然而智慧却永远填补不了道德的空白。”“教书育人，就是要养成青少年的德行人生。肩负责任，勇于担当，是我辈的使命。”张旭校长如是说。

创新发展思路，谱写强校华章

——记广东石油化工学院高州师范学院院长伍世亮

题记：历史，从匆匆的岁月中走过；岁月，凝聚着奋斗者的风华。伍世亮院长言辞精辟、富于创新、睿智而有激情。在他看来，一所没有创意与激情的大学势必缺少生机与活力，一种故步自封的教育又何谈让人民群众满意？

1985年7月，伍世亮同志从华南师范大学化学系化学教育专业毕业，历任高州中学教师、茂名市教育局教研室主任、茂名市教育局直属学校管理科科长等职。2014年7月，伍世亮同志获得中共中央党校研究生学位。从事教育工作三十年来，伍世亮同志立足本职工作，敬业实干，勤勤恳恳，兢兢业业，积极开拓，追求卓越。他先后20余次获市级以上奖励，如“广东省第九届中小学校长论文一等奖”“广东省第三届基础教育教学成果二等奖”“茂名市基础教育系统优秀校长”等。2008年9月，伍世亮同志调任广东石油化工学院高州师范学院院长。

目前，伍院长工作的学院是一所历史悠久、传统优良、特色鲜明、贡献重大的师范名校，始建于1930年，坐落在历史文化名城——高州。学校前身是由茂名县立师范学校和广东省立高州女子师范学校于1949年合并而成的广东省立高州师范学校；1980年更名为广东高州师范学校；2001年升格为大专，同时并入茂名学院作为二级学院；2010年定为现名。建校84年来，学院始终坚持以“学高为师，身正为范”为训导，始终坚持以“培养优秀的小学教师”为目标，孕育了“爱、实、严、勤”的优良校风和“博学、敏思、慎取、致新”的学风，形成了鲜明的师范办学特色，培养了4万多名“思想素质高、基本功底实、发展潜能大”的优秀人才，为全省的基础教育和经济发展做出了重大贡献，被誉为“岭南育师摇篮”。

伍院长不断加强自身建设，全面实施“管理、质量、队伍、文化、民生”五大工程，积极推行教育教学改革，大胆创新，锐意进取，使学校办学条件不断改善，文化内涵不断丰富，教育质量不断提高，社会影响不断扩大。

一、创新管理模式，走特色立校之路

伍院长在管理工作上扎实严谨，追求卓越。学校建立了多层次、细分工、明责任、重实效的“制度＋文化”管理模式，坚持重大事情集体决策、有分工、有合作的管理理念，建立并完善了教师代表大会制度。重大管理制度的出台，都要经过“教代会”讨论通过，形成了民主治校的良好局面，全校管理工作迈入规范化、科学化、民主化、精细化的良性轨道。为了率先垂范，加强领导班子建设，增强行政执行力，伍院长强调规范领导班子成员的行政行为和工作行为，要做到遵章守纪、民主决策、公开透明、不徇私舞弊。同时，他特别注意为班子成员创建放开手脚、大胆工作、充分发挥个人聪明才智的良好氛围。在伍院长的带领下，学校教育教学和管理工作实现了“三个确立”：确立了“把学院办成省内外一流的高等师范院校”的远大目标，确立了“一切为了两代师表的终身发展”的办学理念，确立了“管理、质量、队伍、文化、民生”五大工程的发展战略；实现了“三大变化”：观念大转变、环境大优化、质量大提高。这些成绩，受到了上级领导和社会各界人士的高度评价。

二、创新教学模式，走科研兴校之路

伍院长在教学科研工作上富于创新而又脚踏实地。在伍院长的倡导下，学校课程设置进一步优化，实践教学得到加强。创新实习模式，加强与实习基地的联系和建设，举办师范技能系列大赛；成立教学指导委员会，切实加强了教学督导工作；充分利用教务管理系统的网络平台实施管理；推进“教学质量工程”建设；开展“一系一精品”活动；促进“青蓝工程”建设规范化；加大校本课程研发力度；提高学生创新能力；加强师资队伍建设。他强调课堂教学“三体现”：体现新课程理念、体现专业前沿、体现教师个性感悟。为此，他还亲自为教师做“课堂教学评价意见”专题讲座，亲自带队到全省各地开展调研，听取用人单位对毕业生的反馈意见。他也非常重视科研工作，提出了科研工作“三要求”：科研与教学并重、科研与岗位结合、科研与前沿接轨。他主持和参与的科研课题多项获得奖励，2009年12月撰写的论文《创抓机遇，科学发展，创建省内外一流高等师范院校》获评中共茂名市党校优秀论文；2010年撰写的论文《贯彻“教育规划纲要”，实施“五大工程”，推动学校全面协调可持续发展》在第九届广东省中小学校长论坛上获得一等奖；2011年主编的教材《小学科学教育技能训练》由广东高等教育出版社出版；两篇论文在2013年和2014年分别发表在《西南农业大学学报》和《茂名党校学刊》上。

三、创新育人模式，走质量强校之路

伍院长在育人质量内涵上不断创新，实效突出。他一手抓教学管理，一手抓学生管理，提升质量内涵，提高育人质量。他切实抓好大学生思想政治教育、心理健康教育、青春期教育和常规管理工作，把学生工作全面推上制度化、规范化、科学化的轨道，形成了学校特有的德育特色：“二为”原则（德育为首，育人为本）、“三全”模式（全面育人、全员育人、全程育人）、“四是”目标（人人是德育楷模，处处是德育阵地，时时是德育契机，事事是德育资源）、“五育”内容（理想教育、责任教育、认同教育、生命教育、养成教育）。目前，伍院长已将“五育”内容作为省级课题主持研究，并着手组织相关人员编写德育教材。伍院长还改变了就业常规工作模式，提升了学生的就业素质，促使就业率、就业质量稳步提升：毕业生专升本考试年年有突破（近三年分别达到163人、192人、228人），毕业生就业率年年有突破（近三年分别达到99.02%、99.11%、99.15%）。

四、创新服务模式，走和谐理校之路

伍院长在服务师生上以人为本，卓有成效。

（一）办学渠道不断拓宽，文化育人效果显著

第一，形成了学校“十二五”发展规划体系。

第二，由广东省教育厅组织的粤西部分高校“创新强校工程”专项调研座谈会在学校召开。

第三，学校教师培训工作开创新局面，承担了广东省教育厅部分重要教师的培训任务。

第四，自考函授培训收获丰硕，学校被评为“广东省自学考试先进单位”。

第五，书香校园建设硕果满园，学校被评为“茂名市书香校园”。

第六，健全完善了以校园文化节和学生团体文化活动为载体的校园文化建设机制，学校被评为“茂名市廉政文化进校园示范学校”。

（二）后勤工作保障得力，人文环境和谐稳定

第一，“五位一体”校园建设持续开展。

第二，数字化校园日臻完善：师训中心启动，新的服务器投入使用，完善了60多间多媒体教室和电脑室，校园“一卡通”二期工程顺利完工。

第三，校园基本建设成效明显：新增了校园人文景点7个，新增了绿化美化面积2万平方米，房屋维修改造面积3万平方米。

第四，积极协助“滨海新城”扩容用地的规划建设工作。

第五，校园安全管理更加优化，学校被评为“茂名市安全文明校园”。

第六，扶贫“双到”和计生帮扶工作有效推进，脱贫目标顺利完成。

第七，综合整治校园及周边卫生，创建卫生校园。

第把，教职工体检定期开展，温暖民心。

五、创新发展模式，走品牌铸校之路

伍院长紧紧把握国家、省、市支持大力发展幼儿教育的契机，结合茂名市人口多、生源广及全省幼教师资紧缺的实际情况，按照上级党委政府的统一部署，提出了“深化五大工程策略，建设五位一体校园”“加快转型升级步伐，打造师范教育品牌”的发展目标。围绕这一目标，伍院长团结和带领全体教职员工不断提升学校的内涵质量，不断推动学校的科学发展，学校各项事业蒸蒸日上，现已形成了以学前教育专业为品牌，以音乐、美术专业为特色，师范类与非师类协调发展的良好格局。现今学院生源足、环境美、学风浓、教师勤、质量优，综合实力排在全省同类学校的前列，已成为全省小学、学前教育师资培养、培训的主阵地。

后记：殚精竭虑育英才，风云际会写华章。三十年的风雨阳光路，伍院长依然豪情满怀。他为践行不变的承诺，孜孜以求，奋发进取；他为实现永恒的追求，锐意改革，努力开拓；他为凸显办学的理念，躬身践行，率先垂范。我们有理由相信，有伍院长这样斗志昂扬、雄心不改的素质教育领航人，学院的明天一定会更加辉煌灿烂！

创造机会，实现梦想

——记茂名市第十六小学校长高天珍

题记：『机会总是留给有准备的人！』这是高天珍经常挂在嘴上、表现在行动上的一句话，她也经常用这句话来鼓励全校师生不断进步、不断成长。

高天珍，女，1974年12月出生，广东茂名人，中共党员，1996年7月参加工作，2014年教育学硕士毕业，政治中学高级职称。2012年8月，经过公开、公平、公正的茂名市竞争性校长选拔，她以笔试第一、面试第一、总分第一的成绩竞争考入茂名市第十六小学任校长兼书记职位，并于2012年12月到任就职。高校长于1996年7月至1998年7月担任茂名市第七小学教师；1998年8月至2012年12月在茂名市第十三中学任教，先后任校团委副书记、书记，工会副主席，总务处主任，副校长（于2008年11月起任副校长、副科级），工会主席；2012年12月至今在茂名市第十六小学任校长、书记。

高天珍上任后以“强抓质量，彰显特色，让师生共享人生出彩机会”作为学校的办学理念，积极为师生打造张扬个性、实现梦想的平台。学校的教育教学质量和特色教育发展在这两年时间里发生了翻天覆地的变化，先后被评为“全国优秀家长实验基地”“省义务教育规范化学校”“省第一批省级规范汉字书写教育特色学校”“省首批诗歌教育示范学校”“省巾帼文明岗”“茂名优秀学校”“茂名安全文明学校”等。她个人也先后获得广东省“优秀团干”、茂名市“优秀教师”、茂名市“岗位女能手”、茂名市“先进妇女工作者”等称号，连续四年被市教育局评为“优秀共产党员”，并获得茂名市“优秀党务工作者”等荣誉。她是茂名市中学政治学科骨干教师，广东省第四批“百千万人才工程”名师培养对象，荣获2014年“茂名市劳动竞赛先进个人”，并于2013年被评聘为茂名市第七批“优秀专家和拔尖人才”。

一、重视德育，成果显著

高天珍校长坚持把德育放在学校工作的首要位置，坚持育人为本、德育为先，把立德树人作为学校教育的根本任务。她以创建“平安校园”为基点，加强教师队伍建设和学生教育工作，成立了以校长为组长的学校德育工作领导小组，积极主动地在师生中推行“关爱激励”“奖励激励”“竞争激励”“榜样激励”的做法，做好“培优辅差”工作，共育“四有”新人。“金无足赤，人无完人”，学校需要对优秀生的成长不断地进行指导和培养，更需要对学困生进行不断警醒和耐心帮教。对于优秀生，要集中大家的力量来共商如何优上加优，使老师能够全面准确地把握他们的情况，及时进行思想教育，使孩子们茁壮成长；对于学困生，要遵循爱心感化、耐心帮助、细心启发、防患未然的教育原则。各班学困生由班主任负转化之责，科任老师协助教育，要求班主任将与学困生的谈话内容、谈话次数、转化个案要详实地记入班主任工作手册中，由学校定期检查，并将此作为衡量班主任工作业绩的重要内容之一。

高天珍校长为了不断地拓宽德育工作领域，采取了多渠道、尊重受教育者、有的放矢的教育模式。例如，通过组织学生社会实践活动、军训活动，组织学生自愿参加“我的中国梦”主题教育活动，以及板报比赛、演讲比赛、主题班会等活动，培养学生热爱祖国、热爱中国共产党、热爱校园的情感和坚韧不拔的意志；坚持以抓好班会、升旗仪式和国旗下讲话为重要的德育阵地，有针对性地对学生进行纪律教育、法制教育、理想教育、爱国主义教育、心理教育、诚信教育、安全教育，以及世界观、人生观、价值观教育等。学校还表彰了一批市级和校级的“三好学生”“优秀少先队员”“优秀值日生”，使广大学生学有榜样、赶有目标，形成了学先进、赶先进、比学习、比进步的良好育人氛围。

通过开展多种有意义的比赛，丰富学生的课余生活。在学生中开设了诗歌创作、诵读、舞蹈、合唱、器乐、演讲、书画、篮球、乒乓球、跆拳道、棋类、手抄报、科技制作等四十个多兴趣小组，特别是学校的诗歌特色教育，先后在学生中开展了“班级诗文诵读”比赛、“优秀班级诗坛”评比、“古诗文大王”诵读比赛、“诗文知识竞答”、“诗配画”比赛、“师生对诗”、“诗文书法”比赛和“诗文手抄报”比赛等活动，给学生提供了展示才能的平台。这使得学生语言积累明显丰富，有的能背诵380多首（篇）经典诗词，同时学生的口头表达和写作能力也明显提高。目前学校已连续两届获得市“作文大王”杯小学生现场作文集体一等奖；2011年至2013年学校共有56名学生在全省的诗歌节现场决赛中分别获得一、二、三等奖，获奖人数之多、档次之高居所有参赛学校之首；学校连续三年获广东省小学生诗歌节优秀组织奖，特别是2013年获得省一等奖的黄天一同学创作的诗歌《火车》刊登在《南方日报》2014年1月10日A20版上，并得到了诗教专家魏春峰的点评。学生中有1200多人次在全国及省市的书法美术比赛中荣获一、二、三等奖，有660多人次在语文英语手抄报比赛中获奖。另外，通过开展各项竞赛活动，有效促进了师生整体素质不断提升，促进了师生的教与学，培养了师生的兴趣特长，推动了教师专业成长和学生健康成长，教师们在平凡的工作岗位上创造了不平凡的业绩，堪为表率。在高校长的带领下，师生各项各类的竞赛活动也大大促进了学校教育教学成绩的提高：2013年学校被茂名市教育局评为“优秀学校”；2014年被茂名市教育局评为“先进基层党组织”；2013年6月学校小学毕业水平测试成绩优异，语数英三科总分为360分，取得320分以上的有264人，占71.2%；2013年市直属中小学生田径运动会上，学校以团体总分212分荣获小学组第一，并获“体育道德风尚奖”，实现体育成绩和精神文明双丰收；学校学生木偶美术作品在市博物馆进行专题展览，是市里目前唯一一所能在市博物馆里专场展览的学校，受到了教育局领导和兄弟学校的高度评价，被茂名电视台、《茂名日报》和《茂名晚报》等媒体报道过。学校还先后被评为“‘十一五’全国优秀家长学校”“全国优秀家长实验基地”“广东省一级学校”“广东省第一批省级规范汉字书写教育特色学校”“广东省首批诗歌教育示范学校”“广东省绿色学校”“广东省现代教育技术实验学校”“广东省中小学继续教育校本培训示范学校”“广东省《师资建设》教师发展学校”“广东省少先队工作示范学校”“广东省巾帼文明岗”“茂名市首批义务教育规范化学校”“茂名市美丽校园”“茂名市未成年人教育示范基地”“茂名市安全文明校园”“茂名市书香校园”局“优秀学校”等。

二、关爱师生，情满校园

高校长在工作中能处理好行政与教学的关系，做到行政与教学工作双肩挑、两不误。她坚持每天巡视校园，及时了解学生的思想动态，努力做好学生的思想教育工作；她特别关注问题学生和贫困学生，在学校成立了“扶助会”，组织师生开展了扶贫助学活动。据不完全统计，学校一年来共给150多名贫困生发放了助学金3万多元。学生吴同学是一个孤儿，与外公外婆相依为命。由于他外公外婆年老体弱多病，家里没有任何经济收入，高校长知道后就主动带领老师上门帮助他，给他送去衣服、生活用品和学习用具。但他从一进校门开始就无心向学，心态也很差。高校长和班主任冯老师了解情况后，马上组成扶助小组，定期上门对他进行心理、学习和生活上的指导与帮扶，给他送去了胜似母亲般的温暖，以及无微不至的关怀和呵护，千方百计给他创造一个完整家庭应有的学习环境。终于功夫不负有心人，2013年小学毕业会考中，吴同学以335．5分的优异成绩完成了小学阶段的学习，而当时语、数、英三科满分共为360分。

另外，高校长还对17名有心理障碍的单亲家庭学生进行结对帮扶。她关心教职工，与教职工情同兄弟姐妹，做好送温暖工作，做到教工住院必探、有难必帮、有思想情绪必谈、有家庭矛盾必劝，赢得了教职工的广泛好评。她用自己的实际行动带动全校师生践行了社会主义荣辱观、弘扬了雷锋精神，帮助贫困师生解决了实际困难。全校形成了人人争做“活雷锋”的良好氛围，爱心活动提升了师生道德水平和社会价值观，使得爱的奉献在校园里不断回响。

三、特色彰显，异彩纷呈

学校以教育创强为抓手，加强特色建设。2013年11月29日，市教育局在学校举办了“诗文育品行艺术润童心”诗词文化艺术特色教育成果展示活动现场观摩会。市领导、市教育局领导和科室负责人、各县市区教育局领导、教育局直属各义务教育学校校长（园长）及主任老师们、省小学校长高级研修班的校长们共计230多人到了现场观摩，活动的主要内容有：用诗词文化全面布置和点缀校园，建设“诗意校园”，营造浓厚氛围；汇编经典诗词校本教材；通过诗词鉴赏论坛、班级诗坛、诗词配画、诗词朗诵、校园诗歌创作比赛与诗歌舞表演等系列诗词文化艺术特色教育活动的开展，使学生全面感受和体会经典文化的魅力。学校在开展特色活动的过程中勇于探索，善于创新，高屋建瓴地实现了诗歌教育与各学科教育的有效融合：把诗词文化教育与音乐教学、美术教育、体育教育融为一体。学校诗歌教育特色活动的开展，得到了上级领导和兄弟学校的高度评价。市政府副秘书长扶国，市教育局党委书记、局长罗欣荣等领导出席了观摩会并发表讲话。市政府副秘书长扶国在观摩会上对学校的特色工作做法和成效给予了充分肯定；市教育局罗欣荣局长在总结会上则指出，市十六小创建特色学校活动，体现了学校着眼于为学生终身发展奠基的办学理念，体现了学校促进师生共同成长的教育思想，真正办出了特色，办出了水平，希望各学校认真学习借鉴。

目前学校诗歌教学已向纵深发展，逐步形成了一套行之有效的诗教模式，总结出了“读一赏一仿一创”的教学流程，在社会上、教育界引起了极大反响，受到了很高的评价，得到了家长的大力支持。2013年12月初学校进行了家长开放日活动，向家长和来宾们汇报了学校的特色成果；2014年3月8至9日，茂名电视台综合频道《新闻聚焦》栏目播出了学校特色教育专题片《特色教育让学生快乐成长》；2014年3月18日，学校特色教育的经验做法被刊登在市教育局群众路线教育第11期简报里；2014年3月26日，学校特色教育被教育局制作成专题片《特色立校，诗韵育人》，并在2014年茂名市中小学校长全员培训班第三讲上首播，同时也在茂名市教育局网站上滚动播放，为全市创建品牌特色学校带好头、树榜样。

除了学校的日常管理，高天珍校长还潜心教育教学教研，成绩喜人：她两次被广东省教育厅教研室邀请为粤教版“思想品德”讲师团成员到河南和江苏培训省级骨干教师；个人主持了省级课题3项（已结题2项）；曾4次被邀请参与编写义务教育课程教科书教学预案、练习册和复习指导，现已出版并在全国公开发行；发表和获奖的教学教育论文共计20余篇，其中国家级刊物2篇、省级刊物5篇；2个课堂实录获省一等奖；并曾获得省“优秀团干”、市“优秀教师”、市“优秀党务工作者”等荣誉称号13个。2013年她被评聘为茂名市第七批“优秀专家和拔尖人才”，2014年被评为“茂名市劳动竞赛先进个人”，其先进事迹被《茂名日报》和《茂名晚报》报道。

后记：“雄关漫道真如铁，如今迈步从头越”。高天珍校长相信，通过努力，重视学校德育工作，积极践行社会主义核心价值观，必定能塑造学生优良的品质，成就学生出彩的人生！

开启『厚德』教育，『和善』润泽心灵

——记肇庆市四会市会城中学校长李建华

题记：文化承载灵魂，文化蕴含动力。坚持文化立校，开启『厚德』教育，才能使学生心清目远、富于责任，成为适应时代发展，具有人文精神的『和善』之人。

2012年9月，带着振衰起弊、创新发展的使命，李建华校长走进了会城中学。作为一名在校长岗位上摸爬滚打了二十多年的教育工作者，他深知自己肩上的担子之重。因为会城中学地处四会市旧城区中心，人口密集，人员复杂，家长的教育观念参差不齐，学生的思想和行为复杂多元，“读书无用”“金钱至上”等观念喧嚣一时，人民群众对学校的教育和管理多持负面评价。然而，沧海横流，方显英雄本色。作为一个理念先进、处事睿智、经验丰富的校长，他凭着对教育的执着和热爱，迎难而上，砥砺创新，仅用两年的时间，就带领学校走出了一条文化立校、“厚德崇善”的德育新路。会城中学面貌焕然一新，一跃成为肇庆市德育示范学校。

一、顶层设计，开启“厚德”教育

走上会城中学校长的岗位后，李建华一直在思考：作为一所地处城市中心、办学历史久远、社会反响强烈的学校，在经历了规范化学校建设之后，如何再攀高峰，创新发展？如何在平凡中创造神奇，在中规中矩中有所突破？通过对新形势下学校德育工作的深刻反思和前瞻性判断，李校长结合学校实际，创造性地提出了“让优秀传统文化成为学生生命底色”的德育思想。在这一理念的指引下，学校确立了“修德崇善、物我和谐”的德育目标，以“文化熏陶”和“体验感悟”为途径，大力实施文化德育，走上了一条“文化载道、文化润德、文化化人”的育人之路。

（一）“厚德”教育之深刻内涵

人的德行是人生幸福的基础。立人以德，德立则处世致远，德厚则平安幸福。立德崇善，引导学生思善、向善、行善，才能成就深厚德性，做到善待他人、善待社会、善待自然，成为一个物我和谐、心智健康的现代人。

（二）“厚德”教育之文化引领

为了使“厚德”教育思想深入人心，学校大力开展了中华优秀传统文化教育活动。一是确定以《中华传统文化经典汇编（第四册）》为校本教材，安排了23名专（兼）职教师，每班每周上一节传统文化课，使学生在耳濡目染中接受传统文化的熏陶，吸收民族精神的营养。二是开展“道德大讲堂”建设活动，通过引导学生自我反省、诵经典、学模范、谈感悟、唱歌曲、作承诺，提升学生的道德素养，构建修德崇善的校园氛围。

（三）“厚德”教育之组织保障

学校成立了以李建华校长为组长，德育副校长、主任、级长为组员的“厚德”教育领导小组，强调层层负责，全面推进。根据学校“厚德”教育的工作要求，学校制定了缜密、严格的纪律和制度，李校长身先士卒、带头奉献，形成了精诚团结、锐意进取的校风。加强对班主任的培训和指导，强化师德修养，使“厚德”教育思想内化成为每一位教师的价值观，养成“厚德博学、敬业善教”的教风。

二、多维并举，“和善”润泽心灵

学校开展“厚德”教育，必须要有独特、优势的项目作为支撑，才不至于成为空中楼阁。李建华校长在深入调研的基础上，逐渐摸索出文化润德、课程寓德、自主修德、活动悟德的多维德育途径，引导学生修心养性，崇德向善，成为心灵充盈、追求至善的文明之人，为学校的发展提供了新的动力。

（一）文化润德，创设“和善”环境

书香沐浴校园，文化润泽心灵。李建华校长非常重视校园环境建设，致力于打造具有文化韵味的“和善”校园。两年来，通过精心设计、调整改造、文化上墙等举措，创设了一个立体、多维的人文环境，学生浸润其中，接受到潜移默化的熏陶感染。如今的会城中学校园树葱、景雅、草绿、花香，一山一石，一墙一廊，无不蕴含着“厚德崇善”的文化气息。这其中，有绿意盎然的植物园，有24孝经典文化长廊，有展示学生书香墨韵的班报，有滚动播出名言警句、先进事迹的LED屏幕，学生流连其间，乐而忘返。

（二）课程寓德，涵养“和善”品性

德育课程是实施“厚德”教育的主渠道、主战场。李建华校长统览全局，组建了教研处、学科组、级组、个人的四级研修网络，强调“一切自觉活动都是课程、一切课程都要育人”的思想，把德育课程作为实施“厚德”教育的基本途径，把课程渗透作为主要实施手段，引发学生的道德情感体验，涵养学生的“和善”品性。例如语文、历史、思想品德等课程，学校要求教师充分发挥其学科优势，挖掘课程中蕴含的德育因素，恰到好处地对学生进行教育和引导，把“厚德”教育内化到学科的“情感、态度、价值观”目标之中。作为心理健康教育方面的专家，李建华校长亲自上阵，开设心理健康教育课程，采用文学、音乐、影视等学生喜闻乐见的形式，对学生进行心理辅导，排解心理困惑，培养“和善”之心，并在总结经验的基础上写成论文《学校德育与心理健康教育的整合研究》。

（三）自主修德，锤炼“和善”心灵

学校注重弘扬学生主体精神，把“厚德崇善”教育和班级文化建设、学生的日常行为规范相结合，引导学生自我教育、自主管理，行善扬善。为了创设有个性的班级环境，李建华校长深入班级，指导学生自己动手装扮教室，打造“厚德崇善”的特色班级文化。全校54个教学班，他逐一进行检查，落实“六个一”：一个名称、一个口

号、一个目标、一个公约、一面文化墙、一块行善日记栏。在校长的引领下，学校每一个班级都是“厚德崇善”的舞台，学生的一言一行都有“善”的考量、“德”的评判，从而督促学生养成良好的行为习惯，提升道德品质。学校学生会、广播员、文明礼仪岗，都让学生自主竞聘上岗；清洁卫生、班级管理、集队集会，都由学生干部自行检查、监督、评比，实现了学校德育由他律向自律的转变。

（四）活动悟德，体验“至善”情怀

德育是活动，是生活，让学生参与活动，在活动中体验和感悟，德育才能内化。以李建华校长为首的“厚德”教育领导小组，通过组织开展丰富多彩的德育实践活动，让学生在活动情境的体验中触动心灵，收获德性，促进成长。会城中学几乎每个月都有不同的活动主题，好戏连台，精彩纷呈——一月，“珍惜生命，平安消防”安全疏散演练；三月，“从身边事做起”，向雷锋同志学习；四月，“缅怀革命先烈”的扫墓活动；五月，“青春飞扬，圆我梦想”五四文艺汇演；六月、七月，“日行一善”系列活动；九月，学校仪仗队训练、表演；十月，“孝心向父母”演讲比赛；十一月，体艺节；十二月，中华优秀传统文化文艺汇演。多样化的主题活动，把崇德、向善、感恩、自信、包容等价值观和向往美好、追求卓越的情怀，点点滴滴渗入学生的心田，使学生个性得到充分的发展。

三、实至名归，收获累累硕果

虽然李建华校长进入会城中学只有短短两年，但学校在他的引领下，一改过去“脏、乱、散、差”的面貌，呈现出“如花斯放、如芽斯萌、佳气葱茏、日新月异”的活泼景象，校风校貌焕然一新，品牌建设渐入佳境。2013年，会城中学被肇庆市评为“德育示范学校”，同年9月被教育部关工委授予“全国优秀家长学校实验基地”的称号。学校独特、科学的“厚德”教育理念赢得师生、家长、社会的一致认同，美誉度不断提升。而李校长本人也由于超前的创新思维、务实的改革举措、独特的人格魅力，近两年先后被评为四会市优秀校长、肇庆市名校长、广东省家庭教育金牌讲师，并多次在中小学校长论坛上发表题为《树立创新精神，做创新型校长》的演讲。

后记：“追求卓越没有止境，作为一校之长，要始终站在教育的精神高地，用坚实的步伐，去攀登更高的目标”。我们有理由相信，会城中学在李建华校长的带领下，将实现新的跨越，走进百花齐放的素质教育春天，绽放它独有的风采。

开辟山区德育新天地的带头人

——记潮州市潮安区沙溪镇贾里小学校长蔡锐雄

题记：『穷山沟里也能飞出金凤凰，荒山野地处处有金子。』这是蔡锐雄校长常说的一句话，也是他一直秉持的教育理念。

谈起沙溪镇贾里小学的教育，人们就会提到蔡锐雄。谈起蔡锐雄，熟悉的人无不翘起大拇指啧啧赞叹：“蔡锐雄，好棒的！他不愧是一名开辟山区德育新天地的好领导。”近几年，沙溪镇贾里小学从一所默默无闻的农村边远薄弱学校一跃成为全镇先进学校之一，特别是学校开展了富有特色的德育工作，成绩斐然，大大改变了学校的落后面貌，受到社会的一致好评。

一、明确方向，践行课改理念

蔡校长深知：素质教育的核心是育人为本、以德为先。他重视学生创新精神和实践能力的培养，为学生的终身幸福和可持续发展打好基础。早在2001年9月开学初，他就明确提出了“学会做人、学会求知、学会发展”的十二字办学目标。十多年来，他坚持从一年级开始就进行礼仪教育、爱国主义教育、思想品德教育、理想信念教育、革命传统教育、艰苦朴素教育、遵纪守法教育和心理健康教育……分别在一、三、六年级中组织学生到附近的“黄河慈善福利会”道德讲堂学习传统文化，开展“感恩与孝道同行”的慈孝教育，并组织开展抗挫折的校外野营活动，取得了很好的教育效果。如果说学生是一张纤尘不染的白纸，那么启蒙老师无疑参与了拟构学生一生的心录蓝图。蔡校长一直倡议教师重在启迪童蒙心智、开启智力，培养心智健全的人。在孩子最应该被启蒙的年纪，教师重在对孩子进行应有的点化。在他的精心管理下，学校逐渐形成了“爱国勤学，文明守纪”的优良校风，在历次的校风检查中，多次被评为先进单位，被授予“潮州市规范化学校”和“潮安县德育达标学校”等称号。此外，学校多名教师获得了省、市、区的表彰和奖励。学生们在校尊师守纪，勤奋好学；在家里孝敬父母，乐于做家务活；在社会上遵守社会公德，富有爱心。十多年来，学校安全无事故，学生健康成长。2010年，学校“贾英”学雷锋小组被县教育局评为先进单位；近年来，学校有多名学生受到省、市、区的表彰和奖励。

二、高举红旗，唱响红色教育

贾里小学是贾里村的一所公办学校，地处山区，位于潮安区与揭阳市接壤间，南倚桑浦山，离镇区较远。该村是革命老区，曾涌现出多名革命烈士。蔡校长懂得：革命传统教育是党和中华民族的宝贵经典，革命先烈的崇高品质与英雄业绩是教育和激励后来人的珍贵财富。因此，他针对当地丰富的红色教育资源，以学校教育为主阵地，采取多种形式唱响红色主旋律，激发学生爱国、爱党、爱人民、永远跟党走的革命热情。

一是，充分利用有意义的节日和纪念日开展教育活动。如清明节组织学生到烈士陵园开展扫墓、致哀、献花、听革命烈士的英雄事迹、表衷心等活动，让学生亲身体验，感受身边的英雄事迹，从而对革命先烈油然而生一种崇敬、景仰之情。

二是，组织学生到爱国主义教育基地参观纪念馆，让学生比较系统地了解我国的革命斗争史，认识英雄人物的崇高品质和丰功伟绩。

三是，采访身边英雄。通过调查了解和采访，让学生亲身到抗战老兵与抗越保卫战的战士那里去聆听战斗事迹，从英雄们口述中感受在战火纷飞的年代里英雄们如何英勇奋战，保家卫国，让学生们知道英雄并不遥远，就在身边。

四是，组织制作英雄手册。让学生搜集英雄事迹并编辑成册，利用班队活动进行交流，讲英雄、颂英雄、学英雄，激发孩子们的爱国情操，鼓励他们继承先烈遗志，积极向上，茁壮成长。

五是，通过诗歌朗诵、观看电影、悬挂英雄像、讲故事等形式多样的活动，如歌唱《英雄赞歌》《歌唱二小放牛郎》《你，浪花的一滴水》；观看电影《小兵张嘎》《闪闪的红星》……让学生从多层面、多角度地去认识英雄、了解英雄、感受英雄、接近英雄、学习英雄，使真正的英雄回归到孩子心中，给人力量，催人奋进。

三、弘扬传统，传承中华国粹

蔡校长认识到：新时期的学校德育工作必须植根于传统文化的沃土中，社会主义核心价值观才能得以延伸和发展。抛弃传统，丢掉根本，就等于割断了自己的精神命脉。因此，他一直非常重视在学校教育中弘扬传统文化，传承国粹。他强调要从小学生抓起，从启蒙教育抓起，通过古诗文朗诵赛、书香进校园、书画比赛、讲故事比赛等丰富多彩的活动，让学生了解源远流长、博大精深的传统文化。他充分利用当地“黄河慈善福利会”的有利资源，组织学生到“黄河慈善福利会”道德讲堂听传统文化讲座，在校内开展《弟子规》和“慈孝”教育等富有特色的传统文化教育，努力用中华民族创造的一切精神财富来以文化人、以文育人。学校教育在传统文化的熏陶下更显活力，育人功效非常明显。学校六年级学生谢杰霓参加市作文现场赛获得二等奖，多名学生参加潮安区教育局组织的“感恩书信”比赛活动获得一、二、三等奖。他还编制了《贾里小学荣辱歌册》《贾里小学核心价值歌》《当地革命故事册》《革命故事表演剧》等特色鲜明的教材，并积极落实到校本课程改革中；还开展了富有地方特色的“潮味潮韵”乡土教育，通过“校园讲古台”“校园潮剧票友会”“潮菜飘香”等活动，让学生了解潮州传统文化。春风化雨，润物无声，校本文化培养了学生爱国爱乡的情怀和讲仁爱、守诚信、崇正义、尚和合、求大同的时代价值观。他坚持从学生的思想实际和生活实际出发，深入浅出，寓教于乐，循序渐进，用喜闻乐见的形式把社会主义核心价值观贯穿起来，让学生受到熏陶，增强学生的民族自尊心和爱国情感，促使学生形成正确的人生观和价值观，牢记过去，创造未来。在浓郁的校园文化熏陶下，学校六年级学生林涵、谢哲云参加潮安区教育局组织的“潮汕歌谣朗诵赛”荣获三等奖。在参加镇里的多次赛事活动中，学校都是载誉归来，深受好评。在弘扬传统、传承中华国粹的过程中，学生们受到艺术熏陶，综合素质也得到不同程度的提高。

四、深研课题，提高德育实效

蔡校长深刻体会到：一种价值观要真正发挥作用，必须融入社会生活，让人们在实践中感知它，领悟它的真谛。所以，他高度重视把小学教育核心价值观与人们日常生活紧密联系起来，在落细、落小、落实上下工夫。贾里小学在蔡校长的主持下，从2013年下半年开始承担潮安区德育科研课题“农村小学生行为习惯养成教育的研究”。在研究过程中，他对“纸上得来终觉浅，绝知此事要躬行”的道理有了更加深刻的体会。他认为，小学生的日常行为习惯养成不能停留在照本宣科的课本中和简单的说教上，而是要具体体现在实践中才有实际意义。他带领全校师生积极投身到这场习惯养成的教育研究中来，以一年级作为实验班，要求规范行为从启蒙阶段开始。他要求各班学生从一声声小问候、一个个温暖的小手势、一件件小好事等做起，一天一天地坚持下去，一天不行就一个月，一个月不行就半学期、一学期……确保每个同学都有明显进步，最终达到要求。一个个小行为，彰显大品质。他坚持以“常规管理、规范养成、环境熏陶、潜移默化、强化意识、自我提升”为宗旨，遵循学生个性发展的基本规律，以健康人格为核心目标，以“在家做个好孩子，在校做个好学生，在社会做个好公民”为具体目标，以《小学生日常行为规范》《小学生守则》为主要教育内容，促进学生养成良好的行为习惯。短短半年多时间，学校发生了翻天覆地的变化。学生讲究卫生、注意环保、孝敬师长、懂礼仪……很多良好的习惯正在形成。每天走进校园，都有很多清新的镜头：一声声童稚的声音，“老师好”“老师早”；一个个打扫卫生的场面，清扫地板，擦桌子；一朵朵精神抖擞的花朵，跳跃着，盛开着；一句句美文诗词，流淌着，飘溢着……潮汕高铁站派出所的同志来学校开展安全宣传时由衷地发出赞叹：这样清洁幽雅的校园，可见校长治校有方啊！

后记：蔡锐雄由于积极带领贾里小学师生在践行社会主义核心价值观的课改中，开辟了山区德育新天地，成绩卓著，被誉为潮州市名校长。但他却认为教育事业还任重道远，获得的荣誉只是过眼云烟，他将始终如一，奋力前行，带领师生创造新的蓝天。

实施绿色德育，创建绵小特色品牌

——记潮州市绵德小学校长蔡小青

题记：她有着阳光般的笑容，慈母般的爱心。她把自己的爱奉献给每一位学生，奉献给党的教育事业。她把自己的绿色德育思想和智慧，蕴藏在每一堂精彩的课中。

绵德小学是潮州市市直的“窗口”式品牌学校，由旅港爱国侨领庄静庵先生于1945年创办。学校现有两个校区，24个教学班，95名教职员工，1386名学生。

接任绵德小学校长后，蔡小青依据庄静庵先生“德泽桑梓”的办学思想和学校的办学传统，提出了“办人民满意的教育，办向人民负责的教育”的办学宗旨和“绵恩培慧，崇文厚德”的办学理念，开始了“绿色教育”的探索。在蔡校长的带领下，学校全面贯彻党的教育方针，依法治校、以德立校，以人为本，全面实施绿色教育，不断提高学校的办学品位，创建绵小特色品牌。学校先后荣获“全国少先队雏鹰大队”“全国红旗中队”“广东省普教系统先进集体”“广东省书香校园”“广东省诗歌教育示范学校”“广东省巾帼文明岗”“广东省红领巾示范学校”“广东省语言文字先进单位”“潮州市先进集体”“潮州市十佳文明校园”“潮州市德育示范学校”潮州市法制宣传教育先进集体”“潮州市安全文明校园”等奖项。学校还是潮州市唯一一所被广东省教育厅和省妇联定点为“小公民道德建设实践基地”的学校。

蔡小青校长也先后被评为“广东省南粤优秀教师”“广东省优秀阅读校长”“潮州市十佳优秀校长”“市优秀教师”“市直教育系统优秀党务工作者”“市优秀党员”“市青年岗位能手”“全国小公民道德建设实践创新活动优秀辅导员”“全国中小学思想道德建设活动先进个人”等。

一、绵恩培慧，崇文厚德，创新绿色德育

（一）理念引导，促进绿色德育队伍建设

在蔡校长的带领下，绵德小学全体师生把“实施绿色德育，创建绵小特色品牌”作为共同愿景，把绿色德育的思想落实到学校方方面面，使“绿色德育”“让每一位学生健康、快乐成长”的核心理念深入人心，并融入到学校教育的全过程，使学校初步形成了“绵恩培慧，崇文厚德，以德育人”的德育特色。

在蔡校长的带领下，学校主要通过三个工程（名师工程、青蓝工程、培训工程）和一个活动（教育教学实践活动）来建设一支富有爱心、学识渊博、精于教书、勤于育人的绿色教师队伍，培养自己的教育教学新秀、名师、名班主任。

在校本培训、教学教研中，学校注重专业引领、同伴互助、学研结合、工作反思等，尽力营建成长舞台，让教师充分发挥自己的才干，展示自己的风采，从而促进了教师队伍的专业成长，使学校的每一位教职员工都成为一名合格的德育工作者。

（二）打造适合儿童的校园——优化绿色环境

在蔡校长的带领下，学校创设了良好的育人环境，使校园的每一个景点、每一块墙壁都会“说话”。如：充分发挥红领巾广播站、绵德小学网站、校报《彼岸》、

“教师风采、绵小之星”及“中华传统文化”宣传栏等的教育功能，营造和谐、文明、安全、温馨的校园氛围，使学生时刻受到熏陶、激励、鞭策和潜移默化的影响；密切联系周围社区、军休所、派出所、家长会、关工委、学生家庭等，把社会上有利于青少年思想道德教育的有利因素进行整合、吸收，形成德育的“三合力”，促进广大学生的健康成长。

（三）探索适合儿童的德育——践行绿色德育，奠基美好人生

在蔡校长的带领下，学校积极开展丰富多彩、寓教于乐、贴近生活、贴近实际、贴近未成年人的德育实践体验活动，努力做到“顺应儿童的自然天性，强调天人合一；尊重儿童的个体差异，强调个性张扬；体现儿童的愉快与欢乐，强调寓教于乐；突破学校的围墙，与社会、家庭融为一体，强调开放整合”。如开展以“讲文明话，做文明事，传播文明信息”为主题的“争做绿色小天使”“我的中国梦”等系列活动，做到月月有主题，周周有活动。

在活动中，蔡校长注重把主题教育活动、校园文化活动与学生日常行为规范养成训练、学生社会道德实践、角色体验结合起来，注重学生主体参与意识、自我教育能力和道德情感的培养，努力把外在行为要求内化为学生的自觉行动。由于学生乐于参与，从中收到了良好的教育效果，广大学生养成了遵规守纪、尊师爱友、文明礼貌等良好习惯，促进了学校优良校风、教风、学风的形成，使学生最终学会学习、学会做人、学会交往、学会生活、学会创造。

二、开启心灵，收获童心

蔡小青经常说：“只有尊重学生，保护好学生，你才能赢得学生的尊重、爱戴和信任，你才能走进学生心灵，才能促使孩子们健康成长。”作为一名优秀校长，她要求学校每一位教师要坚持在“爱、严、勤、细”上下功夫，面向全体，“培优辅差”；她要求学校每一位教师要时刻关注学生的情感需求、情绪变化，及时地指导、引导他们，用真挚的感情去滋润学生的心田，用知识去开启他们的智慧，真正做到真诚、公平、公正地对待每一位学生，关爱每一位学生。特别是对那些某方面有困难的学生，更是要多鼓励、多赞赏、多帮助、多爱护。她经常深入课堂，利用课间来到孩子们身边和他们交流，倾听孩子们的心声。孩子们也乐于和他们敬爱的蔡校长说悄悄话，或递上他们对学校的建议书，她是孩子们可以信赖的大朋友。蔡小青经常和学生、家长进行电话交流，她还设立了工作信箱。学生的每一张字条、家长的每一封来信，她都认真进行引导、答复，及时地解决了不少隐患，促进了学生身心健康成长。

作为学校校长，她始终坚持站在德育的第一线，努力地建设开放而有活力的德育课程。她积极引导教师一切从学生的实际出发，通过师生、生生的互动，选择科学实用、形式多样的教学策略，积极倡导“自主、合作、探索”的学习方式，激发学生学习的兴趣，充分利用思品、班队课、综合实践活动课和语文、艺术等学科的育人功能，引导学生进入饱含丰富的思想感情、透露着人生哲理、态度价值、人文信息的精神大花园中，去汲取营养，受到真、善、美的熏陶和教育，从而培养学生正确的世界观、人生观，全面提高学生的综合素养。

同时，学校努力为学生提供展现自我的平台，尽量使每个学生都有机会体验到成功的喜悦，从而让每一位学生都能健康、快乐地成长。

三、群星闪烁，书香满园

做一个“学者”（一生都坚持学习的人）是她终生奋斗的一个目标。走进蔡小青校长的家里，最独特的感受就是她的书特别多。

她珍惜每一个学习机会，分别两次参加广东省第三期、第十五期中小学校长高级研修班的学习进修。每次她都是班上听课最认真、发问最多的学员之一。她积极、虚心地向教授、专家、同学、同行请教。回到潮州后，她及时把最新的教育理念和最前沿的课改信息介绍给学校的教师，让教师们共享她学习的资源、学习的成果。

蔡小青校长积极倡导终身学习，努力建构学习型、科研型的书香校园。在她的带动下，许多老师不单读起了教育学专业论著，也读起了约翰逊的《谁动了我的奶酪》……蔡小青还积极倡导、实施“南方分级阅读”理念，在全校学生中开展了“趣味阅读、分级阅读、均衡阅读”活动，激发学生个个争当“阅读之星”，让阅读真正成为儿童生活中愉快的一部分，让阅读真正成为儿童最广泛的学习实践。学校阅读群星闪烁，书香满园，因此被评为第一批“广东省书香校园”。

2012年12月，蔡小青被潮州市推荐参加由广东省省委宣传部、省文明办、省教育厅、新闻出版局、南方报业传媒集团主办的“2012年广东省十佳书香校园、阅读之星、十佳阅读校长”评选活动，全省102所书香校园、43名阅读校长在小伙伴网上公示并接受投票。绵小的学生、家长和老师们把自己内心对蔡校长的爱戴、赞许都化作一张张选票，纷纷加入到网上投票的热潮中，才五六天的时间，蔡小青校长就有一万两千多票。看到网上投票的情况和留言：“校长加油，加油！”“校长，您是最棒的！”“校长，永远支持你，go，go，加油！”“ 校长，我要像您一样做一个有思想、有知识、有文化的人！”……蔡小青感慨万千，她说：没有什么比自己的学生、家长、老师的肯定更可贵、更真诚，她会把这些看作对她的鞭策和鼓励。

四、德育科研，特色办学

在蔡小青的职业生涯中，教学、研究、学习三者兼顾，同期互动。由于她潜心学习，不断地更新教育观念，聆听最前沿的教改信息，呼吸最清新的教改空气，不断地丰富、充实自己的教育教学基本功与内涵，她的德育科研工作也干得得心应手、热火朝天。

蔡小青先后主持了广东省基础教育课程改革——加强思想道德教育实验研究课题“建立学生参加思想道德综合实践活动有效机制的研究”、广东教育学会教育科研规划小课题“利用节日文化拓宽德育途径”和市级课题“潮剧进校园实践研究”等三个德育课题的实践研究。通过科研实践，激发了学生的学习兴趣和创造潜能，培养了学生的创造、实践能力，提高了学生的综合素质，同时促进了青年教师的专业成长。蔡小青也分别荣获教育部“十五”规划课题“创新能力的培养”课题优秀主持人、结题成果二等奖，省优秀教育科研成果二等奖、省教育科学“十五”重点课题阶段成果二等奖、省侨资学校办学优秀成果吴汉良奖，潮州市第二届和第四届教育教学优秀成果二等奖等。其撰写的论文分别荣获省、市论文评比一、二等奖，刊登在《汕头日报》《潮州日报》《潮州教育》《广东教学研究》《粤东基础教育研究》等报刊杂志上。此外，她还担任了文汇出版社出版发行的《小学生新课程阅读精品系列——古诗词100首》一书的编委。

后记：“路漫漫其修远兮”，蔡小青将继续努力，争做一名精于教书、勤于育人、乐于反思、善于管理的学习型、科研型基础教育工作者。

追寻教育的本真，为师生成长助力

——记深圳市红岭中学校长田洪明

题记：30年的教育教学生涯，16年的校长经历，沉淀了他本真、普惠、适才的教育理念，凝练成他向美、向善、向人生至高境界追求的教育理想。

田洪明校长始终主张本真的教育必须基于文明的传承，基于人的发展，基于未来社会发展的需要；深圳教育要做有使命感的领跑者，红岭要做深圳基础教育有使命感的领跑者，红岭要打造深圳中心城区的世界名校。他以一个真正的教育者所应有的责任、高度、胸怀、境界做教育，在学校倡行正、爱、精、高的价值观，以适才、本真、普惠的教育理念引领学校战略体系，形成了学校的教育灵魂。

一、全国首创“学生成长支持中心”

学生成长支持中心是为学生个性化发展提供的支持系统平台，是学校破解学生成长难题的有效教育实践行为，是学生个性化成长的助力机构。支持中心针对学生成长需求创新开展实践活动，从学生品德、心理、身体、学业、特长及未来职业规划等方面为学生个性化成长提供全方位的支持，成为学生生活和学习的思想大舞台、心理训练营、体能运动场、学业智囊团、特长孵化器、生活设计师、留学导航仪、职业规划师，现已形成红岭品牌特色，被市教育局作为“学生服务窗口”的经验向全市推广。支持中心坚持最大限度地发掘学生潜能，只要是学生成长所需，无论是共性还是个性需要，学校一概尽力满足，通过“关注·唤醒·支持”，多维度关爱学生的成长，在不同年级采取分层次、个性化教学，开设特长班、国际AP课程班等，让每一个生命都能发挥各自精彩，教育部《人民教育》对学校“学生成长至上”的教育理念进行了专栏报道。

2012年4月，全国新学校研究中心第九次实验工作会议在红岭中学隆重召开，全国300多所学校，850余名优秀校长、教育专家、学校领导和老师到校现场考察学生成长支持中心，著名教育专家李希贵盛赞学生成长支持中心“开启了新学校研究的新时代”。

二、建立教师成长支持中心

通过搭建“五大平台”，为教师的专业成长和能力展示提供支持，全面助力教师个性化成长与职业发展。通过打造“六项工程”，推动教师个性化发展。给教师提供成长和发展所必需的优质甚至稀缺资源，包括机会、平台、视野、追求等，让老师们带着激情工作，在工作中体会自我满足感，提升职业生命幸福感，让老师们从物质的拥有跨越到精神的高贵，成就教师高尚的职业守望。在红岭的校园里，老师们享受着个人价值实现和以从事的工作为乐的幸福体验，职业价值实现所产生的自我满足感与幸福感也催生了自觉的责任意识，他们在职业自觉、发展自觉的路上越走越远，步子越走越稳健、越走越坚实，形象高大至我们须仰视才可见。

田洪明校长大力倡导探索多种模式以适应不同学科、不同教学内容，适应不同层次不同风格的老师、不同层次不同特点的学生，探索以学生为核心的，跨学科的，融各类资源于改革体系当中的，有益于学生信念培养、行为养成、修为涵养的，对学生的教育具有更大发展空间的大教育模式。老师们认真务实的工作态度、坦诚互助的团结风气、忘我投入的开拓气度和坚卓守业的顽强意志书写着教与学方式变革的魅力、神奇与未来！他们想通过自己的行动证实：什么才是教育发生的力量！

三、创新开辟全新洞天

田洪明校长大力倡行创新精神，作为全国“十二五”规划重点课题“中学教育创新实践的研究”、全国教育科学研究“十一五”规划课题“全国新学校研究”、全国教育科学研究“十二五”规划课题“教育国际化背景下学校初高中课程建设机制研究”等三个科研项目的主持人，他大力推进创新教育研究。学校全力为教师和学生搭建创意平台，让感动和惊喜渗透到每一项活动、每一个角落；举办参观游学、学习培训、创意笑脸墙、创意运动会、创意戏剧节等活动，使每一位师生都成为创意校园的主角，让他们感受到创意的刺激与快乐、主人翁的责任和担当，达到“学生自主发展、教师和谐发展、学校可持续发展”的目的。

学校在全市学校中率先开展创意运动会，通过举办校园奥林匹克、校园城市运动会等活动展现师生个性风采。注重培育学生的个性成长，将学校艺术节作为常规性开展的“例牌菜”，涵盖合唱、舞蹈、汇演等内容，让学生在彰显优秀才华的同时实现个性成长。注重培育学生的责任担当，组织2000多名学生利用暑假和节假日开展主题调研活动，形成了“中国梦·深圳梦·我的梦”主题调查成果汇编，在社会上引起巨大反响。

四、探索打造课程特色

田洪明校长全心致力于国家课程校本化工程，学校开发了8个门类共416门课程，建起由德育、文化和活动组成的校本课程体系，获得“广东省校本课程暨品牌教辅展示一等奖”。校本课程特色化，围绕学生课堂主导地位，以“四大主题活动节”及各类学科活动周为载体，自主开发特色校本课程，其中模拟联合国、游泳等课程已成为特色品牌课程。特色课程精品化，立足“红岭品质”，不断扩大特色课程的精品效应，已经打造出合唱、传媒、文学、心理等10门学校精品课程。学校的金声合唱团经过多年发展，已经成为全市最具影响力的学生合唱团之一。

在选修课方面，形成了“菜单式课程选择”“自荐式课程宣传”“走班式选班上课”、“学分制课程评价”等校本课程实施模式。在课程评价方面，实施课程表现评价和探索自主设计、开放式、实践性三种作业方式的学科成绩评价模式，并注重学生的自我成功展示，逐步构建起促进“教师课程学生”和谐发展的多元化评价体系。

五、倾力实践卓越绩效

田洪明校长以美国波多里奇“卓越绩效准则”为参照，把践行卓越绩效模式作为学校提升质量、追求卓越的载体，构建了以使命愿景价值观系统为核心的学校文化体系，实现了从制度管理向文化引领的转化，形成了科学的学校战略管理系统，确立了科学的战略分析方法，建立了覆盖战略管理各个阶段的管理机制和科学高效的学校工作系统，形成了富有学校特色的绩效系统，学校办学效益大幅提升，社会声誉不断攀升，2013年获得深圳市市长质量奖。

六、民生情怀成就学校的社会担当

学校的底线是让客户满意，但绝对不只是达到家长的要求，赢得社会满意，让客户满意，还要有赢得未来的使命，要办人民满意的教育，更要办让人民受益的教育。南园初中部、竹林初中部、石厦初中部每年承接近2000名外来务工人员子女在校就读，而高中部凭借在全市并不居于优势地位的中招录取成绩，连年创造了全市高考进步率的高峰传奇。3年前，高考全市前2000名学生中，红岭仅有19人；3年后的今天，高考全市前2000名学生中，红岭有178人，重点大学上线625人，本科上线1018人，重点大学上线人数和本科上线人数均为全市第一。红岭创造了真正属于平民草根的幸福。让田校长最引以为傲的就是在福田乡亲和特区父老口中频度极高地听到“红岭中学”这四个字，因为在这四个字背后有这样响亮的潜台词：红岭中学，大大提升了我们的幸福指数！

2014年4月28日，深圳市市委市政府办公厅《信息快报》发表红岭教改专刊《红岭中学助力学生综合能力提升，教学质量和办学效益双丰收》，总结了红岭中学引进卓越绩效管理，领跑教育改革的成功经验：致力效益办学，创造了深圳教育领域的“红岭质量”；尊重个性成长，铸造了深圳教育领域的“红岭气质”；创新课程改革，打造了深圳教育领域的“红岭品质”；注重立德树人，塑造了深圳教育领域的“红岭担当”；瞄准国际标杆，筑造了深圳教育领域的“红岭高度”；关注教师发展，营造了深圳教育领域的“红岭境界”。深圳市委书记王荣同志表示：“希望深圳有更多像红岭中学这样优质的教育，服务于更多的深圳市民。”许勤市长批示：“红岭中学教育的改革的发展经验和做法，应在全市教育系统中积极推广，并研究提炼，形成制度性成果。”

后记：学校的发展见证着田洪明校长“用教育的理想，办理想的教育”的实践之路。探索国际化教育新途径，培养与世界打交道的优秀公民，成就富有城市主导特征的、深圳领先的、国内一流的、国际知名的现代化品牌名校，为学生的终身发展与成功奠基，是他矢志不变的教育之梦。